ZHONGYANG QIYE GUOJIHUA ZHILU

中央企业国际化之路

主　编　曲凤杰
副主编　华　漠

中国财经出版传媒集团

经济科学出版社
Economic Science Press

图书在版编目（CIP）数据

中央企业国际化之路/曲凤杰主编．—北京：经济
科学出版社，2017.8
ISBN 978 - 7 - 5141 - 8391 - 7

Ⅰ．①中…　Ⅱ．①曲…　Ⅲ．①国有企业 - 国际化 -
研究报告 - 中国　Ⅳ．①F279.241

中国版本图书馆 CIP 数据核字（2017）第 214056 号

责任编辑：李晓杰
责任校对：杨晓莹
版式设计：齐　杰
责任印制：李　鹏

中央企业国际化之路

主　编　曲凤杰

副主编　华　漠

经济科学出版社出版、发行　新华书店经销
社址：北京市海淀区阜成路甲 28 号　邮编：100142
总编部电话：010 - 88191217　发行部电话：010 - 88191522
网址：www. esp. com. cn
电子邮件：esp@ esp. com. cn
天猫网店：经济科学出版社旗舰店
网址：http://jjkxcbs. tmall. com
北京季蜂印刷有限公司印装
710×1000　16 开　22 印张　410000 字
2017 年 8 月第 1 版　2017 年 8 月第 1 次印刷
ISBN 978 - 7 - 5141 - 8391 - 7　定价：68.00 元
（图书出现印装问题，本社负责调换。电话：010 - 88191510）
（版权所有　侵权必究　举报电话：010 - 88191586
电子邮箱：dbts@ esp. com. cn）

本书编写组成员

项目组长：曲凤杰

副 组 长：华　漠

项目成员：李大伟　季剑军　金瑞庭　王　悦

　　　　　贾瑞杰　甄　实　朱梦曳　闫凌霄

前　言

过去的 10 年，中国经济的快速成长悄然改变了世界经济政治格局，作为全球化的重要参与者，中国的快速发展也对国际贸易、国际收支以及国际能源消费格局产生重大影响。目前，全球跨国公司数量已经超过 8 万家，跨国公司控制了全球产出的 40%、贸易的 60%、技术转让的 70%、国际直接投资的 90%，已经成为国际经济关系中最为活跃、最有影响的力量。中央企业作为中国企业"走出去"战略的实践者和主要推动者，开拓海外业务、开展国际化经营是大势所趋。

如果你对国际化指数设计感兴趣，本书第一章详细介绍了国际化指数的设计思路，当然，指标和权重带有一定的主观性，愿意与同仁进行商榷；如果你身在石油石化、电力、信息通信等行业，并从事国际业务，第二章、第三章对各行业发展趋势及重点跨国企业进行了比较深入的分析；如果你对国企改革感兴趣，本书第二章对每个行业资本控制模式的分析大体上提出了改革的方向，第四章则对混合所有制改革进行了深入剖析；服务体系无疑是企业国际化的重要支撑，其中金融服务尤其重要，第五章重点对开发性金融支持中央企业国际化做了系统论述；本书最后进行了重点企业国际化案例的分析。

由于作者水平有限，不足和疏漏之处在所难免，希望同仁和广大读者谅解。

2017 年 8 月 20 日

目 录 Contents

第一章

我国中央企业国际化指数指标体系设计

内容提要

本章基于针对企业国际化理论的研究，创新性地开展了国际化指数指标体系的设计，分别提出外向国际化与内向国际化的指标体系，并对中央企业国际化程度进行了测算。通过与跨国公司的比较，不仅可以看到中央企业国际化差距之所在，更可以深入了解差距之所在。

第一节 企业国际化的理论综述

一、关于企业国际化运行机理的理论综述

"国际化"一词最初使用于 20 世纪 70 年代中期，Carlson（1975）、Johanson 和 Wiedersheim – Paul（1975）等学者提出的"企业国际化阶段理论"[1][2]。该理论基于对北欧各国制造业公司海外经营的案例研究而得出，即企业海外经营应分为四个不同的发展阶段：第一阶段，不规则的出口活动；第二阶段，通过代理商出口；第三阶段，建立海外销售子公司；第四阶段，从事海外生产和制造。因此，企业国际化体现出明显的渐进性：一是企业市场范围一般呈现"本地市场——地区市场——全国市场——海外相邻市场——全球市场"的转变趋势；二是企业跨国经营方式一般呈现"纯国内经营——通过中间商间接出口——直接出口——设立海外销售分部——海外生产"的转变趋势。

北欧学派运用"心理距离"和"市场知识"两个专业词汇对企业国际化

的特征进行解释。其关键假设之一，是市场知识决定海外经营活动的进展程度。"市场知识"是指企业用于开拓国际市场的经营经验和技术能力。因此，企业国际化的过程，就是企业通过出口向海外生产转变过程中市场知识水平不断提高的过程。"心理距离"则是用来解释企业如何选择海外市场的变量，一般指妨碍或干扰企业与市场间信息流动的因素，包括语言、文化、政治体系、教育水平和经济发展阶段等。企业在选择海外市场时，一般会遵循心理距离从近到远的原则。

Cavusgil（1982）所提出的出口行为理论和国际化阶段理论与其较为相似，该理论将企业经营国际化划分为五个阶段，即国内营销阶段、前出口阶段、试验性卷入阶段、积极投入阶段与国际战略阶段[3]。

然而，学术界发现，虽然国际化阶段论对于解释单个企业的生产经营过程较为成功，但针对全球化发展后多数中小企业往往并未开辟国内市场就直接承接国际业务的行为却难加以准确解释。为此，Hägg 和 Johanson（1982）、Johanson 和 Mattson（1988）等则提出了企业国际化的网络模型[4][5]，该模型认为，应从系统论的视角，系统地考察企业国际化行为。每个企业均为产业系统的一个组成部门，具有"特殊的依存关系"。某个企业的生存和发展完全依赖于与其有相关依存关系企业所控制的资源情况。因此，企业国际化是企业在国际市场网络中建立、发展网络关系的过程。

同样有学者从其他角度对企业国际化动因进行了分析。如 Czinkota 和 Ursic（1991）认为，企业的跨国经营行为很大程度上是依靠其内部制度创新的拉动机制[6]。技术创新和管理水平的创新决定了企业能够从国际化经营的初级阶段（如出口）向对外投资转移。Welch（1996）认为，企业国际化是企业战略计划的组成部分之一，跨国公司的战略倾向决定了企业的国际化进程[7]。一般而言，可以将跨国公司的战略倾向分为母公司中心型、多中心型、地区中心型与全球中心型等四类。其中，母公司中心型主要表现在将赢利作为首要经营目标，并以国内经营方式运作国际企业；多中心倾向则根据东道国当地文化的需求来制定自己的战略计划；地区中心型则可以被看作是多中心和地区中心的结合；全球化则是致力于生产具有地区特色的全球性产品。

芬兰学者 Welch 则认为，国际化是一个内外相互联系的过程，包括内向国际化和外向国际化两个方面。我国学者鲁桐（2001）则指出，外向国际化应包括出口、技术对外转让、特许经营、对外投资等方面；内向国际化则包括进口、购买技术专利、补偿贸易、国内合资等方面[8]。

芬兰学者 Welch 和 Luostarinen（1988）提出了衡量国际化的六要素模型[9]。

该模型从企业向国际市场提供的产品、海外生产经营方法、目标市场的选择、组织结构、融资方法和人员素质六个方面考察企业的跨国经营。该模型的主要目的并非用于衡量国际化水平，而是从中分析企业国际化的一般路径。

我国学者鲁桐则提出了六要素蛛网模型，认为跨国经营方式、财务管理、市场营销、组织结构、人事管理和跨国化指数考察企业的国际化程度，并构成了企业国际化的蛛网图形。

二、关于国际化程度衡量方法的理论综述

目前学术界对国际化程度的测量最著名的是 Sullivan（1994）所提出的五要素模型[10]，即包括海外销售占总销售的比重（FSTS）、外国资产占总资产的比重（FATA）、海外子公司占全部子公司的比例（OSTS）、高级管理人员的国际经验（TMIE）、海外经营的心理离散程度（PDIO）。其中，心理离散程度是指妨碍或干扰企业与市场之间信息流动的因素，包括语言、文化、政治体系、教育水平、经济发展水平等，该概念一般用来衡量投资者对海外市场的熟悉程度。在具体进行统计时，前三个指标有严格的量化标准，后两个指标则一般需要通过调查问卷的方式获取。Sullivan 认为，这五个方面对于国际化的贡献是一致的，一个企业的国际化程度最终可以被测算为这五个方面之和。目前，国际学术界在测算国际化程度时，一般均运用这一方法中某一个或几个指标作为测算方式。

《中国企业家》杂志在 2011 年提出了自己的国际化指数体系，包括国际化导向、国际化运营和国际化绩效三大方面。在国际化导向方面，包括企业国际化战略、治理国际化两个因素；国际化运营方面，包括组织国际化、供应链国际化、资产国际化、人才国际化、品牌国际化、研发国际化六个层面；国际化绩效方面，包括海外经营效果和海外融合度两个层面。绝大部分指标均采取调查问卷的方式进行。

上述国际化的测量方法，均从不同角度、不同层面对企业国际化的程度进行了测量。然而，这些国际化测量方法存在两个主要的不足：一是所选择的层面是彼此离散的，未能形成一个统一的整体，即对国际化的认识缺乏一个系统的框架；二是这些指标往往是单层级的，至多以权重的形式在指标中起作用，因而并未考虑到部分指标在国际化体系中实际上是优先于其他指标的。如对外输出资本在层级上要明显高于出口，因此将这两类置于同等维度本身便存在不合理性。

第二节 对企业国际化的理论思考

一、企业国际化的内涵

学术界对企业国际化内涵的解释存在较大差异。如 Young、Hamill、Wheeler 和 Davies（1989）认为企业国际化即为企业跨国经营[11]。Welch 和 Luostarinen（1988）认为企业国际化指企业参与国际分工。Robinson（1984）则认为，企业国际化是企业针对国际市场作出反应的过程[12]。任晓（2006）援引北欧学派的理论，认为企业国际化就是企业成长为跨国公司的过程[13]；崔颖（2007）认为企业国际化是企业逐渐在海外成立分支机构的过程[14]；鲁桐（2002）指出，企业国际化就是指企业的生产经营活动由一国之内向其他国家乃至全球扩散的过程[15]。这些定义均在一定程度上概括了企业国际化的内涵，但又有失全面。若企业国际化仅仅是企业成长为跨国公司的过程，那么可否得出以下结论，即一个最终未能成长为跨国公司的企业，便未曾国际化呢？若企业国际化仅仅停留在海外成立分支机构这一方面，那么一个大量雇用海外人才但并未在海外成立任何分支机构的企业，是不是不存在国际化问题呢？同样，企业形成国际品牌、雇用国际人才、其生产流程成为国际通用标准等行为并不全部属于生产活动，但企业在这些方面取得进展后，其国际化水平也会呈现一定程度的提升。

事实上，对于企业国际化的概念进行辨析，应从这一学术名词的两个关键词"企业"和"国际化"入手。按照现代企业理论的定义，"企业"是指从事生产、流通、服务等经济活动，以生产或服务满足社会需要，实行自主经营、独立核算、依法设立的一种营利性的经济组织。而"国际化"则是指在主权国家存在的情况下，和国外发生各种联系的过程。这种联系并不一定是生产经营领域的联系，因此，仅仅将企业国际化限定在生产经营领域，是不准确的；企业一切和海外发生联系的活动均应视为企业国际化的组成部分。

目前，我国学术界所谈论的国际化，主要是指国际化经营活动，即与企业国际业务相关的生产经营活动，包括设立海外营销渠道、实施国际化标准、与外国企业进行技术合作等。国际化经营活动必然会导致企业和海外发生资讯、生产要素等领域的交换，生产要素的国际交换则是企业国际化的重要组成部分。

本章将企业国际化定义为企业和海外不断发生联系和要素交换的过程，包括内向国际化和外向国际化两个层面。"内向国际化"指以"引进来"的方式参与国际资源转换和国际经济循环，即通过引进外国企业的产品、服务、资本、技术和人才等要素促使国内市场国际化，不断学习和积累国际经营知识与经验，逐步实现企业的国际化；而"外向国际化"指采取"走出去"的方式参与国际竞争与国际经济循环，即通过本国企业产品、服务、资本、技术和人才等优质要素走向国际市场，推动国内市场向国际市场延伸，进一步学习和积累国际经营知识与经验，最终实现企业的国际化。在这种定义下，企业学习国际上的先进管理经验、雇用高端国际商务人才甚至将英语作为企业内部通用语言等行为均可以被归入企业国际化的范畴。

二、企业国际化的基本特点

（一）企业国际化是"水到渠成"的过程，切忌"揠苗助长"

虽然在大多数行业中，企业发展壮大均会遵循从国内市场向国际市场的路径，与国际市场的联系会逐渐增加，国际化程度也会不断上升。然而，不同行业、不同类型的企业发展有着自身的内在规律，不同企业之间的比较优势也各不相同。由于国际市场环境和国内市场环境差异较大，相当一部分企业在发展的初期并不一定具备跨国经营的能力，更适宜于采取占领本国或本地市场份额的战略。倘若政府采用过多地扶植政策刺激企业采取跨国经营的形式，可能对企业长期发展有害而无利。

（二）国际化程度低并不等同于国际竞争力低

目前学术界往往将国际化和国际竞争力这两个词汇等同进行分析。诚然，这两者之间存在一定的关联性，国际竞争力较强的企业更易于同国际市场建立联系，从而开展国际业务，以至最终成长为大型跨国公司。但必须指出的是，企业是否重点开展国际业务，实际上是企业的战略选择，一个国际竞争力较强的企业同样可以选择先巩固本土市场，随后逐渐占领国际市场的做法；同时，不同国家的竞争力不同，相当一部分企业的国际经营业务集中于发展中国家，其国内产品质量和技术水平要明显落后于母国，主要选择这些国家作为跨国经营主要目的地的企业，其国际竞争力完全可能低于以国内市场为主要业务目的地的国内企业。

（三）不同类型企业之间的国际化路径存在明显差异性

不同类型、不同行业的企业的路径具有明显的差异性。对于制造业企业而言，从小规模出口到大批量出口，进而发展为在国外建立营销渠道和制造基地，是一条主要的国际化路径图；而资源型企业的国际化则主要集中在海外获取资源基地；餐饮行业的国际化则更多体现在服务贸易出口中的商业存在，不一而足。因此，使用同一套体系去规范不同类型企业的国际化路径是不够科学的。

第三节　我国中央企业国际化指数指标体系的设计

如前所述，本节将采取"双向、四级、多指标"的方式构建我国中央企业国际化指标体系。其中，"双向"是指输入要素和输出要素，"四级"则是指前文的商品和服务、资本、人才和品牌以及规则四个层级，"多指标"则是在不同层级下，进一步设置多个不同指标，设置不同权重用于准确测算国际化程度。在计算整体国际化指数时，先按照一定的规则，计算出不同层级的子指数值，再将较高层级的子指数赋予较高权重，较低层级的子指数赋予较低权重，采用加权平均方法计算出某企业的整体国际化指数。

一、外向国际化的指标体系

（一）第一层级——贸易层级

指标1：海外经营收入总值占总经营收入总值的比重。

对于企业而言，贸易的概念不能仅仅局限于出口和进口，而应分析为所获得的业务收入是来自海外还是来自国内。其原因在于，相当一部分企业出口的并非是简单的商品或者是服务，而是一个系统的整体，例如承接一个海外工程承包合同从销售到援建的所有环节。同时，企业通常无法提供详细到向各国出口各项商品规模的数据。因此，本研究在此援引 Sullivan（1994）的这一指标作为衡量第一层级的核心指标。

指标2：企业业务海外经营分散度。

理论上，仅从海外经营收入总值的比重并不能反映其海外经营业务的覆盖面。倘若有两个企业，其海外经营业务收入水平所占比重一致，但前者只有一小部分业务类型参与国际运作，而后者的所有业务类型均涉及海外，实际上后者的国际化程度要高于前者。

为此，可以考虑借鉴产业经济学中集中度的概念，对企业海外业务的分散度进行测算。假设企业有 N 类业务，各类业务海外经营规模为 A_1，A_2，$\cdots$，A_n，总海外经营业务规模为 A，则可以认为分散度为 $DD_1 = 1 - \sum_{i=1}^{N}(A_i/A)^2$。海外经营业务越分散，该指标越高，而业务种类越集中，该指标越低。

指标3：海外经营业务种类占企业总业务种类的比重（简化替代指标）。

然而，考虑到企业各类业务海外经营规模的数据可能难以获得，也可采用简单的方法进行替代测算，即海外经营业务种类和企业总业务种类的比重，用以简单地衡量海外业务的分散程度。

指标4：海外业务的国家分散度。

海外业务的国家分散度也同样能够反映企业国际化水平的广度，其测算方法与指标2相似，即假设企业与 N 个国家有业务往来，每个国家的业务往来规模为 B_1，B_2，$\cdots$，B_n，总海外经营业务规模为 B，则可以认为分散度为 $DD_2 = 1 - \sum_{i=1}^{N}(B_i/B)^2$。倘若各国的海外业务具体规模无法获取，也可采用海外业务涉及国家和全球国家与地区总数的比重代替。

指标5：涉及发达国家业务规模占海外业务总规模的比重。

一般而言，企业承接发展中国家业务和发达国家业务所代表的国际化水平是不同的。在国际市场中，发达国家无疑属于相对较高的层级。因此，能够承接较多发达国家相关业务的企业国际化水平应高于承接较多发展中国家相关业务的企业。

需要说明的是，涉及发达国家业务并不一定就在发达国家境内完成。例如，中国石油天然气集团公司和加拿大某石油公司联合收购哈萨克斯坦一处油田，应判定为涉发达国家业务，而非涉发展中国家业务，这样可以在一定程度上避免由于行业特征导致的误差。例如，资源型行业的项目所在国往往为资源型国家，常属于发展中国家。

指标6：涉及发达国家数目占海外业务国家总数的比重（简化替代指标）。

同样，企业在每个发达国家与发展中国家业务规模可能难以测算。因此，为简便考虑，本研究也设计了该指标用于简化替代测算。其中，发达国家和地区的范围划分为欧元区各国、英国、美国、加拿大、澳大利亚、新西兰、日本、韩国以及新加坡、中国香港地区、维尔京群岛等自由港。

需要说明的是，其中应用哪些指标，应主要依靠数据可获得性进行判断。

（二）第二层级——资本层级

指标1：海外资产规模占总资产规模的比重。

该指标最初来源于 Sullivan（1994）的指标体系。理论上，海外资产规模能够准确表述该企业在海外投资的整体状况，数据的可获得性也较强，是一个易于通用的指标。然而，该指标也存在一定的不足：一是难以准确衡量获得海外资产的方式，究竟为海外并购抑或是绿地投资；二是难以通过海外资产投资所在国来衡量国际化投资的水平。与海外业务规模相似，对发达国家投资的企业国家化水平理论上强于对发展中国家投资，更要强于对自由港投资。

指标 2：企业投资方式折算系数。

从理论上，海外并购对企业国际化水平的要求要高于绿地投资。因此，可以对海外并购赋予更高的权重，从而进行折算。具体方法有两种：一是计算海外投资中绿地投资和并购投资的规模，并对并购投资赋予较高的权重，从而计算出折算系数；二是采取简单的办法，倘若海外投资中存在并购投资，则折算系数设定为 1，否则设定为 0.5。

指标 3：海外投资的国家分散度。

海外业务的国家分散度也同样能够反映企业国际化水平的广度。即假设企业与 N 个国家存在海外投资关系，每个国家的投资规模为 C_1、C_2，$\cdots$，C_n，总海外投资规模为 C，则可以认为分散度为 $DD_3 = 1 - \sum_{i=1}^{N} (C_i/C)^2$。

指标 4：涉及发达国家投资规模占海外投资总规模的比重。

企业对发展中国家投资和对发达国家投资所代表的国际化水平是不同的。发达国家无疑属于相对较高的层级。能够对较多发达国家投资的企业国际化水平应高于仅能对发展中国家投资的企业。

需要说明的是，与计算贸易层级相关指标相似，在中国石油天然气集团公司收购加拿大某石油公司在哈萨克斯坦的某油田的案例中，应认定为涉发达国家的对外投资，而非涉发展中国家的对外投资。

指标 5：涉及发达国家（不含自由港）数目占海外投资国家总数的比重（简化替代指标）。

同样，针对每一个发展中国家业务规模可能难以测算。因此，为简便考虑，本研究也设计了本指标用于简单测算。但必须说明的是，新加坡、中国香港特别行政区、维尔京群岛和开曼群岛等自由港由于在税收、金融等方面具有诸多优势，是各国设立海外公司用以避税的中心，因此，对这些地区发生的海外业务不应计入对发达国家投资的范畴。

指标 6：海外分支机构数量和总分支机构数量的比重。

不同类型的海外投资所需要的资本规模差异很大，因此仅仅运用投资规模所占比重衡量向对外投资这一层级的国际化程度也会产生一定误差。特别是建立销售网络或成立研发中心所需要的投资规模远低于设立一个海外制造业基地。因此，本研究同样援引 Sullivan（1994）的方法，计算各企业海外分支机构数量和总分支机构数量的比重。

（三）第三层级——输出技术、人才和品牌

1. 技术

指标1：收取海外专利费用规模占营业收入比重。

企业输出技术最典型的表现是通过输出技术收取专利费用。因此，该指标是衡量输出技术水平最为准确的指标。

指标2：涉及技术出口的营业项目规模占总项目规模比重。

对于中央企业而言，输出技术不一定以收取海外专利费用的形式，同样可能以一些涉及研发合作的项目进行。如中国石油天然气集团公司和厄瓜多尔合作勘探当地油田、和苏丹谈判建设管线并出口物化技术设备均可以被认为是一种技术输出。同时，专利费用的收入数据也相对难以获得。因此，可以将海外经营项目进行分类，将涉及研发合作营业项目规模进行汇总，以此来近似表示中央企业输出技术的情况。

指标3：是否存在涉及技术出口的营业项目。

从统计资料显示，即便是涉及技术出口的营业项目规模，数据同样很难获得。因此，可以采用最简单的方法，即存在涉及发达国家技术出口的营业项目时，将该数值赋为1；若存在涉及发展中国家技术出口的营业项目，将该数值赋为0.5；若不存在涉及技术出口的项目，赋值为0。

2. 输出人才

人才输出的含义如下：倘若某中央企业为海外其他跨国企业培养了相当多的人才，则说明该中央企业在人力资源上已经处于了国际化的较高水平。然而，人才输出同样可划分层级——倘若能够向发达国家的跨国公司输出人才，则应处于最高等级；倘若能够向其他发展中国家的企业输出人才，则应处于较高等级；倘若能够向我国其他跨国公司的海外分公司输出人才，则处于更低一级的等级。

指标1：向其他跨国公司输出人才数量和离职总人数的比重。

显然，该指标是衡量人才输出规模的最准确指标。从目前的统计口径看，该指标很可能不具备数据可获得性。因此，很可能将选用简化型指标，即给定一个时限（如1年），倘若有高层管理人员离职后前往发达国家的跨国公司就职，则为1；如有高层管理人员向其他发展中国家跨国公司就职，则为2/3；如有高层管理人员向

我国其他跨国公司的海外机构就职，则为 1/3；除此之外则赋值为零。

3. 输出品牌

该指标的含义是，该企业是否拥有全球知名的品牌产品或服务。一般而言，企业获取国际知名品牌有以下两种途径：一是自身品牌经过激烈的国际竞争最终成长为国际知名品牌；二是直接收购国际知名品牌。考虑到数据的可获得性，可以采取如下方法设置指标：

首先，是拥有全球品牌价值排名前 100（或 500）位的品牌，且该品牌为自身成长所导致，赋值为 1；拥有全球品牌价值排名前 100（或 500）位的品牌，但该品牌系收购而来，赋值为 0.5，否则赋值为 0。

（四）第四层级——输出规则

输出规则的含义主要包括以下三个方面：一是在相关经营领域的商业规则制定中拥有制定权；二是在全球性质的行业协会组织中占据重要位置；三是其企业经营模式具有一定的国际知名度，被其他跨国公司借鉴。

该指标基本上无法定量测算，只能根据上述方法通过调查问卷的方式得到相关数据。在没有调查问卷的前提下，则可通过网络搜集资料，对这些指标进行基本的整理，得出一个近似值。

二、内向国际化的指标体系构建

内向国际化的指标体系整体上和外向国际化基本相似，但指标体系有所不同。

（一）第一层级——商品贸易层级

指标 1：进口原材料和中间产品占总消耗量的比重。

对于企业而言，进口商品主要分为三类：原材料、中间产品和相关设备。在目前中国经济的发展环境下，设备的进口主要可以被视为是物化技术的进口。因此，此处商品贸易的范畴应主要限制在原材料和中间产品。企业从国外进口原材料和中间产品的比重越高，在一定程度上说明企业在国际市场上寻求资源的能力越强。

指标 2：企业进口原材料和中间产品的国家分散度。

海外业务的国家分散度也同样能够反映企业国际化水平的广度，其测算方法与前文相似。即假设企业与 N 个国家有进口原材料和中间产品的业务往来，每个国家的进口业务往来规模为 D_1，D_2，…，D_n，总进口业务规模为 D，则可以认

为分散度为 $DD_4 = 1 - \sum_{i=1}^{N} (D_i/D)^2$。

（二）第二层级——资本层级

指标 1：境外法人投资规模占总资本的比重。

理论上，一个内向国际化水平较高的企业的资本结构也是多元化的，因此利用境外法人投资规模占总资本的比重可以在一定程度上衡量企业内向的国际化程度，且数据的可获得性相对较强，是一个易于通用的指标。然而，该指标只能反映企业的资本股权结构，不能反映企业的融资结构。因此，需要其他指标加以补充。

指标 2：资本股权结构的国家分散度。

资本股权结构的国家分散度也同样能够反映企业国际化水平的广度，其测算方法与前文相似。即假设企业的资本结构中来自 N 个国家或地区的投资，每个国家或地区的投资规模为 E_1，E_2，$\cdots$，E_n，总资本规模为 E，则可以认为分散度为

$$DD_5 = 1 - \sum_{i=1}^{N} (E_i/E)^2。$$

指标 3：企业海外融资占总融资的比重。

对于企业而言，在海外通过发债、上市、贷款等方式融资是国际化的重要途径之一。因此，可将该指标作为企业内向资本国际化水平的重要指标之一。

倘若该指标无法获得，则可采取较为简单的近似方法，具体如下：目前中国企业海外融资方式主要有以下几种：以 IPO 为主的直接上市融资、发行国际债券融资、外商直接投资融资和向国际金融机构直接贷款等。假设方式有 N 种，而某企业运用了 K 种方式进行海外融资，则某企业的指标值为 K/N。

（三）第三层级——输入技术、人才

1. 输入技术

指标 1：进口先进设备投资额占新增投资额的比重。

目前我国企业引进技术的主要形式之一是引进先进设备。因此，可以将进口先进设备投资额所占比重作为衡量输入技术的主要指标。倘若该指标很难获得，也可以采用较为简单的方法，即存在进口先进设备，将该数值赋为 1；不存在则赋值为 0。

指标 2：技术引进支出占总支出的比重。

该指标和上一指标类似，均可以反映企业引进技术的情况。但倘若技术引进支出的数据很难获得，也可以采用较为简单的方法，即存在引进先进技术，将该

数值赋为 1；不存在则赋值为 0。

2. 输入人才

指标 1：有过海外就职经验人才占总职工人数比重。

指标 2：有过海外培训和教育经历的人才数占总职工人数比重。

倘若某企业曾有过海外就职的经验的人才所占比例较高，则说明某企业的内向人才国际化水平较高。除此之外，倘若某企业中有过海外培训和教育经历的人才所占比重也能在一定程度上反映企业人才的国际化水平。

显然，这两个指标是衡量人才输出规模的最准确指标。但从目前的统计口径看，该指标很可能不具备数据可获得性。因此，很可能将选用简化型指标，即倘若有人才来自海外就职，则为 1；否则为 0；有人才有过海外培训和教育经历则为 1，否则为 0。

（四）第四层级——输入规则

输入规则的含义和输出规则存在一定差异，主要包括以下两个方面：一是在国际经贸合作中严格遵守国际惯例，在业内有较好的口碑；二是在经营管理方面能够遵循一些普适性的国际通用规则。

该指标基本上无法定量测算，只能根据上述方法通过调查问卷的方式得到相关数据。在没有调查问卷的前提下，则可通过网络搜集资料，对这些指标进行基本的整理，得出一个近似值。

基于前文的指标体系，本研究将对中央企业国际化指数的方法进行测算，外向国际化指数和内向国际化的指标体系分别如表 1-1 和表 1-2 所示。

表 1-1　　　　　　　　　　外向国际化指数的指标体系

层级	指标名称	符号	各层级外向国际化指数	整体外向国际化指数
贸易层级	海外经营收入占总经营收入的比重	S_{11}	$S_1 = (S_{12} + S_{13}) \times S_{11}/2$	$S = (S_1 + 2S_2 + 3S_3 + 4S_4)/10$
	海外经营业务种类和企业总业务种类的比重	S_{12}		
	或：企业业务海外经营分散度			
	海外业务的国家分散度	S_{13}		
	或：涉及发达国家业务规模占海外业务总规模的比重			
	或：发达国家数目占海外业务国家总数的比重			

续表

层级	指标名称	符号	各层级外向国际化指数	整体外向国际化指数
资本层级	海外资产规模占总资产规模的比重	S_{21}	$S_2 = ((S_{22} + S_{23}) \times S_{21}/2 + S_{24})/2$	$S = (S_1 + 2S_2 + 3S_3 + 4S_4)/10$
	企业投资方式折算系数（有并购为1，无并购为0）	S_{22}		
	海外投资的国家分散度 或：涉及发达国家投资规模占海外投资总规模的比重 或：涉及发达国家（非自由港）数目占海外投资国家总数的比重	S_{23}		
	海外分支机构数量和总分支机构数量的比重	S_{24}		
无形资产层级	收取海外专利费用规模占营业收入比重 或：涉及技术出口的营业项目规模占总项目规模比重 或：是否存在涉及技术出口的营业项目	S_{31}	$S_3 = (S_{31} + S_{32} + S_{33})/3$	
	向其他跨国公司输出人才数量与离职总人数的比重（可使用简化指标）	S_{32}		
	拥有全球品牌排名前500位的品牌（自身成长为1，收购而来系0.5）	S_{33}		
规则层级	是否在商业规则制定中拥有制定权	S_{41}	$S_4 = (S_{41} + S_{42} + S_{43})/3$	
	是否在全球性行业协会中占有重要位置	S_{42}		
	经营模式是否存在一定国际知名度	S_{43}		

表1－2　　　　　　　　　　内向国际化指数的指标体系设计

层级	指标名称	符号	各层级内向国际化指数	整体内向国际化指数
贸易层级	进口原材料和中间产品占总消耗量的比重	S_{11}	$S_1 = S_{12} \times S_{11}/2$	$S = (S_1 + 2S_2 + 3S_3 + 4S_4)/10$
	进口原材料和中间产品的国家分散度	S_{12}		
资本层级	境外法人投资规模占总资本的比重	S_{21}	$S_2 = (S_{22} \times S_{21}/2 + S_{23})/2$	
	资本股权结构的国家分散度	S_{22}		
	企业海外融资占总融资的比重	S_{23}		
无形资产层级	进口先进设备投资额占新增投资额的比重（可简化）	S_{31}	$S_3 = (S_{31} + S_{32} + S_{33} + S_{34})/4$	
	技术引进支出占总支出的比重（可简化）	S_{32}		
	有过海外就职经验人才占总职工人数比重	S_{33}		
	有过海外就职经验人才占总职工人数比重	S_{33}		
	有过海外培训和教育经历人才占总职工数比重	S_{34}		
规则层级	是否在国际经贸合作中遵循国际规则	S_{41}	$S_4 = (S_{41} + S_{42})/2$	
	是否引进现代化的经营管理理念	S_{42}		

对于该指标体系的解释如下：

一是将海外经营业务种类所占比重和国家分散度作为外向国际化程度贸易层级主指标的修正指标。对于贸易层级而言，海外经营业务收入所占比重是最核心的指标，而在两个企业海外经营业务收入占比相差不大的情况下，海外经营业务种类、国家分散度的差异才会对国际化程度产生一定的影响。因此，在计算贸易层级指标最终值时，将这两个指标进行算术平均，并作为主指标的修正系数。

二是在外向国际化的资本层级中，将海外分支机构所占比重以及海外资产所占比重作为同一等级的衡量指标。由于不同分支机构的功能不同，有的海外分支机构用于生产，资产规模较大，有的海外分支机构用于研发或者拓展销售网络，资产规模较小。因此单一使用资产规模所占比重衡量资本层级国际化指数的指标有失偏颇，故采用两个指标的算术平均指标作为衡量标准；而投资方式和对发达国家投资所占比重属于海外投资规模的附属指标，故将其算术平均后作为主指标一（海外资产所占比重）的修正系数。

三是在内向国际化的资本层级指标体系中，将资本股权结构的国家分散度作为修正系数。如前所述，海外融资和资本股权结构是两个同等级的维度，因此对这两个指标进行了算术平均，而将资本股权结构的国家分散度作为资本股权结构的修正系数，其中隐含了股权结构更为分散的国家其国际化程度更高这一假设。

四是在设置权重时，对品牌、规则和标准设置了较高的权重。这一点来源于本研究对企业国际化的价值判断。目前中央企业在海外投资、海外销售等方面已经取得了较大的突破，但在塑造国际一流品牌、输出先进技术和制定全球通行的经营管理理念和规则方面距离发达国家的跨国公司尚存在很大差距。从企业发展的角度看，在一个较短的时期内通过引进先进设备、扩大投资可以迅速形成较强的出口能力，而通过 10 年左右或更短的时间发挥自身在资本、政策等方面的优势扩大对外投资同样具有可行性，然而"软实力"的提升则需要一个更为漫长的过程。因此，本研究在设计权重的时候，更为强调品牌、规则和标准的权重。当然，如前所述，由于不同行业在这一层级国际化的难度差异较大，跨行业比较可能会出现误差，因此在跨行业比较时，可适当对该指标的权重进行调整。

第四节 我国中央企业国际化指数及排名

一、各领域中央企业样本

本部分按照上文设计的指标体系，对于石油石化、电力、信息通信、机械装备、钢铁冶炼有色、煤炭、化学工业、轨道装备、汽车制造、建设施工、航运服务、航空服务、农林牧渔、军事工业、清洁能源、旅行服务、综合类等 17 个领域具有代表性的 50 家中央企业的外向国际化指数进行测算，如表 1 - 3 所示。

表1-3　　　　　　　　　　　　　国际化指数研究中央企业样本

序号	中央企业	所属行业	序号	中央企业	所属行业
1	中国石油天然气集团公司	石油石化	26	中国煤炭科工集团有限公司	煤炭
2	中国石油化工集团公司		27	中国化工集团公司	化学工业
3	中国海洋石油总公司		28	中国中车集团公司	轨道装备
4	中国中化集团公司		29	中国第一汽车集团公司	汽车制造
5	国家电网公司	电力	30	东风汽车公司	
6	中国南方电网有限责任公司		31	中国铁路工程总公司	建设施工
7	中国华能集团公司		32	中国铁道建筑总公司	
8	中国大唐集团公司		33	中国交通建设集团有限公司	
9	中国华电集团公司		34	中国建筑工程总公司	
10	中国国电集团公司		35	中国远洋海运集团有限公司	航运服务
11	中国电信集团公司	信息通信	36	中国航空集团公司	航空服务
12	中国联合网络通信集团有限公司		37	中国东方航空集团公司	
13	中国移动通信集团公司		38	中国南方航空集团公司	
14	中国第一重型机械集团公司	机械装备	39	中粮集团有限公司	农林牧渔
15	中国机械工业集团有限公司		40	中国林业集团公司	
16	哈尔滨电气集团公司		41	中国核工业集团公司	军事工业
17	鞍钢集团公司	钢铁冶炼有色	42	中国兵器工业集团公司	
18	中国宝武钢铁集团有限公司		43	中国航天科技集团公司	
19	中国中钢集团公司		44	中国航天科工集团公司	
20	中国五矿集团公司		45	中国船舶工业集团公司	
21	中国铝业公司		46	中国广核集团有限公司	清洁能源
22	中国黄金集团公司		47	中国旅游集团公司	旅行服务
23	中国有色矿业集团有限公司		48	招商局集团有限公司	综合类
24	中国中煤能源集团有限公司	煤炭	49	华润（集团）有限公司	
25	神华集团有限责任公司		50	中国保利集团公司	

二、测算指标的选取及测算结果

（一）外向国际化

根据企业数据的可获得性，本实证研究将指标体系加以调整简化，如表1-4所示。贸易层级、资本层级、无形资产层级以及规则层级四个层级的指数在

表 1 - 4　　　　　　应用于实证研究的外向国际化指数的指标体系

层级	指标名称	符号	各层级外向国际化指数	整体外向国际化指数
贸易层级	海外经营收入占总经营收入的比重	S_{11}	$S_1 = (S_{12} + S_{13}) \times S_{11}/2$	
	海外经营业务种类占总体业务种类比重	S_{12}		
	涉及发达国家数目占海外业务国家总数的比重	S_{13}		
资本层级	海外资产规模占总资产规模的比重	S_{21}	$S_2 = ((S_{22} + S_{23}) \times S_{21}/2 + S_{24})/2$	
	企业投资方式折算系数（存在并购投资为 1，否则为 0.5）	S_{22}		
	涉及发达国家（非自由港）数目占海外投资国家总数的比重	S_{23}		$S = (S_1 + S_2 + S_3 + S_4)/4$
	海外分支机构数量占总分支机构数量的比重	S_{24}		
无形资产层级	是否存在涉及技术出口的营业项目（发达国家为 1，发展中国家为 0.5，否则为 0）	S_{31}	$S_3 = (S_{31} + S_{32} + S_{33})/3$	
	向其他跨国公司输出人才情况（一年内高层管理人员前往发达国家为 1，前往发展中国家为 2/3，前往本国跨国公司为 1/3，其余为 0）	S_{32}		
	拥有全球品牌排名前 500 位的品牌（自身成长为 1，收购而来为 0.5，否则为 0）	S_{33}		
规则层级	是否在商业规则制定中拥有制定权	S_{41}	$S_4 = (S_{41} + S_{42} + S_{43})/3$	
	是否在全球性行业协会中占有重要位置	S_{42}		
	经营模式是否存在一定国际知名度	S_{43}		

最后转化为整体外向国际化指数时，考虑到后两者所具有的主观性较强，因而将权重加以调整为简单平均法。

在收集数据加以分析的过程中，部分指标的具体判断依据如下：

贸易层级与资本层级指标中，指标 S_{11} "海外经营收入占总经营收入的比重" 与 S_{21} "海外资产规模占总资产规模的比重" 的计算依赖于中央企业海外资产与海外销售收入等信息的公开。然而，几乎所有企业均未公布 2015 年海外资产、海外销售收入等信息，只有个别企业在其管理层讲话或年度报告中给出个别年份的海外资产占总资产比重、海外销售收入占总销售收入比重等数值。因此，本研究相关数据的获得主要依赖于中国企业联合会所公布的《2016 中国 100 大跨国公司榜单》。其中，部分数据经和有关中央企业高层协调，进行了一定的修正。

无形资产层级指标中，指标 S_{32} "向其他跨国公司输出人才情况" 的判断主要参考一年内高层管理人员的调动命令，并以其他公开信息加以补充，这主要是由我国中央企业的高层管理人员任命制度所决定的。

指标 S_{33} "拥有全球品牌排名前 500 位的品牌" 的判断依据采用世界品牌实验室于 2016 年发布的第十三届《世界品牌 500 强》榜单，列入则取 1，未列入则取 0。该排名和全球 500 强不同，并不考虑资本、销售规模等反映企业整体经营状况的指标，单纯通过德尔斐法和调查问卷得出相关企业品牌的全球知名度，其排名和全球 500 强企业有较大差异。如苹果公司品牌价值目前居全球首位，然而其企业规模并非位居前列。而在中国企业中，百度等企业尚未进入全球 500 强企业范畴，但其品牌价值已位列全球 500 强。在 2016 年榜单中，共有 12 家中央企业位列世界品牌 500 强。除此以外，中国化工集团公司通过收购瑞士先正达从而获得 500 强世界品牌。

规则层级指标中，指标 S_{41} "是否在商业规则制定中拥有制定权" 主要通过搜集相关公开信息，考察各中央企业是否在全球行业中拥有定价权，是否在市场份额中拥有绝对优势或可设立行业技术标准。据此标准，发起设立 28 项国际标准的国家电网公司、成功推广 TD－LTE 模式的中国移动通信集团公司与占据约七成全球市场份额的中国中车集团公司可视为在商业规则制定中拥有制定权。

指标 S_{42} "是否在全球性行业协会中占有重要位置" 主要通过搜集相关公开信息，考察各中央企业是否可主导全球性行业协会决策，或自行发起重要国际性会议。据此标准，牵头发起全球能源互联网发展合作组织的国家电网公司、入选世界钢协执行委员会的鞍钢集团公司与中国宝武钢铁集团有限公司、高层管理者曾出任世界煤炭协会的神华集团有限责任公司、发起技术边会的中国核工业集团公司、高层管理者曾出任国际宇航科学院副主席的中国航天科技集团公司以及联合国世界旅游组织（UNWTO）在中国的唯一企业会员中国旅游集团公司可视为在全球性行业协会中占有重要位置。

指标 S_{43} "经营模式是否存在一定国际知名度" 主要通过搜集相关公开信息，考察各中央企业是否在经营模式方面具有国际领先性，可供其他国家跨国公司学习借鉴。据此标准，投资和运营欧洲、亚洲、大洋洲和南美洲 7 个国家和地区的骨干能源网公司并实现盈利的国家电网公司、入选 "2014 年世界对外投资可持续发展典型案例" 的中国铝业公司、通过频繁收购海外技术领先企业而迅速崛起的中国化工集团公司、产品出口到 102 个国家和地区并获得欧美国家广泛认同与关注的中国中车集团公司，以及基于华龙一号技术提供核电站的建设、运营与核能建设和管理能力服务的中国核工业集团公司与中国广核集团有限公司，可视为其经营模式存在一定国际知名度。

基于以上方法，2016 年我国中央企业外向国际化指数计算结果如表 1-5 所示。

表 1-5　　　　　　　　　　外向国际化指数计算结果

序号	中央企业	贸易层级指标 S_1	资本层级指标 S_2	无形资产层级指标 S_3	规则层级指标 S_4	外向国际化指数
1	中国石油天然气集团公司	15.1	8.5	66.7	0	22.6
2	中国石油化工集团公司	15.5	12.9	77.8	0	26.5
3	中国海洋石油总公司	17.2	28.2	16.7	0	15.5
4	中国中化集团公司	15.4	31.9	66.7	0	28.5
5	国家电网公司	0.5	6.7	66.7	100.0	43.5
6	中国南方电网有限责任公司	0	6.3	27.8	0	8.5
7	中国华能集团公司	1.9	4.5	44.4	0	12.7
8	中国大唐集团公司	0.2	0.9	16.7	0	4.5
9	中国华电集团公司	0.2	9.6	27.8	0	9.4
10	中国国电集团公司	0	2.3	16.7	0	4.8
11	中国电信集团公司	1.0	12.4	50.0	0	15.9
12	中国联合网络通信集团有限公司	0.6	17.6	50.0	0	17.0
13	中国移动通信集团公司	12.0	11.6	50.0	33.3	26.7
14	中国第一重型机械集团公司	0.4	2.5	0	0	0.7
15	中国机械工业集团有限公司	14.1	28.2	0	0	10.6
16	哈尔滨电气集团公司	10.5	1.7	27.8	0	10.0

序号	中央企业	贸易层级指标S_1	资本层级指标S_2	无形资产层级指标S_3	规则层级指标S_4	外向国际化指数
17	鞍钢集团公司	2.5	8.9	0	33.3	11.2
18	中国宝武钢铁集团有限公司	9.2	16.0	0	33.3	14.6
19	中国中钢集团公司	0.8	10.3	0	0	2.8
20	中国五矿集团公司	11.4	24.0	0	0	8.9
21	中国铝业公司	1.5	9.3	16.7	33.3	15.2
22	中国黄金集团公司	0.3	6.9	0	0	1.8
23	中国有色矿业集团有限公司	9.0	19.5	16.7	0	11.3
24	中国中煤能源集团有限公司	0.9	2.2	0	0	0.8
25	神华集团有限责任公司	0.3	3.3	33.3	33.3	17.6
26	中国煤炭科工集团有限公司	0	0	16.7	0	4.2
27	中国化工集团公司	16.1	28.0	16.7	33.3	23.5
28	中国中车集团公司	5.6	5.1	16.7	66.7	23.5
29	中国第一汽车集团公司	0.2	5.4	11.1	0	4.2
30	东风汽车公司	1.7	0	0	0	0.4
31	中国铁路工程总公司	1.0	4.0	66.7	0	17.9
32	中国铁道建筑总公司	1.5	18.0	50.0	0	17.4
33	中国交通建设集团有限公司	8.3	45.8	33.3	0	21.9
34	中国建筑工程总公司	3.7	17.6	33.3	0	13.7
35	中国远洋海运集团有限公司	30.0	42.5	0	0	18.1
36	中国航空集团公司	28.7	27.9	33.3	0	22.5
37	中国东方航空集团公司	10.7	23.6	0	0	8.6
38	中国南方航空集团公司	9.7	22.2	0	0	8.0
39	中粮集团有限公司	23.0	19.3	44.4	0	21.7
40	中国林业集团公司	0	3.2	0	0	0.8
41	中国核工业集团公司	0	5.6	33.3	66.7	26.4
42	中国兵器工业集团公司	8.6	30.4	0	0	9.8
43	中国航天科技集团公司	0	0	33.3	33.3	16.7
44	中国航天科工集团公司	1.3	5.7	11.1	0	4.5
45	中国船舶工业集团公司	8.5	9.0	16.7	0	8.5
46	中国广核集团有限公司	0	2.1	33.3	33.3	17.2
47	中国旅游集团公司	2.9	26.6	0	33.3	15.7
48	招商局集团有限公司	19.0	37.4	33.3	0	22.4
49	华润（集团）有限公司	3.2	18.4	0	0	5.4
50	中国保利集团公司	4.6	7.1	0	0	2.9

基于以上国际化指数计算结果,我国中央企业外向国际化排行榜如表1-6所示。其中,国家电网公司、中国中化集团公司、中国移动通信集团公司、中国石油化工集团公司、中国核工业集团公司、中国中车集团公司、中国化工集团公司、中国石油天然气集团公司、中国航空集团公司、招商局集团有限公司分列前十位。

表1-6 中央企业外向国际化指数排行榜

序号	中央企业	外向国际化指数
1	国家电网公司	43.5
2	中国中化集团公司	28.5
3	中国移动通信集团公司	26.7
4	中国石油化工集团公司	26.5
5	中国核工业集团公司	26.4
6	中国中车集团公司	23.5
7	中国化工集团公司	23.5
8	中国石油天然气集团公司	22.6
9	中国航空集团公司	22.5
10	招商局集团有限公司	22.4
11	中国交通建设集团有限公司	21.9
12	中粮集团有限公司	21.7
13	中国远洋海运集团有限公司	18.1
14	中国铁路工程总公司	17.9
15	神华集团有限责任公司	17.6
16	中国铁道建筑总公司	17.4
17	中国广核集团有限公司	17.2
18	中国联合网络通信集团有限公司	17.0
19	中国航天科技集团公司	16.7
20	中国电信集团公司	15.9
21	中国旅游集团公司	15.7
22	中国海洋石油总公司	15.5
23	中国铝业公司	15.2
24	中国宝武钢铁集团有限公司	14.6
25	中国建筑工程总公司	13.7

续表

序号	中央企业	外向国际化指数
26	中国华能集团公司	12.7
27	中国有色矿业集团有限公司	11.3
28	鞍钢集团公司	11.2
29	中国机械工业集团有限公司	10.6
30	哈尔滨电气集团公司	10.0
31	中国兵器工业集团公司	9.8
32	中国华电集团公司	9.4
33	中国五矿集团公司	8.9
34	中国东方航空集团公司	8.6
35	中国船舶工业集团公司	8.5
36	中国南方电网有限责任公司	8.5
37	中国南方航空集团公司	8.0
38	华润（集团）有限公司	5.4
39	中国国电集团公司	4.8
40	中国航天科工集团公司	4.5
41	中国大唐集团公司	4.5
42	中国第一汽车集团公司	4.2
43	中国煤炭科工集团有限公司	4.2
44	中国保利集团公司	2.9
45	中国中钢集团公司	2.8
46	中国黄金集团公司	1.8
47	中国林业集团公司	0.8
48	中国中煤能源集团有限公司	0.8
49	中国第一重型机械集团公司	0.7
50	东风汽车公司	0.4

　　基于各行业中央企业国际化表现而平均算得的部分行业外向国际化指数排行榜如表1-7所示。结果显示，轨道装备、化学工业、石油石化、信息通信、航运服务、建设施工等行业具有较高的国际化水平，钢铁冶炼有色、煤炭、机械装备以及汽车制造行业国际化程度相对较弱。

表 1-7   中央企业所属行业外向国际化指数排行榜

序号	中央企业所属行业	平均外向国际化指数
1	轨道装备	23.5
2	化学工业	23.5
3	石油石化	23.3
4	信息通信	19.9
5	航运服务	18.1
6	建设施工	17.7
7	清洁能源	17.2
8	旅行服务	15.7
9	电力	13.9
10	军事工业	13.2
11	航空服务	13.0
12	农林牧渔	11.2
13	综合类	10.3
14	钢铁冶炼有色	9.4
15	煤炭	7.5
16	机械装备	7.1
17	汽车制造	2.3

由于各行业自身经营特点，在各层级外向国际化指数中表现出较大差距，各指数层级领先行业情况如表 1-8 所示。

表 1-8   各层级外向国际化指数领先行业

指数层级	领先行业
贸易层级	航运服务、航空服务、化学工业、石油石化、农林牧渔
资本层级	航运服务、化学工业、旅行服务、航空服务、建设施工、
无形资产层级	石油石化、信息通信、建设施工、清洁能源、电力
规则层级	轨道装备、化学工业、清洁能源、旅行服务、军事工业

（二）内向国际化

本部分按照上文设计的指标体系，对于研究样本进行进一步筛选，选取其中企业经营数据透明度较高、业务领域相对集中的代表企业进行分析，包括石油石化、电力、信息通信、钢铁冶炼有色、煤炭、化学工业、轨道装备、汽车制造、建设施工、航运服务、航空服务、农林牧渔、清洁能源、旅行服务 14 个领域的 17 家中央企业进行内向国际化指数测算，如表 1-9 所示。

表 1 - 9   内向国际化指数研究中央企业样本

序号	中央企业	所属行业	序号	中央企业	所属行业
1	中国石油天然气集团公司	石油石化	10	中国第一汽车集团公司	汽车制造
2	中国石油化工集团公司		11	中国铁路工程总公司	建设施工
3	国家电网公司	电力	12	中国建筑工程总公司	
4	中国移动通信集团公司	信息通信	13	中国远洋海运集团有限公司	航运服务
5	中国宝武钢铁集团有限公司	钢铁冶炼 有色	14	中国航空集团公司	航空服务
6	中国五矿集团公司		15	中粮集团有限公司	农林牧渔
7	神华集团有限责任公司	煤炭	16	中国广核集团有限公司	清洁能源
8	中国化工集团公司	化学工业	17	中国旅游集团公司	旅行服务
9	中国中车集团公司	轨道装备			

与外向国际化指数研究相同，根据企业数据的可获得性，本实证研究将指标体系加以调整简化，如表 1 - 10 所示。贸易层级、资本层级、无形资产层级以及规则层级四个层级的指数在最后转化为整体内向国际化指数时，考虑到后两者所具有的主观性较强，因而将权重加以调整为简单平均法。

表 1 - 10   应用于实证研究的内向国际化指数的指标体系

层级	指标名称	符号	各层级内向国际化指数	整体内向国际化指数
贸易层级	进口原材料和中间产品占总消耗量的比重	S_{11}	$S_1 = S_{12} \times S_{11}/2$	$S = (S_1 + S_2 + S_3 + S_4)/4$
	进口原材料和中间产品的国家分散度	S_{12}		
资本层级	境外法人投资规模占总资本的比重	S_{21}	$S_2 = (S_{22} \times S_{21}/2 + S_{23})/2$	
	资本股权结构的国家分散度	S_{22}		
	企业海外融资方式占总融资方式比重	S_{23}		
无形资产层级	是否存在进口先进设备（存在为1，否则为0）	S_{31}	$S_3 = (S_{31} + S_{32} + S_{33} + S_{34})/4$	
	是否存在引进先进技术（存在为1，否则为0）	S_{32}		
	是否存在拥有海外就职经验人才（存在为1，否则为0）	S_{33}		

续表

层级	指标名称	符号	各层级内向国际化指数	整体内向国际化指数
无形资产层级	是否存在拥有海外培训和教育经历人才（存在为1，否则为0）	S_{34}	$S_3 = (S_{31} + S_{32} + S_{33} + S_{34})/4$	$S = (S_1 + S_2 + S_3 + S_4)/4$
规则层级	是否在国际经贸合作中遵循国际规则	S_{41}	$S_3 = (S_{31} + S_{32} + S_{33} + S_{34})/3$	
	是否引进现代化的经营管理理念	S_{42}		

在收集数据加以分析的过程中，部分指标的具体判断依据如下：

贸易层级指标中，指标 S_{11} "进口原材料和中间产品占总消耗量的比重" 与 S_{12} "进口原材料和中间产品的国家分散度" 的计算依赖于中央企业在年度报告中对于其原材料和中间产品进口情况的披露。

资本层级指标中，指标 S_{21} "境外法人投资规模占总资本的比重" 与 S_{22} "资本股权结构的国家分散度" 的计算依赖于中央企业在年度报告中对于其主要持股股东的信息披露。指标 S_{23} "企业海外融资方式占总融资方式比重" 则考察企业海外融资方式的多样性，通常而言，中央企业大多曾经发行国际债券融资或向国际金融机构直接贷款，而在美国或中国香港证券市场直接上市融资的企业，评分相对较高。

无形资产层级指标中，四个指标分别考察中央企业在设备、技术与人才方面的内向国际化程度，由于相关详细数据较难获取，此处仅判断是否存在相关国际化行为，因此在各中央企业间区分度较小。

规则层级指标中，指标 S_{41} "是否在国际经贸合作中遵循国际规则" 主要依据其国际声誉地位与对外贸易参与度进行判断；指标 S_{42} "是否引进现代化的经营管理理念" 则部分参考中央巡视组对于各中央企业的调查结果做出评价。

基于以上方法，2016 年我国中央企业内向国际化指数计算结果如表 1-11 所示。

表 1-11　　　　　　　　　内向国际化指数计算结果

序号	中央企业	贸易层级指标 S_1	资本层级指标 S_2	无形资产层级指标 S_3	规则层级指标 S_4	内向国际化指数
1	中国石油天然气集团公司	21.2	40.1	100.0	90.0	62.8
2	中国石油化工集团公司	3.0	41.1	100.0	90.0	58.5
3	国家电网公司	0	25.0	100.0	80.0	51.3

序号	中央企业	贸易层级指标 S_1	资本层级指标 S_2	无形资产层级指标 S_3	规则层级指标 S_4	内向国际化指数
4	中国移动通信集团公司	0	37.5	100.0	50.0	46.9
5	中国宝武钢铁集团有限公司	33.3	12.5	100.0	65.0	52.7
6	中国五矿集团公司	31.1	37.5	100.0	65.0	58.4
7	神华集团有限责任公司	0	37.5	100.0	65.0	50.6
8	中国化工集团公司	4.0	25.0	100.0	90.0	54.8
9	中国中车集团公司	4.0	39.5	100.0	90.0	58.4
10	中国第一汽车集团公司	4.8	0	100.0	65.0	42.4
11	中国铁路工程总公司	1.6	39.8	100.0	80.0	55.3
12	中国建筑工程总公司	3.4	25.0	100.0	80.0	52.1
13	中国远洋海运集团有限公司	0	40.6	100.0	65.0	51.4
14	中国航空集团公司	17.4	39.8	100.0	100.0	64.3
15	中粮集团有限公司	27.9	39.1	100.0	90.0	64.2
16	中国广核集团有限公司	16.8	40.6	100.0	80.0	59.3
17	中国旅游集团公司	0	44.2	75.0	80.0	49.8

基于以上国际化指数计算结果，我国中央企业内向国际化排行榜如表 1 – 12 所示。其中，中国航空集团公司、中粮集团有限公司、中国石油天然气集团公司、中国广核集团有限公司、中国石油化工集团公司等航空服务、石油石化与农林牧渔行业的中央企业具有较高的内向国际化水平；而汽车制造、信息通信与旅行服务等行业内向国际化水平较低。

表 1 – 12   **中央企业内向国际化指数排行榜**

序号	中央企业	内向国际化指数
1	中国航空集团公司	64.3
2	中粮集团有限公司	64.2
3	中国石油天然气集团公司	62.8
4	中国广核集团有限公司	59.3
5	中国石油化工集团公司	58.5
6	中国五矿集团公司	58.4
7	中国中车集团公司	58.4
8	中国铁路工程总公司	55.3

序号	中央企业	内向国际化指数
9	中国化工集团公司	54.8
10	中国宝武钢铁集团有限公司	52.7
11	中国建筑工程总公司	52.1
12	中国远洋海运集团有限公司	51.4
13	国家电网公司	51.3
14	神华集团有限责任公司	50.6
15	中国旅游集团公司	49.8
16	中国移动通信集团公司	46.9
17	中国第一汽车集团公司	42.4

由于各行业自身经营特点，在各层级内向国际化指数中表现出较大差距，各指数层级领先行业情况如表1-13所示。

表1-13　　　　　　　　　各层级内向国际化指数领先行业

指数层级	领先行业
贸易层级	钢铁冶炼有色、农林牧渔、航空服务、清洁能源、石油石化
资本层级	旅行服务、航运服务、石油石化、清洁能源、航空服务
规则层级	航空服务、农林牧渔、轨道装备、化学工业、石油石化

第二章

中央企业国际竞争力

内容提要

我国中央企业在石油石化、电力、信息通信、机械装备、钢铁冶金有色、煤炭、铁路、建筑以及现代服务业等行业发挥重要作用。中央企业的竞争力和发展水平往往代表该行业的国际竞争力。本章从全球视野探讨各行业发展现状和趋势，对中央企业的国际竞争力进行国际比较，并对各行业领先企业的资本控制模式进行分析。

第一节 我国石油石化行业企业发展现状与竞争位势

一、石油石化产业发展趋势前景展望

总体而言，全球能源需求总量将进一步扩大，且向新兴市场国家转移，低碳能源重要性将有所提升，然而能源价格趋势存在较大不确定性。石油化工产业未来需求可观，美国、中东与东南亚国家联盟将处于快速发展阶段。就技术创新层面而言，页岩油气开采技术将带来石油和天然气开采业的重大革命，而以最佳实践技术为代表的石油化工技术创新，将显著提高生产效率，降低成本，而石油化工新材料将大力推动产业发展与革新。

（一）产业界定

根据 2011 年由国家统计局起草，国家质量监督检验检疫总局、国家标准化

管理委员会批准发布的《国民经济行业分类》（GB/T 4754—2011）[16]定义，"石油石化产业"可划分为"石油和天然气开采业"与"石油加工和炼焦业"。其中"石油和天然气开采业"主要指在陆地或海洋，对天然原油、液态或气态天然气、煤矿瓦斯气的开采等；而"石油加工和炼焦业"主要指从天然原油、人造原油中提炼液态或气态燃料以及石油制品的生产活动。

我国中央企业中，归属于石油石化产业的企业共有 3 家，分别为中国石油天然气集团公司、中国石油化工集团公司以及中国海洋石油总公司。

（二）市场供需特征及变化趋势

1. 在世界人口和经济持续增长的宏观背景下，全球能源需求总量将进一步扩大

根据国际石油巨头英国石油公司（BP Amoco）发布的《BP 世界能源统计年鉴 2016》[17]，2015 年全球一次能源（Primary Energy）消费总量达到 155649 太瓦时（TWh，1 太瓦时 = 1×10^9 千瓦时），折合石油消费量 131.47 亿吨，较 2014 年增加 1.0%，较 2005 年的 109.40 亿吨增加 20.18%，增长趋势相对稳定。

根据国际能源署（International Energy Agency，IEA）在《世界能源展望 2015》[18]中的指出，尽管"第二十一届联合国气候变化框架公约缔约方会议"许诺将建设更加低碳、更加高效的能源系统，但依然无法改变全球能源需求不断增加的格局。截至 2040 年，全球能源消费预计将增加 1/3 左右，平均年增速 1.2%，低于 2% 的历史增长速度，这主要是由于能源价格和政策效应、全球经济结构转型以及服务业和轻工业部门比重上升等原因。

2. 全球能源需求将发生深远变化，新兴市场国家将推动消费需求的增加

如表 2 - 1 与图 2 - 1 所示，在消费能源总量方面，2015 年中国消费一次能源总量折合石油 30.14 亿吨，已超越美国，列世界首位，并与印度、俄罗斯、日本、加拿大与德国等国构成近 60% 的能源消耗。而人均一次能源消费量方面，北美、欧洲与澳洲等发达国家则明显领先于其他国家。根据国际能源署（International Energy Agency，IEA）在《世界能源展望 2015》的预测，未来 15 年间，随着人口和经济结构发生变化以及能效的提高，经合组织国家将引领能源消费下降的趋势，预计至 2040 年，欧盟、日本和美国将分别较其 2007 年能源消费总量的峰值分别下降 15%、12% 与 3%。而印度、中国、非洲、中东与东南亚等国家与地区将成为全球能源需求增长的引擎。

IEA 预测指出，至 21 世纪 30 年代，中国将超过美国成为最大的石油消费国，其天然气市场也将超过欧盟国家。而中国转向能源强度更低的发展模式对全球能源发展趋势也将具有重要影响，未来中国将偏重于服务业而非重工业发展，单位经济增长所需的能源有望降低85%左右。另外，至2015年，中国满足强制性能效标准的能源消费需求占比由2005年的3%快速增至50%左右，预计持续的能效提高和风能、太阳能、水电和核电等低碳能源使中国的排放增长放缓并于2030年左右达到峰值。表2-1所示为2015年全球各主要国家消费一次能源总量。

表 2-1   2015 年全球各主要国家消费一次能源总量

序号	国家	2014 年消费一次能源总量（亿吨油当量）	占全球比例
1	中国	30.140	22.92%
2	美国	22.806	17.35%
3	印度	7.005	5.33%
4	俄罗斯	6.668	3.41%
5	日本	4.485	2.51%
6	加拿大	3.299	2.44%
7	德国	3.206	22.92%

资料来源：英国石油公司（BP Amoco），BP世界能源统计年鉴2016.

3. 世界能源供应结构未来将发生显著改变，预计低污染能源重要性将有所提升

如表2-2所示，截至2015年，相对高污染的石油、煤炭与天然气等化石燃料在全球能源消费量中占比达到86%，而可再生能源仅占比2.8%，世界能源供应与消费结构具有较大的调整空间。同样据国际能源署预测，至2040年，石油、天然气、煤炭与各类低碳能源将基本实现平分秋色，使得化石燃料占一次能源需求结构中的比例下降至75%以下。联合国政府间气候变化专门委员会（Intergovernmental Panel on Climate Change，IPCC）在其《第五次评估报告》[19]中指出，为将全球气温上升控制在2℃范围内，全球二氧化碳的排放量从2014年开始应控制在10000亿吨以下。这一国际社会的共识，将在推动各类低碳能源的普及方面产生重要影响。

表 2 – 2	2015 年全球各主要能源类型消费量		
序号	能源类型	2015 年消费一次能源总量（折合石油亿吨）	占总量比例
1	石油	43. 313	32. 94%
2	煤炭	38. 399	29. 21%
3	天然气	31. 352	23. 85%
4	水力发电	8. 929	6. 79%
5	核能	5. 831	4. 44%
6	可再生能源	3. 649	2. 78%

资料来源：英国石油公司（BP Amoco），BP 世界能源统计年鉴 2016.

4. 宏观经济增长有所放缓，国际石油价格波动剧烈，未来存在较大不确定性

根据石油输出国组织（Organization of Petroleum Exporting Countries，OPEC）相关统计，自 2009 年国际原油价格从 61.6 美元/桶快速增长至 2013 年的 105.9 美元/桶，并保持在此水平上下波动[20]，如图 2 – 1 所示。然而进入 2015 年，中国股市重挫与供应过剩忧虑等因素的共同影响，国际原油价格下跌至 49.5 美元/桶，显著增加了行业未来不确定性。且如图 2 – 2 所示，未来全球宏观经济走势将对于国际原油需求形成重要影响，其预测差异约为 1500 万桶原油/日左右。

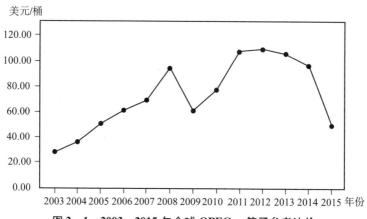

图 2 – 1　2003 ~ 2015 年全球 OPEC 一篮子参考油价

资料来源：石油输出国组织（OPEC），2015 World Oil Outlook.

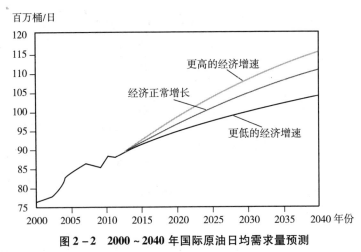

图2-2 2000~2040年国际原油日均需求量预测

资料来源：石油输出国组织（OPEC），2015 World Oil Outlook.

5. 石油化工产业未来需求可观，且随着科技的发展将服务于更多领域

Nasdaq GlobeNewswire 公布数据显示，石油化工产业市场容量与增长空间巨大，2014年全球市场需求总价值达到5500亿美元，且至2020年预计达到8900亿美元，年均增速将达到6.5%左右[21]，且其当前市场需求主要来自南北美洲、欧盟国家、东亚、印度与东南亚等各人口稠密的国家与地区[22]，预测未来时期，人口快速增长、经济蓬勃发展的亚太地区将发展成为石油化工产品的重要需求方。另外，石油化工产品品类繁多，原油经初步提炼后得到石脑油（Naphtha）、乙烷（Ethane）、柴油（Gas Oil）、甲醇（Mathanol）与液化石油气（LPG），进而加工成各类化工产品，广泛服务于建筑、包装、农业、工业生产、汽车、纤维等领域[23]，如图2-3与图2-4所示。

6. 石油化工产业竞争格局将发生调整，美国、中东与东南亚国家联盟将处于快速发展阶段

根据毕马威的相关分析，如表2-3与图2-5所示，石油化工产业的生命周期可依次划分为5个阶段，且在各个阶段将面临不同的市场条件，并应相应做出关注增长市场、优化投资组合、追求经营效益、创新助推价格与获得财务优势等不同的战略决策。纵观全球，东南亚国家的石油化工产业处于发展提速阶段，兼并收购加剧，未来增长速度将持续提高；而美国与中东国家相关产业渡过低谷期，进入技术创新与金融工具带动的再次增长阶段。相比之下，中国经过多年的快速增长，目前已达到临界点，未来将以资产组合的优化为重心，收入将保持稳

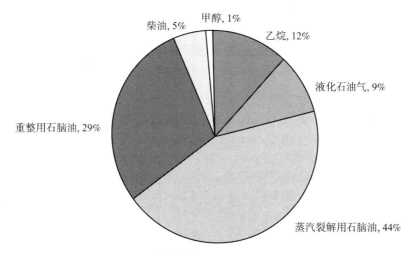

图 2 - 3　2014 年全球石油化工产品原料消费结构

资料来源：莱森特公司（Nexant），Petrochemical Outlook - Challenges and Opportunities.

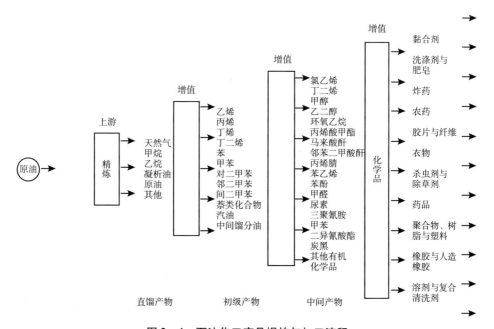

图 2 - 4　石油化工产品提炼与加工流程

资料来源：珀金埃尔默公司（PerkinElmer），Petrochemical Analysis.

定或逐渐进入下行通道[24]。

表 2-3　　　　　　　　石油化工产业发展阶段与生命周期分析

阶段	①	②	③	④	⑤
所处生命周期	成长时期	成熟时期	衰退时期	转型时期	二次发展时期
增长率	正，不断增长至市场转折点	正，然而逐渐降低至零	负，低谷后逐渐摆脱负增长	正，增长相对缓慢	正，再次进入快速增长阶段
企业经营情况	收入快速增长，订单增加，客户群扩大，盈利性好，现金充裕，吸引人才，具有收购实力	收入稳定或下降，订单稳定，客户群稳固，难以吸引人才，需节约开支，出现违约，信用压力	(1) 大幅缩支，裁员，加速处置资产，应对破产；(2) 融资，市场差异化经营，提出转型战略	筹募资金，兼并收购，处置非核心资产	—
实际控制方	股权持有者	债权持有者	债权持有者	股权持有者	股权持有者
最优决策	关注增长市场，增加资产收购	优化投资组合，处置不良资产	确保经营效益，专注复苏转型	创新助推价格，重新调整增速	获得财务优势
国家与地区	东南亚国家	中国	欧洲	中东	美国

资料来源：毕马威（KPMG），Asia Pacific's Petrochemical Industry：A Tale of Contrasting Regions.

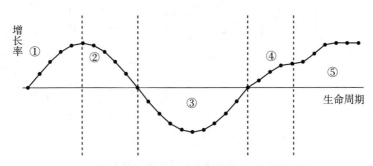

图 2-5　石油化工产业发展阶段与生命周期分析

资料来源：作者整理。

7. 石油化工新材料将成为引领高新技术产业发展的开路先锋，前景广阔

石油化工新材料是具有高技术含量、高价值的知识密集和技术密集的新型材料，具有传统化工材料不具备的优异性能，涉及特种纤维、高性能聚烯烃、特种涂料、特种胶黏剂、特种助剂等类别。

有关统计显示，"十二五"期间，我国包含石油化工新材料在内的化工新材料产业产值将达到3500亿元，年均增长率为16%，初步形成了包括研发、设计、生产和应用各门类较为齐全的产业体系。预计在国家高技术研究发展计划（"863"计划）、国家科技攻关计划、国家重点基础研究发展计划（"973"计划）、国家自然科学基金、火炬计划等计划支持下，将引导技术与资金的集中，助力该产业快速发展[25]。

（三）产业技术特征及创新方向

1. 页岩油气开采技术将带来石油和天然气开采业的重大革命

根据 Dyni 与 John（2010）的相关研究，全球页岩资源储量可观，预计可以满足世界 10 年以上的石油需求，其中全球页岩油技术可采储量达 2.8万亿～3.3 万亿桶，主要分布于俄罗斯、美国、中国、阿根廷等国家和地区；全球页岩气技术可采储量 7299 万亿立方英尺，主要分布于中国、阿根廷、阿尔及利亚、美国等国家[26]，如相关技术发展成熟，未来将成为全球能源的重要补充。

作为页岩油气开发最早且最为成功的国家，美国具有资源储量丰富且开发技术先进等优势，掌握成熟的资源评价与水压破裂、水平钻井增产开发技术，其页岩油气资源开发已渐成规模。2011 年，美国页岩气产量达到 1800 亿立方米，占美国天然气总产量的 34%[27]；2015 年，美国页岩油产量接近 18 亿桶，占到全国原油产量的 52%[28]，使其由石油进口大国成功转变为石油出口大国。据预测，页岩油气开发将为美国每年增加 4730 亿美元的经济总量，约占 GDP 的 3%[29]。

因此，预计随着页岩油气开发技术的不断成熟，将对石油和天然气开采业的发展带来巨大影响。

2. 以最佳实践技术为代表的石油化工技术创新，将显著提高生产效率，降低成本

2009 年，国际能源署发布《化工及石油化工行业报告》，其中检验了最佳实践技术（Best Practice Technology，BPT）对于石油化工产业提高能源效率与降低二氧化碳排放的提高作用。实证结果显示，使用最佳实践技术（BPT）可降低

20%~35%的二氧化碳排放，并针对巴西、加拿大、日本与法国等国的现状将能源效率提高5%~15%[30]。

除此以外，组合加热及能量技术（Combined Heat and Power，CHP）可带来20%左右的能源节约，物料与能源回收再利用技术（Recycling and Energy Recovery）可带来全球总计2.4×10^{18}焦耳/年的能源节约。如以上技术可在国际范围内普遍推行，则将整体提高石油化工产业的生产效率，推动产业进步。

二、石油石化产业中央企业所处竞争位势分析

国际竞争格局方面，中东地区具有石油储备资源，欧洲则拥有可观的天然气生产能力，而美国与中国具有石油精炼产能的领先性。中国石油化工集团公司与中国石油天然气集团公司在石油和天然气开采与石油化工领域，在国际范围具有领先地位，但盈利性有待提高。

（一）国际竞争格局与优势国家及地区

1. 就先天资源富集度而言，中东地区在原油开采领域具有显著优势，欧洲拥有丰富的天然气储量与可观生产能力

世界石油技术可采储量分布具有明显不平衡的特征，如图2-6所示，总体而言，中东地区石油技术可采储量占到世界总量47.3%，具有明显的先天资源富集优势，其次为中南美洲与北美地区，而亚太地区石油资源相对匮乏。从变化趋势上来看，中东地区、北美地区与欧洲经过长期大量开采，储量呈现一定下降趋势；而中南美洲新探明储量巨大，其所占比例较之2005年显著提高。

石油生产与消费层面，根据英国石油公司（BP Amoco）发布的《BP世界能源统计年鉴2016》显示，2015年中东地区、北美地区、欧洲及欧亚大陆每日生产原油3009.8万桶、1967.6万桶与1746.3万桶，占全球产量比例高达73.3%，为世界原油最主要供应方；具有较高经济发展水平的北美地区、欧洲及欧亚大陆，以及经济蓬勃发展的亚太地区为世界原油最主要需求方，日均需求量为2364.4万桶、1838.0万桶与3244.4万桶，占全球消费量比例高达78.4%。其中中东地区为原油大量净输出地区，其产量的68.2%用于出口；亚太区域则为原油大量净输入地区，2015年日均原油需求缺口达到2409.8万桶。因此，在原油开采领域，中东地区在国际竞争格局中占据显著优势。

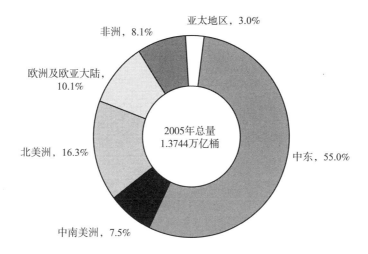

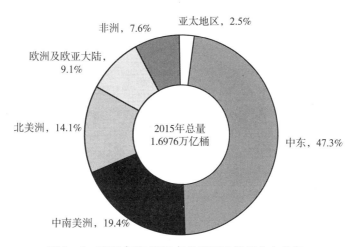

图 2 - 6　2005 年和 2015 年世界石油储量分布特征

资料来源：英国石油公司（BP Amoco），《BP 世界能源统计年鉴 2016》。

世界天然气技术可采储量分布同样具有明显不平衡的特征，如图 2 - 7 所示，总体而言，受到天然储量、能源消费习惯与勘探能力等多方面影响，目前可采天然气资源主要分布于中东地区与欧洲，2015 年技术可采储量占比分别为 42.8% 与 30.4%，而其他地区相对匮乏，且这一分布特征在 10 年内保持相对稳定趋势。天然气生产与消费层面，欧洲与北美地区为世界天然气主要供应方，2015 年占比达到 28.1% 与 27.8%，而各区域基本可实现供需平衡。

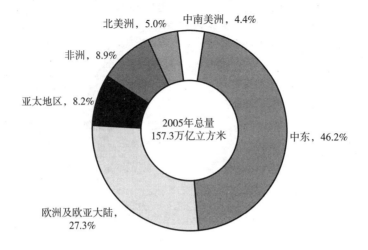

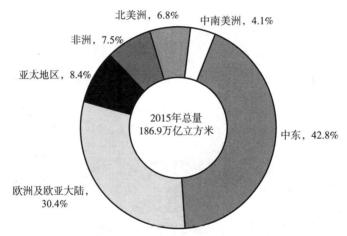

图 2 - 7　2005 年和 2015 年世界天然气储量分布特征

资料来源：英国石油公司（BP Amoco），《BP 世界能源统计年鉴 2016》。

2. 就石油精炼产能来看，美国与中国显著领先于世界其他国家

　　横向比较国际各国精炼加工原油的能力，如表 2 - 4 所示，美国与中国分别以 1779. 1 万桶/日与 1409. 8 万桶/日，显著领先于其他国家。通过其排名可发现，石油精炼产能领先的国家或地区通常具有较高的工业化水平与科学技术实力，例如日本与韩国，而并非必须具备丰富的油气资源储备。

表 2-4   2015 年全球各主要国家石油精炼产能排名

序号	国家	2015 年石油精炼产能（万桶/日）	占全球比例
1	美国	1831.5	18.8%
2	中国	1426.2	14.7%
3	俄罗斯	642.8	6.6%
4	印度	430.7	4.4%
5	日本	372.1	3.8%
6	韩国	311.0	3.2%
7	沙特阿拉伯	289.9	3.0%
8	巴西	227.8	2.3%
9	德国	203.2	2.1%
10	伊朗	198.5	2.0%

资料来源：英国石油公司（BP Amoco），《BP 世界能源统计年鉴 2016》。

（二）我国中央企业发展现状与竞争位势

我国中央企业中，归属于石油石化产业的企业共有 3 家，分别为中国石油天然气集团公司、中国石油化工集团公司以及中国海洋石油总公司。

如表 2-5 所示，根据 2015 年公司收入比较，中国石油天然气集团公司与中国石油化工集团公司分别以 2992.71 亿美元与 2943.44 亿美元的收入位列全球第一位与第二位，中国海洋石油总公司以 677.99 亿美元的收入位列全球第十五位[31]，因此就石油和天然气开采业务来看，我国中央企业在全球具有较强的竞争力。

表 2-5   2015 年全球各石油和天然气开采公司收入排名

序号	所属国家	石油和天然气开采公司	2015 年收入（亿美元）
1	中国	中国石油天然气集团公司	2992.71
2	中国	中国石油化工集团公司	2943.44
3	荷兰/英国	荷兰皇家壳牌石油公司	2721.56
4	美国	埃克森美孚公司	2462.04
5	英国	英国石油公司	2259.82
6	法国	道达尔公司	1434.21
7	美国	雪佛龙股份有限公司	1311.18
8	俄罗斯	俄罗斯天然气工业开放式股份公司	994.64
9	巴西	巴西国家石油公司	973.14
10	意大利	埃尼石油集团	929.85
15	中国	中国海洋石油总公司	677.99

资料来源：CNN Money，Fortune Global 500.

另外依据化工新闻（Chemical & Engineering News）2015 年相关研究，根据化工产品销售额计算，全球排名前 10 位的石油化工公司，如表 2-6 所示，其中包括专注于化工领域的巴斯夫股份公司、陶氏化学公司、沙特基础工业公司、利安德巴赛尔工业公司与台塑集团，以及兼顾石油和天然气开采与石油化工业务的大型公司包括中国石油化工集团公司、埃克森美孚公司等[32]。其中中国石油化工集团公司位列其中，说明其在石油和天然气开采与石油化工领域均有较强竞争力，在国际范围内赢得一定领先地位。

盈利能力方面，2015 年中国石油化工集团公司与中国石油天然气集团公司利润呈现显著下滑趋势，净利润率仅为 1.6% 与 2.1%，显示我国石油石化行业中央企业的盈利能力有待提高。

表 2-6   2014 年排名前 10 位石油化工公司

序号	所属国家或地区	石油化工公司	2014 年化工产品销售额（亿美元）
1	德国	巴斯夫股份公司	787
2	美国	陶氏化学公司	582
3	中国	中国石油化工集团公司	580
4	沙特阿拉伯	沙特基础工业公司	433
5	美国	埃克森美孚公司	382
6	中国台湾	台塑集团	371
7	荷兰	利安德巴赛尔工业公司	348
8	美国	杜邦公司	299
9	瑞士	英力士集团	297
10	德国	拜耳公司	281

资料来源：Chemical & Engineering News，2015-07-27.

三、石油石化企业资本控制模式分析

石油石化产业为重要的战略型产业，对于国家能源安全具有重大影响。尽管欧美国家石油石化企业普遍为私人所有，然而发展中国家通常采取由国家主导经营的战略。

（一）欧美国家石油石化企业资本控制模式

总体而言，在崇尚自由市场经济的美国，石油石化企业多为私人所有，例如

规模领先的埃克森美孚公司（Exxon Mobil）、雪佛龙股份有限公司（Chevron）等均发源于约翰·洛克菲勒的标准石油（Standard Oil），陶氏化学公司等石油化工公司同样均非国家主导经营的企业。

英国石油公司（British Petroleum）于1909年由威廉·诺克斯·达西创立，从1914年起到1987年被完全私有化时止，英国政府一直控制着英国石油公司。1987年10月，英国保守党政府开始在股票市场出售所持有的31.6%英国石油公司股份，至1989年政府完全退出石油化工产业，在当时资本主义国家中首个彻底完成石油工业私有化。与此相似，法国道达尔公司（Total）同样为完全私有化，法国政府不在其中拥有任何股份。荷兰皇家壳牌石油公司（Royal Dutch Shell）、德国巴斯夫集团（BASF）等均非由政府控制，而为私人所有。

（二）新兴市场国家石油石化企业资本控制模式

然而对于新兴市场国家而言，由国家支持的国有石油公司不断涌现，并持续削弱传统上保持领先统治地位的欧美石油石化企业。《金融时报》（*Financial Times*）和石油专家曾经研拟出"新七姐妹"，即沙特阿拉伯国家石油公司（Saudi Aramco）、俄罗斯天然气工业股份公司（Gazprom）、中国石油天然气集团公司（CNPC）、伊朗国家石油公司（NIOC）、委内瑞拉国家石油公司（PDVSA）、巴西国家石油公司（Petrobras）和马来西亚国家石油公司（Petronas），均为由国家主导经营的企业。此类企业依靠国际化浪潮催生，迅速崛起，目前控制着世界1/3的油气产量和剩余可采储量。

沙特阿美石油公司（Saudi Aramco）成立于1933年，首先由美国加利福尼亚美孚石油公司与沙特阿拉伯王国签署协定，获得了在沙特阿拉伯东部进行石油勘探、开采、加工、运输、销售66年的特权，1976年沙特政府与该公司达成了由沙特政府全部接管的基本协议，1980年完成了对公司资产的赎买，实际上已归沙特政府所有。

委内瑞拉国家石油公司（PDVSA）成立于1975年8月，是委内瑞拉最大的国有企业，独立操作委内瑞拉石油工业上、下游业务及贸易，成为在世界石油领域颇具影响的优秀企业。委内瑞拉利用自身的石油资源优势，通过控制国家石油公司，实现资源与政治结合的策略。2008年2月，委内瑞拉石油公司曾宣布停止向美国最大石油公司埃克森美孚公司销售原油，并中止与后者的商业关系，以抗议美国实施的"经济战争"，通过引发国际石油价格的波动，实现国家利益。

第二节　我国电力行业企业发展现状与竞争位势

一、电力产业发展趋势前景展望

近年来，全球及中国电力生产总量进入缓慢增长阶段，电力消费总量增速同样有所放缓，行业进入调整时期。就中国的发展现状而言，清洁能源的使用将成为侧重点，电网建设投资热度也超过电源建设。跨国电网互联将成为重要发展趋势，并为中国电力产业带来新的发展契机。科技层面，清洁能源的大量使用，将为未来电力系统的构建带来天翻地覆的变化；而以智能电网与特高压交直流输电为代表的新型输电技术，将提高整体效率并加快推动电网跨国互联步伐。

（一）产业界定

根据《国民经济行业分类》（GB/T 4754—2011）定义，"电力产业"主要包含"电力生产"与"电力供应"等细分概念。其中"电力生产"包括火力发电、水力发电、核力发电、风力发电、太阳能发电等多种方式；而"电力供应"通常指利用电网出售给用户电能的输送与分配活动，以及供电局的供电活动。

我国中央企业中，归属于电力产业的企业数量众多，共有10家，分别为国家电网公司、中国南方电网有限责任公司、中国华能集团公司、中国大唐集团公司、中国华电集团公司、中国国电集团公司、中国电力投资集团公司、国家核电技术有限公司、中国长江三峡集团公司与中国广核集团有限公司。

（二）市场供需特征及变化趋势

1. 电力供应总量方面，中国居全球首位，并带领全球电力生产总量进入缓慢增长阶段

根据Enerdata的统计，如图2-8所示，2015年全球电力生产总量达到23950太瓦时（TWh），较2014年全年产量增加0.8%，显著低于2000～2015年3.0%的历史年均增速，显示受到宏观经济发展减速影响，全球电力生产总量增速正在逐步放缓[33]。根据表2-7，2015年中国电力生产量共计5682太瓦时，全球占比高达 23.7%，居于世界首位，其次为美国、印度、俄罗斯、日本等其他全球重要经济体，而前 10 位电力生产国家年产量总和占全球总量的 68.5%，显示出明显的集中效应。近年来，中国电力生产量持续保持高增速态势，2007 ~ 2011 年发电量从 3288 太瓦时增至 4716 太瓦时，平均年增速高达 9.4%；进入 2012 年以来，总体呈现出增速明显放缓的特征，2014 年降至 4.0%，2015 年进一步降至 0.3%，成为导致全球电力生产总量减速的重要原因[34]。尽管如此，根据美国能源资料协会（EIA）、国际能源署（IEA）与日本电气工程师学会（IEEJ）等国际主要能源机构的预测，至 2035 年前，世界电力生产量平均增速为 2.2% ~ 2.3%，而考虑到去产能因素，未来我国电力生产量增速可能低于该预测。

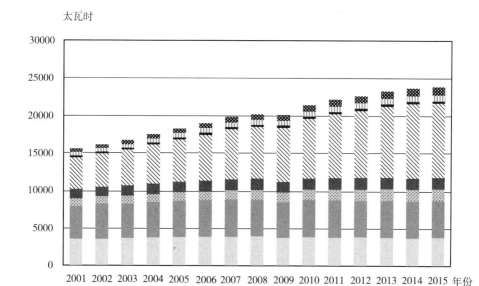

图 2 - 8 2001 ~ 2015 年全球电力生产总量

资料来源：Enerdata, Global Energy Statistical Yearbook 2016.

表 2 - 7 2015 年排名前 10 位电力生产国家

序号	国家	2015 年电力生产量（太瓦时）
1	中国	5682
2	美国	4324
3	印度	1368

续表

序号	国家	2015 年电力生产量（太瓦时）
4	俄罗斯	1062
5	日本	995
6	德国	638
7	加拿大	632
8	巴西	589
9	法国	569
10	韩国	546

资料来源：Enerdata，Global Energy Statistical Yearbook 2016.

2. 电力消费需求方面，各发达经济体带来全球电力消费总量增速的放缓，中国国内存在的用电结构不合理现象有所缓解

如图 2 - 9 所示，2015 年全球电力消费总量达到 20568 太瓦时（TWh），较 2014 年全年消费量增加 0.4%，显著低于 2000 ~ 2015 年 3.0% 的历史年均增速，其整体变化趋势与电力生产总量保持基本一致，呈减速增长态势。表 2 - 8 显示，世界各主要经济体电力消费量均呈现下降趋势。然而相比起以 OECD 国家与 G7 为代表的发达经济体其年度电力消费量已于 2011 年起转变为负增长，电力消费明显受到其国内宏观经济局势拖累；"金砖四国"为代表的新兴市场国家表现为增速放缓，2015 年增长率仅为 0.8%；而欧盟成员国中部分国家的经济提振使得其于 2015 年呈现 1.4% 的平均增长。与此同时，如表 2 - 9 所示，2015 年全球排名前 10 位电力消费国家均为电力生产总量领先的国家，说明当前各国电力供需基本以自给自足为主，对于跨国电网互联的依赖度较低。

表 2 - 8　　　　2015 年全球主要经济体电力消费量与增速变化

主要经济体	2015 年电力消费量（太瓦时）	2000 ~ 2015 增速	2014 ~ 2015 增速
全球整体	20302	3.0%	0.4%
OECD 国家	9435	0.7%	- 0.3%
G7	6815	0.2%	- 0.9%
金砖四国	7434	7.0%	0.8%
欧盟成员国	2779	0.4%	1.4%

资料来源：Enerdata，Global Energy Statistical Yearbook 2016.

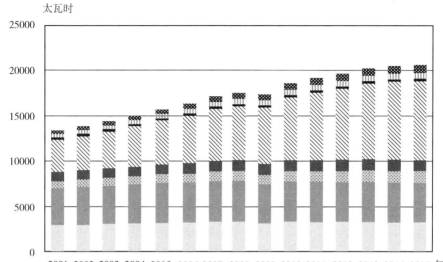

图 2 - 9 2001 ~ 2015 年全球电力消费量

资料来源：Enerdata，Global Energy Statistical Yearbook 2016.

表 2 - 9   2015 年排名前 10 位电力消费国家

序号	国家	2015 年电力消费量（太瓦时）
1	中国	4921
2	美国	3848
3	印度	1027
4	日本	921
5	俄罗斯	870
6	德国	521
7	巴西	514
8	韩国	505
9	加拿大	493
10	法国	437

资料来源：Enerdata，Global Energy Statistical Yearbook 2016.

根据中国电力企业联合会发布的《2015 年 1 ~ 11 月份电力工业运行简况》，全国第二产业用电量占全社会用电量的比重为 70.7%，同比下降 1.1%，其中高耗能行业用电量持续负增长，钢铁和有色金属行业用电量环比下降，产业用电结构不合理现象有所改善。相较之下，同期第三产业和居民用电总量则呈现出大幅度增长趋势，增速分别为 7.3% 与 4.7%[35]。

3. 我国电力生产将逐渐侧重于清洁能源的使用，且未来电网建设将超过电源成为发展热点

如图 2 - 10 所示，2015 年 1 ~ 11 月，中国国内火力发电总量为 3823 太瓦时，继 2014 年后持续下降；而全国非化石能源发电量已占到发电总量的 25% 左右，且核能发电与风力发电量增速迅猛，反映出中国增强清洁能源发电能力的趋势。潜在发展趋势方面，水电、核电、风电等清洁能源完成投资占电源完成投资的 68.2%，预示着火力发电新增产能的减少，未来清洁能源发电的重要性将不断提高。

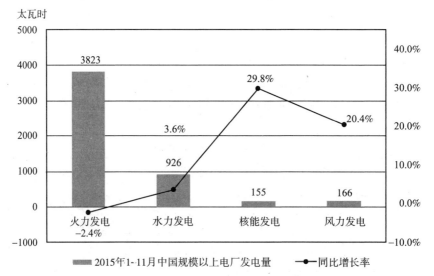

图 2 - 10　2015 年 1 ~ 11 月中国规模以上电厂发电量主要构成

资料来源：中国电力企业联合会，《2015 年 1 ~ 11 月份电力工业运行简况》。

根据国际能源署（IEA）的相关预测，2014 ~ 2035 年中国能源行业总投资额预期达到 5.75 万亿美元，而电力投资有望占到其中的 62%，高于石油与天然气、煤炭以及其他类型能源投资的总和，推动能源结构的进一步优化调整[36]。根据 2015 年的数据，全国 1 ~ 11 月总计电源工程完成投资 3079 亿元，同比增长 6.7%；电网工程完成投资 3852 亿元，同比增长 11.3%。这意味着我国电网投资饱和程度还远不及电源，随着全社会用电量增速放缓以及大部分电源供给与输电线路骨架的逐步完善，我国电网建设投资的重心将逐步由主干网向配网侧转移，在未来数年间，相较于电力生产领域，电力供应将获得更为突飞猛进的发展机会。

4. 跨国电网互联将成为发展趋势，在更大范围内更加经济地实现跨国资源优化配置

2015 年 3 月，国家电网公司提出与 4 个国家和地区 9 项电网联网工程在内的电网互联互通方案，计划于 2015 年开展哈萨克斯坦埃基巴斯图兹 – 南阳 ±1100 千伏特高压直流工程、俄罗斯叶尔科夫齐 – 河北霸州 ±800 千伏特高压直流工程、蒙古锡伯敖包 – 天津和新疆伊犁 – 巴基斯坦伊斯兰堡 ±600 千伏直流等工程的前期工作[37]，将全球能源互联网的全新概念，与中国电力行业的发展紧密联系起来。截至目前，世界众多国家之间已建立起电网互联合作关系，充分利用全球能源尤其是清洁能源，例如北美地区、欧洲各国以及跨东盟区域等[38]，如表 2 – 10 所示，提供更高层次的可靠服务、提高系统操作和燃料管理效率、提升原材料采购议价能力、降低本地突发事故不良影响，与此同时配合推进经济低碳转型。

表 2 – 10　　　　　　　　　　　世界主要跨国（地区）电网运行模式

电网名称	电网构成	覆盖区域	供电特征
北美电网	以北美东部电网、北美西部电网两大同步电网为主	美国与加拿大	美国与加拿大的负荷高峰分别在夏季和冬季 加拿大以水电为主的电源结构与美国以火电为主的电源之间可以形成良好的互补调节 两国间南北联络线超过 100 条，电力交换能力约 2000 万千瓦
欧洲电网	以欧洲大陆电网、俄罗斯/独联体国家电网等构成	欧洲各国	欧洲大陆电网是目前世界上最大的跨国同步互联电网，跨国互联线路近 300 条，电力交换能力超过 1 亿千瓦，未来可能与北非、中东连接 俄罗斯/独联体国家电网横跨 8 个时区，是世界上覆盖面积最大的同步电网，总装机容量约 3 亿千瓦
跨东盟电力网	大湄公河次区域国家电网、跨婆罗洲电网、印度尼西亚电网、马来西亚电网和新加坡电网等构成	东盟 10 国	规划提出了 47 项跨境互联工程，目前已建工程 11 项，在建工程 13 项，已规划工程 23 项 已建工程主要为马来西亚到新加坡、泰国到马来西亚、泰国到老挝、老挝到越南、越南到柬埔寨、泰国到柬埔寨等

资料来源：北极星智能电网在线，《一样的电网，不一样的智能——世界各国电网差异》。

相比之下，中国在电力国际合作领域进展极为缓慢。随着环境与资源压力日渐沉重，我国电力行业的结构性矛盾逐渐凸显。《2014 年电力工业运行简况》统计显示，2014 年 1～11 月，中国累计进口电量为 55.62 亿千瓦时，累计出口电量为 174.71 亿千瓦时，分别仅占总售电量与总供电量的 0.13% 与 0.4%，且出口电量的 82% 实际上服务于中国香港和澳门地区，发展空间广大[39]。

因此，以国家电网公司方案为代表的跨国电网互联工程的推进，符合电力行业全球发展趋势，有利于中国电力行业的优化改革，将在未来产生巨大的经济、社会、环境效益。

（三）产业技术特征及创新方向

1. 以智能电网与特高压交直流输电为代表的新型输电技术，将提高整体效率并加快推动电网跨国互联步伐

能效的合理控制和利用将是未来电网的最基本特征所在，而能源网络的互联和信息化也已成为不可逆转的趋势。2009 年，国家电网公司公布"智能电网"发展计划，至 2020 年全面建成统一的"坚强智能电网"，该智能电网将包含电力系统的发电、输电、变电、配电、用电和调度共六个环节，具有信息化、数字化、自动化、互动化的"智能"技术特征[40]。在短期内，国家电网公司计划 2015 年内新建智能变电站 1400 座，组织开展用电信息采集系统建设，安装智能电能表 6060 万只，并建成投运"三线一环"高速公路城际互联快充网络。

国际数据公司（International Data Corporation，IDC）的研究报告《2010～2015 全球智能电网投资预测》指出，到 2015 年全球针对智能电网硬件、软件和服务的投资将在 2010 年的基础上增加 17.4%，达到 464 亿美元[41]，智能电网市场正在形成且将逐步壮大。而路透社 2011 年的相关报道指出，智能电网的建设不仅符合产业长期发展趋势，同样也将带来可观的经济效益，例如美国未来 20 年间投资于智能电网的 4760 亿元资金，预计将形成约 2 万亿美元的潜在收益[42]。

特高压输电技术（Ultra – High – Voltage Electricity Transmission，UHV）相比起超高压输电，具有较强的输电能力与较低的电能损耗，具有一定的经济性与竞争优势[43]。另外，如表 2 – 11 所示，受到能源资源禀赋条件影响，中国能源资源重点区域与位于华北、华中和华东的能源消费中心呈逆向分布，因此需要建立大容量、远距离的能源输送通道，在全国范围配置和消纳能源[44]。除此以外，在长距离运输方面的优势，使得特高压输电成为推动跨国电网互联的重要技术，并实现全球范围内能源的时差互补、季节互补及地域互补。

目前，世界上已经建成并投入运营的特高压线路包括苏联 1150kV 工程与日本 1000kV 工程，然而均以 500 千伏电压降压运行[45]；而欧洲已提出建设横贯欧洲大陆、联接多个国家的超级电网，美国也提出建设电力在东西海岸传输的更坚强、更智能的电网，俄罗斯、日本、韩国、蒙古等国也将加快推进东北亚超级电网。

近年来，通过发展特高压交直流电网，我国电网已经成为世界上清洁能源规模最大、资源配置能力最强、尖端技术装备应用最多的现代化电网，无论是并网发电装机、新能源开发规模，还是电网规模、全社会用电量等均列世界首位。截至 2016 年 10 月，国家电网公司已建成投运"四交五直"9 项特高压工程[46]。在此基础上，"十三五"期间，后续特高压工程将分三批建设，首先是加快建设"五交八直"特高压工程；其次在 2018 年以前开工建设"十交两直"特高压工程，加快统一同步电网建设；最后，2020 年以前开工建设"十三五"规划的特高压网架加强和完善工程。根据相关规划，2020 年前需继续建设的路线其投资额度预计达到 5460 亿元。与此同时，随着我国"一带一路"倡议的启动，国家电网公司将积极开展与俄罗斯、哈萨克斯坦、蒙古、巴基斯坦等周边国家的电力能源合作，预计到 2025 年基本实现与周边国家电网的互联互通[47]。

表 2-11　　　　　　　　　　　中国能源资源区域分布特征

资源类型	重点分布区域
煤炭资源	"三北"地区——内蒙古、山西、陕西、新疆、云南、黑龙江、辽宁、宁夏、甘肃
水能资源	西南地区——四川、云南、西藏
风能资源	"三北"地区和东部沿海——甘肃、新疆、河北、内蒙古、吉林、江苏
太阳能资源	西部和北部的沙漠、戈壁滩等偏远地区

资料来源：国家电网公司，《清洁能源呼唤特高压》。

2. 清洁能源的大量使用，将为未来电力系统的构建带来天翻地覆的变化

根据国家电网能源研究院的科学估算，2020 年后，终端各领域电能对传统化石能源特别是煤炭和石油的替代进程将明显加快，风电、太阳能等可再生能源发电规模将不断攀升；展望未来中国清洁能源规模，2020 年水力发电预计将达3.5 亿千瓦，风力发电 2 亿千瓦，太阳能发电 1 亿千瓦，生物质能发电 3000 万千瓦，核能发电 5800 万千瓦，而至 2050 年清洁能源可能达到 30 亿~60 亿千瓦的开发规模[48]。

具体的前沿技术层面，现状主要包括利用太阳电池能半导体材料光生伏特效应的太阳能光伏发电技术，转换效率更高、转轴更短的水平轴风力发电机组技术，充分利用废弃的农林剩余物的生物质发电技术，具有更优安全性与经济竞争力的第四代核能发电技术，充分利用地热流体热能、提高发电效率联合循环地热发电技术，以及利用海洋波浪能、温差能与渗透能的潮汐发电技术等。而随着清洁能源技术不断革新与成熟，如图2-11所示，据预测其经济性也将不断提高，以不同方式生产单位能源的成本将逐渐趋向一致[49]。

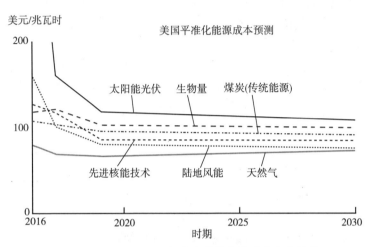

图2-11 2016～2030年生产单位电能成本变化趋势

资料来源：World Economic Forum，The Future of Electricity Attracting investment to build tomorrow's electricity sector.

二、电力产业中央企业所处竞争位势分析

经过多年的发展，就电力生产规模、清洁能源投资水平与技术领先性方面，中国获得了突飞猛进的进步，在全球占据一席之地。与外国同类型企业相比，国家电网公司与中国南方电网有限责任公司两大电力供应企业，在规模上具有较大领先性，而中国五大发电集团其收入水平同样居世界前列，且盈利能力具有一定竞争性。

（一）国际竞争格局与优势国家及地区

2015年中国电力生产量共计5682太瓦时，全球占比高达23.7%，位居世界首位，在电力生产总量与能力上已居于领先地位。与此同时，在能源结构优化与生产效率提高方面，中国的竞争力也在不断增强。党的第十七次全国代表大会明确提出"发展清洁能源"的战略方针[50]；在政策引导层面，在《能源法》中突出了清洁能源在国家能源发展政策中的重要性，且相继出台《大气污

染防治法》《节约能源法》《可再生能源法》等一系列旨在鼓励支持清洁能源发展的法律法规。截至 2013 年底，国产风力发电机组已占国内市场份额的90% 以上，光伏电池产量约占世界总产量的 2/3，转换效率达到世界先进水平[51]。

根据彭博新能源经济资讯（Bloomberg New Energy Finance）的最新统计，非洲、亚洲、拉丁美洲与加勒比海地区为清洁能源投资的热点区域，未来将实现快速的增长，而中国以 2.29 分的总评分在其中位列首位，如表 2 - 12 所示。这项评价综合考量了该国的产业框架、投融资能力、价值链与温室气体治理水平等因素，得到最终评分[52]。该项评价所关注的清洁能源投资将在未来数年内转化为各国实际产能，而中国领先的产业投资将推动中国电力产业的国际竞争力进一步提高。

表 2 - 12　　　　　　　　2015 年全球清洁能源投资评价

序号	国家	综合打分（满分5分）
1	中国	2.29
2	巴西	2.12
3	智利	1.97
4	南非	1.91
5	印度	1.81
6	肯尼亚	1.74
7	墨西哥	1.72
8	乌拉圭	1.69
9	乌干达	1.68
10	尼泊尔	1.63

资料来源：Bloomberg New Energy Finance，Climatescope 2015.

（二）我国中央企业发展现状与竞争位势

我国中央企业中，归属于电力产业的企业共有 10 家，分别为国家电网公司、中国南方电网有限责任公司、中国华能集团公司、中国大唐集团公司、中国华电集团公司、中国国电集团公司、中国电力投资集团公司、国家核电技术有限公司、中国长江三峡集团公司与中国广核集团有限公司，其中可划分为"电力生产"与"电力供应"两个类别，如表 2 - 13 所示。

表 2 – 13 中国电力产业中央企业分类与经营范围

企业类别	电力产业中央企业	主要经营范围
电力生产	中国华能集团公司	以火力发电为主，兼以清洁能源
	中国大唐集团公司	以火力发电为主，兼以清洁能源
	中国华电集团公司	以火力发电为主，兼以清洁能源
	中国国电集团公司	以火力发电为主，兼以清洁能源
	中国电力投资集团公司	以火力发电为主，兼以清洁能源
	国家核电技术有限公司	核能发电
	中国长江三峡集团公司	水力发电
	中国广核集团有限公司	核能发电
电力供应	国家电网公司	电网建设与运营
	中国南方电网有限责任公司	电网建设与运营

　　如表 2 – 14 所示，基于 2015 年公司销售收入而列出的全球 20 大电力企业中，国家电网公司以 3296 亿美元位列首位，中国南方电网有限责任公司、中国华能集团公司等共计 7 家公司进入前 20 位。这显示，国家电网公司与中国南方电网有限责任公司两大电力供应企业，在规模上具有较大领先性，而中国五大发电集团其收入水平同样位居世界前列。总体而言，中国电力产业中央企业在产能与技术方面，均处于全球较为领先水平，且随着中国产业投资额的增加以及研发水平的不断提高，其国际竞争力预计将会进一步增强。盈利能力方面，2015 年国家电网公司、中国南方电网有限责任公司与中国华能集团公司的净利润率分别为 3.1%、3.0% 与 10.7%，而同期德国意昂集团与意大利国家电力公司的利润率分别为 – 6.0% 与 2.9%，我国中央企业的盈利能力具有一定竞争性。

表 2 – 14 2015 年全球电力企业销售收入排名

序号	电力企业	国家	2015 年销售收入（亿美元）
1	国家电网公司	中国	3296
2	德国意昂集团	德国	1293
3	意大利国家电力公司	意大利	839
4	法国电力集团	法国	832
5	法国 ENGIE 集团（前苏伊士环能集团）	法国	775
6	中国南方电网有限责任公司	中国	747
7	韩国电力公司	韩国	518

序号	电力企业	国家	2015 年销售收入（亿美元）
8	德国莱茵集团	德国	516
9	东京电力公司	日本	506
10	英国电力公司	英国	433
11	中国华能集团公司	中国	432
12	西班牙伊维尔德罗拉公司	西班牙	349
13	中国华电集团公司	中国	314
14	中国电力投资集团公司	中国	306
15	中国国电集团公司	中国	305
16	美国 Exelon 电力公司	美国	294
17	日本关西电力公司	日本	270
18	中国大唐集团公司	中国	264
19	杜克能源公司	美国	240
20	日本中部电力公司	日本	238

资料来源：CNN Money，Fortune Global 500.

三、电力企业资本控制模式分析

电力产业作为重要的战略型产业，对于国家能源安全具有重大影响。美国和德国电力私有化的案例说明，确保电力行业在统一管理体制下运行，才能发挥规模优势，有效降低建设、运行和管理协调成本，并推动清洁能源的普及。

（一）美国电力企业资本控制模式

尽管美国是全世界最先广泛使用电力的国家，然而据统计，全球自 1990年以来发生 23 次重大停电事故，5 次发生于美国，是发生次数最多的国家，显示美国的电力行业管理存在问题。事实上，由于实行自由竞争的市场经济体制，美国电力工业由私营电力公司、联邦政府经营的电力局、市政公营电力公司和农电合作社 4 种形式的电力企业构成，电网与电力企业建立在私有化基础上，分别由不同所有权属的电网逐步互联发展起来，产权分散，难以整合。而由于各州电网监管权限大，很难实现从全国能源布局及资源优化配置高度统筹规划电网发展。而电网的薄弱同样限制了可再生能源的使用，由于美国陆上风能资源集中的区域主要集中在中部地区，远离东部负荷中心，需要更多数的远距离输电线路加以支撑。

由此可见，由于电力行业的特殊性，确保电力行业在统一管理体制下运行，更能发挥规模优势，有效降低建设、运行和管理协调成本，减少发生重大电网安全事故的风险。

（二）德国电力企业资本控制模式

与拥有法国电力集团（EDF）的法国以及拥有意大利国家电力公司（ENEL）的意大利等欧洲国家不同，德国电力市场经过 1998 年的私有化改革，目前由巴登—符腾堡州能源公司（EnBW）、德国莱茵集团（RWE）、德国意昂集团（E. ON）和瑞典大瀑布电力公司（Vattenfall）四大能源集团分别拥有。然而近年来，改革的负面影响不断显现，例如，电价起伏大且受一些发电企业操纵，导致德国首都柏林的税后电价为全欧洲最高；同时，各私有电力提供商缺乏动力使用绿色能源，据统计，瑞典大瀑布电力公司在德国 80% 的发电量来自高污染的褐煤。除此以外，由于各电力提供商缺乏有效合作、各股政治势力不断介入，大量合作项目难以推进。

第三节　我国信息通信行业企业发展现状与竞争位势

一、信息通信产业发展趋势前景展望

信息通信产业范畴不断扩大，规模快速增长，移动电话业务成为其发展重心，其中移动数据服务在全球范围内尤其是新兴市场国家发展迅速。我国信息通信产业发展趋势与国际整体方向相一致，用户结构加速优化，3G/4G 市场有望吸引大量投资。行业竞争方面，预计未来将延续激烈竞争态势，国内关于核心业务的收购兼并将成为发展趋势。

（一）产业界定

根据《国民经济行业分类》（GB/T 4754—2011）定义，"信息传输、软件

和信息技术服务业"主要包含"电信、广播电视和卫星传输服务""互联网和
相关服务"与"软件和信息技术服务业"等细分概念。我国中央企业中,归
属于信息传输、软件和信息技术服务业的企业共有 8 家,分别为中国电信集
团公司、中国联合网络通信集团有限公司、中国移动通信集团公司、中国电
子信息产业集团有限公司、中国普天信息产业集团公司、电信科学技术研究
院、上海贝尔股份有限公司与武汉邮电科学研究院。除中国电子信息产业集
团有限公司侧重于电子信息技术领域外,其余企业的主营业务均偏向以电信
服务为主。

(二) 市场供需特征及变化趋势

1. 随着产业技术的发展,信息通信产业范畴不断扩大,规模快速增长,移动电话业务成为发展重心

自 1844 年人类历史上首封电报发出至今,以电信号为传输载体的现代通信
已经过 170 余年发展,其间每一次技术上的重大突破,均会使通信产业的内涵和
规模得到显著扩充。至今全球通信产业已由曾经单一的电报服务扩展至固定电
话、移动电话、多媒体信息、数字电视等多重领域,成为支撑日常生活与各行业
经济活动的基础产业之一。与此同时,通信网络也逐渐扩充演变为电话网、移动
通信网与数据通信网等众多功能相对独立的网络[53]。

根据世界上最大的移动通讯网络公司之一沃达丰 (Vodafone) 进行的相
关统计,如图 2 - 12 所示,2014 年全球信息通信产业收入总计约 1.5 万亿美
元,较 2010 年的 1.4 万亿美元增加 5.6%,近年来保持缓慢稳定的增长态
势[54]。各业务模块方面,移动电话与固定电话使用者数量分别达到 72 亿与
10 亿,固定宽带业务与移动电话业务收入 2014 年达到 2250 亿元与 9830 亿
元,年增长速度为 2.5% 与 3.7%,保持份额的不断增加,与此同时固定电
话业务则在过去 3 年间呈现出明显的萎缩趋势。移动电话业务为全球信息通
信产业重要组成部分与最主要收入来源,2014 年占产业收入总额比重达到
67% 的水平。

就中国的发展情况而言,中华人民共和国工业和信息化部发布的《2015 年
通信运营业统计公报》显示,如图 2 - 13 所示,2015 年全国年电信业务收入完
成 11251.4 亿元,同比增长 0.8%,较 2014 年收入增长率回落约 2.8%。而 2015
年电信业务总量完成 23141.7 亿元,同比增长 27.5%,较 2014 年增长 11.4%,
这显示我国电信业务目前处于平稳发展阶段[55]。

亿美元

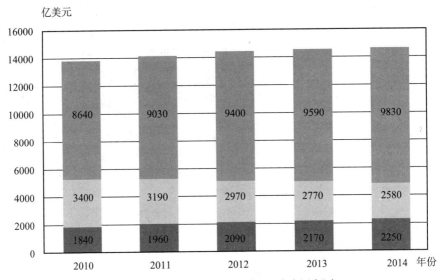

图 2 – 12   2010 ~ 2014 年全球信息通信产业收入

资料来源：Vodafone，Vodafone Group Plc Annual Report 2015.

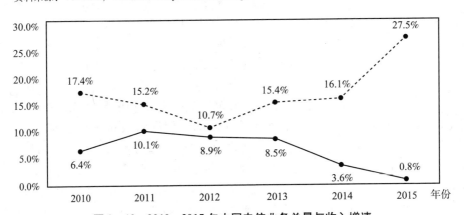

图 2 – 13   2010 ~ 2015 年中国电信业务总量与收入增速

资料来源：中华人民共和国工业和信息化部，《2015 年通信运营业统计公报》。

2. 移动数据服务发展迅速，新兴市场国家构成主要需求，全球人均拥有超过 1 部移动设备

根据沃达丰（Vodafone）有关统计，在移动电话业务每年近万亿元的收入中，传统通话服务占比达到 60% 左右，仍构成移动电话业务收入的主要来源，然而近年来，这一比重在显著下降，而浏览网页与观看视频等移动数据服务需求显著提高，自 2011 年的占比 30% 左右快速上升至 2014 年的 42%，且预计这一趋势将在中短期内保持，2018 年移动数据服务收入占比将达到 48% 左右。

如图 2-14 所示，截至 2014 年移动电话业务收入的使用者 76% 来自新兴市场国家，显著超过发达国家，而使用者主要来源国家包括中国（19%）、印度（13%）、新兴亚洲国家（15%）与非洲各国（12%），且这一比例预计将持续提高，并预计将于 2018 年达到 79%。这主要是由于新兴市场国家具有可观的人口增长率与年轻人口规模，以及较快的经济增速作为有力支撑。另外，全球移动设备渗透率由 2011 年的 87% 快速增长至 2014 年的 101%，这意味着平均来看全球人均拥有超过 1 部移动设备。而移动设备渗透率在成熟市场国家通常超过 100%，例如德国人均拥有 1.43 部移动设备，英国人均拥有 1.38 部移动设备；而在新兴市场国家则人均拥有移动设备数目不足 1 部，例如印度人均拥有 0.75 部移动设备，而肯尼亚人均拥有 0.76 部移动设备。

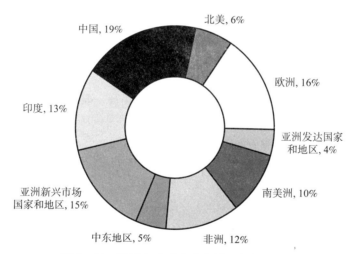

图 2-14　2014 年全球移动电话业务市场构成

资料来源：Vodafone，Vodafone Group Plc Annual Report 2015.

3. 我国信息通信产业发展趋势与国际整体方向相一致，用户结构加速优化，3G/4G 市场有望吸引大量投资

工业和信息化部统计显示，我国信息通信产业发展趋势与国际整体方向相一致，传统通话服务收入占比由 2010 年的 57.1% 下降至 2015 年的 31.7%，同时移动数据服务占比于 2014 年创下 27.6% 的历史新高，如图 2-15 所示。与此同时，我国移动电话渗透率稳步提升，2015 年达到 95.5 部/百人，接近国际平均水平，其中北京、广东、浙江、上海、福建、江苏等东部省市渗透率超过 100 部/百人；而固定电话渗透率自2006年后持续下降，2015年仅为16.9部/百人，移动通信逐渐替代移动电话的趋势十分显著，移动电话业务也将成为我国信息通信产业未来发展的重心。

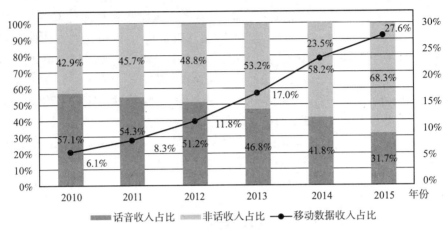

图2-15 2010~2015年中国信息通信产业收入来源构成

资料来源：中华人民共和国工业和信息化部，《2015年通信运营业统计公报》。

由于移动数据服务的需求在全球范围内快速增长，且受到行业内部高竞争性的特征驱动，目前绝大多数运营商增加了对于欧洲4G市场与新兴市场国家3G/4G市场的投资力度，以提供更具竞争力的数据速度。这一点在我国的各制式移动电话用户发展趋势中同样得到充分体现，2015年2G移动电话用户减少1.83亿户，占比由2013年的67.3%下降至39.9%；全年新增4G移动电话用户28894.1万户，用户存量达到38622.5万户，在两年间渗透率达到29.6%，充分说明我国移动电话业务用户结构加速优化，4G移动电话用户发展迅猛。

4. 信息通信产业未来将延续激烈竞争态势，国内关于核心业务的收购兼并将成为发展趋势

据预测，未来存在于各国移动网络运营商、移动虚拟网络运营商、固定电话运营商与基于互联网的服务供应商之间的竞争将愈演愈烈。资产规模领先的大型运营商在4G领域的资金与技术投入，将使其在网络领先性与服务质量各方面较小型运营商体现竞争优势，并通过进一步的收购兼并实现市场力量的激烈变革与重新整合，且在未来，信息通信产业运营商将利用其既有优势，不断发掘电子商务领域的发展机遇。

麦肯锡公司（McKinsey & Company）2011年在其关于信息通信产业收购兼并的研究报告指出，2001~2010年全球信息通信产业经历了频繁的收购兼并，涉及总成交金额达到1.5万亿美元，这轮收购兼并浪潮于2004~2007年达到高潮，此后至 2010 年均所有放缓[56]，如图 2 - 16 所示。2014 年，全球信息通信产业共实现收购兼并交易 142 宗，交易金额总计 1820 亿美元，较 2013 年的 672 亿美元超过 170.8%，其中超过 10 亿美元的交易达到 14 宗，信息通信产业再次进入收购兼并高峰期[57]。在 2006~2010 年全球信息通信产业全部 843 宗收购兼并交易中，如表 2 - 15 所示，439 宗关于电信服务与频段许可等核心业务而展开，总交易额 4737 亿美元，占交易总额比重达到 83.4%；而基础设施、连接供应商与多媒体等相关业务交易额为 723 亿美元，这显示出兼并交易主要围绕着产业的核心功能展开，切实提高收购方的技术水平与市场竞争力。同时，由于信息通信产业具有显著的地域限制，各国家间产品与服务进入壁垒较高，替代性较差，因此收购兼并交易多发生在同一国家内部，跨境收购兼并占比较低。

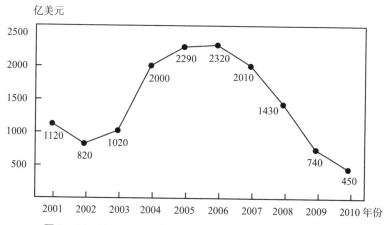

图 2 - 16　2001~2010 年全球信息通信产业收购兼并交易额

资料来源：McKinsey & Company, The Future of M&A in Telecom.

表 2 - 15　　2006~2010 年全球信息通信产业收购兼并交易业务与地域特征　　单位：%

交易业务特征		交易地域特征	
核心业务	439 宗	国内	57.6
		跨国	42.4
相关业务	328 宗	国内	67.2
		跨国	32.8
其他业务	76 宗	国内	100.0
		跨国	0
总计	843 宗		

资料来源：McKinsey & Company, The Future of M&A in Telecom.

5. 信息通信产业运营商将利用其既有优势，不断发掘电子商务领域的发展机遇

根据安永（Ernst Young）的报告分析，近年来，线下零售商业的销售增长逐年放缓，以美国为例，最大型零售商的店铺数量增长率由 12% 下降为近三年的低于 3%，受到电子商务冲击明显；而 B2C 电子商务在全球范围内以两位数的增长率持续增长，且预期销售额于 2018 年达到 25 亿美元。其中智能电话与平板电脑在线上购物中扮演着日渐重要的角色，行业估测该比例占交易总量的 75% 左右。截至目前，移动运营商已通过移动支付、市场推广活动等方式进入线上零售市场，并实现与本地及多市场电子商务专营商的有效合作。而在 B2B 领域，许多世界各地的运营商将电子商务作为其提供给企业客户服务的必要组成部分，例如 AT&T 和 IBM 为其零售商客户提供结合了云计算和网络服务软件的电子商务解决方案，确保其可以在扩大销售规模的同时规避高额的软件许可费或基础设施相关的资本支出[58]。如图 2 – 17 所示，信息通信产业运营商可进入的电子商务领域较为广泛，其中包括以消费者为中心的机构内部应用程序开发、孵化器项目与风险投资、横向/纵向伙伴关系与合资企业等，以及以企业为中心的移动电子商务平台、零售商的忠诚度和广告服务、SOHO 及中小企业的支付和电子商务平台与 SaaS（软件即服务）和 M2M（机器对机器）市场等。

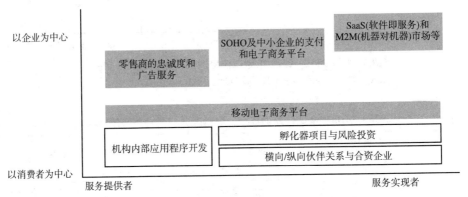

图 2 – 17 信息通信产业运营商电子商务领域

资料来源：Ernst Young, Issue 16 of Inside Telecommunications.

（三）产业技术特征及创新方向

就产业发展方向来看，固定宽带领域光纤宽带将占据主流地位，具有更快数据传输速度的 4G + 网络将会普及，高清晰度语音技术将抢占市场。新型移动设备的广泛使用将带来全球移动数据市场的变革。

1. 固定宽带领域"光进铜退"趋势明显，宽带基础设施的日益完善将不断助力移动网络提速

2015 年，中国全国互联网宽带接入端口数量达到 4.7 亿个，较 2014 年净增 7320.1 万个，同比增长 18.3%，其中 xDSL 端口减少 3903.7 万个，占比由 2014 年的 34.3% 下降至 20.8%；光纤接入（FTTH/O）端口增加 1.06 亿个，占比由 2014 年的 40.6% 提升至 56.7%，如图 2 - 18 所示。世界上最大的移动通讯网络公司之一沃达丰（Vodafone）在其发展战略中同样表示将投资更多的光纤宽带设施，提供高达 300Mbit/s 至 1Gbit/s 的数据传输速度，远远超过铜缆宽带 24Mbit/s 的数据传输水平。

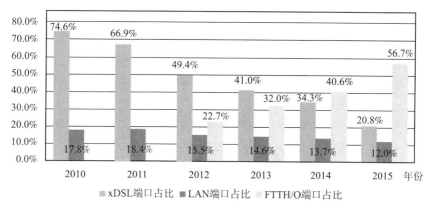

图 2 - 18 2010 ~ 2015 年互联网宽带接入端口发展趋势

资料来源：中华人民共和国工业和信息化部，《2015 年通信运营业统计公报》。

2. 具有更快数据传输速度的 4G + 网络将会普及，高清晰度语音技术将抢占市场

据安永（Ernst Young）统计，截至目前，2G 信号实现了对于全球 85% 人口的覆盖，而 3G 与 4G 信号的覆盖率分别达到 55% 与 27%，其中标准的 4G 网络提供高达 150Mbit/s 的数据传输速度，达到 3G 最高速度的三倍以上，而据预测 4G 网络发展的下一阶段 4G + 网络，其峰值速度将高达 450Mbit/s，性能进一步显著提升。截至 2015 年 6 月，英国移动运营商 EE 已完成全国范围内 4G + 信号的覆盖，预计未来数年间，4G + 将成为全球信息通信产业的普遍发展趋势[59]。

高清晰度语音技术（High - Definition Voice）也被称为宽带语音，是一种能为蜂窝网络、移动电话和无线耳机传输高清、自然语音质量的音频技术，其采用 VoLTE（Voice over LTE）为核心技术，依托于高速 4G 网络，实现数据与语音业务在同一网络下的统一，保证高清语音及视频通话[60]。这一技术由法国移动运营商 Orange 于 2009 年首次推出，2015 年中国移动通信集团公司在全国五个城市展开试点。而根据 Markets and Markets 相关报道，高清晰度语音市场价值将于 2019 年达到 22.9 亿美元，市场前景良好[61]。

3. 苹果与安卓移动设备的广泛使用将带来全球移动数据市场的变革，并造成使用者消费习惯的巨大变化

随着科学技术的不断发展创新，智能设备与应用软件的升级换代对于全球移动数据流量带来巨大影响。截至 2014 年全美 42% 的 18 岁以上人口拥有至少一台平板电脑，全球可穿戴设备数量将由 2014 年的 1900 万台快速增长至 2018 年的 12.8 亿台，互联技术逐渐被应用于汽车、房屋与机械等众多领域，这将极大地改变使用者的消费生活习惯，对于移动数据市场产生更为客观的需求。基于波士顿咨询公司（BCG）对于 13 个国家的抽样研究，消费者每年用于移动因特网的年平均消费额达到 4000 美元，其中发展中国家为 5600 美元，新兴市场国家则为 2250 元，消费力非常可观[62]。全球约有 60% 的消费者将移动设备作为其网上购物的首要渠道，这意味着未来对于移动数据服务的潜在巨大需求。

二、信息通信产业中央企业所处竞争位势分析

从信息和通信技术发展指数方面看，中国评分仅与亚太区域平均水平持平，具有较大的发展前景。中国移动通信集团公司在全球信息通信企业居第 3 位，具有良好的盈利能力，而中国联合网络通信集团有限公司与中国电信集团公司相较之下盈利性存在较大差距。

（一）国际竞争格局与优势国家及地区

2015 年，国际电信联盟（International Telecommunication Union，ITU）发布报告 Measuring the Information Society Report 2015，其中通过计算信息和通信技术发展指数（ICT Development Index，IDI）对于世界各国和地区的信息通信产业发展水平做出评估。该指数综合考量 11 项指标，从信息通信产业发展水平与演化、国家经济发展影响、数字鸿沟与发展潜力等众多因素出发。根据表 2 - 16 显示结果，ICT 发展指数领先的国家多集中于欧洲，亚洲国家与地区中韩国、中国香港与日本分别居第 1 位、第 9 位与第 11 位，而中国评分显著落后，仅为 5.05 分而

居全球第 82 位[63]。即使在亚太区域内横向比较,中国的评分仅与区域平均水平持平。这显示,尽管中国的信息通信产业发展突飞猛进,但就整体水平而言仍处于国际落后地位,同时具有较大的发展前景与追赶空间。

表 2 - 16　　　　　　　2015 年信息和通信技术发展指数
（ICT Development Index，IDI）排名

序号	国家或地区	信息和通信技术发展指数（IDI）
1	韩国	8.93
2	丹麦	8.88
3	冰岛	8.86
4	英国	8.75
5	瑞典	8.67
6	卢森堡	8.59
7	瑞士	8.56
8	荷兰	8.53
9	中国香港	8.52
10	挪威	8.49
11	日本	8.47
12	芬兰	8.36
13	澳大利亚	8.29
14	德国	8.22
15	美国	8.19
82	中国	5.05

资料来源：International Telecommunication Union，Measuring the Information Society Report 2015.

尽管如此,由于信息通信产业具有较为明显的地域特征,且出于国家安全考虑而受到各国政府严密关注,各国间存在显著的行业进入壁垒。因此信息通信产业发展水平领先的国家较难与中国产生企业间的直接激烈竞争。

（二）我国中央企业发展现状与竞争位势

我国中央企业中,归属于信息传输、软件和信息技术服务业的企业共有 8 家,分别为中国电信集团公司、中国联合网络通信集团有限公司、中国移动通信集团公司、中国电子信息产业集团有限公司、中国普天信息产业集团公司、电信科学技术研究院、上海贝尔股份有限公司与武汉邮电科学研究院。

如表 2 - 17 所示,基于 2015 年公司销售收入而列出的全球 10 大信息通信企

业中，中国移动通信集团公司以 1068 亿美元的销售收入在全球信息通信企业居第 3 位，而中国电信集团公司与中国联合网络通信集团有限公司分列第 7 位与第 10 位，显示这三家信息通信巨头均具有较强的竞争力。

表 2 - 17　　　　　　　2015 年全球信息通信企业销售收入排名

序号	信息通信企业	国家	2015 年销售收入（亿美元）
1	美国电话电报公司	美国	1468
2	威瑞森电信	美国	1316
3	中国移动通信集团公司	中国	1068
4	日本电报电话公司	日本	961
5	德国电信公司	德国	768
6	软银集团	日本	765
7	中国电信集团公司	中国	618
8	沃达丰集团	英国	617
9	西班牙 Telefónica 公司	西班牙	609
10	中国联合网络通信集团有限公司	中国	441
11	中国电子信息产业集团有限公司	中国	315

资料来源：CNN Money, Fortune Global 500。

盈利能力方面，2015 年中国移动通信集团公司、中国联合网络通信集团有限公司与中国电信集团公司的利润率分别为 9.5%、1.3% 与 2.8%，而同期美国电话电报公司、威瑞森电信、日本电报电话公司与德国电信公司的利润率分别为 9.1%、13.6%、6.4% 与 4.7%。这显示出中国移动通信集团公司具有良好的盈利能力，与全球其他信息通信领先企业基本处于同等水平，而中国联合网络通信集团有限公司与中国电信集团公司的利润率则偏低。

三、信息通信企业资本控制模式分析

信息通信产业对于国家安全具有一定战略意义，然而同样需要竞争与技术进步不断推动产业发展。德国和新加坡电信公司的案例说明，在国家较大比例持股或严格限制牌照发放的前提下，也可成功实现信息通信产业自由化发展。

（一）德国信息通信企业资本控制模式

德国电信股份公司（Deutsche Telekom AG）是欧洲大型电信公司，通过通信网络（ISDN、DSL、卫星等）提供信息和通信服务，其前身是由原民主德国的德国邮政和联邦德国的联邦邮政合并成国有德国联邦邮政的电信部门，并于1996年改组为股份制公司，实现私有化，而欧洲大陆的法国、意大利、西班牙等国的做法基本与德国电信类似，都以成功上市为私有化的标志。德国邮电系统的改革重组大致经历了三个阶段，即1989年的邮电分设、政企分开，1995年通过逐步变为控股公司实现企业化经营，以及1996年的股份制改造。电信行业的改革实现了降低市场壁垒和导入竞争机制，使得德国电信的经营效率不断提升，2014年全年收入达到698亿美元，同比增长4.2%，市场价值居全球第7位。

尽管德国政府大力推动德国电信的私有化进程，却同时通过持有股份保持了国家对于电信业的控制，目前德国联邦政府的直接持股比例稳定在14.3%左右，同时通过德国复兴信贷银行（KfW Bankengruppe）间接持股17.4%。

（二）新加坡信息通信企业资本控制模式

新加坡电信公司（SingTel）成立于1879年，起初是一家由新加坡政府全资拥有的电信公司。1992年4月1日，新加坡政府正式做出了关于电信自由化改革的决定，将原新加坡电信监管局（TAS）拆分为三个独立单位，即重组后的TAS，负责监管、发展和推广电信和邮政产业，新加坡电信作为公众电信服务商，以及新加坡邮政作为公众邮政服务商，并制订了新加坡电信自由化的15年改革计划。

随着电信自由化改革的发展，1997年4月，新加坡第二家移动通信运营商（M1）和3家新呼叫运营商（M1、STSunpage和Hutchinson Paging）进入市场并开始提供服务，并逐渐形成3家主流运营商以及数十家新兴服务提供商的运营格局。至2002年4月，新加坡政府在严格限制牌照发放的前提下，完全解除了对国外企业直接或间接的资产禁入，使新加坡成为一个完全自由、高效、平等的充满竞争的市场。截至2006年，新加坡家庭宽带普及率达到58.2%，移动电话普及率达到100%，国际长途电话话费下调80%，国际网络连接能力从0.4Tbit/s上升至28Tbit/s，电信自由化取得巨大成功。

第四节　我国机械装备行业企业发展现状与竞争位势

一、机械装备产业发展趋势前景展望

全球机械装备产业基本面临着产出增速放缓、发展预期恶化的趋势，未来发展重心将迁向亚洲，中端产品市场需求相对旺盛。在"一带一路"倡议与"工业4.0"的影响下，中国企业应进一步实现其全球化产业布局，提高业务精细度与创新能力，注重产品构成与生产方式的革新，并重视服务业务链条的发展。

（一）产业界定

根据《国民经济行业分类》（GB/T 4754—2011）定义，"机械装备产业"主要包含"通用设备制造业""专用设备制造业""汽车制造业""铁路、船舶、航空航天和其他运输设备制造业""电气机械和器材制造业""计算机、通信和其他电子设备制造业"与"仪器仪表制造业"等细分概念。由于"铁路、船舶、航空航天和其他运输设备制造业"行业集中度较高，得到国家层面高度重视与政策扶持，且与国家发展战略和国际局势紧密相关，因此暂不归入"机械装备产业"，而进行针对性专门研究。

我国中央企业中，归属于机械装备产业的企业数量较多，共有7家，分别为中国第一重型机械集团公司、中国机械工业集团有限公司、哈尔滨电气集团公司、中国东方电气集团有限公司、机械科学研究总院、中国恒天集团公司与中国西电集团公司，其分类如表2-18所示。"专用设备制造业"与"电气机械和器材制造业"为中央企业布局的重点领域，分别有3家中央企业分属于这两个细分产业，显示出其战略上的重要地位。因此，在产业发展趋势与竞争位势分析中，以"专用设备制造业"与"电气机械和器材制造业"作为重点研究对象。

表2-18 中国机械装备产业中央企业分类

企业名称	二级分类	业务说明
中国第一重型机械集团公司	专用设备制造业	为钢铁、电力、能源、汽车、矿山、石化、交通运输等行业及国防军工提供重大成套技术装备、高新技术产品和服务
中国机械工业集团有限公司	专用设备制造业/铁路、船舶、航空航天和其他运输设备制造业	服务领域覆盖了工业、农业、交通、能源、建筑、轻工、汽车、船舶、矿山、冶金、航空航天等国民经济重要产业领域
哈尔滨电气集团公司	电气机械和器材制造业	我国最大的发电设备、舰船动力装置、电力驱动设备研究制造基地和成套设备出口的国有重要骨干企业集团之一
中国东方电气集团有限公司	电气机械和器材制造业	具备了大型水电、火电、核电、风电、太阳能发电、燃机等发电设备的开发、设计、制造、销售、设备供应及电站工程总承包能力

续表

企业名称	二级分类	业务说明
机械科学研究总院	专用设备制造业/铁路、船舶、航空航天和其他运输设备制造业	其成果已广泛应用于机械制造、航空航天、交通运输、信息产业、环保和能源等多个领域
中国恒天集团公司	纺织业	以纺织机械、纺织品服装和贸易为主业，包括纺织机械的研发、制造、销售，为客户提供纺织工程系统解决方案
中国西电集团公司	电气机械和器材制造业	主营业务为输配电及控制设备研发、设计、制造、销售、检测、相关设备成套、技术研究、服务与工程承包，核心业务为高压、超高压及特高压交直流输配电设备制造、研发和检测

资料来源：国家统计局，《国民经济行业分类》。

（二）市场供需特征及变化趋势

1. 全球范围内制造业产出增速放缓，中国市场停滞的影响显著，世界各国专用设备制造业均保持缓慢增长，电气机械和器材制造业则在发展中与新兴工业国家发展迅猛

根据联合国工业发展组织（United Nations Industrial Development Organization，UNIDO）发布的报告显示，2016 年第二季度全球制造业产出同比增长率为 2.2%，自 2013 年第四季度以来下行趋势明显[64]。这说明全球范围内平均来看，由于宏观经济预期不景气，制造业产出已进入缓慢增长阶段。而横向比较之下，发达工业国家（地区）最新一季制造业产出增长率仅为 0.2%，同期发展中与新兴工业国家（地区）增长率则为 4.9%，尽管同样呈现下降趋势，然而显著持续优于发达工业国家水平，由此可见全球范围内制造业发展的重心已由发达工业国家迁移至发展中与新兴工业国家。发展中与新兴工业国家（地区）制造业产出增长率的下降，主要由于中国市场的长期停滞，以及拉美国家的发展减缓；与此相对照的，东南亚国家呈现出较为显著的制造业复苏迹象，最新一季制造业产出增长率达到 6.5%。尽管中国政府已出台在稳定经济增长的货币政策，然而国内需求依然保持低迷。

如表 2-19 所示，整体来看，在发展中与新兴工业国家（地区）中，我国中央企业多属于的"专用设备制造业"与"电气机械和器材制造业"表现相对稳定，"电子设备与仪器"类别实现 8.1% 的增长，"电气设备"与"机械设备"的增长率分别达到 3.2% 与 3.7%，而发达工业国家却分别呈现出 -0.6%、-0.5% 与 -3.5% 的萎缩。

我国机械装备产业目前正面临着发达国家"高端制造回流"与新兴发展中国

家"中低端分流"的双重挤压，增速放缓，传统设备需求低迷，机械行业整体业绩不佳。随着《中国制造2025》战略的提出，预计未来工业技术研究基地将不断涌现，信息化与工业化加速深度融合，有望实现我国机械装备产业国际竞争力的提升。

表 2 – 19　　　　　　　2016年第二季度各类别制造业产出同比增长率

制造业分类	发展中与新兴市场国家（地区）	工业化国家（地区）
食品	4.3%	0.9%
饮料	3.6%	2.5%
烟草制品	– 3.7%	0.6%
纺织品	5.3%	– 0.9%
服装服饰	3.1%	– 2.7%
皮革、皮革制品	2.6%	– 2.0%
木制品	4.8%	2.8%
纸张与纸制品	3.2%	– 1.1%
打印与印刷	2.9%	– 1.0%
焦炭、精炼石化产品与核原料	3.5%	– 0.6%
化学与化学产品	7.5%	0.8%
药品	7.9%	2.2%
橡胶与塑料制品	4.1%	0.8%
其他非金属矿物制品	5.6%	0.1%
一般金属制品	4.2%	– 0.6%
合金制品	5.9%	– 1.1%
电子设备与仪器	8.1%	– 0.6%
电气设备	3.2%	– 0.5%
机械设备	3.7%	– 3.5%
机动汽车、拖车与半挂车	5.5%	3.5%
其他交通设备	3.3%	1.0%
家具制造业	2.6%	1.5%
其他制造业	3.2%	– 2.2%

资料来源：United Nations Industrial Development Organization，World Manufacturing Production Statistics for Quarter Ⅱ，2016.

2. 未来全球制造业发展预期将持续恶化，受访高管对于全球经济的乐观度下降

根据普华永道（PwC）发布的 Manufacturing Barometer Business Outlook Report – July 2016 显示，未来全球制造业发展预期将持续恶化。普华永道制造业晴雨表基于对美国大型公司高管的定期调查，从历史趋势来看，该发展预期曲线在很大程度上准确预测了全球制造业于未来 12 个月的走向，2016 年制造业将持续其下行趋势[65]。

表 2 - 20 显示，相较 2015 年同期，受访高管对于美国经济乐观度、对于世界经济乐观度、收入正向增长预期、预期平均增长率、新增投资占销售额比例、雇佣意愿与新增劳动力占比的预期均有所下降。同时，行业增长的阻碍因素预期有所增加，汇率影响、需求疲弱、收益能力降低、油价/能源价格上涨、国际市场竞争压力等均为威胁制造业未来发展的负面因素。

表 2 - 20　　　　　　　　全球工业制造业 12 个月预期因素分析

	2015 年			2016 年		季度变化
	2015Q2	2015Q3	2015Q4	2016Q1	2016Q2	
对于美国经济乐观度	69%	60%	46%	42%	35%	↓
对于世界经济乐观度	38%	23%	27%	24%	29%	↑
收入正向增长预期	81%	73%	70%	72%	78%	↑
预期平均增长率	4.9%	5.3%	3.6%	3.7%	4.3%	↑
计划主要新增投资	34%	37%	49%	53%	43%	↓
新增投资占销售额比例	3.3%	5.6%	1.9%	1.9%	2.3%	↑
雇佣意愿	52%	37%	42%	38%	32%	↓
新增劳动力占比	0.2%	-0.2%	0%	0.1%	-0.4%	↓
预期阻碍增长因素						
汇率影响	37%	38%	49%	45%	48%	↑
需求疲弱	39%	32%	39%	50%	42%	↓
监管压力	39%	25%	22%	30%	35%	↑
收益能力降低	24%	25%	29%	27%	32%	↑
油价/能源价格上涨	22%	20%	32%	12%	32%	↑
国际市场竞争压力	17%	12%	22%	13%	28%	↑
缺少优质劳动力	24%	10%	14%	15%	20%	↑
税收政策	29%	17%	14%	13%	18%	↑
利率上涨	7%	12%	10%	12%	7%	↓
工资上涨压力	12%	12%	14%	10%	7%	↓
资本管制	14%	12%	7%	7%	5%	↓

资料来源：Pricewaterhouse Coopers, Manufacturing Barometer Business Outlook Report - July 2016.

3. 为保持制造业的持续国际竞争力，提高业务精细度与创新能力成为必然发展趋势

根据世界经济论坛（World Economic Forum）发布的报告列举出的 12 个影响

全球竞争力的重要指标，即管理机构、基础设施、宏观经济环境、健康和初等教育、高等教育和培训、商品市场效率、劳动力市场效率、金融市场发展、技术基础、市场规模、业务精细度与创新能力，可将全球各经济体划分为要素驱动型经济体、效率驱动型经济体与创新驱动型经济体，如图 2 – 19 所示[66]。

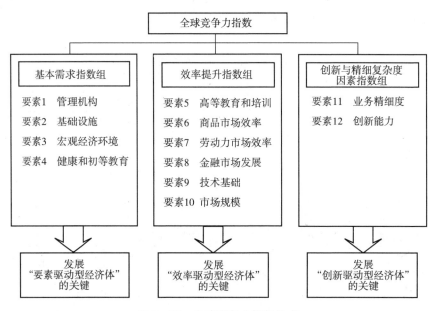

图 2 – 19　全球竞争力指数构成

资料来源：World Economic Forum, The Global Competitiveness Report 2015 – 2016.

目前，中国正处于效率驱动型经济阶段，同为"金砖四国"的印度为初级的要素驱动型经济体，而巴西与俄罗斯已进入效率驱动型经济体向创新驱动型经济体的过渡阶段。相比来看，中国在市场规模、宏观经济环境、健康和初等教育具有显著优势，却在创新能力、技术基础等方面劣势明显。制造业发展方面，由于劳动力价格近年来的不断上涨，中国已丧失廉价要素的竞争优势，部分产业外溢流向东南亚等新兴工业国家；且随着印度等重要竞争对手的进一步崛起，提高业务精细度与创新能力，发展为创新驱动型经济体，提高制造业的产品附加值与不可替代性，成为中国制造业发展的必然未来趋势。

4. 未来机械制造业的重心将迁向亚洲，中端产品的市场需求将愈发旺盛，中国企业应进一步实现其全球化产业布局

作为国民经济的基础与工业制造的源头，机械制造业所提供的生产设备是所有其他行业进行生产的先决条件，很大程度上决定了其国家的制造技术水平。因此世界各主要工业国家均将发展机械制造业作为长期经济发展的战略重点。

区域分布方面，根据罗兰贝格（Roland Berger）的研究成果，未来整个机械制造业的重心将迁向亚洲，至2015年，机械制造业17个细分市场中，由德国领导的个数将由2010年的6个降至2个，而由中国领导的个数将由2010年的4个升至8个，欧洲厂商在规模与技术方面的优势地位将逐渐为亚洲厂商所取代[67]。

市场划分方面，除依照传统划分为高端、中端与低端市场外，随着新兴工业国家的崛起，机械装备制造业继而产生对于性能要求较低却对于成本节省要求较高的超低端市场需求。随着全球机械装备制造业市场的结构性变化，低端客户的品质需求与高端客户的成本价格考虑均逐渐严格，因而中端产品的市场需求将愈发旺盛。相较于欧洲厂商的先发优势，中国机械制造企业在开拓中端市场时，应关注加强各项经验的积累以实现性能水平的提高，提升产品质量及可靠性以满足用户不断提高的要求，在劳动力成本大为提高的背景下保持竞争力，且在出口目标市场中提升销售及服务能力。

目前中国的领先企业已实现一定的全球化产业布局，销售与服务网络覆盖大部分成熟市场与新兴市场，海外占比达到0~40%；生产与研发模块也部分移植海外，0~10%的生产与研发功能在境外实现。据预测，中国企业未来将进一步扩展其全球销售服务网络，特别是在成熟市场的所占比例，预计2020年海外总占比达到20%~50%；扩大研发规模，并通过兼并收购加速领先技术的获得。除超低端产品可进行海外生产外，应保持中国的生产主体地位，充分利用自身的规模效应与成本优势。

5. "一带一路"倡议将为中国装备制造业开辟更广阔的市场空间

2013年9月，习近平在访问哈萨克斯坦时首次提出构建"丝绸之路经济带"的设想；2015年，"一带一路"倡议自顶层设计和规划逐步落实，预计未来10年间的基础设施投资需求将达8万亿美元左右。从空间来看，"一带一路"始于中国境内，贯通中亚、东南亚、南亚、西亚抵达欧洲，连接亚太经济圈和欧洲经济圈，覆盖沿线多达几十个国家和地区[68]。

对于当前中国的高端装备制造业而言，产能过剩现象较为明显，亟须开辟更广阔的市场。如表2-21所示，2014年跨国经济合作签署的合作规模超过千亿美元，为中国的过剩产能顺利转移觅得有效途径[69]。据平安证券公司预测，"一带一路"倡议的实施，将先后带动基础设施建设、配套设施及装备以及工业、服务、贸易需求，其中2015~2019年预计拉动的中国国内企业工程机械销售额约为 650 亿美元，铁路设备销售额约为 1900 亿美元，2015 ～ 2017 年重型卡车出口金额将超过 80 亿美元，外部市场需求显著扩大。

表 2 –21　　　　　　　　　　2014 年中国部分跨国经济合作情况

时间	合作国家	合作内容	谈判成果
2014 年 5 月	埃塞俄比亚	铁路、公路等基础设施建设和制造业合作，金融、工业园合作	签署 16 项合作协议，涉及经贸、电力、矿物开采、基础建设等领域
2014 年 5 月	尼日利亚	政治、经贸、人文、国际事务等各领域合作	签订沿海铁路项目框架合同，金额超百亿美元
2014 年 5 月	安哥拉	以安哥拉为枢纽经营区域性航线的互联互通，向安哥拉政府提供援助，以推动两国签署项目的发展	签署融资担保等涵盖经济和技术多领域的合作协议
2014 年 5 月	肯尼亚	鼓励中国企业对肯尼亚投资，并发挥在铁路、港口、机场、电站建设和运营方面的优势，区域航空支线运营和铁路网络建设	38 亿美元铁路合作项目，海航入股肯尼亚航空
2014 年 6 月	英国	加强核电、高铁、海上风电等领域的合作	签署超 300 亿美元合作协议，涉及天然气、金融、高铁、核电、光伏等领域
2014 年 6 月	希腊	扩大双向贸易投资，深化科技、农业、基础设施等领域合作	签署 46 亿美元协议，涉及港口、造船、贸易等
2014 年 10 月	德国	中欧自贸区，加强基础设施建设合作，挖掘中欧国际货运班列潜力，拓宽陆上贸易走廊	签署双边贸易与相互投资及技术合作 50 项 181 亿美元协议
2014 年 10 月	俄罗斯	远程宽体客机、核能、卫星导航系统、航空航天等战略性大项目合作，核能、跨界桥梁、农业开发等领域合作	签订"东线"天然气供应、全球卫星导航系统、高速铁路、核能、旅游、金融等领域的合作备忘录
2014 年 10 月	意大利	在节能环保、农业与食品安全、可持续城镇化、医疗卫生、航空航天等五个优先领域加强合作	签署超过 100 亿美元合作协议，涉及双向投资和技术、金融合作
2014 年 12 月	泰国	铁路、农产品贸易合作	800 公里中泰铁路合作
2014 年 12 月	哈萨克斯坦	边境合作、矿产开发、本币互换、核能等领域	签署 30 项价值总额超过 100 亿美元的合作协议
2014 年 12 月	塞尔维亚	互联互通、贸易投资、金融、科技能源、旅游、人文等领域	合作建设匈塞铁路，并推进核电、火电、基础设施建设合作

资料来源：平安证券公司，《装备制造行业"一带一路"专题研究》。

（三）产业技术特征及创新方向

1. 工业4.0以生产高度数字化、网络化、机器自组织为标志，将带来机械制造业产品构成与生产方式的巨大革新

"工业4.0"，即第四次工业革命的概念，由德国联邦教研部（BMWI）与联邦经济技术部（BMBF）在2013年汉诺威工业博览会上首次提出，指出继蒸汽机的应用、规模化生产与电子信息技术三次工业革命后，随着物联网及服务的引入，制造业将迎来以信息物理生产系统（Cyber-physical Production Systems，CPPSs）为基础，以生产高度数字化、网络化、机器自组织为标志的第四次工业革命，如图2-20所示。信息物理生产系统（CPPSs）是以社交网络形式运作的社会机器的在线网络，将IT技术与机械和电子元件相连接，并通过网络进行通信。利用智能网络，智能工厂（Smart Factory）不断地分享当前库存水平、故障信息与订单或需求量变化，以最大程度优化产能利用、科技研发、生产、营销与采购效率。围绕信息物理生产系统与智能工厂，将衍生出智能楼宇、智能居住、社交网络、商务网络、智能物流、智能电网与智能交通等，构筑形成数据、人群、服务与物品的连接网络。

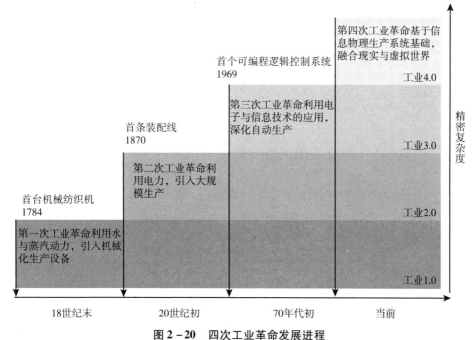

图2-20 四次工业革命发展进程

资料来源：Deloitte，Industry 4.0-Challenges and solutions for the digital transformation and use of exponential technologies［R］. US：Deloitte，2015.

随着生物技术、神经技术、纳米技术、新能源与可持续发展、移动通信技术、传感、3D 打印、人工智能、机器人与无人机技术的迅猛发展，胶囊内镜、自动驾驶汽车、机器人外科手术系统、遥感机器人等产品不断被研制开发。与此同时，工业 4.0 还将为传统制造业产业结构带来巨大变化，主要包括智能生产系统的垂直网络化、通过新一代的全球价值链网络实现的横向整合、工程跨越整个价值链以及技术创新的指数性发展。

因此，受到第四次工业革命的推动影响，机械制造业的产品构成与生产方式将发生重大转变，产品与信息网络的兼容性、生活便利的提升能力以及生产效率与精度、技术创新含量，将成为衡量机械制造企业市场竞争力的重要标准。传统意义上的机械装备将很大程度上被具有更高智能水平与效率精度的创新产品所替代，封闭固化的生产模式将受到价值链垂直网络化与全球横向整合的冲击。

2. 重视服务业务链条可提升机械制造企业盈利能力，并有助于对抗经济周期影响

根据贝恩咨询公司（Bain & Company）的研究，欧洲工业品制造企业收入中约有 20% 来源于服务，而其在利润中的占比超过 50%，且以 5% 的年均增长率稳步增长。不仅如此，对于大多数原始设备制造商（OEM）而言，服务相关潜在收入仅有 10% ~25% 得到实现，未来具有可观的发展空间[70]。金融危机发生后，行业面临更为缓慢的增长速度，因此拓展服务业务链条逐渐被机械制造企业所重视，以代替传统意义上的增量增长，在提高盈利能力的同时，增强对抗经济周期的能力。

截至目前，以中国第一重型机械集团公司、中国机械工业集团有限公司为代表的中国机械装备企业，发展重心仍主要集中在生产制造环节，对于挖掘服务业务收入的重视度仍有待提高。

二、机械装备产业中央企业所处竞争位势分析

中国制造业总量与增长速度均居世界前列，但产品结构仍存在较大提升空间，且中国的成本竞争优势正在逐渐消失。与国际领先企业横向比较，装备制造业中央企业的规模并不具有较强的竞争力与市场份额；盈利能力方面，属于"电气机械和器材制造业"分类的企业盈利能力相对较为理想。

（一）国际竞争格局与优势国家及地区

1. 中国制造业总量与增长速度均居世界前列，但产品结构仍存在较大提升空间，未来存在被美国超越的可能

Deloitte 研究分析了 2014 年全球十大制造业出口国规模、增长率与技术含量

的变化特征。2014 年中国制造业产品出口规模达到 21980 亿美元,较德国高76%,年均增长率超过 20%,总量与增长速度均居世界前列[71]。与中国相似,印度、韩国、中国台湾等国家与地区的制造业出口总额快速增长,同时具有中高等级技能/技术密集度的产品占比显著提高,而低附加值、低技术岗位则逐渐转移到越南、孟加拉国、印度尼西亚等经济欠发达地区。由此可见,制造业竞争格局方面,中国已在生产与出口规模方面占据领先地位。2014 年,中国制造业出口产品中具有高等级技能/技术密集度的产品占比 42%,具有中等级技能/技术密集度的产品占比 23%,具有低等级技能/技术密集度的产品占比 35%,其中高端产品占比较美国低 16%,较德国低 11%,仍存在较大提升空间。另据预测,至 2020 年,中国的制造业竞争力将从世界首位下滑至次位,其领先地位将被美国所取代。

2. 制造业出口成本竞争力方面,中国的竞争优势正在逐渐消失

波士顿咨询公司(BCG)通过横向比较全球 25 大制造业出口国成本竞争力显示,如表 2 - 22 所示,尽管目前仍比美国低 4%,比欧洲国家低 20% 以上,中国的制造业生产成本优势正在逐渐消失,墨西哥、印度、泰国、印度尼西亚等国正在依靠其更低的原材料与劳动力成本,吸引制造业岗位需求在全球范围内转移[72]。相比之下,墨西哥和美国具有低工资、持续的生产率增长、稳定的汇率与能源成本优势,成本结构显著改善,在全球范围内具有较强竞争力;印度、印度尼西亚、荷兰与英国要素条件变化有限,竞争力保持稳定;澳大利亚、比利时、法国、意大利、瑞典和瑞士等国受阻于生产率下降与能源成本提高,将逐渐丧失其市场竞争力。与巴西、捷克、波兰与俄罗斯相仿,中国作为传统意义上的低成本制造基地正在承受较大的市场竞争压力,能源、劳动力等众多生产要素已显著侵蚀其固有的成本优势,预计相较美国低 4% 的微弱制造成本优势将在中短期内逐渐消失。

表 2 - 22　　　2014 年全球 25 大制造业出口国(地区)成本竞争力比较

全球 25 大制造业出口国(地区)	制造业成本指数(以美国为 100)
中国	96
德国	121
美国	100
日本	111
韩国	102
法国	124

续表

全球 25 大制造业出口国（地区）	制造业成本指数（以美国为100）
意大利	123
荷兰	111
比利时	123
英国	109
加拿大	115
俄罗斯	99
墨西哥	91
中国台湾地区	97
印度	87
瑞士	125
澳大利亚	130
西班牙	109
巴西	123
泰国	91
印度尼西亚	83
波兰	101
瑞典	116
奥地利	111
捷克	107

资料来源：Boston Consulting Group, The Shifting Economics of Global Manufacturing.

（二）我国中央企业发展现状与竞争位势

我国中央企业中，归属于机械装备产业的企业数量较多，共有 7 家，分别为中国第一重型机械集团公司、中国机械工业集团有限公司、哈尔滨电气集团公司、中国东方电气集团有限公司、机械科学研究总院、中国恒天集团公司与中国西电集团公司。

如表 2-23 所示，基于 2015 年公司销售收入而列出的全球 10 大机械装备企业中，以美国、德国与日本企业为主，中央企业中的中国机械工业集团有限公司以 351 亿美元的收入列第 10 位以外，但属于全球 500 强公司，其余中央企业位于 500 强以外。这显示出在国际范围内，装备制造业中央企业的规模并不具有较强的竞争力与市场份额。

表 2 - 23 2015 年全球机械装备企业销售收入排名

序号	机械装备企业	国家或地区	2015 年销售收入（亿美元）
1	美国通用电气公司	美国	1404
2	德国西门子股份公司	德国	877
3	日立	日本	836
4	博世	德国	783
5	松下	日本	629
6	联合技术公司	美国	610
7	三菱集团	日本	577
8	东芝集团	日本	520
9	美国卡特彼勒公司	美国	470
10	三井集团	日本	396
11	中国机械工业集团有限公司	中国	351

资料来源：CNN Money，Fortune Global 500.

盈利能力方面，属于"电气机械和器材制造业"分类的企业盈利能力较为理想，通常高于全球十大机械装备企业平均水平；而属于"专用设备制造业"分类的企业盈利能力较弱或处于亏损状态，盈利能力不如全球领先企业。

三、机械装备企业资本控制模式分析

机械装备产业的战略意义相对较弱，更加需要竞争与技术进步不断推动产业发展。美国、德国与日本的案例说明，各大机械装备企业均非由国家主导经营而实现自由化发展，但在市场失灵时可由政府提供扶持救助。

（一）全球十大机械装备企业资本控制模式

2015 年全球十大机械装备企业包括美国的通用电气公司（General Electric）、联合技术公司（United Technologies）与卡特彼勒公司（Caterpillar），德国的西门子（Siemens）与博世（Bosch），以及日本的日立（Hitachi）、松下（Panasonic）、三菱（Mitsubishi）、东芝（Toshiba）与三井（Mitsui），而以上机械装备企业均非由国家主导经营。可见，对于机械装备企业而言，在竞争较为自由激烈的机械装备产业，政府的扶持并非发展的决定性因素，提升自身科技水平与竞争力才是提高市场份额的关键。

（二）其他国家政府对于机械装备企业的干预经验

尽管美国政府并不主导经营机械装备企业，然而在金融危机来临时，同样为企业提供度过危机的信用担保。例如，美国联邦存款保险公司（FDIC）曾向通用电气（GE）旗下金融子公司通用金融（GE Capital）提供临时流动性担保计划（Temporary Liquidity Guarantee Program），允许其发行完全由美国政府担保的债券，以度过资金危机。这显示，自由市场经济的国家，政府会在市场失灵时针对具有重要战略地位的企业予以扶持。

第五节　我国钢铁冶金有色行业企业发展现状与竞争位势

一、钢铁冶金有色产业发展趋势前景展望

受经济萧条影响，矿产品市场供过于求现象明显，企业管理层对于产业未来发展持相对消极态度。钢铁行业产能过剩现象明显，黄金、白银与铜等重要有色金属国际价格出现大幅下降，且未来走势预期不尽理想。超过九成的受访钢铁冶炼有色企业高管肯定了科研创新的重要意义，未来可逐渐推动机械化采掘、远程生产、机器人采掘与自动化采掘等先进方式。

（一）产业界定

根据《国民经济行业分类》（GB/T 4754—2011）定义，"钢铁冶金有色产业"主要包含"采矿业"与"制造业"两个大类。其中"采矿业"划分有"黑色金属矿采选业"与"有色金属矿采选业"等细分概念；而"制造业"划分有"黑色金属冶炼和压延加工业""有色金属冶炼和压延加工业"与"金属制品业"等细分概念。

我国中央企业中，归属于钢铁冶金有色产业的企业数量较多，共有 13 家，分别为鞍山钢铁公司集团公司、宝钢集团有限公司、武汉钢铁（集团）公司、中国中钢集团公司、中国冶金科工集团有限公司、中国钢研科技集团公司、中国有色矿业集团有限公司、北京有色金属研究总院、北京矿冶研究总院、中国冶金地质总局、中国铝业公司、中国五矿集团公司与中国黄金集团公司，其分类如表 2-24 所示。根据其主营业务划分，共有 3 家涉及黑色金属矿采选业，6 家涉及有色金属矿采选业，4 家涉及黑色金属冶炼和压延加工业，4 家涉及有色金属冶炼和压延加工业。2016 年 9 月，经报国务院批准，宝钢集团有限公司与武汉钢铁

（集团）公司实施联合重组，武汉钢铁（集团）将整体划入宝钢集团，后者更名
为中国宝武钢铁集团有限公司。

表 2 – 24　　　　　　　　中国钢铁冶金有色产业中央企业分类

企业名称	二级分类	业务说明
鞍山钢铁公司集团公司	制造业—黑色金属冶炼和压延加工业	生产 16 大类钢材品种、120 个产品细类、600 个钢牌号、42000 个规格的钢材产品
宝钢集团有限公司（已合并为中国宝武钢铁集团有限公司）	制造业—黑色金属冶炼和压延加工业	生产高技术含量、高附加值的钢铁产品
武汉钢铁（集团）公司（已合并为中国宝武钢铁集团有限公司）	制造业—黑色金属冶炼和压延加工业	除钢铁主业外，涉及城建、运输、矿产、餐饮、燃气供应、地产开发、饮料生产等
中国中钢集团公司	采矿业—黑色金属矿采选业	冶金矿产资源开发与加工、冶金原料、产品贸易与物流、相关工程技术服务与设备制造
中国冶金科工集团有限公司	采矿业—有色金属矿采选业	集科研开发、咨询规划、勘查测绘、监理设计、建筑施工、房地产综合开发、设备安装、设备制造与成套、资源开发、工业生产、技术服务与进出口贸易于一体
中国钢研科技集团公司	制造业—黑色金属冶炼和压延加工业	金属新材料研发基地、冶金行业重大关键与共性技术的创新基地
中国有色矿业集团有限公司	采矿业—有色金属矿采选业	有色金属矿产资源开发、建筑工程、相关贸易及技术服务
北京有色金属研究总院	制造业—有色金属冶炼和压延加工业	有色金属行业规模最大的综合性研究开发机构
北京矿冶研究总院	采矿业—有色金属矿采选业/制造业—有色金属冶炼和压延加工业	有色金属采矿、选矿、冶炼和金属粉体材料等
中国冶金地质总局	采矿业—黑色金属矿采选业/有色金属矿采选业	固体矿产地质勘查、研究、开发、服务，超硬材料生产及机械装备制造
中国铝业公司	制造业—有色金属冶炼和压延加工业	中国最大的氧化铝生产商、全球第二大氧化铝生产商，同时也是中国最大的原铝生产商
中国五矿集团公司	采矿业—黑色金属矿采选业/有色金属矿采选业	黑色金属、有色金属、金融、房地产和物流五大产业
中国黄金集团公司	采矿业—有色金属矿采选业/制造业—有色金属冶炼和压延加工业	从事金、银、铜、钼等有色金属的勘察设计、资源开发、产品生产和销售以及工程总承包

资料来源：国家统计局，《国民经济行业分类》。

（二）市场供需特征及变化趋势

1. 采矿业方面，受经济萧条影响，矿产品市场供过于求现象明显，企业现金流表现恶化，未来采矿业投资高波动性特点将持续，黄金、锌与铜矿产品定价方式将显著改善

根据 Roland Berger Strategy Consultants 的研究显示，金砖四国（BRICs）的崛起为采矿业带来 10 年前所未有的繁荣，另外，产能的迅速扩大与市场竞争的加剧同样导致矿石平均质量的大幅下降与开采成本 350% 幅度的快速提高。以全球铁矿石海运需求量为例，这一数量由 2004 年的 6.06 亿吨增长至 2012 年的 11.57 亿吨[73]。而随着近期的经济萧条与新兴经济体的增速减缓，矿产品市场供过于求现象较为明显，采矿业企业现金流等经营表现有所恶化，如图 2-21 所示。

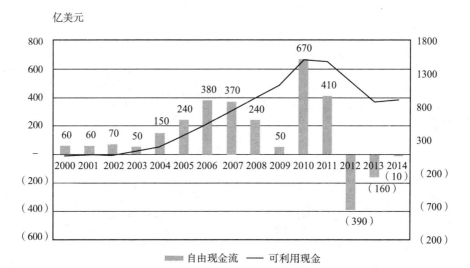

图 2-21　2000~2014 年全球采矿业企业自由现金流与可利用现金变化趋势

资料来源：Roland Berger Strategy Consultants, MINING REBOUND – Why 2015 is the perfect year to prepare your mining operations for the next cycle.

根据中华人民共和国国土资源部中国地质调查局的研究，受经济复苏乏力、需求不振影响，2016 年上半年全球矿业形势依旧延续了以往低迷的态势。近年来，中国钢铁、水泥等需求明显放缓，重化工业产能过剩，汽车生产和消费进入相对低速的增长期，资源需求有所萎缩，使得国际大宗矿产品显著供过于求。由于在短期内难觅有效接续中国对于矿产品需求的经济体，全球矿产品需求将在 2~3 年继续疲软态势。

　　美国实施的"再工业化"战略，重点发展高端化、清洁化、智能化的现代制造业，将带动新兴高技术矿产，如锂、钴、稀土等需求的增长[74]。

　　2016年第二季度，洛阳栾川钼业集团完成了两宗足以左右市场格局的交易，即以15亿美元的价格将英美资源集团在巴西的铌和磷酸盐业务收入囊中，并宣布收购美国矿业巨头自由港公司（Freeport - McMoRan）旗下的刚果最大铜钴矿Tenke Fungurume的全部股权。铌作为一种稀有的矿产品，主要用于生产强度更高、更轻的工业钢管和航空零部件，是航空工业不可或缺的关键原材料，其每公斤单位价格是铜的7倍。而钴是生产锂电池正极材料所必需的，也是我国极为短缺的一种金属。Tenke矿山以其2015年钴产量计算，约占全球16%的市场份额。因而此举无疑为国内新能源发展提供了良好的资源支撑，具有重大战略意义。

　　另外，采矿业资本市场波动较为剧烈，一度由于中国采矿业的繁荣发展导致收益率显著提高，达到15%左右，由于中国经济增速放缓后收益率仅为 - 15%，其波动性显著高于其他资本密集型产业，投资风险相对较高[75]。根据McKinsey和Company的相关研究，如表2 - 25所示，金属采掘和矿产品主要存在4类基于现金成本的定价模式，由低至高分别为仅可弥补现金成本的定价、可支持延长现有矿产资源寿命的"棕地定价"、可支持投资新建项目的"绿地定价"以及由市场供不应求与产能不足导致的价格短时间内飙高。预计至2020年，多数矿产品定价将相对目前条件有所提高，其中氧化铝、铝、铁矿石、镍与碳酸钾将进入"棕地定价"模式，磷矿、黄金与锌将进入"绿地定价"模式，而铜矿产品价格将出现飙高趋势。

表 2 - 25　　　　　　　　　全球各类型金属采掘定价模式分析

	弥补现金成本定价	棕地定价	绿地定价	价格短时间内飙高
		2014		
氧化铝		2020		
铝	2014	2020		
铜			2014	2020
金		2014	2020	
海运铁矿石		2014　2020		
镍		2014　2020		
磷矿		2014	2020	
碳酸钾		2020	2014	
锌			2014　2020	

　　资料来源：McKinsey & Company, Hidden treasure? Low equity prices may offer important M&A opportunities for the mining industry.

2. 金属冶炼和压延加工企业管理层对于产业未来发展持相对消极态度

普华永道（PwC）2015 年针对金属冶炼和压延加工企业高管的调研显示，仅有 24% 的受调查者预期 2015 年的宏观经济将得到改善；高达 73% 的受调查者认为，在过去 3 年中，其企业的发展受到了严重威胁；另有 68% 的受调查者认为，未来将有来自其他行业的新竞争对手，例如制造业、能源产业、公用事业和采矿业以及建筑行业等，扰乱其企业的正常运转[76]。

除此以外，22% 的金属冶炼和压延加工企业高管考虑进入其他新的产业；经营效率方面，90% 的受调查者表示将于 2015 年开始采取降低成本的系列举措。

3. 钢铁行业产能过剩现象明显，且处于 2009 年以来的下行长周期，未来供应商压力与行业内企业竞争较为激烈

受到先天资源禀赋限制，亚洲铁矿石投资占比显著低于其他国家与地区，而铜、黄金与镍为其投资的重点对象[77]。如表 2 – 26 所示，截至 2013 年，全球钢铁企业产能过剩达到 3.61 亿吨，其中中国钢铁企业产能过剩达到 1.81 亿吨，占比高达 50%，有效产能过剩率达到 19%，名义产能过剩率达到 23%[78]。

从钢铁行业发展周期角度分析，自 1993 年钢材价格放开以来，我国钢铁行业共经历了 3 次长周期，目前处于 2009 年以来交割较长的下跌阶段，需求和产量年均增长率均维持在 9% 左右，其原因主要为经济增速下滑所导致的用钢需求普遍下降[79]。

基于波特五力模型分析，钢铁行业对于上游，尤其是具有较强垄断性的铁矿供应商的议价能力较弱，相对而言对于下游分散的钢铁需求议价能力稍强，国家系列限制政策降低了新进入者威胁，短期内替代性竞争的压力较小，行业内企业竞争则较为激烈。

表 2 – 26　　　　　　　　　　2013 年全球钢铁产能过剩情况

国家或地区	有效产能（亿吨）	有效产能过剩量（亿吨）	有效产能过剩率	名义产能过剩率	对于全球过剩产能贡献比
中国	9.60	1.81	19%	23%	50%
欧洲	2.55	0.52	20%	30%	14%
独联体	1.31	0.23	17%	25%	6%
美国	1.03	0.16	16%	23%	5%
德国	0.49	0.07	14%	21%	2%
全球总计	19.67	3.61	18%	26%	—

资料来源：Boston Consulting Group，Coping with Overcapacity.

4. 黄金、白银与铜等重要有色金属国际价格出现大幅下降，且未来走势预期不尽理想

其他重要金属方面，国际金价出现较大幅度的调整，截至 2015 年上半年，黄金交易价格低于每盎司 1200 美元，较 2011 年的每盎司 1900 美元，跌幅超过 35%。在过去几年间，全球各大黄金公司已经进行了大幅裁员，并采取了数十亿美元的资产减记措施[80]。仅有 20% 的受访者预计金价在未来 12 个月内上涨，而预测下跌的受访者比例达到 60%，平均长期预测价格约为每盎司 1284 美元，波动幅度较为有限。

截至 2015 年上半年，国际白银交易价格约为每盎司 16 美元，从 2011 年初的 42 美元下跌幅度达到 60%。2014 年，国际白银交易价格在每盎司 16 美元和 20 美元之间波动，显示其同时具备货币和工业商品的双重用途。38% 的受访者预计银价在未来 12 个月内上涨，市场具有一定的不确定性，平均长期预测价格约为每盎司 21.64 美元，存在一定的上升机会。

相比于黄金和白银，国际铜价格在过去的两年中一直保持相对弹性。2013 年以来，铜的交易价格保持在每磅 3 美元到 3.80 美元之间，较 2011 年 4 月的每磅 4.60 美元大幅下降。然而铜的交易价格保持高于每磅 3 美元水平为全球经济增长的乐观迹象。仅有 20% 的受访者预计国际铜价在未来 12 个月内上涨，而预测下跌的受访者比例达到 60%，平均长期预测价格约为每磅 3.11 美元，与当前水平基本持平。

2016 年的最新调查显示，金属冶炼和压延加工企业高管中的 46% 对于大宗商品价格走势表示严重关注，并认为其可能影响到行业的增长。84% 的受访者对于宏观经济走势表示悲观，超过七成认为过度监管、大宗商品价格剧烈波动、税负加重、汇率波动、利率上升、欧元区危机等因素将会带来持续的影响[81]。

（三）产业技术特征及创新方向

1. 超过九成的受访钢铁冶炼有色企业高管肯定了科研创新对于钢铁冶炼有色企业发展的重要意义

普华永道（PwC）通过对于 1757 位负责创新研发的钢铁冶炼有色企业高管进行的调查发现，91% 的受访者表示企业创新能力在当前行业发展中扮演着重要作用，且无一表示企业创新能力的影响力无需得到充分重视[82]。其中，具有明晰和科学合理的创新流程、提供可耐受失败和风险的环境、为员工提供领导或参与高水准创新活动的机会、建立内部利益共同体、赋予创新功能与其他功能同等的地位、确认并奖励创新动机以及令高层管理人员参与创新项目等因素，均被认定对于推动企业发展、提升竞争力具有重要意义。

2. 借鉴瑞典采矿业和金属制造业全产业链革新方案,可逐渐推动机械化采掘、远程生产、机器人采掘与自动化采掘等先进方式

瑞典创新局(Vinnova)在其研究报告中提出了对于采矿业和金属制造业的全产业链革新目标,包括"对于新矿产资源勘查与评价的技术与方法""更安全、精细化与环保的初步提取""资源有效矿物处理""开发新的增值产品""再利用和再循环""优质和多样化的产能建设"及"具有吸引力的工作场所"等方面。其中,所涉及的技术创新主要集中于"地质冶金学和4D地质建模""超深采矿""基于生产系统建模的精细化采矿""粒子工艺学""降低环境影响的绿色采矿"及"与研究机构合作的钢铁和炼钢的原材料改进"等[83]。

首先,使用连续挖掘技术将有助于连续作业,减少对于环境的不良影响,并提高实现自动化的可能性。在过去的10年间,理论的不断应用推动了更好的材料与改进的刀头和机械系统设计的发展。其次,移动设备的自动化同样可降低高风险环境和不利气候条件下人工的使用,并提高生产效率。而远程控制与利用采矿机器人,不仅可优化生产设备,同时对于基础设施、支持系统和监控均有重要推动意义。

Vinnova提供的无人工全自动化采矿作业路线图,主要关注于生产、基础设施的建设和拆卸、设备及环境监测与物流及支持系统四个维度,逐渐由人工采掘,发展至机械化采掘与远程生产,最终囊括机器人采掘与自动化采掘等先进方式。

3. "互联网+"逐渐成为钢铁冶金产业未来发展的重要趋势

中国冶金工业规划研究院统计数据显示,截至2015年上半年,国内钢铁电子商务网站平台总注册用户数达到64.8万,新增用户数为6.58万,交易用户数为9.9万。钢铁电子商务市场的钢材交易规模达到6259万吨,成交总额达到1650亿元,成交均价为2636元/吨[84]。

我国钢铁产业长期存在行业集中度低、资源利用效率不高、抗风险能力偏弱等弊端,总量巨大而竞争力较弱。借助于"互联网+"战略,钢铁电子商务平台有助于标准化行业数据、规范化业务流程,在实现信息资源共享的同时,提供实时的信息服务,有效消除产业链信息壁垒,优化资源配置,实现产销平衡,进而缓解产能过剩问题,提升我国钢铁产业的整体竞争力。

二、钢铁冶金有色产业中央企业所处竞争位势分析

在钢铁与有色金属的生产方面,中国占据显著规模优势。中央企业中的三大

钢铁企业产量均居全球前 10 位，而有色金属领域竞争力略弱，中国铝业公司与中国五矿集团公司在铝与锌生产领域优势相对明显。

（一）国际竞争格局与优势国家及地区

World Steel Association 基于 2015 年实际产量情况而列出的全球 10 大钢铁生产国数据显示，如表 2 - 27 所示，在钢铁生产方面，中国 2015 年实际产量 8.04 亿吨，占据显著规模优势。如表 2 - 28 所示，精炼铜、原铝、精炼铅与锌四种主要有色金属的生产方面，中国均实现了产量占比排名居全球首位，所占比例均超过 30%[85]。

表 2 - 27 　　　　　　　　　　　2015 年全球 10 大钢铁生产国

序号	国家或地区	2015 年实际产量（亿吨）
1	中国	8.04
2	日本	1.05
3	印度	0.89
4	美国	0.79
5	俄罗斯	0.71
6	韩国	0.70
7	德国	0.43
8	巴西	0.33
9	土耳其	0.32
10	乌克兰	0.23

资料来源：World Steel Association, Crude Steel Production Jan - Sep 2016 v 2015 [R]. Brussels: World Steel Association, 2016.

表 2 - 28 　　　　　　　　　　　2015 年中国主要有色金属产量

主要有色金属	世界总产量（万吨）	中国产量（万吨）	所占比例（%）	世界排位
精炼铜	2341	796	34.0	1
原铝	5643	3141	55.7	1
精炼铅	1013	386	38.1	1
锌	1391	615	44.2	1

资料来源：Beijing Antaike Information Development Co., Ltd., Current Situation of China's Nonferrous Metals Industry and Development Trend.

（二）我国中央企业发展现状与竞争位势

我国中央企业中，归属于钢铁冶金有色产业的企业数量较多，共有 13 家，分别为鞍山钢铁公司集团公司、宝钢集团有限公司、武汉钢铁（集团）公司、中国中钢集团公司、中国冶金科工集团有限公司、中国钢研科技集团公司、中国有色矿业集团有限公司、北京有色金属研究总院、北京矿冶研究总院、中国冶金地质总局、中国铝业公司、中国五矿集团公司与中国黄金集团公司。目前，宝钢集团有限公司与武汉钢铁（集团）公司重组为中国宝武钢铁集团有限公司。

如表 2-29 所示，World Steel Association 基于 2015 年实际产量情况而列出的全球 20 大钢铁生产企业中，中国企业共占有 10 家之多，其中中央企业宝钢集团有限公司、鞍山钢铁公司集团公司、武汉钢铁（集团）公司产量位居第 5 位、第 7 位与第 11 位，产能方面在全球范围内具有较强的竞争力[86]。如表 2-30 至表 2-32，根据 About.com 统计 2013 年全球重要有色金属产量，中国个别企业在有色金属领域竞争力略弱于钢铁产业。2013 年，国内生产铜产量最高的企业为江西铜业集团公司与铜陵有色金属集团股份有限公司，中央企业并不具备规模优势[87]。国内生产锌产量最高的企业为陕西有色金属控股集团有限责任公司与中国五矿集团公司，后者位列全球第 9 位，年产量 29 万吨[88]。国内生产铝产量最高的企业为中国铝业公司、中国宏桥集团有限公司、中国电力投资集团公司、山东信发铝电电力集团有限公司与东方希望集团有限公司等，位列全球产量前 10 位，在国际铝生产领域具有较强竞争力，其中中央企业中国铝业公司位列第 2 位，年产量 384 万吨[89]。

表 2-29　　　　　　　　　2015 年全球 20 大钢铁生产企业实际产量

序号	钢铁生产企业	国家	2015 年实际产量（万吨）
1	安赛乐米塔尔	卢森堡	9714
2	河钢集团有限公司	中国	4775
3	新日铁住金株式会社	日本	4637
4	浦项制铁公司	韩国	4198
5	宝钢集团有限公司	中国	3494
6	沙钢集团	中国	3421
7	鞍山钢铁集团公司	中国	3250
8	JFE 钢铁株式会社	日本	2983
9	中国首钢集团	中国	2855
10	塔塔钢铁集团	印度	2631

续表

序号	钢铁生产企业	国家	2015 年实际产量（万吨）
11	武汉钢铁（集团）公司	中国	2578
12	山东钢铁集团有限公司	中国	2169
13	现代钢铁公司	韩国	2048
14	纽柯钢铁公司	美国	1962
15	马鞍山钢铁股份有限公司	中国	1882
16	蒂森克虏伯股份公司	德国	1734
17	巴西盖尔道集团	巴西	1703
18	天津渤海钢铁集团有限公司	中国	1627
19	俄罗斯新利佩茨克钢铁公司	俄罗斯	1605
20	建龙集团	中国	1514

资料来源：World Steel Association, Top Steel – Producing Companies 2015.

表 2 - 30　　　　　　**2013 年全球 10 大铜生产企业实际产量**

序号	铜生产企业	国家	2013 年实际产量（万吨）
1	智利国营铜公司	智利	152
2	阿鲁比斯公司	德国	113
3	嘉能可斯特拉塔股份有限公司	瑞士	111
4	自由港麦克莫兰铜金公司	美国	108
5	江西铜业集团公司	中国	102
6	墨西哥铜业集团	墨西哥	68
7	铜陵有色金属集团股份有限公司	中国	65
8	日本矿业金属公司	日本	62
9	必和必拓公司	澳大利亚	57
10	波兰铜矿冶炼与工业集团	波兰	57

资料来源：About. com, The 10 Biggest Copper Producers 2013.

表 2 - 31　　　　　　**2013 年全球 10 大锌生产企业实际产量**

序号	锌生产企业	国家	2013 年实际产量（万吨）
1	高丽亚铅公司	韩国	110
2	比利时新星公司	瑞士	107
3	印度斯坦锌矿公司	印度	76
4	嘉能可斯特拉塔股份有限公司	瑞士	65
5	巴西沃特兰亭公司	巴西	58

续表

序号	锌生产企业	国家	2013 年实际产量（万吨）
6	瑞典玻立顿公司	瑞典	46
7	陕西有色金属控股集团有限责任公司	中国	40
8	特克—科明科公司	加拿大	29
9	中国五矿集团公司	中国	29
10	诺兰达收益基金公司	加拿大	27

资料来源：About. com，The 10 Biggest Zinc Producers 2013.

表 2 – 32　　　　　2013 年全球 10 大铝生产企业实际产量

序号	铝生产企业	国家	2013 年实际产量（万吨）
1	俄罗斯铝业联合公司	俄罗斯	386
2	中国铝业公司	中国	384
3	力拓矿业集团	澳大利亚	356
4	美铝公司	美国	355
5	中国宏桥集团有限公司	中国	25
6	中国电力投资集团公司	中国	237
7	山东信发铝电电力集团有限公司	中国	206
8	挪威海德鲁公司	挪威	194
9	东方希望集团有限公司	中国	124
10	必和必拓公司	澳大利亚	123

资料来源：About. com，The 10 Biggest Aluminum Producers 2013.

三、钢铁冶金有色企业资本控制模式分析

钢铁冶金有色产业对于国家安全具有一定战略意义，然而更加需要竞争与技术进步不断推动产业发展。且 2015 年 3 月，国家发展改革委、商务部发布《外商投资产业指导目录（2015 年修订)》，其中明确取消了外资进入钢铁行业的股比要求，不排斥外资进入钢铁行业。韩国浦项制铁公司与欧洲各国钢铁企业的案例说明，鼓励钢铁冶金有色产业自由化发展，可提升整体效率，有益于行业的发展，国有资本亦可从中获益。

（一）韩国浦项制铁公司资本控制模式

相比于我国大量钢铁冶金有色企业为国有性质，全球内领先的企业例如卢森堡的安赛乐米塔尔集团（ArcelorMittal）、韩国的浦项制铁公司（POSCO）以及印

度塔塔钢铁集团（Tata Steel Group）等多为私有性质。

以韩国浦项制铁公司（POSCO）为例，该公司是韩国政府为实现钢铁自给自足而于1968年成立的国有企业。浦项制铁公司作为韩国第七大企业，拥有位居世界第一的年产1600万吨的光阳钢铁厂和位居世界第二的年产1200万吨的浦项制铁所，且一直保持良好的盈利能力。2000年10月，韩国政府将浦项制铁公司实行私营化，回收资金3兆8899亿韩元，年均投资收益率高达16.7%。浦项制铁公司于1994年在纽约证券交易所上市，2015年在伦敦证券交易所上市，外资占比达到六成以上[90]。

（二）欧洲各国钢铁企业资本控制模式

第二次世界大战结束后，西欧各国政府对于本国钢铁工业采取了扶植和资助政策，进行了国有化改造。其后，英国钢铁行业的国有化程度达到83%，法国达到84%，比利时达到73%，卢森堡100%，意大利55%，奥地利100%。进入20世纪70年代后，第一次石油危机暴露出西欧钢铁工业所存在的产能过剩、生产成本居高不下、产品竞争力弱等问题，而后于1977年针对性地实施"达维尼翁计划"（Davignon Plan），完善钢铁行业补贴制度，关闭大量落后、效率低下的产能，使钢铁生产主要集中在高效率的钢厂。从1985年开始，西欧钢铁工业开始私有化进程，英国钢铁公司于1988～1989年进行私有化改造，之后德国、法国、西班牙、比利时等国先后对国有企业进行改造，至1998年，国有钢铁企业产量占全国比例低于5%[91]。

随着钢铁企业的私有化，企业间的接管和兼并不断加剧，为其后形成跨国钢铁公司打下了基础。而1999年3月蒂森公司（Thyssen）和克虏伯公司（Krupp）合并，开启了欧洲大规模、跨国兼并重组的序幕。迄今为止，欧洲地区已形成安赛乐米塔尔欧洲公司（ArcelorMittal）、塔塔钢铁公司欧洲公司（Tata Steel Group）、蒂森克虏伯公司（Thyssenkrupp）鼎立的局面，市场竞争力显著增强。

第六节　我国煤炭化工行业企业发展现状与竞争位势

一、煤炭化工产业发展趋势前景展望

受煤炭主要生产国中国方面的因素影响巨大，2015年全球煤炭总产量有所下降。2015 年，作为全球第二大煤炭进口国，中国呈现进口大幅下降的特点。受到政策和市场的双重作用，现代煤化工产业将进入发展相对停滞阶段，而作为煤炭化工领域重要发展方向的煤制烯烃技术具有较为广阔的发展前景。煤炭采矿业投资收益率有所下降，投资风险大大增加。技术发展方向方面，碳捕捉和储存技术未来将不断促进实现节能减排目标，并辅助工业生产流程的优化；生物质能技术具有更低的二氧化碳排放量，且可充分利用闲置的燃煤发电产能。

（一）产业界定

根据《国民经济行业分类》（GB/T 4754—2011）定义，"煤炭化工产业"主要包含"采矿业"与"制造业"两个大类。其中"采矿业"集中于"煤炭开采和洗选业"；而"制造业"划分有"化学原料和化学制品制造业""化学纤维制造业"与"橡胶和塑料制品业"等细分概念。

我国中央企业中，归属于煤炭化工产业的企业数量较少，共有 6 家，分别为中国中煤能源集团公司、中国煤炭科工集团有限公司、中国煤炭地质总局、神华集团有限责任公司、中国化工集团公司与中国化学工程集团公司，其分类如表 2 - 33 所示。根据其主营业务划分，中国中煤能源集团公司、中国煤炭科工集团有限公司、神华集团有限责任公司与中国煤炭地质总局涉及煤炭开采和洗选业，中国化工集团公司与中国化学工程集团公司则主要为化学原料和化学制品制造业。

狭义的"煤炭化工"是以煤为原料，经过化学加工使其转化为气体、液体、固体燃料以及化学品等的过程，加工工艺主要包括干馏（含炼焦和低温干馏）、气化、液化和合成化学品等。其中，炼焦是最早应用于规模生产的工艺，至今仍为煤炭化工产业的重要组成部分；煤炭气化可用于生产清洁燃料，占有重要的地位；煤炭直接液化，则可实现在石油短缺时，生产天然石油替代品。

表 2 - 33 　　　　　　　　中国煤炭化工产业中央企业分类

企业名称	二级分类	业务说明
中国中煤能源集团公司	采矿业—煤炭开采和洗选业	煤炭生产及贸易、煤化工、坑口发电、煤矿建设、煤机制造、煤层气开发，以及相关工程技术服务
中国煤炭科工集团有限公司	采矿业—煤炭开采和洗选业	工程总承包（含工程勘察、设计）、煤机技术与装备、安全技术与装备、煤矿运营服务、洁净煤技术服务
中国煤炭地质总局	采矿业—煤炭开采和洗选业	研究制定煤炭地质发展战略，编制煤炭地质勘查、科技研发、结构调整、教育培训等中长期规划及年度计划，负责煤炭资源动态管理、地质勘查报告审查、地质项目工程监理等行业监管工作

续表

企业名称	二级分类	业务说明
神华集团有限责任公司	采矿业—煤炭开采和洗选业	煤炭生产、销售，电力、热力生产和供应，煤制油及煤化工，相关铁路、港口等运输服务
中国化工集团公司	制造业—化学原料和化学制品制造业/化学纤维制造业/橡胶和塑料制品业	化工新材料及特种化学品、石油加工及化工原料、农用化学品、氯碱化工、橡胶及橡塑机械、科研开发及设计
中国化学工程集团公司	制造业—化学原料和化学制品制造业	石油化工、煤化工、天然气化工和化学工业以及其他工程建设

资料来源：国家统计局，《国民经济行业分类》。

（二）市场供需特征及变化趋势

1. 受煤炭主要生产国中国方面的因素影响巨大，2014 年全球煤炭总产量有所下降，为 1999 年后的首次，2015 年则延续下降趋势

Coal Information 2016 研究报告显示，2015 年全球煤炭总产量达到 77.09 亿吨，较 2014 年有所下降；其中锅炉用煤总量 58.11 亿吨，占比达到 75.4%，如表 2－34 所示。中国作为世界煤炭主要生产国，2015 年产量为 35.27 亿吨，占全世界比重 45.8%，较 2014 年下降 1.13 亿吨，为乌克兰、印度尼西亚、美国以外出现产量明显下降趋势的国家。2015 年延续了 2014 年以来全球煤炭总产量下降的趋势，且为 1999 年后的首次，其中受中国方面的因素影响巨大[92]。根据 IEA 的分析，中国正在成为全球煤炭市场的一个不确定因素，面临较为严峻的下行风险。

表 2－34　　　　　　　　　　世界煤炭生产结构　　　　　　　　　　单位：亿吨

项目	2013 年	2014 年	2015 年
锅炉用煤	60.64	60.06	58.11
炼焦煤	10.77	11.08	10.90
褐煤	8.34	8.16	8.07
合计	79.75	79.30	77.09

资料来源：International Energy Agency，Coal Information 2016.

全球煤炭总产量于 1972 年突破 30 亿吨，1983 年突破 40 亿吨，2003 年突破 60 亿吨，2010 年突破 70 亿吨，2013 年突破 30 亿吨大关，呈几何级数快速增长。自 2000 年以来，经合组织成员（Organization for Economic Co‐operation and Development，OECD）煤炭产量下降 5.7%，中国增长 160.3%，而世界其他国家增长 80.2%，结构性变化明显。

2. 相较于煤炭消费量，全球煤炭交易活跃度较高，中国作为全球最大煤炭进口国 2014 年呈现进口大幅下降

如表 2-35 所示，2015 年全球煤炭出口总量较前一年小幅萎缩 4.3%，达到 13.11 亿吨，较 2010 年的增幅为 22.1%，较 2000 年的增幅为 110.0%。相较之下，全球煤炭交易量增长速度快于全球消费量。其中，经合组织成员（OECD）为煤炭净进口地区，然而其进口煤炭量自金融危机后显著降低，这主要是由于近年来发达国家经济增长放缓以及新兴市场国家的增长提速等原因，而非经合组织成员煤炭净出口地区。

表 2-35 世界煤炭进出口结构 单位：亿吨

项目	2013 年	2014 年	2015 年
出口—锅炉用煤	10.63	10.48	10.03
出口—炼焦煤	2.95	3.11	2.99
出口—褐煤	0.07	0.09	0.09
进口—锅炉用煤	10.98	11.12	10.43
进口—炼焦煤	2.87	2.92	2.76
进口—褐煤	0.04	0.05	0.05
出口合计	13.65	13.67	13.11
进口合计	13.88	14.09	13.24
平衡项目	0.24	0.42	0.13

资料来源：International Energy Agency, Coal Information 2016.

表 2-36 列出全球 10 大煤炭出口地区与进口地区，可发现煤炭出口主要集中于澳大利亚、俄罗斯、美国、南非等先天矿产资源丰富的国家和地区，煤炭进口则主要集中于中国、印度、日本、韩国、中国台湾地区以及德国等制造业国家和地区。中国作为全球第二大煤炭进口国，2015 年进口量达到 2.04 亿吨，占全球比例 15.4%，较 2014 年总量降幅达到 6.6%，这主要是由于宏观经济增长放缓以及替代性能源的逐渐推广而导致。

表 2 – 36　　　　　　　　　　　世界煤炭进出口结构　　　　　　　　　　单位：亿吨

序号	煤炭主要出口国家	2015 年出口量	煤炭主要进口国家（地区）	2015 年进口量
1	澳大利亚	3.92	印度	2.22
2	印度尼西亚	3.68	中国	2.04
3	俄罗斯	1.55	日本	1.92
4	哥伦比亚	0.82	韩国	1.35
5	南非	0.77	中国台湾地区	0.66
6	美国	0.67	荷兰	0.57
7	荷兰	0.36	德国	0.56
8	加拿大	0.31	土耳其	0.34
9	哈萨克斯坦	0.27	俄罗斯	0.26
10	朝鲜	0.20	英国	0.26

资料来源：International Energy Agency，Coal Information 2016.

3. 受到政策和市场的双重作用，现代煤化工产业将进入发展相对停滞阶段

近几年，现代煤化工肩负煤炭高效利用、煤炭和化工行业转型升级的期望，曾在中国能源战略中占据重要地位。然而 2014 年以来，随着《西部地区鼓励类产业目录》《关于规范煤制油、煤制天然气产业科学有序发展的通知》《能源发展战略行动计划（2014 ~ 2020 年)》等政策的不断出台，国家对于现代煤化工发展的态度发生较大转变；且受到国际原油价格持续下跌影响，煤制油、煤制天然气、煤制烯烃、煤制乙二醇、煤制二甲醚等五大类煤代油气类煤化工项目的成本优势与市场竞争优势受到较大影响[93]。

从环境保护角度来看，现代煤化工产业具有高耗能、高污染、高碳排放等缺陷，与中国提倡的"节约、清洁、安全"的能源利用总体原则存在一定矛盾，预计未来不免将受到政策层面的约束限制。煤制气方面，至 2020 年发展到 600 亿立方米产能规模的国家最初计划已调整为 151 亿立方米；而煤制油规划也由最初的 2020 年达到 3300 万吨下调至 660 万吨。而政策和市场的双重作用，将导致部分相关企业将化工板块业务剥离，大量新建项目停建缓建，现代煤化工产业进入发展相对停滞阶段；且促进已建成项目着力解决煤化工产业装置大型化、优化工艺技术、提高转化效率、促进节能减排、降低对环境影响等一系列关键问题。

4. 煤制烯烃技术成为煤炭化工领域的重要发展方向，未来将吸引可观的企业投资

在中国经济发展的推动下，近几年来国内对于烯烃和聚烯烃的需求量也在稳步上升，2005 ~ 2010 年，中国国内烯烃和聚烯烃的消费量分别年均增长 14% 和

10%，于2010年达到2780万吨与3000万吨。为满足这一需求，中国已从海外采购了大量的烯烃和聚烯烃，2010年中国国内消费的聚烯烃中，进口占比达到37%[94]。为实现原料多元化发展战略，煤制烯烃技术（Coal – to – Olefin，CTO）被作为"十二五"时期的重点发展方向。截至2015年底，我国已投产煤制烯烃合计产能441万吨/年，基本实现2015年将产能提升至400万~500万吨的发展目标，在内蒙古、陕西、宁夏、山西、新疆等省区，煤化工产业发展的园区化、基地化格局初步形成[95]。

2010年前后，全国烯烃产量的81%来自中国石油化工集团公司与中国石油天然气集团公司。至2015年，一些大型国有企业已明确表示，"十三五"时期将在大幅压缩煤化工板块投资的同时，加大对于煤制烯烃技术的投入。例如，神华集团已投产的包头甲醇制烯烃（Methanol – to – Olefin，MTO）项目与宁东2套甲醇制丙烯（Methanol – to – Propylene，MTP）装置创造出显著的经济效益，因此集团将于"十三五"期间继续打造宁东煤制烯烃、榆林煤制烯烃和衍生品、包头聚烯烃及深加工三大以煤制烯烃为龙头且各具特色的产业基地[96]。

5. 煤炭采矿业投资收益率有所下降，投资风险大大增加，全球投资者对于其未来短期发展持较为保守态度

就煤炭采矿业目前现状而言，面临着美国经济复苏与全球基础设施建设增加的利好消息，以及中国经济增长放缓与欧盟持续低迷等不利因素。另外，具有较低利润率矿山的关闭、投入成本与经营成本改善等因素，均有利于煤炭采矿业发展；而与此相对的，历史遗留项目重新启动、借贷成本影响减弱以及国内保护主义的抬头，将带来一定的发展阻力[97]。

煤炭价格的3个月滚动波动率于2015年显著提高，达到近30%，使得投资风险大大增加。在行业发展前景不确定性较强的条件下，大量矿业企业股东要求更高的收益补偿或公开提出退出投资，加剧了对于产业发展的担忧。另外，煤炭采矿企业的投资回报率大幅下降，2014年全球大型煤炭采矿企业中仅有Coal India一家达到各投资公司设定的15%~20%的投资回报最低要求。

因此总体而言，全球投资者对于煤炭采矿业的未来短期发展持较为保守态度，存在撤出投资的趋势。

（三）产业技术特征及创新方向

1. 碳捕捉和储存技术未来将不断促进实现节能减排目标，成为全球重要的新型能源，并辅助工业生产流程的优化

与煤炭、石油、天然气等传统化石能源不同，低碳能源，是指利用过程中产生较少二氧化碳等温室气体的能源。根据 Bain 和 Company 的相关研究，大多数发达国家可通过不断提高相关技术，至 2050 年实现二氧化碳减排 80%，从而获得较大的比较优势[98]。截至目前，至少 7 个低碳能源技术已被成功研发，其中 5 个已处于成熟普遍应用状态，即河流水力、地热、生物质能、核能、风能和太阳能等其他能源；而聚光太阳能发电（CSP）的存储与石油及天然气的碳捕捉和储存技术（CCS）目前仍不成熟，具有较大的开发商业潜力。

作为铁、钢和水泥生产等工业领域唯一可用的脱碳技术，碳捕捉和储存技术（CCS）可将二氧化碳从工业或相关能源中分离出来，输送到一个封存地点，并长期与大气隔绝。国际能源署（IEA）指出，至 2050 年，全球可捕捉的二氧化碳为 2360 亿吨，即其减排潜力达到全球碳排放总量的 1/3。而就技术可行性而言，预计 2050 年需要碳捕获与封存产业能够每年捕捉 7 亿吨的二氧化碳并储存到地下，而这一目标的实现将需要约 3400 个碳捕获和储存电厂。目前全球 22 个碳捕获项目中，16 个分布于北美地区，其中 3 个为煤炭发电厂项目，即加拿大的 Boundary Dam、美国的 Kemper County 与 WA Parish 发电厂项目，仅美国的 2 个项目在建成后即可实现每年减排二氧化碳 490 万吨[99]。

如图 2-22 所示，碳捕捉和储存技术（CCS）的广泛推行将大幅降低能源成本，例如据估测，若无 CCS 的应用，欧盟国家生产每兆瓦时电能的成本将由 60 欧元增加至 68 欧元，增幅 13%；而美国生产每兆瓦时电能的成本将由 66 美元增加至 84 美元，增幅 26%。

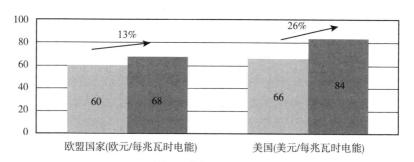

图 2-22 欧盟国家与美国发展低碳能源技术能源成本对比

资料来源：Bain & Company, Pulling the right levers for a low-carbon energy mix in 2050.

2. 生物质能技术具有更低的二氧化碳排放量，且可充分利用闲置的燃煤发电产能

根据 Bain 和 Company 的相关研究，在美国与欧洲众多国家，燃煤发电的利润率在过去 5 年间下降近 50%，导致大量燃煤发电设施因产能过剩而闲置。生物质能（Biomass）作为一种新型的能量来源，将在未来的能源结构中起着重要的作用。与太阳能或风能不同，生物质能不依赖于时间或气候条件，通过燃烧木材或压缩成颗粒的农业残留物中的有机材料获取能量[100]。

与煤炭相比，生物质能具有更低的二氧化碳排放量，并广为公众接受。除此以外，发展生物质能的一大优势在于，可以充分利用全球目前由于产能过剩而闲置的燃煤发电设施，劳动力兼容度高，具有较强的替代性。据估测，随着高碳能源成本的提高，在目前针对生物质能提供补贴的发达国家，此项技术将于2020年具备相对于煤炭与天然气的成本相对竞争力。

二、煤炭化工产业中央企业所处竞争位势分析

在煤炭生产领域，中国占据显著规模优势，然而4家中央企业中，仅有神华集团有限责任公司在跻身全球煤炭生产领先企业行列的同时，具有较强的盈利能力。

（一）国际竞争格局与优势国家及地区

International Energy Agency 基于2015年实际产量情况而列出的全球10大煤炭生产国数据显示，中国2015年实际产量35.27亿吨，占据显著规模优势，市场地位稳固（见表2-37）；另外，由于煤炭市场整体遇冷，呈现大幅调整，中国也将在此期间面临产能严重过剩等一系列挑战[101]。

表2-37　　　　　　　　　　2015年全球10大煤炭生产国

序号	国家	2013年实际产量（亿吨）	2014年实际产量（亿吨）	2015年实际产量（亿吨）
1	中国	37.49	36.40	35.27
2	美国	9.04	9.18	8.13
3	印度	6.10	6.57	6.91
4	澳大利亚	4.58	4.89	5.09
5	印度尼西亚	4.90	4.85	4.69
6	俄罗斯	3.26	3.33	3.49
7	南非	2.56	2.61	2.52
8	德国	1.91	1.87	1.85
9	波兰	1.43	1.37	1.36
10	哈萨克斯坦	1.20	1.14	1.07

资料来源：International Energy Agency, Coal Information 2016.

（二）我国中央企业发展现状与竞争位势

我国中央企业中，归属于煤炭化工产业的企业数量较少，共有 6 家，分别为中国中煤能源集团公司、中国煤炭科工集团有限公司、中国煤炭地质总局、神华集团有限责任公司、中国化工集团公司与中国化学工程集团公司。

如表 2-38 所示，2015 年全球 10 大煤炭生产企业中有 7 家中国企业，其中神华集团有限责任公司以 376 亿美元的收入列全球第 4 位，中国中煤能源集团公司、中国煤炭科工集团有限公司、中国煤炭地质总局等三家中央企业未进入世界 500 强。利润水平方面，各企业差距较大，必和必拓集团 2015 年利润率达到 3.7%，力拓集团则为 -2.5% 的亏损状态，相比之下，神华集团有限责任公司 3.7% 的利润率相对较为理想。

表 2-38　　　　　　　　　　　2015 年全球煤炭生产企业销售收入排名

序号	煤炭生产企业	国家	2015 年销售收入（亿美元）
1	嘉能可斯特拉塔股份有限公司	瑞士	1705
2	必和必拓集团	澳大利亚	523
3	冀中能源集团	中国	378
4	神华集团有限责任公司	中国	376
5	力拓集团	英国	348
6	大同煤矿集团公司	中国	320
7	山西焦煤集团有限责任公司	中国	310
8	陕西煤业化工集团有限责任公司	中国	303
9	山西潞安矿业（集团）有限责任公司	中国	286
10	山西阳泉煤业集团	中国	283

资料来源：CNN Money, Fortune Global 500.

三、煤炭化工企业资本控制模式分析

煤炭化工产业对于国家安全具有一定战略意义，然而从长期来看并不符合世界能源生产消费结构趋势，中国自 1982 年以来煤炭需求量首次实现连续两年下降。英国煤炭企业的案例说明，提高生产效率和煤炭质量，完成能源转型为煤炭化工产业未来发展趋势。因此，我国可在发放开采许可证和资源勘查证的同时，适度鼓励煤炭化工产业自由化发展，有益于提升行业整体效率，国有资本亦可从中获益。

作为推动英国工业革命的驱动力，英国煤炭产业于第一次世界大战前进入鼎盛时期，1946年，工党政府将全部3000多处矿场收归国营。1952年伦敦的大雾霾，共导致约12000人死亡，且随着开采成本的不断提高，自1960年起英国进入能源转型[102]。煤炭资源的所有权自英国煤炭公司转移到新成立的煤炭署，代表国家对煤炭资源行使所有权，向各企业发放开采许可证和资源勘查证，并进行资源与环境管理。1983~1992年，英国煤炭局共关闭140个亏损煤矿，导致露天矿和私营矿井产量比重增加，对私有化改革起到促进作用。1992~1994年为私有化的实施阶段，两大私有化后的电业公司与煤炭公司签订了5年供煤1.2亿吨的合同，英国煤炭局建议再关闭31处矿井，同时政府一直努力加大可再生能源的开发。不仅如此，为了达到改革目的，英国煤炭局长期致力于提高生产效率和煤炭质量，降低开采成本，将生产效率提高至每人每年产煤2500吨，大幅提高了煤炭企业的竞争力[103]。

据统计，英国煤炭局1996~1997财政年度决算报告表明，截止到1997年3月，全年从煤炭工业私有化中获得1.43亿英镑的收益，而私有化总收益达13.1亿英镑[104]。2015年12月，英国煤炭控股有限公司"凯灵利"煤矿正式宣告关闭，标志着始于300年前工业革命时期的英国煤炭工业彻底告别历史舞台，英国成功完成煤炭产业私有化与能源转型。

第七节　我国铁路装备企业发展现状与竞争位势

一、铁路装备产业发展趋势前景展望

近年来，我国铁路装备生产与出口实现量与质的大幅提高，技术经验逐渐丰富，国际竞争力日趋增强。从市场需求来看，欧洲铁路客运业将发展较为缓慢，美国铁路行业具有巨大的增长潜力和多样化的特点，东南亚国家非洲、中东及拉丁美洲地区的轨道交通市场将迅猛发展。因此可预计，长江经济带综合立体交通发展与"一带一路"发展战略为我国铁路设备产业带来可观的国内外需求。然而投资风险方面，我国铁路装备供应商应在尽量规避环境风险的同时，以较高的工程质量降低对于自身负面评级的可能。技术发展趋势方面，以大数据为代表的数字技术将在铁路行业的各个领域发挥着越来越重要的作用。

（一）产业界定

根据《国民经济行业分类》（GB/T 4754—2011）定义，"铁路装备产业"主要涉及"制造业"与"交通运输、仓储和邮政业"两个大类。其中"制造业"相关的分类为"铁路运输设备制造"细分概念，以机车车辆与配件制造为主；而"交通运输、仓储和邮政业"相关的分类为"铁路运输业"，以指铁路客运、货运及相关的调度、信号、机车、车辆、检修、工务等活动为主。

我国中央企业中，归属于铁路装备产业的企业数量较少，仅有 3 家，分别为中国北方机车车辆工业集团公司、中国南车集团公司与中国铁路通信信号集团公司，其中中国北方机车车辆工业集团公司与中国南车集团公司已与 2014 年合并为中国中车股份有限公司，其分类如表 2－39 所示。根据其主营业务划分，中国中车股份有限公司为铁路运输设备制造领域，而中国铁路通信信号集团公司为铁路运输领域。

表 2－39　　　　　　　　中国铁路装备产业中央企业分类

企业名称	二级分类	业务说明
中国中车股份有限公司	制造业—铁路运输设备制造	铁路机车车辆、城市轨道车辆、工程机械机电子的研发、设计、制造、修理、服务
中国铁路通信信号集团公司	交通运输、仓储和邮政业—铁路运输业	铁路、城市轨道交通通信信号系统集成、研发设计、设备制造、施工运维

资料来源：国家统计局，《国民经济行业分类》。

（二）市场供需特征及变化趋势

1. 我国铁路设备生产与出口实现量与质的大幅提高，技术经验逐渐丰富，国际竞争力日趋增强

根据中国海关总署统计显示，2014 年我国共出口铁路设备 267.7 亿元人民币，较 2013 年增长 22.6%，相比 2001 年年均增速 34.7%，高于同期的全国外贸出口增速的 16.5%，铁路设备出口呈现快速增长态势。至 2014 年中国出口铁路设备覆盖六大洲 80 多个国家和地区，主要出口市场国家包括东盟、阿根廷、澳大利亚和美国等，对巴西、南非和埃塞俄比亚的出口也呈现大幅提升[105]。出口品种方面，如表 2－40 所示，2014 年我国出口铁路设备以铁道及电车道机车、车辆为主，占比达到 57.7%。出口方式方面，以加工贸易方式为主，占比达到 54.6%，而一般贸易方式出口大幅增长，年增长

率达到 35.8%。

表 2 – 40 　　　　　　　　　　　2014 年中国出口铁路设备品种构成

出口铁路设备品种	出口金额（亿元）	占比	增长率
铁道及电车道机车、车辆	154.5	57.7%	13.3%
铁道及电车道机车、车辆零件	66.8	24.9%	34.2%
钢轨	25.8	9.6%	61.8%
轨道固定装置和机械交通管理等设备及零附件	8.3	3.1%	13.3%

资料来源：商务部新闻办公室，《商务部举行我国铁路设备出口情况新闻吹风会》。

　　除出口总量的大幅增长外，我国铁路设备的质量水平也呈现长足提高。近年来电力和内燃机的机车等附加值较高的产品，在我国铁路整车出口中的占比保持在 60% 左右，具有高技术含量的产品出口也实现了较大突破，其中包括出口新西兰的窄轨内燃机车、俄罗斯的大功率内燃机车、新加坡的无人驾驶地铁车辆等。与此同时，我国铁路设备出口方式已由单纯的货物贸易出口的方式开始向产品、工程、技术标准全方位输出转化，例如中国企业在非洲承建的多条铁路其机车、设备、钢轨均完全使用中国标准，中国铁路装备"走出去"战略在多年后实现了全产业链输出。

　　总体而言，目前我国已较好地掌握了不同类型的铁路机车技术，具备多种标准体系的生产能力。截至 2014 年，中国铁路运营里程突破 11.2 万公里，其中高铁超过 1.6 万公里，具备在高寒、高原、高热、高湿条件下运营的丰富铁路运行经营经验。质量造价工期方面，我国高铁每公里造价约为欧美发达国家的 2/3，而项目工期仅为 3/4，具有较大综合优势。另外，通过实现本地化生产、组建联合研发中心、国际轨道交通车辆工业设计联盟等方式，中国铁路装备企业已逐渐设施更高水平的国际化经营战略。

2. 长江经济带综合立体交通发展与"一带一路"发展战略为我国铁路设备产业带来可观的国内外需求

　　2014 年 9 月，《国务院关于依托黄金水道推动长江经济带发展的指导意见》与《长江经济带综合立体交通走廊规划》政策的相继出台，将大幅带动我国铁路设备产业的国内需求。长江经济带覆盖 11 省区市，面积约 205 万平方公里，人口超过全国的 40%，生产总值占全国的 50% 左右，而其 2013 年铁路营业里程却不足 3 万公里，明显落后于全国平均水平。政策规划明确提出，至 2020 年长江经济带的高速铁路营运里程、城市轨道交通营业里程均在 2013 年的基础上增长

100%以上。高速铁路方面，包括沪昆高铁、赣深高铁等在内的高速铁路规划重点项目不少于23个，总里程将由目前的5000公里增加至2020年的9000公里以上；城际铁路方面，将在长江三角洲城市群建成"多三角、放射状"的城际交通网络，在长江中游城市群建成"三角形、放射状"城际交通网络，以及在成渝城市群建成"一主轴、放射状"城际交通网络；城市轨道交通方面，预计2015～2020年长江经济带城市轨道交通通车里程将从1400公里增长到3900公里，年均复合增长率达到23%[106]。

动车组方面，从2015～2020年长江经济带预计将新增480列动车组需求，全国同期新增1800列动车组需求，预计价值将分别达到768亿元和2880亿元。城市轨道交通方面，预计2015～2020年，长江经济带城市轨道交通通车里程将从1400公里增长到3900公里，带来地铁车辆需求约2500列，价值达到1250亿元，而同期全国地铁车辆需求约5500列，价值达到2750亿元[107]。

2015年3月，由国家发改委、外交部、商务部联合发布《推动共建丝绸之路经济带和21世纪海上丝绸之路的愿景与行动》，预计随着后续细节落实、项目落地，有望为铁路设备板块提供持续催化作用。如表2-41所示，海外高铁项目目前已成为我国国际合作的重点领域以及商务谈判的核心方向。如图2-23所示，目前海外高铁计划建设里程约5.9万公里，而中国有望参与在内的建设计划达3.47万公里，占比达到58.8%，其中2.63万公里为"一带一路"相关国家规划，占比44.6%。由此可见，未来来自海外的铁路装备需求同样非常可观[108]。

表2-41　　　　　　　　　　2014年部分重点海外高铁项目谈判

会谈时间	合作国家	涉及海外高铁项目
2014年10月	马来西亚	马来西亚—新加坡高铁、马来西亚南部铁路
2014年11月	秘鲁	从秘鲁到巴西、连接太平洋和大西洋的"两洋铁路"项目
2014年12月	俄罗斯	莫斯科—喀山高铁项目
2014年12月	塞尔维亚、匈牙利、马其顿	中欧陆海快线、匈塞铁路
2014年12月	立陶宛	波罗的海联合铁路

资料来源：中金公司，《"一带一路"文件发布，推荐铁路装备、工程机械、核电装备》。

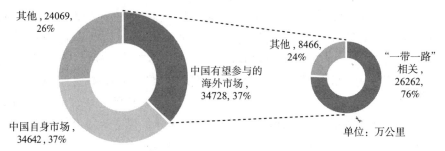

图 2 - 23　中国有望参建的高铁建设计划

资料来源：中金公司，《"一带一路"文件发布，推荐铁路装备、工程机械、核电装备》。

3. 我国铁路装备供应商应在尽量规避环境风险的同时，以较高的工程质量降低对于自身负面评级的可能

就长期趋势来看，我国铁路设备产业需求将受到"一带一路"倡议的巨大拉动，另一方面也会受到其策略风险的影响。根据 The Economist 的相关研究表明，政治风险对于"一带一路"规划的影响可能大于对以私营企业为主的海外直接投资活动的影响，由于其大量项目均存在目的国政府会大量参与，因此必须预见到可能的政治变故。其中，阿富汗、伊拉克、塔吉克斯坦和乌兹别克斯坦等国家的整体风险评分表现较差，在合作过程中存在较大不确定性，且如图 2 - 24 显示，在我国中央企业采取"走出去"战略进行海外投资的过程中，应注重其基础设施风险，以避免遭受巨额财产损失，例如缅甸、老挝与柬埔寨均具有较高的基础设施风险。如图 2 - 25 所示，中东和非洲地区由于政局不稳定，具有相对较高的国家信贷风险，同样应给予关注[109]。

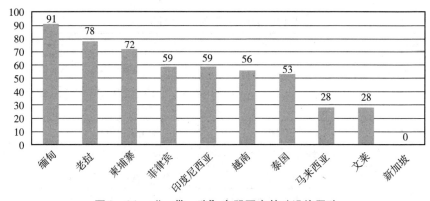

图 2 - 24　"一带一路"东盟国家基础设施风险

资料来源：The Economist, Prospects and challenges on China's'one belt, one road': a risk assessment report [R]. Beijing: The Economist, 2015.

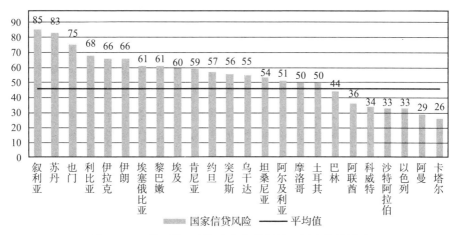

图 2 - 25 　"一带一路"中东和非洲地区国家信贷风险

资料来源：The Economist, Prospects and challenges on China's'one belt, one road': a risk assessment report [R]. Beijing: The Economist, 2015.

根据 McKinsey 和 Company 的分析，铁路装备产业属于交通与基础设施产业范畴，其风险特征为风险通常发生在价值创造过程的第一阶段，管理风险的方式通常为创造更为公开透明的投资环境[110]。另外，铁路装备产业涉及技术复杂的产品，因此需要进行系统风险评估和更先进的风险管理，而合同的高额特点与长期性将进一步提高风险的复杂度。例如，某铁路装备供应商在其产品交付 7 年后，因严重的技术问题向某斯堪的纳维亚国家支付了近 3 亿欧元的赔偿，造成严重的负面影响。

根据全球三大信用评级机构之一穆迪（Moody）的一项评级分析，如表 2 - 42所示，中国南车集团公司（CSR）信用评级仅为 Baa1，历史违约率较高，这将极大地影响到项目未来竞标表现以及费率的谈判，因此我国铁路装备供应商应在尽量规避环境风险的同时，以较高的工程质量降低对于自身负面评级的可能[111]。

表 2 - 42　　　　　　　　　主要铁路设备供应商信用评级

铁路设备供应商	信用评级
通用	A1
西门子	A1
泰雷兹	A2
ABB	A2
日立	A3

续表

铁路设备供应商	信用评级
阿尔斯通	Baa2
中国南车	Baa1

资料来源：穆迪评级（Moody's）。

4. 欧洲铁路客运业发展较为缓慢，美国铁路行业具有巨大的增长潜力和多样化的特点，东南亚国家非洲、中东以及拉丁美洲地区的轨道交通市场将迅猛发展

根据 McKinsey 和 Company 的分析，欧洲的铁路客运业在过去数年间从基础设施建设、人员流动需求以及公共投资的增长中受益，而目前正经历着重大变革。其中，如图 2-26 所示，市场竞争、大数据、高速铁路以及无线网络的普及提高了欧洲铁路客运业的经营表现，门到门连接（Door - to - door Connectivity）则提出了技术方面的更新，交通规则与定价、更严格的二氧化碳排放要求从制度层面提升了铁路客运业的市场需求，而城镇化与针对私家轿车的态度转变成为该产业发展的行为特征基础。另外，综合交通管理、自动驾驶汽车的研发普及与节能优势、下降的公共领域资金投入，成为限制欧洲铁路客运业快速发展的因素。据预测，至 2025 年欧洲的铁路客运业市场份额，将由目前的 7% 提高至 9.5% 左右，规模扩大相对较为有限[112]。

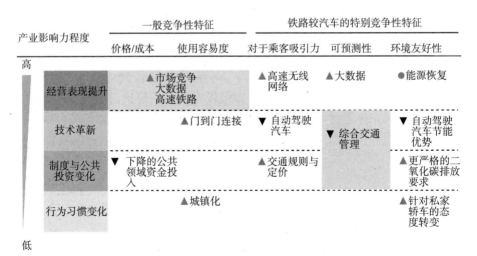

图 2-26 影响欧盟国家未来铁路客运需求的要素分析

资料来源：McKinsey & Company, A new line to growth.

尽管长期投资相对不足，美国铁路行业依然具有巨大的增长潜力和多样化的特点。2000～2010 年 Amtrak 年客流量由 2100 万人次上升至 2870 万人次，增幅达到 37%；与此同时，利用轻型和重型轨道通勤的人数由 1995 年的 26 亿人次上升至 2008 年的 45 人次，增幅达到 72%。最近的调查数据表明，美国年青一代的驾驶私家车倾向有所减弱，而对于使用客运铁路的兴趣显著提高，而这均将催生美国对于铁路设备的潜在需求[113]。

东南亚国家近年来经济快速发展，对于轨道交通的需求十分旺盛。根据 UMI ASIA 的研究报告，至 2020 年泰国将投资约 553 亿美元用于轨道交通建设，其中高速铁路占比 47% 左右；印度尼西亚预计投资建设的雅加达大众捷运系统总里程将达到 110.8 公里；缅甸预计至 2040 年完成 350 公里的环状铁路，以及联通周边国家的铁路总长度约 1200 公里；至 2020 年，越南将投资轨道交通建设金额不低于 161 亿美元[114]。

其他国家与地区方面，研究机构 Frost 和 Sullivan 于 2013 年发布报告（*Rail Outlook Study*，2013–2022）指出至 2022 年，发展迅速的非洲、中东以及拉丁美洲地区的轨道交通市场将呈现翻倍的增长速度[115]。

（三）产业技术特征及创新方向

以大数据为代表的数字技术将在铁路行业的各个领域发挥着越来越重要的作用。数字技术将在铁路行业的各个领域发挥着越来越重要的作用，专业机构 Railway Gazette 的研究显示，先进的列车控制和交通管理系统可最大限度地提高载客量并减少能源消耗，大数据可帮助改善维护制度，提高可靠性并降低维护成本。在此问题上，欧盟国家尤其强调对机车车辆和列车控制系统跨国授权的必要性，以避免单独审批造成的资源的巨大浪费[116]。

大数据在铁路行业的实际应用方面，瑞典研究团队成功设计出一种算法，以预测潜在的延误，同时预防连锁反应的发生。列车的实际到达与出发数据被收集进入系统，并基于此预测未来发生任何中断的可能，以及动态模拟每一列火车受到的潜在影响，且该预测可提前 2 小时实现，并通过智能手机应用程序，以向乘客提供延误预警[117]。

二、铁路装备产业中央企业所处竞争位势分析

中国国内铁路长度居世界第二位，且在持续增长，中国也已跻身铁路设备制造的重点国家行列。企业竞争力方面，中国北方机车车辆工业集团公司与中国南车集团公司合并成的中车集团已成为世界上规模最大的铁路设备制造企业，有望

从业务量与技术水平层面追赶上传统欧美企业。

（一）国际竞争格局与优势国家及地区

根据 2015 年的相关统计，中国国内铁路长度为 11.20 万公里，仅次于美国，居世界第二位，且这一数字在持续增长，因此未来来自国内的铁路设备需求非常可观，如表 2 – 43 所示。

表 2 – 43　　　　　　　　2015 年全球前 10 大铁路长度国家

序号	国家	全国铁路网络长度（万公里）
1	美国	22.48
2	中国	11.20
3	俄罗斯	8.60
4	印度	6.58
5	加拿大	4.66
6	德国	4.35
7	澳大利亚	3.84
8	阿根廷	3.70
9	南非	3.10
10	法国	2.96

资料来源：The Telegraph，Mapped：The world's largest rail networks.

从铁路设备制造的重点国家看，日本、法国、德国为高速列车技术的代表。而美国、加拿大、澳大利亚等国为重载列车技术的代表。从竞争状况来看，由于铁路设备在全球呈现垄断竞争局面，新进入者的壁垒很高，且设备制造的国际性企业也在不断进行行业内的兼并重组，因此前 10 名企业的市场集中度也呈现不断提高的趋势。

（二）我国中央企业发展现状与竞争位势

我国中央企业中，归属于铁路装备产业的企业数量较少，2014 年前有 3 家，分别为中国北方机车车辆工业集团公司、中国南车集团公司与中国铁路通信信号集团公司，其中中国北方机车车辆工业集团公司与中国南车集团公司已与 2014 年合并为中国中车股份有限公司，目前仅有 2 家。

在国际范围内，知名的铁路装备制造企业包括加拿大的庞巴迪（Bombardier）、法国的阿尔斯通（Alstom）、德国的西门子（Siemens）、日本的川崎重工

（Kawasaki）、西班牙铁路建设和协助股份有限公司（CAF）、韩国的现代罗特姆公司（Rotem）以及中国中车集团等，其产品特征如表 2 – 44 所示。总体而言，铁路装备产品作为国家主导投资的高技术含量交运设备，更全的产品覆盖，更多的自主设计制造，以及更大的国际声望均将加强企业的竞争力[118]。

表 2 – 44　　　　　　　　　国际知名铁路装备制造企业产品特征

品牌	国家	列车						系统集成	信号系统
		轻轨	地铁	市郊列车	高铁	动车组	单轨列车		
庞巴迪	德国	●	●	●	●	●		●	●
阿尔斯通	法国	●	●	●	●	●	●	●	●
安萨尔多公司	意大利							●	●
西班牙铁路建设和协助股份有限公司	西班牙	●	●	●	●				
中国中车集团	中国	●	●			●			
通用电气	美国					●			●
日立	日本			●	●		●		
川崎重工	日本		●	●	●				
现代罗特姆公司	韩国		●	●	●			●	●
西门子	德国					●		●	●
施泰德轨道集团	瑞士	●		●	●				
泰雷兹集团	法国								●

资料来源：广发证券，《铁路设备行业——迈向全球、友谊四海的纽带》。

如图 2 – 27 所示，近几年，铁路设备制造格局发生巨大变化，改组前的中国北方机车车辆工业集团公司与中国南车集团公司在国内大规模铁路投资的带动下，技术和规模都发生了巨大的飞跃，一跃成为世界上规模最大的两家铁路设备制造企业。2009～2013 年，两家企业市场份额达到 55%，超越其竞争对手，在全球范围内具有较大的竞争力[119]。竞争态势的未来发展趋势方面，庞巴迪（Bombardier）、阿尔斯通（Alstom）等企业作为传统竞争者，保持其既有优势，而以中国为代表的铁路设备企业将从业务量与技术水平层面追赶上传统欧美企业。而另一方面，包括吉德伦金机车厂（CLW）在内的印度企业，以及俄罗斯运输机械制造控股公司（TMH）、俄罗斯 Sinara 等新进入者，同样试图分享高速发展的铁路装备产业的市场空间，未来将与中国企业构成激烈的正面竞争。

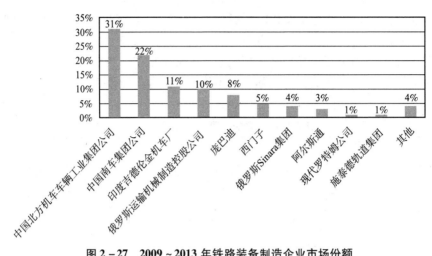

图 2 – 27　2009 ~ 2013 年铁路装备制造企业市场份额

资料来源：www. statista. com.

三、铁路装备企业资本控制模式分析

铁路装备产业的国家安全战略意义相对较弱，然而其拉动的上下游产业巨大，且需要保证公司资产规模、核心技术的整合及研发投入以提高其国际竞争力。因此，我国可考虑做强做大国有铁路装备产业。

（一）全球领先企业资本控制模式

总体而言，目前全球范围内相对领先的铁路装备制造企业，包括庞巴迪（Bombardier）、阿尔斯通（Alstom）、西门子（Siemens）、川崎重工（Kawasaki）等均非由国家主导经营，主要依靠其领先的技术与成熟的产品制造工艺，占据了全球绝对优势的市场份额。由此可见，国有资本控股或以较大比例参股铁路装备制造企业，并非普遍现象。

（二）国家主导发展铁路装备产业的优势

国家政策的扶持对于铁路装备制造企业的快速发展具有较大推动作用。2015 年 6 月，中国中车正式在中国股市复牌，在国资委的促进下，中国北方机车车辆工业集团公司与中国南车集团公司成功实现合并，合并后的中车成为全球市值最高的机车制造企业，市值远超其他竞争对手西门子、庞巴迪，以及法国的阿尔斯通、日本川崎重工。这有助于中国中车将因避免竞争而带来的资金用于研发和营销，进一步完善产品组合、充分发挥规模效应和协同效应、增强技术实力、优化全球产业布局和资源配置，进一步增强核心竞争力，积极推进海外招标项目、拓展海外市场。与此同时，南北车合并预计将能带动产业链上电子、电气、材料、机械核心技术水平的整体提升。

西门子公司为应对中国中车的崛起，欲推进实现旗下列车子公司与庞巴迪的轨道交通业务合并，由此可见，提升公司资产规模、实现核心技术的整合，对于提高铁路装备制造企业竞争力具有决定性作用。因此，我国政府应在中国中车的全球竞争中给予一定支持，确保民族工业领军企业的效率和收益。

第八节 我国建筑施工行业企业发展现状与竞争位势

一、建筑施工产业发展趋势前景展望

市场需求与表现方面，目前建筑施工行业的国内市场支撑有所减弱，预计未来"一带一路"倡议的实现将增加国内外基础设施建设，带动对于建筑施工的产业需求。且随着经济的发展，新兴市场国家的重要性将不断提高。然而平均来看，建筑施工产业的企业的投资回报水平显著低于标准普尔500指数平均表现，劳动生产率呈现下降趋势。

产业发展方向方面，建筑施工企业可充分利用数字技术来创造新的价值，并通过灵活合作提升自身竞争力，并通过公私合作模式弥补基础设施资金缺口。

（一）产业界定

根据《国民经济行业分类》（GB/T 4754—2011）定义，"建筑施工产业"主要涉及"建筑业"的大类，其中包括"房屋建筑业""土木工程建筑业""建筑安装业"与"建筑装饰和其他建筑业"等细分概念。

我国中央企业中，归属于建筑施工产业的企业数量较多，共有12家，分别为中国铁路工程总公司、中国铁道建筑总公司、中国交通建设集团有限公司、中国电力建设集团有限公司、中国能源建设集团有限公司、中国建筑工程总公司、中国建筑设计研究院、中国节能环保集团公司、中国国际工程咨询公司、中国中材集团公司、中国建筑材料集团有限公司与中国建筑科学研究院，其分类如表2-45所示。根据其主营业务划分，2家为房屋建筑业领域，7家为土木工程建筑业领域，4家为建筑装饰和其他建筑业领域，显示我国的建筑施工产业中央企业多集中于土木工程建筑业方向。其中，2016年8月经报国务院批准，中国建筑材料集团有限公司将与中国中材集团公司实施重组。

表 2 - 45　　　　　　　　　中国建筑施工产业中央企业分类

企业名称	二级分类	业务说明
中国铁路工程总公司	土木工程建筑业	基建建设、勘察设计与咨询服务、工程设备和零部件制造、房地产开发、铁路和公路投资及运营、矿产资源开发、物资贸易
中国铁道建筑总公司	土木工程建筑业	勘察、设计、投融资、施工、设备安装、工程监理、技术咨询、外经外贸
中国交通建设集团有限公司	土木工程建筑业	以港口、码头、公路、桥梁、铁路、隧道、市政工程为主的基础设施设计和建设业
中国电力建设集团有限公司	土木工程建筑业	水利电力工程及基础设施规划、勘测设计、咨询监理、建设管理、投资运营
中国能源建设集团有限公司	土木工程建筑业	境内外电力和水利、矿山、公路、铁路、港口与航道、机场、房屋、市政工程、城市轨道、环境工程、冶炼、石油化工等基础设施项目的工程项目规划、评审、咨询、评估等
中国建筑工程总公司	房屋建筑业/土木工程建筑业	房屋建筑工程施工总承包、公路工程施工总承包、市政公用工程施工总承包
中国建筑设计研究院	房屋建筑业	前期咨询、规划、设计、工程管理、工程监理、工程总承包、专业承包、环评和节能评价
中国节能环保集团公司	建筑装饰和其他建筑业	规划、设计、咨询、施工、装备制造、投资、运营
中国国际工程咨询公司	建筑装饰和其他建筑业	甲级工程咨询、工程设计、工程监理、工程招标、工程造价
中国中材集团公司	建筑装饰和其他建筑业	科研、设计、制造、工程建设、国际贸易
中国建筑材料集团有限公司	建筑装饰和其他建筑业	产业、科技、成套装备、物流贸易四大业务板块
中国建筑科学研究院	土木工程建筑业	建筑结构、地基基础、工程抗震、城市规划、建筑设计、建筑环境与节能、建筑软件、建筑机械化、建筑防火、施工技术、建筑材料

资料来源：国家统计局，《国民经济行业分类》。

(二) 市场供需特征及变化趋势

1. 中国社会从生产型向消费型的转换以及投资的下行趋势，将使得建筑施工行业的国内市场支撑有所减弱

据相关分析，我国人口拐点大约出现在 2010 年，此后数年间抚养比例持续上升，储蓄率下降，人口红利逐渐消失，这意味着中国社会将从生产型向消费型转换，投资也已进入一个长期的下行通道。另外，建筑施工产业对于全社会固定资产投资依赖度较高，大部分企业的扩张凭借投资的拉动，如图 2 - 28 所示，我国建筑施工企业的营业收入增速与城镇固定资产增长率紧密相关，具有明显的同步波动特征[120]。如图 2 - 29 所示，2010 年后，受到宏观经济趋冷以及前期投资过热影响，我国投资增速逐渐回落，建筑施工企业新签订单增速随之大幅下滑，这将影响到未来数年间的开工总量与收入总额，显示市场容量对于我国建筑施工企业持续增长的支撑能力有所显著下降。

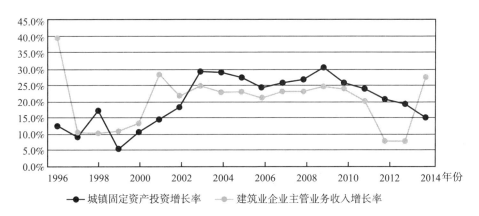

图 2 - 28　我国建筑施工企业营业收入与固定资产投资相关性

资料来源：国家统计局，年度数据。

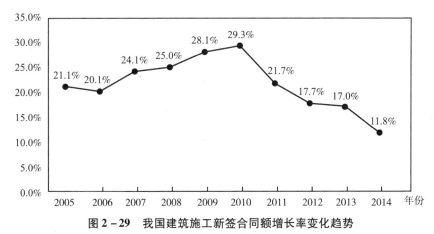

图 2 - 29　我国建筑施工新签合同额增长率变化趋势

资料来源：国家统计局，年度数据。

2. "一带一路" 倡议的实现将增加国内外基础设施建设，带动建筑施工需求

进入 2015 年，"一带一路" 倡议被提升至国际层面，且进展迅速，并带来可观的海外基础设施建设需求。根据亚洲开发银行（Asian Development Bank, ADB）的预测，亚洲的基础设施建设资金缺口将达到 8300 亿美元，而中国将利用此发展契机，积极规划中蒙俄、新亚欧大陆桥、中国—中亚—西亚、中国—中南半岛、中巴、孟中印缅六大经济走廊建设，扩大其海外投资，向发展中国家出口技术与服务，例如莫斯科—喀山高铁建设项目与白俄罗斯三个铁路项目等，从而带动海外建筑施工需求的扩大。

2015 年 3 月，《推动共建丝绸之路经济带和 21 世纪海上丝绸之路的愿景与行动》发布，其中提及国内逾 18 个省（自治区、直辖市），明确了这些省区市在 "一带一路" 规划中所承担的角色，重点地区的基础设施建设投资有望增加，并提到交通基础设施的关键通道和关键节点将是重点，这也成为影响我国建筑施工企业未来需求的另一大利好因素。

而中央企业在国内细分工程市场处于绝对的垄断地位，如表 2 - 46 所示，以中国交通建设集团有限公司、中国电力建设集团有限公司、中国铁路工程总公司与中国铁道建筑总公司为例，其铁路、水利水电等工程市场份额均达到 50% 或以上，依赖其较强的综合实力，多年来已形成明显的品牌和平台优势，在 "一带一路" 倡议与高铁出海战略的发展进程中，也具有一定的优势使过剩产能 "走出去"，进而开辟海外增量市场，改善其盈利情况[121]。

表 2 - 46　　　　　　　　　中国部分建筑施工领域中央企业市场地位

建筑施工领域中央企业	细分市场	市场份额
中国交通建设集团有限公司	航务工程、特大桥、沿海疏浚工程市场	70% ~ 80%
中国电力建设集团有限公司	水利水电工程市场	65% 以上
中国铁路工程总公司	铁路市场	50% 左右
中国铁道建筑总公司	铁路市场	50% 左右

资料来源：广发证券，《"一带一路"、国企改革、资产重组引爆建筑行情》。

3. 随着经济的发展，建筑施工产业规模将变得更加可观，新兴市场国家的重要性将不断提高

根据 Global Construction Perspectives 与 Oxford Economics 在其报告 Global Construction 2030 中的分析，全球来看，2014 年建筑施工产业约占到 GDP 总量的

12.4%左右，预计至 2030 年，这一比例将上升至 14.7%。尽管 2005~2012 年间建筑施工产业年均增速仅为 2.2%，相对较不理想，但据预计至 2030 年，全球范围内将会呈现明显复苏，建筑施工产出规模将达到 17.5 万亿美元，较目前水平实现 85% 的涨幅，年均增速达到 3.9%，这也同样将对我国建筑施工产业发展带来正面影响。

而另一方面，新兴市场国家的重要性将不断提高，如图 2-30 所示，2005 年全球建筑施工产业中新兴市场国家占比仅为 35%，而至 2012 年这一比例显著提升至 52%。预计发达国家市场需求将持续相对萎缩，至 2025 年，新兴市场国家占比将达到 63% 左右，成为市场中的主导力量。例如，全球建筑施工累计存量至 2030 年将达到 212 万亿美元，其中 77.8 万亿美元，即 36.7% 将位于亚洲新兴市场国家。

建筑施工产业的产出将于 2014 年的 9.5 万亿美元，增长至 2030 年的 17.5 万亿美元，而几乎全球增长产出的 57% 将发生在中国、美国和印度三个国家，总产出接近 4.5 万亿美元。2010 年中国超过美国，成为全球规模最大建筑施工市场，2012 年占比达到 18%，预计到 2030 年，中国将在全球范围内实现 25% 的建筑施工产出。尽管中国建筑施工产业的增长速度将持续放缓，然而仍旧保持在增长最快的五大建筑施工市场行列。另外，仅中国和印度将增加 2.7 亿套住宅需求，以满足人口增长和城市化的需要，而其中大部分将为经济适用房等产品[122]。

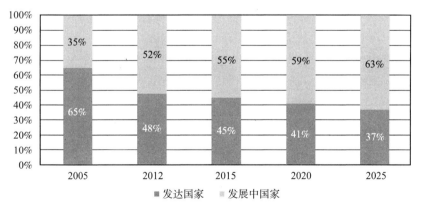

图 2-30 全球建筑施工产业中新兴市场国家占比预测

资料来源：Global Construction Perspectives and Oxford Economics, Global Construction 2030.

4. 建筑施工产业的企业的投资回报水平显著低于标准普尔 500 指数平均表现，劳动生产率呈现下降趋势

根据 Boston Consulting Group 分析，世界金融危机以来 2009～2014 年的 5 年间，建筑施工产业的企业的投资回报水平较不理想，所选取样本中的 75 家建筑施工企业（Engineering，Construction，and Services，ECS）平均年度股东总回报率（TSR）仅为 7.1%，显著低于标准普尔 500 指数 17.4% 的平均表现。这一数据仅略高于材料和能源产业，而明显低于软件（17.6%）、汽车（17.0%）、医疗设备（16.8%）、医药生物科技（13.7%）等领先产业，导致这一结果的一个重要原因为发达国家严重的经济衰退。世界金融危机带给全球建筑施工产业以沉重的打击，且其复苏速度也远低于其他产业，均造成近 5 年来该产业表现较为负面悲观的结果[123]。

另外，作为劳动密集型企业，建筑施工企业的劳动生产率呈现下降趋势。以美国为例，自 1964 年以来美国经济的生产率增长了 153%，年均增长率 1.95%；而在同一时期，建筑施工企业的劳动生产率反而下降了 19%，年均下降 0.43%，远远落后于整体经济，产业效率并未随技术的进步而发生显著改善[124]。

（三）产业技术特征及创新方向

1. 建筑施工企业可充分利用数字技术来创造新的价值，并通过灵活合作提升自身竞争力

根据 PwC 对于建筑施工企业管理层的调查访问，众多建筑施工企业正在通过利用数字技术来创造新的价值，主要包括网络安全、与客户相关的移动技术以及数据挖掘和分析等。3D 打印技术也是建筑施工企业较为关注的新技术，并使得预制装配式住宅的普及成为可能[125]。

在企业运作层面，倾向于与其他企业结成动态联盟或合资公司的建筑施工企业占比由 2014 年的 49% 上升至 2015 年的 61%，这显示为了应对激烈的市场竞争并提升自身竞争力，与其他企业建筑施工企业或合资公司将成为较为有效灵活的方法。

2. 公私合作模式有助于弥补基础设施资金缺口，并有效管理项目的生命周期，协助创建有利的项目环境

根据 Boston Consulting Group 的统计分析，全球每年基础设施投资总量约达到 2.69 万亿美元，其中 37% 分布于亚洲，24% 与 19% 分布于西欧国家与北美地区；投资方向方面，电力、道路与铁路占到全球基础设施投资总额的 60% 以上，而社会基础设施占比 18%，如图 2-31 所示。然而相较之下，全球每年基础设施投资需求约达到 4.0 万亿美元，其中的资金缺口高达 1.0 万亿~1.5 万亿美元，这一资金缺口具有重要的现实影响，将潜在影响生产的顺利进行并抑制经济增长，最终危害到国家的国际竞争力[126]。

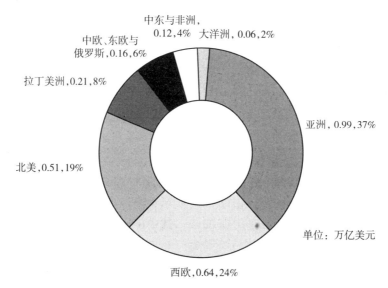

图 2-31　全球年均基础设施投资分布

资料来源：Boston Consulting Group，Bridging the Gap.

相比于财政资金的短缺，私人部门的资金存量充裕，例如仅在 2010 年，保险公司、养老基金和主权财富基金持有的资产分别为 22 万亿美元、19 万亿美元与 4 万亿美元，可完全支撑各国的基础设施资金需求[126]。另外，随着固定收益资产回报率的走低，私人部门的资金也存在较强的投资于基础设施项目的倾向。目前，国际上基础设施项目中的私人公司参与比例呈现不断提高的趋势，通过运营和维护合同实现了投资和经营责任风险向私人合作伙伴的转移。通常而言，公私合作模式（Public - Private - Partnership，PPP）被定义为在项目的建设与运营阶段，私人公司实现对于资产的暂时控制，而由公共和私人共同分担风险的合作模式。

采用公私合作模式可有效管理项目的生命周期，包括建立全面且具备优势的基础设施投资计划、确定项目具体合作模式、建立完善的业务计划和技术方案、设计健全的监管计划和合作合约、选择合适的私人部门合作伙伴以及跟踪项目的表现等。另外，采用公私合作模式同样可协助创建有利的项目环境，包括建立严格的项目管理、注重项目公开与公众交流以及兼具公共和私人部门的优势等。

二、建筑施工产业中央企业所处竞争位势分析

全球建筑施工产业市场集中度较高，中国 2012 年占比为 18%，位于各国之首，而这一比例预计仍将持续提高。企业竞争力方面，中国建筑工程总公司表现较佳，年度股东总回报率达到 30% 左右，然而整体而言，我国建筑施工企业平均表现弱于日本。

（一）国际竞争格局与优势国家及地区

根据 Global Construction Perspectives 与 Oxford Economics 在其报告（Global Construction 2030）中的分析，如图 2－32 所示，全球建筑施工产业市场集中度较高，2012 年前 10 大国家总占比达到 63%，其中中国 2012 年占比为 18%，位于各国之首，而这一比例预计仍将持续提高，美国占比为 12%，日本为 8%，印度为 4%。因而，在市场份额方面，中国建筑施工产业在国际竞争格局中占据优势领先地位。据预测，其中美国与印度的市场份额预计将进一步扩张，而日本随其经济发展缓慢而将有所萎缩。因此至 2030 年，中国在全球占比有望达到 25%，印度尼西亚、墨西哥、尼日利亚等发展中国家占比迅速提高，发达国家地位有所降低。

（二）我国中央企业发展现状与竞争位势

我国中央企业中，归属于建筑施工产业的企业数量较多，共有 12 家，分别为中国铁路工程总公司、中国铁道建筑总公司、中国交通建设集团有限公司、中国电力建设集团有限公司、中国能源建设集团有限公司、中国建筑工程总公司、中国建筑设计研究院、中国节能环保集团公司、中国国际工程咨询公司、中国中材集团公司、中国建筑材料集团有限公司与中国建筑科学研究院。其中，2016 年 8 月经报国务院批准，中国建筑材料集团有限公司将与中国中材集团公司实施重组。

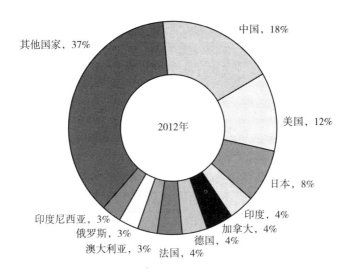

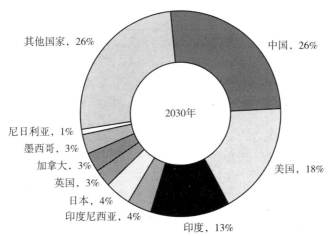

图 2 - 32 全球建筑施工产业中新兴市场国家占比预测

资料来源：Global Construction Perspectives and Oxford Economics，Global Construction 2030.

如表 2 - 47 所示，Boston Consulting Group 列出了 2015 年发达国家与发展中国家的代表性建筑施工企业（Engineering，Construction，and Services，ECS）的年度股东总回报率（TSR）表现，这一数值由"销售增长率""利润率变化率""估值系数变化"（影响股票价格）与"自由现金流回报率"加和而成，数据显示各企业间存在明显差异。可以看出中国建筑工程总公司表现较为理想，年度股东总回报率达到30%左右，具有较强的竞争力；而中国铁路工程总公司（中铁二局）为18%左右。总体而言，日本建筑施工企业平均具有良好的盈利性,例如大成建设(Taisei)、前田建设(Maeda)、长谷工(Haseko)、鹿岛建设(Kajima)、大林(Obayashi)以及清水建设(Shimizu)等,其年度股东总回报率均高于20%,代表了更强的形成利润的能力,将对中国企业造成一定竞争压力[127]。

表2-47　　　　　2015年中国建筑施工企业年度股东总回报率表现

序号	中央企业	年度股东总回报率
5	中国建筑工程总公司	30%
7	中工国际工程股份有限公司	26%
19	四川路桥建设股份有限公司	18%
23	中国铁路工程总公司(中铁二局)	13%
25	上海建工集团	13%
28	中国建筑国际集团有限公司	12%
33	中国铁路总公司	10%

资料来源:Boston Consulting Group,Opportunities amid Uncertainty.

三、建筑施工企业资本控制模式分析

建筑施工产业的国家安全战略意义相对较弱,且国际上建筑施工承包商多为股份制公司,而非政府主导运营或绝对控股,可考虑中央企业适度退出建筑施工产业,鼓励其自由化发展。

以 Engineering News - Record 公布的 2015 年全球最大建筑施工承包商排名为例,目前年度收入排名世界前 20 位的建筑施工承包商包括:中国的中国铁建股份有限公司、中国中铁股份有限公司、中国建筑工程总公司、中国交通建设集团有限公司、中国电力建设集团、中国冶金科工集团、上海建工集团,法国的万喜公司(VINCI)、布依格公司(BOUYGUES)、埃法日集团(EIFFAGE)、德希尼布集团(TECHNIP),美国的柏克德(Bechtel)、福陆公司(Fluor),以及西班牙的 ACS 集团、德国的豪赫蒂夫公司(HOCHTIEF Aktiengesellschaft)、澳大利亚的 CIMIC 集团、瑞典的斯堪斯卡公司(Skanska AB)、奥地利的史卓堡公司(STRABAG SE)、韩国的现代集团(Hyundai Engineering & Construction)以及日本的大林建设(Obayashi)。其中除中国企业外,其余多为股份制公司,在各国股票交易所挂牌交易,而非政府主导运营或绝对控股,显示出明显的自由竞争特点。

第九节　我国现代服务业企业发展现状与竞争位势

一、现代服务业发展趋势前景展望

现代服务产业在全球范围内快速发展，其中发展中国家增速领先，且仅能承接低附加值业务的模式正在改变。我国第三产业经济占比不断提高，未来餐饮、交通通信、文化休闲娱乐将成为消费性服务业发展重心，而运营环节中的专业化服务为生产性服务业的重中之重。预计随着政府政策的不断出台，产业发展的软环境将得到完善，带来生产性服务业的大幅增长。

（一）产业界定

现代服务产业，是指依靠高新技术和现代管理方法、经营方式及组织形式发展起来的、主要为生产者提供中间投入的知识、技术、信息密集型服务部门，其核心是现代生产者服务，特别是高级生产者服务，如金融服务、商务服务、政务服务、信息技术与网络通信服务、教育培训服务、物流服务，以及一部分被新技术改造过的传统服务等。根据国家统计局公布的《关于建立第三产业统计的报告》，现代服务产业可分为流通部门与服务部门两大部分，以及如表2－48所示的四个层次。

表 2－48　　　　　　　　　　　中国现代服务产业分类

层次	部门	涉及产业
1	流通部门	交通运输业、邮电通讯业、商业饮食业、物资供销和仓储业
2	为生产和生活服务的部门	金融业、保险业、地质普查业、房地产管理业、公用事业、居民服务业、旅游业、咨询信息服务业和各类技术服务业
3	为提高科学文化水平和居民素质服务的部门	教育、文化、广播电视事业，科学研究事业，卫生、体育和社会福利事业
4	为社会公共需要服务的部门	国家机关、政党机关、社会团体，以及军队和警察

资料来源：中华人民共和国国家统计局，《关于建立第三产业统计的报告》，1985。

根据以上分类，我国中央企业中，明确可划分归属于现代服务产业的企业数量较多，至少有21家，如表2-49所示，主要覆盖信息传输、软件和信息技术服务业、交通运输、仓储和邮政业与租赁和商务服务业等。

表2-49 我国现代服务产业相关中央企业

企业名称	所属行业分类	所属部门
中国电信集团公司	信息传输、软件和信息技术服务业	流通部门
中国联合网络通信集团有限公司		
中国移动通信集团公司		
中国电子信息产业集团有限公司		
中国普天信息产业集团公司		
电信科学技术研究院		
上海贝尔股份有限公司		
武汉邮电科学研究院		
中国远洋运输（集团）总公司	交通运输、仓储和邮政业	
中国海运（集团）总公司		
中国外运长航集团有限公司		
中国航空集团公司		
中国东方航空集团公司		
中国南方航空集团公司		
中国民航信息集团公司		
中国航空油料集团公司		
中国航空器材集团公司		
中国港中旅集团公司	文化、体育和娱乐业	为生产和生活服务的部门
中国国旅集团有限公司		
华侨城集团公司		
中国国际技术智力合作公司	租赁和商务服务业	

资料来源：国家统计局，《国民经济行业分类》。

（二）市场供需特征及变化趋势

1. 全球范围内现代服务业快速发展，尽管发达国家的服务业占比明显较高，然而发展中国家增速领先，且发展中国家仅能承接低附加值业务的模式正在改变

基于 Loungani 和 Mishra（2014）的研究，从全球范围来看，2000~2011年，现代服务业出口增速远远超过同期制造业出口的增速7.0%，达到更高的12.4%[128]。信息和通信技术的革命，使电信费用锐减、互联网在全球的不断普及以及宽带互联网服务的快速扩展使在境内和境外交付服务成为可能，服务业的可贸易性显著增强。通过电信网络、远程服务产品可以实现即时传输，可以数字化和全球化的服务活动范围正在不断扩大，技术与贸易的结合，使得服务业的生产力显著提高，而专业化劳动分工为发展中国家提供了可观的发展机会。

China Finance 和 Economic Review 研究显示，世界各国服务业在 GDP 中所占比例与人均 GDP 呈现明显正向相关性，因此发达国家的服务业占比明显高于发展中国家。目前，服务业出口在美国和欧洲等发达国家与地区更为集中，然而在中国、印度等发展中国家显现迅速扩张趋势。例如，2011 年较 2000 年，发展中国家的服务业出口增长 440%，实现 14.4% 的年均增速；而同期，发达国家的服务业出口增长累计为 240%，年均增速仅为 8.3%[129]。Mudambi 和 Navarra（2007）研究显示，传统上将高附加值业务安置于发达经济体并将低附加值的业务放在发展中经济体的模式已经开始改变，成熟新兴市场国家的企业，在涉及高附加值的业务时开始迎头赶上；发达市场的企业正在剥离其高附加值业务更加规范的部分，并将其搬迁到新兴市场国家[130]。目前，在中东地区、巴西、中国、印度和新加坡，商业咨询和信息处理机构快速增长，新兴市场中的电子商务和网上零售商也急速发展。

2. 我国第三产业经济占比不断提高，对于就业贡献不断变大，未来餐饮、交通通信、文化休闲娱乐将成为消费性服务业发展重心，而运营环节中的专业化服务为生产性服务业的重中之重

随着支持政策的不断出台，现代服务业的政策环境不断优化，行业迎来发展良机。《现代服务业科技发展"十二五"专项规划》指出，要"围绕生产性服务业、新兴服务业、科技服务业等重点领域，加强商业模式创新和技术集成创新，突破一批共性关键技术，形成一批系统解决方案，建立完善现代服务业技术支撑体系、科技创新体系和产业发展支撑体系；开展一批具有引领和带动作用的示范应用，培育一批现代服务新业态，打造一批知名服务品牌；建设一批现代服务业产业化基地，推动现代服务业集群的形成和发展，显著提高现代服务业比重和水平"，充分显示出我国发展现代服务业的决心[131]。

由图 2-33 可明显看出，我国宏观经济中第三产业在 GDP 中占比不断提高，2014 年超过第二产业成为支柱产业，2015 年第三产业占比达到 50.5%。与此同时，服务业的快速发展同样为大众创业、万众创新提供了更广阔平台。2015 年，全国新登记企业 443.9 万户，其中第三产业新登记企业 357.8 万户，占总数的比重达到 80.6%。据测算，随着第三产业比重上升，GDP 每增长 1 个百分点，可以拉动约 170 万人就业。

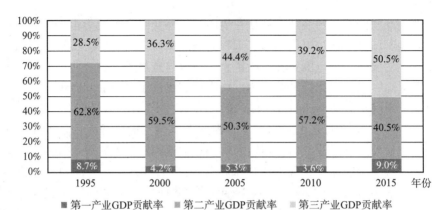

图 2 – 33　1995 ~ 2015 年中国产业结构

资料来源：国家统计局，年度数据。

　　其中消费性服务业方面，现阶段我国餐饮、交通通信的占比和增速都远高于其他消费服务类别，未来应用现代信息技术和现代管理方式后，将具有较大的增长空间。尽管衣、食、住、行在消费性服务支出中的占比，在未来较长时期内仍将保持较高的比重，然而文化休闲娱乐具有更大的发展潜力，预计将会保持高于消费性服务整体的增长速度。除此以外，随着 IT 技术的发展以及物流配送和支付体系的进一步完备，与个人消费相关的电子商务领域也将具有可观的发展前景。

　　生产性服务业方面，这一分支在工业发达国家其已占到服务业的 50% 以上，并成为制造业效率提高的基本源泉。对于中国而言，未来自身经济发展的需要以及全球经济一体化持续发展所提供的需求，将带动生产性服务业仍将保持强劲的增长势头。首先，制造业中的研发设计、物流配送、产品营销、电子商务（B2B）、金融服务、咨询等环节，是企业核心竞争力的重要体现，并随着科技的发展不断呈现出专业化和服务化的趋势。而独立的第三方专业服务的普及在降低运营成本的同时，提升了专业化分工成果与竞争力。

　　3. 随着政府政策的不断出台，产业发展的软环境将得到完善，带来生产性服务业的大幅增长

　　根据 IBM 全球企业咨询服务部 2009 年发布的《中国发展服务经济的战略及实践》分析，我国城市可分三个步骤引导和具体到各级城市，政府部门推进本地服务业的转型和发展，分别为"聚焦生产性服务业""选取 2 ~ 3 个重点服务行业，确定战略方向"以及"弥补阻碍发展的关键差距，构建长期竞争优势"。

　　首先，着重发展生产性服务业有利于增强自主创新能力，推动"中国制造"

的转型，转变外贸增长方式，促进服务贸易与货物贸易的协调发展，并推动中国走新型工业化道路，实现可持续发展。而在重点服务行业的选择与确定方面，应充分考虑人才状况、产业基础、地理位置、基础设施和城市环境等衡量因素，避免盲目发展，如表 2 - 50 所示[132]。

研究显示，与国际领先水平相比，我国城市普遍存在 6 个方面的差距，即结构性人才短缺、指导和鼓励政策缺乏、基础设施不完善、政府公共服务的可用性和可及性差、生态协作系统不健全以及城市环境缺乏吸引力等。为应对以上缺陷，新加坡政府曾推动多个领域改革，简化业务许可制度，减少 90% 的处理时间和 50% 的数据录入，并进跨机构的信息和系统的共享，推动"移动政府"，政府对公民的服务 97% 为在线形式。而爱尔兰政府则投放 650 亿美元发展电子商务和基础设施，花费 10 亿美元用于促进信息技术和生物技术的研发，并特别对软件和 IT 服务等目标行业的企业实施低公司税率、免税、退税等优惠和激励措施。2014 年，爱尔兰服务出口总额 1017.5 亿欧元，占当年全部出口额的 52.3%，服务贸易占 GDP 的比重逐年增长，在全球名列前茅。且随着我国政府打造更为广泛的互联互通与更深入的智能化，生产性服务业发展的软环境将得到显著改善，如表 2 - 51 所示。

表 2 - 50　　　　　　　政府制定差异化的服务业发展战略需要重点考虑三大因素

人才状况	是否具备适当教育背景、技术能力和语言才能的劳动力资源；大学和培育机构是否有能力提供发展个别服务业所需的人才。
产业基础	本地或本区域已有的产业基础或产业集群，这些可能成为服务业企业未来的供应商及服务对象。
地理位置	本地与所在省或区域的交通枢纽，空港/港口的交通便利程度，地理位置对某些服务行业起着决定性作用，比如物流业。

资料来源：IBM 全球企业咨询服务部，《中国发展服务经济的战略及实践》，2009 年。

表 2 - 51　　　　　　　政府可以从六个方面为服务经济的发展提供动力

政策与体制	深化与发展服务经济有关的各项改革； 完善与优化服务经济发展政策和环境； 加大服务经济开放的力度，优化服务经济结构。
人才发展	完善政策，优化环境，为加快发展服务经济提供人才保障； 政府与高校、企业三方合作，积极创新，采取各种可能的途径培养所需人才。

改进基础设施	物理基础设施：公路、铁路、机场、通讯、水电煤气等； 信息基础设施：网络基础设施、综合数据平台、智能楼宇、先进布线、服务器/存储设施、灾备中心、云计算等； 建设智慧园区。
公共服务转型	将更多的资源投入公共服务领域； 改变政府策略和流程，提高服务的效率和效力； 探索跨部门、跨区域合作的新体制； 搭建服务产业发展所需要的信息平台。
生态协作系统	推进政府、银行、行业协会、市民等建立生态协作圈，便于服务业企业的建立和运营，促进服务行业的规范化发展。
创建友好环境	构建有利于服务业发展的城市环境——社会安定、工作生活便利、医疗体系健全、教育公平协调； 建设和谐社会。

资料来源：IBM 全球企业咨询服务部，《中国发展服务经济的战略及实践》，2009 年。

二、现代服务企业资本控制模式分析

现代服务产业对于国家安全具有一定战略意义，然而同样需要竞争与技术进步不断推动产业发展。信息通信、航运、航空以及文化旅游产业的案例显示，国际领先企业大多非由国家主导经营而实现自由化发展，因此我国国家资本可考虑适度退出。

（一）全球信息通信企业资本控制模式

德国电信股份公司（Deutsche Telekom AG）于 1996 年改组为股份制公司，实现私有化，经营效率不断提升，2014 年全年收入达到 698 亿美元，同比增长4.2%，市场价值列全球第 7 位。德国联邦政府在信息通信产业中扮演的角色为将直接持股比例稳定在 14.3% 左右，间接持股 17.4%，但并不介入企业实际运营。

1992 年 4 月 1 日，新加坡政府正式做出了关于电信自由化改革的决定，并制订了新加坡电信自由化的 15 年改革计划。至 2002 年 4 月，新加坡政府在严格限制牌照发放的前提下，完全解除了对国外企业直接或间接的资产禁入，使新加坡成为一个完全自由、高效、平等的充满竞争的市场。新加坡政府在信息通信产业中扮演的角色为严格限制牌照发放的监督者。

德国和新加坡电信公司的案例说明，在国家较大比例持股或严格限制牌照发放的前提下，可成功实现信息通信产业自由化发展。

（二）全球航运企业资本控制模式

根据 Alphaliner 最新运力数据显示，截至 2015 年 9 月，全球航运企业运力排名如表 2－52 所示。其中位于前 20 位的我国企业为中远集运排第 6 位，中海集运排第 7 位，均为中央企业；而另一家中央企业中外运集运居第 33 位。

表 2－52　　　　　　　　　　2015 年全球集装箱班轮公司运力排名

排名	航运企业名称	国家或地区	排名	航运企业名称	国家或地区
1	马士基航运	丹麦	16	川崎汽船	日本
2	地中海航运	瑞士	17	太平船务	新加坡
3	达飞集团	法国	18	现代商船	韩国
4	长荣海运	中国台湾地区	19	以星航运	以色列
5	赫伯罗特	德国	20	万海航运	台湾地区
6	中远集运	中国	24	海丰国际	中国
7	中海集运	中国	28	泉州安盛船务	中国
8	汉堡南美	德国	29	中谷海运	中国
9	韩进海运	韩国	33	中外运集运	中国
10	东方海外	中国香港地区	62	上海海华轮船	中国
11	商船三井	日本	65	广西鸿祥船务	中国
12	美国总统	美国	82	宁波海运	中国
13	阳明海运	中国台湾地区	85	福建中行运输	中国
14	日本邮船	日本	86	天津海运	中国
15	阿拉伯航运	巴林/伊拉克/科威特/卡塔尔/沙特阿拉伯/阿联酋			

资料来源：Alphaliner，《全球集装箱班轮公司 100 强排名》。

相比而言，其他位列 20 强的 18 家航运企业，均非由政府主导运营，其中法国达飞海运集团反而于 1996 年成功收购了法国最大的国营船公司法国国家航运公司（CGM），日本邮船株式会社同样由三菱商会合并国有企业"日本国邮便蒸气船会社"形成[133]。这显示出，航运服务市场由于覆盖地理范围广阔，存在激烈的市场竞争，需积极拓展业务空间，深入拓宽业务领域，以航运发展为突破口，全面布局服务网络，对于政府扶持的需求相对有限，国有资本可适度退出。

（三）全球航空企业资本控制模式

航空服务领域，根据 atwonline. com 的经济和交通数据，2015 年营业收入排名位列全球前 25 位的航空公司如表 2 – 53 所示。其中，中央企业中国南方航空公司、中国国际航空公司与中国东方航空公司分列第 10 位、11 位与 13 位[134]。

表 2 – 53　　　　　　　2013 年全球航空公司运营收入排名

排名	航空公司名称	年度运营收入（亿美元）
1	美国航空	409.9
2	达美航空	407.0
3	联合大陆控股	378.6
4	法航荷航集团	284.7
5	FedEx 联邦快递	272.4
6	汉莎客运	267.7
7	国际航空集团	249.7
8	阿联酋航空	231.5
9	美国西南航空	198.2
10	中国南方航空公司	172.0
11	中国国际航空公司	167.8
12	全日空	159.2
13	中国东方航空公司	152.9
14	国泰航空	132.0
15	澳洲航空集团	121.1
16	日本航空集团	119.5
17	新加坡航空集团	10707
18	土耳其航空	105.2
19	LATAM 航空集团	101.3
20	加拿大航空	100.0
21	大韩航空	98.2
22	阿提哈德航空公司	90.2
23	英国易捷航空公司	71.1
24	瑞安航空公司	71.0
25	UPS 航空	65.7

资料来源：atwonline. com, The World's Top 25 Airlines in 2015 – In Operating Revenue.

其中来自美国的航空公司，均为私有性质，尽管如此，美国政府针对航空运输业通过多部法律限制收费、线路、安全标准、环境标准、市场进入等，保证了航空运输公司的利润水平和市场的正常运转。另外，为了保持美国民机技术的领先水平，美国政府通过征收燃油附加税、安全与环境规制等手段促使航空公司对旧飞机进行更新换代，推动新型飞机的使用和技术进步。由此可见，美国对于航空运输业的推动主要通过立法与征税补贴，并不直接介入企业运营。

与此相对的，德国的汉莎客运为国有企业，国家力量的支持使其可以不断追求质量和创新，保证安全性和可靠性等属性，也成为全球领先的航空公司中少有的国有企业。澳洲航空于第二次世界大战期间被国有化，继而于 1993 年 3 月进行了私有化，1995 年在澳大利亚上市。智利航空（LATAM 航空集团）于 1929 年由智利空军创办，1989 年 9 月实现私有化，智利政府将大部分股份出售予 Icarosan 及北欧航空。智利航空为唯一进入全球前 20 位的南美洲航空集团。

由此可见，航空运输公司私有化为国际各国普遍趋势，且不影响其国际竞争力的提升，我国同样可借鉴相关经验，实现国有资本的适度退出。

第十节　重点行业发展趋势及中央企业所处竞争位势总结

一、石油石化行业

产业发展趋势前景方面，全球能源需求总量将进一步扩大，且向新兴市场国家转移，低碳能源重要性将有所提升，然而能源价格趋势存在较大不确定性。石油化工产业未来需求可观，美国、中东与东南亚国家联盟将处于发展快速阶段。就技术创新层面而言，页岩油气开采技术将带来石油和天然气开采业的重大革命，而以最佳实践技术为代表的石油化工技术创新，将显著提高生产效率，降低成本，而石油化工新材料将大力推动产业发展与革新。

我国中央企业所处竞争位势方面，中东地区具有石油储备资源，欧洲则拥有可观的天然气生产能力，而美国与中国具有石油精炼产能的领先性。中国石油化工集团公司与中国石油天然气集团公司在石油和天然气开采与石油化工领域，在国际范围具有领先地位，但盈利性有待提高。

资本控制模式方面，石油石化产业为重要的战略型产业，对于国家能源安全具有重大影响。尽管欧美国家石油石化企业普遍为私人所有，然而发展中国家通常采取由国家主导经营的战略，国家资本不应轻易退出。

二、电力行业

产业发展趋势前景方面，近年来，全球与中国电力生产总量进入缓慢增长阶段，电力消费总量增速同样有所放缓，行业进入调整时期。就中国的发展现状而言，清洁能源的使用将成为未来侧重点，电网建设投资热度也将超过电源建设。跨国电网互联将成为重要发展趋势，并为中国电力产业带来新的发展契机。科技层面，清洁能源的大量使用，将为未来电力系统的构建带来天翻地覆的变化；而以智能电网与特高压交直流输电为代表的新型输电技术，将提高整体效率并加快推动电网跨国互联步伐。

我国中央企业所处竞争位势方面，经过多年的发展，就电力生产规模、清洁能源投资水平与技术领先性方面，中国获得了突飞猛进的进步，在全球占据一席之地。与外国同类型企业相比，国家电网公司与中国南方电网有限责任公司两大电力供应企业，在规模上具有较大领先性，而中国五大发电集团其收入水平同样居世界前列，且盈利能力具有一定竞争性。

资本控制模式方面，电力产业为重要的战略型产业，对于国家能源安全具有重大影响。美国和德国电力私有化的案例说明，确保电力行业在统一管理体制下运行，才能发挥规模优势，有效降低建设、运行和管理协调成本，并推动清洁能源的普及，国家资本不应轻易退出。

三、信息通信行业

产业发展趋势前景方面，信息通信产业范畴不断扩大，规模快速增长，移动电话业务成为发展重心，其中移动数据服务在全球范围内尤其是新兴市场国家发展迅速。我国信息通信产业发展趋势与国际整体方向相一致，用户结构加速优化，3G/4G市场有望吸引大量投资。行业竞争方面，预计未来将延续激烈竞争态势，国内关于核心业务的收购兼并将成为发展趋势。

我国中央企业所处竞争位势方面，计算信息和通信技术发展指数方面，中国评分仅与亚太区域平均水平持平，具有较大的发展前景。中国移动通信集团公司列全球信息通信企业第3位，具有良好的盈利能力，而中国联合网络通信集团有限公司与中国电信集团公司相较之下盈利性存在较大差距。

资本控制模式方面，信息通信产业对于国家安全具有一定战略意义，然而同样需要竞争与技术进步不断推动产业发展。德国和新加坡电信公司的案例说明，在国家较大比例持股或严格限制牌照发放的前提下，可成功实现信息通信产业自由化发展，国家资本可考虑适度退出。

四、机械装备行业

产业发展趋势前景方面，机械装备产业面临着产出增速放缓、发展预期恶化的趋势，未来发展重心将迁向亚洲，中端产品市场需求相对旺盛。在"一带一路"倡议与"工业4.0"的影响下，中国企业应进一步实现其全球化产业布局，提高业务精细度与创新能力，注重产品构成与生产方式的革新，并重视服务业务链条的发展。

我国中央企业所处竞争位势方面，中国制造业总量与增长速度均居世界前列，但产品结构仍存在较大提升空间，且中国的成本竞争优势正在逐渐消失。与国际领先企业横向比较，装备制造业中央企业的规模并不具有较强的竞争力与市场份额；盈利能力方面，属于"电气机械和器材制造业"分类的企业盈利能力相对较为理想。

资本控制模式方面，机械装备产业的战略意义相对较弱，更加需要竞争与技术进步不断推动产业发展。美国、德国与日本的案例说明，各大机械装备企业均非由国家主导经营而实现自由化发展，但在市场失灵时可由政府提供扶持救助，国家资本可考虑适度退出。

五、钢铁冶金有色行业

产业发展趋势前景方面，受经济萧条影响，矿产品市场供过于求现象明显，企业管理层对于产业未来发展持相对消极态度。钢铁行业产能过剩现象明显，黄金、白银与铜等重要有色金属国际价格出现大幅下降，且未来走势预期不尽理想。超过九成的受访钢铁冶炼有色企业高管肯定了科研创新的重要意义，未来可逐渐推动机械化采掘、远程生产、机器人采掘与自动化采掘等先进方式。

我国中央企业所处竞争位势方面，中国占据显著规模优势。中央企业中的三大钢铁企业产量均居全球前10位，而有色金属领域竞争力略弱，中国铝业公司与中国五矿集团公司在铝与锌生产领域优势相对明显。

资本控制模式方面，钢铁冶金有色产业对于国家安全具有一定战略意义，然而更加需要竞争与技术进步不断推动产业发展。2015年3月，国家发展改革委、商务部发布《外商投资产业指导目录（2015年修订）》，其中明确取消了外资进入钢铁行业的股比要求，不排斥外资进入钢铁行业。韩国浦项制铁公司与欧洲各国钢铁企业的案例说明，鼓励钢铁冶金有色产业自由化发展，可提升整体效率，有益于行业的发展，国有资本也可从中获益，国家资本可考虑灵活的参股方式。

六、煤炭化工行业

产业发展趋势前景方面，受煤炭主要生产国中国方面的因素影响巨大，2015年全球煤炭总产量有所下降。2015年，作为全球第二大煤炭进口国，中国呈现进口大幅下降的特点。受到政策和市场的双重作用，现代煤化工产业将进入发展相对停滞阶段，而作为煤炭化工领域重要发展方向的煤制烯烃技术具有较为广阔的发展前景。煤炭采矿业投资收益率有所下降，投资风险大大增加。技术发展方向方面，碳捕捉和储存技术未来将不断促进实现节能减排目标，并辅助工业生产流程的优化；生物质能技术具有更低的二氧化碳排放量，且可充分利用闲置的燃煤发电产能。

我国中央企业所处竞争位势方面，中国占据显著规模优势，然而4家中央企业中，仅有神华集团有限责任公司在跻身全球煤炭生产领先企业行列的同时，且仅可做到具有较强的盈利能力。

资本控制模式方面，煤炭化工产业对于国家安全具有一定战略意义，然而从长期来看并不符合世界能源生产消费结构趋势，表现于中国自1982年以来煤炭需求量首次实现连续两年下降。英国煤炭企业的案例说明，提高生产效率和煤炭质量，完成能源转型为煤炭化工产业未来发展趋势。因此，我国可在发放开采许可证和资源勘查证的同时，适度鼓励煤炭化工产业自由化发展，可提升整体效率，有益于行业的发展，国有资本也可从中获益，国家资本可考虑灵活的参股方式。

七、铁路装备行业

产业发展趋势前景方面，我国铁路设备生产与出口实现量与质的大幅提高，技术经验逐渐丰富，国际竞争力日趋增强。市场需求来看，欧洲铁路客运业将发展较为缓慢，美国铁路行业具有巨大的增长潜力和多样化的特点，东南亚国家非洲、中东以及拉丁美洲地区的轨道交通市场将迅猛发展。因此预计，长江经济带综合立体交通发展与"一带一路"发展战略为我国铁路设备产业带来可观的国内外需求。然而投资风险方面，我国铁路装备供应商应在尽量规避环境风险的同时，以较高的工程质量降低对于自身负面评级的可能。技术发展趋势方面，以大数据为代表的数字技术将在铁路行业的各个领域发挥着越来越重要的作用。

我国中央企业所处竞争位势方面，中国国内铁路长度居世界第二位，且在持续增长，中国也已跻身铁路设备制造的重点国家行列。企业竞争力方面，中国北方机车车辆工业集团公司与中国南车集团公司合并成的中车集团已成为世界上规模最大的铁路设备制造企业，将从业务量与技术水平层面追赶上传统欧美企业。

资本控制模式方面，铁路装备产业的国家安全战略意义相对较弱，然而其拉动的上下游产业巨大，且需要保证公司资产规模、核心技术的整合以及研发投入以提高其国际竞争力。因此，我国可考虑继续扶持铁路装备产业，国有资本也可从中获益，国家资本不应轻易退出。

八、建筑施工行业

产业发展趋势前景方面，目前我国建筑施工行业的国内市场支撑有所减弱，预计未来"一带一路"倡议的实现将增加国内外基础设施建设，带动对于建筑施工的产业需求。且随着经济的发展，新兴市场国家的重要性将不断提高。然而平均来看，建筑施工产业的企业的投资回报水平显著低于标准普尔500指数平均表现，劳动生产率呈现下降趋势。产业发展方向方面，建筑施工企业可充分利用数字技术来创造新的价值，并通过灵活合作提升自身竞争力，并通过公私合作模式弥补基础设施资金缺口。

我国中央企业所处竞争位势方面，全球建筑施工产业市场集中度较高，中国2012年占比为18%，位于各国之首，而这一比例预计仍将持续提高。企业竞争力方面，中国建筑工程总公司表现较为理想，年度股东总回报率达到30%左右，然而整体而言，其平均回报表现还存在较大提升空间。

资本控制模式方面，建筑施工产业的国家安全战略意义相对较弱，且国际上建筑施工承包商，多为股份制公司，而非政府主导运营或绝对控股，我国可考虑适度退出建筑施工产业，鼓励其自由化发展。

九、现代服务业

产业发展趋势前景方面，现代服务产业在全球范围内快速发展，其中发展中国家增速领先，且仅能承接低附加值业务的模式正在改变。我国第三产业经济占比不断提高，未来餐饮、交通通信、文化休闲娱乐将成为消费性服务业发展重心，而运营环节中的专业化服务为生产性服务业的重中之重。预计随着政府政策的不断出台，产业发展的软环境将得到完善，带来生产性服务业的大幅增长。

　　资本控制模式方面，现代服务产业对于国家安全具有一定战略意义，然而同样需要竞争与技术进步不断推动产业发展。信息通信、航运、航空以及文化旅游产业的案例显示，国际领先企业大多非由国家主导经营而实现自由化发展，因此我国国家资本可考虑适度退出。

第三章

重点行业中央企业竞争力国际化对策

　内容提要

　　本章基于对"十三五"时期中央企业国际化背景的解读，重点对能源、矿产资源、农业三大领域中央企业的国际化经营环境、情况和问题进行分析，并提出战略对策。在此基础上，就中央企业的融资需求趋势与低碳转型模式进行深入探讨。

第一节　"十三五"时期中央企业国际化背景

一、"十三五"时期中央企业国际化宏观背景

（一）国际形势

1. 世界经济在再平衡中缓慢复苏，但增长态势分化明显

"十三五"期间发达国家去杠杆进程仍将持续，政府将继续紧缩财政，私人消费和投资受制于高失业率、银行修复资产负债表等因素制约难以实现快速增长。印度、俄罗斯等新兴市场大国结构调整和改革压力增大，工业化、城镇化进程面临需求不足、产能过剩、政策空间减小、体制机制尚未理顺等诸多因素制约，出口和经济增长也将放缓。总体来看，"十三五"期间世界经济难以实现强劲增长。

2. 国际产业和分工格局调整将不断加快

上一轮的科技和产业经历创新、成熟和标准化阶段后，新一轮的科技产业革

命正在酝酿，颠覆性技术创新尚未对世界产业发展产生革命性的影响，也尚未带来全球新一轮的技术扩散。21 世纪很可能在生命科技、信息科技和纳米科技的交叉结合部，发生以"新生物学和再生革命"为中心的新科技革命，并催生新的产业革命。发达国家所主导的技术和产业对外转移放慢，呈现再工业化趋势，各国纷纷从技术战略转向标准战略，从技术立国转向知识产权立国。

3. 全球化和区域化呈现全新的发展特点

趋势显示，全球化出现逆回归的时代特征。在多哈回合谈判受阻的情况下，美国主导推动跨太平洋伙伴关系协定（TPP）和跨大西洋贸易与投资伙伴关系协定（TTIP）谈判，将竞争中立、劳工标准、环境保护等新议题作为重点条款，试图构建跨两洋的高标准超大型自贸区，然而推进并不顺利。英国脱欧带来重大影响，将显著阻碍欧洲一体化的进程。亚太区域一体化将继续深入发展，但形成各方可达成共识的相对高水平经贸规则尚需时日。另外，由中国主导的"一带一路"倡议尚未形成机制化的区域合作框架。

4. 能源资源和环境问题对经济影响进一步加深

页岩油采掘技术的突破引起油价持续下跌，而页岩气则改变着能源市场的格局。发展中国家将逐渐成为国际大宗商品市场的主导，而其金融属性化，导致短期价格波动变大，从而对于各国汇率和汇率政策带来显著影响。

5. 全球经济治理结构发生新变化

全球治理架构正由西方发达国家的霸权治理转向新兴国家与发达国家合作治理，由规则治理转向规则治理与关系治理相结合。新兴国家力图重塑国际金融体系，而中国的影响力和话语权将持续增强。与此同时，跨国公司将推动全球产业价值链分工不断深化。

（二）国内形势

1. "十三五"时期我国将进入经济中高速增长阶段，增速明显下降

"十三五"期间为中国重大转型期，21 世纪以来的中国高速经济增长所依赖的内、外部条件正在发生变更，供给端与需求端均发生了重大变化。劳动力供给出现拐点，长期赖以发展的劳动力比较优势不再，各项土地、自然资源优势难以持续；全球经济低迷，外需与外资不振；持续快速经济增长缺乏必要的产业支撑。因此，经济增长换挡，从高速增长转变为中高速增长已是必然趋势。

2. 产业内部结构优化重要性不断提高，应促进区域经济协同发展，并使金融改革助力经济结构转型

在过去的发展时期，我国经济结构不断优化升级，第三产业、消费需求逐步成

为主体，城乡区域差距逐步缩小，居民收入占比上升，发展成果惠及更广大民众。"十三五"期间，我国亟须解决当前制造业供给严重过剩及服务业供给严重不足的矛盾，产业结构迈向中高端成为我国经济社会发展面临的迫切任务。未来的产业结构调整重点应从三次产业比例关系调整转变为三次产业尤其是第二、三产业内部结构优化上。同时，应突出重点，促进区域经济协同发展，逐步实现城乡二元结构向现代经济结构转换。金融业方面，应打破金融垄断，使金融改革助力经济结构转型。

3. 我国经济将从要素驱动、投资驱动转向创新驱动和消费拉动

受世界经济增速放缓、需求增长疲软等影响，以及受国内资源和环境约束不断强化、劳动力等生产要素成本不断上升等因素影响，我国产能过剩、产业结构不合理的矛盾更加突出。因此，应注重消费对经济增长贡献的提升，确保消费结构加快升级。另一方面，经济可持续增长主要依靠创新驱动，只有加大科研创新投入，才能为创新提供源源不断的动力。

4. 经济运行潜在风险加大

"十三五"期间，由于产能过剩严重，可能催生一系列经济运行风险，各种结构性矛盾及导致的连锁反应可能集中暴露。企业整体负债水平较高，部分地方政府负债水平也超过警戒线，债务风险较大。另外，长期积累的生态环境问题也将集中显现。

5. 构建对外开放新格局

中国正在逐步向净对外投资国角色转变，而未来几年内我国利用外资规模将在 1000 亿~1500 亿美元波动。党的十八大以来我国实施新一轮全方位对外开放战略，重点提出了推动共建丝绸之路经济带和 21 世纪海上丝绸之路的战略，创新区域合作机制。

二、中央企业国际化动因：从响应国家号召转向应对变化的市场环境

（一）中国企业国际化经营尚处贸易和资本输出的初级阶段

1978 年改革开放以来，引进外资和出口导向战略一直是我国对外开放的主战略。我国 20 世纪 80 年代的对外投资几乎为零，尽管 2000 年开始，中国开始将"走出去"上升到战略高度，对外直接投资的监管措施也有所松动，但截至 2004 年对外投资都微乎其微，平均每年仅为 20 亿美元。另外，由于国内市场蓬勃发展，中国几乎没有企业有动力或能力走向海外。

　　直至 2005 年左右，这一情况开始发生显著改变，中国对外直接投资迅速增长到三位数。统计显示，2005 年中国对外直接投资达到 123 亿美元，这一数字于 2015 年达到 1180 亿美元，年均增长率高达 25.4%，发展较为迅猛[135]。然而另一方面，尽管各种有关中国企业海外投资的新闻引起全球关注，但鉴于中国企业国际化经营的起步水准极低，企业对外直接投资双位数的增长并不足以说明跨国经营时代的完全到来。

（二）中央企业海外市场拓展步伐不断加快，影响显著提升

　　中央企业历来是中国对外投资的主力军，成为实现国家"走出去"战略最重要的推动力量。2005 年以来，中央企业逐步开始主动地实施国际化战略，海外市场拓展速度明显加快。

　　据相关统计，截至 2014 年底，共有 107 家中央企业在境外设立了 8518 家分支机构，分布在全球 150 多个国家和地区。中央企业境外投资额约占我国非金融类对外直接投资的 70%，对外承包工程营业额约占我国对外承包工程营业总额的 60%。"十二五"以来，中央企业境外资产总额从 2.7 万亿元增加到 4.9 万亿元，年均增长 16.4%；营业收入从 2.9 万亿元增加到 4.6 万亿元，年均增长 12.2%[136]。而截至目前，中央企业境外经营单位资产总额、营业收入和利润占比分别达到 12.5%、18.7% 和 10.6%[137]。

　　概括起来，中央企业国际化动因大致经历了三个阶段：

　　起初，国家推动中央企业"走出去"的动因是获取国内短缺的能矿资源。随着中国试图从产业链条最低端的制造环节向原材料开采和采购环节上移，对外投资集中在能矿资源领域。城市化进程的加快和重工业产能的扩张，结束了中国在石油、铁矿石、铜和其他关键能矿资源方面自给自足的状态。中国企业开始在世界各地收购股权，以分散供应链的风险，力图削弱外国供应商价格谈判实力。中央企业为寻求资源而进行的投资标志着中国对外直接投资热潮的开始，并且至今仍在中国对外直接投资中占很大比重。

　　此后，中国企业越来越认识到自身在国际产业分工地位中处于生产加工环节，产品附加值比较低的弊端，为了在国外市场开展营销，贸易促进为主的服务业领域的"走出去"开始占据重要地位。以 2014 年为例，全年累计实现的 1028.9 亿美元非金融类对外直接投资中，有 36% 流向商务服务领域，总计 372.5 亿美元[138]。其中，有些投资是为了提高商业运作的效率，中国企业在中国香港及类似地方已有此类投资，以便利在法律和财务结构上优化其国际运营。

　　近年来，随着宏观经济政策环境的变化如经济进入"再平衡"阶段、人民币

升值以及国内产能过剩严重以及中国企业之间以及中国企业与跨国公司之间的竞争加剧等，使中央企业对外开拓动力不足的情况发生了根本变化，企业开始在海外寻找机会，并通过向海外扩展更深入地参与市场，提供服务和寻找能给予他们竞争优势的技术技能。这些新的动机正在促使中央企业以更大的热情走进美国和其他工业化国家。为了与其他跨国公司竞争，中国企业需要通过购买品牌、技术及其他资产来缩短与市场的距离。

总体而言，中央企业境外经营规模迅速增长，境外运营领域逐步拓展，以石油石化、电器、矿产资源、装备制造、建筑施工、交通运输等行业为代表的中央企业海外投资领域取得了相对良好的经营表现。同时，境外经营方式和组织形式日趋复杂多样，许多中央企业在实施过程中探索出大量宝贵经验，取得了良好的经济效益和社会效益。

（三）国家鼓励中央企业开展对外投资合作的政策导向进一步明确

为不断推动中央企业"走出去"，我国政府各有关部门对于中央企业对外投资持续加强宏观指导、强化政策支持和完善监管体系。

为加强监督管理，国务院国有资产监督管理委员会制定了《中央企业境外国有资产监督管理暂行办法》和《中央企业境外国有产权管理暂行办法》（以下简称《办法》），落实境外资产管理责任，加强投资、产权、资金、资产损失责任追究等重大事项管控[139][140]。而《中央企业境外投资监督管理暂行办法》则要求中央企业原则上不得在境外从事非主业投资。以上三个《办法》构成了国资委对中央企业境外国有资产监督管理的相对完善的制度体系[141]。

2016年7月，《国务院办公厅关于推动中央企业结构调整与重组的指导意见》正式出台，其中指出"十三五"期间中央企业发展的主要目标为"到2020年，中央企业战略定位更加准确，功能作用有效发挥；总体结构更趋合理，国有资本配置效率显著提高；发展质量明显提升，形成一批具有创新能力和国际竞争力的世界一流跨国公司"[142]。该文件特别强调"搭建国际化经营平台"的重要性，指出要"以优势企业为核心，通过市场化运作方式，搭建优势产业上下游携手"走出去"平台、高效产能国际合作平台、商产融结合平台和跨国并购平台，增强中央企业联合参与国际市场竞争的能力；加快境外经济合作园区建设，形成"走出去"企业集群发展优势，降低国际化经营风险；充分发挥现有各类国际合作基金的作用，鼓励以市场化方式发起设立相关基金，组合引入非国有资本、优秀管理人才、先进管理机制和增值服务能力，提高中央企业国际化经营水平"。

2015年7月，国务院国资委新闻中心发布《"一带一路"中国企业路线图》，盘点和展现中央企业"走出去"特别是在"一带一路"沿线国家和地区的发展现状[143]。路线图显示,在电力领域,中央企业在境外建设的电站涵盖火电、水电、核电、风电和太阳能、生物质能发电等多种类型,在周边国家建成和在建的水电项目达 17 个,总装机容量近 1000 万千瓦;在建材领域,中央企业在马来西亚、老挝、蒙古国等国家建设大量钢材、水泥、玻璃等建材生产线,其中水泥技术工程及装备全球市场占有率达到 45% 以上;轨道交通领域,中央企业从设备出口装备运营维护起步,目前铁路装备已实现六大洲全覆盖,轨道车辆整车产品已进入北美发达国家市场。目前已有 80 多家中央企业在"一带一路"沿线国家和地区设立分支机构,在促进基础设施互联互通方面,中央企业承担大量"一带一路"倡议通道和战略支点项目的建设和推进工作,具体包括中俄、中哈、中缅原油管道,中俄、中亚、中缅天然气管道,俄罗斯等周边国家的 10 条互联互通输电线路以及中缅、中泰、中老铁路,中巴喀喇昆仑公路,斯里兰卡汉班托塔港等项目。此外,根据统计,目前已有近 40 家中央企业在集团层面设立专门的国际化经营管理部门,对境外业务进行归口管理,30 多家中央企业专门编制了境外法律风险防范指引,许多境外子企业设置法律事务机构或配备专职法律顾问。大部分企业建立了涵盖境外业务的财务信息化体系和资金集中管理体系。这些成果显示,国家鼓励中央企业开展对外投资合作的政策已收到初步成效。表 3 - 1 为"一带一路"中国企业路线图部分重点项目情况。

表 3 - 1　　　　　　　　"一带一路"中国企业路线图部分重点项目

项目名称	所属国家或地区	承建单位
泽蒙—博尔察大桥及附属连接线项目	塞尔维亚	中国交通建设集团有限公司
特拉维夫轻轨项目	以色列	中国中铁股份有限公司
蒙内铁路项目	肯尼亚	中国交通建设集团有限公司
埃塞俄比亚铁路项目	埃塞俄比亚	中国中铁股份有限公司
基甘伯尼大桥项目	坦桑尼亚	中国中铁股份有限公司
阿斯塔纳轻轨项目	哈萨克斯坦	中国中铁股份有限公司
乌兹别克斯坦铁路项目	乌兹别克斯坦	中国中铁股份有限公司
中巴经济走廊项目	巴基斯坦	中国交通建设集团有限公司
斯里兰卡南部铁路项目	斯里兰卡	中国中铁股份有限公司
帕德玛大桥项目	孟加拉	中国中铁股份有限公司
槟城二桥项目	马来西亚	中国交通建设集团有限公司
吉隆坡地铁项目	马来西亚	中国中铁股份有限公司

续表

项目名称	所属国家或地区	承建单位
大湄公河次区域国家、港澳地区电力合作项目	老挝、越南、缅甸等	中国南方电网有限责任公司
"中国—缅甸国际路缆"工程、"亚—非—欧国际海缆"工程、SMW5海缆项目、APG海缆项目	中亚与东盟国家	中国联合网络通信集团有限公司

资料来源：国务院国资委新闻中心，《"一带一路"中国企业路线图》。

三、中央企业国际业务存在的缺陷与挑战

从整体上看，中央企业的国际业务在核心竞争力、组织机构、恶性竞争与管理水平方面存在一定缺陷。

第一，中央企业核心竞争力和国际竞争力有待提高。

目前中央企业的核心竞争力和国际竞争力还不强，缺乏具有较强影响力的国际知名品牌。特别是对中央能源企业来说，还存在着可持续发展能力和后劲不足等问题。与世界一流企业相比，中央企业的净资产收益率、经济增加值等一些重要指标还存在着一定的差距。中央企业的国际化人才相对不足、组织框架和经营模式尚不能完全适应国际化经营的需要，在国际标准和竞争规则的制定中影响力还较为有限。

第二，中央企业应进一步完善组织结构。

目前我国中央企业的组织结构仍不合理，大而不强的问题比较突出。许多行业还处于国际产业链低端，一些企业仍然延续高投入、高消耗的发展模式。

第三，部分中央企业在国际市场恶性竞争十分严重。

随着在境外市场寻求发展机遇的中央企业数量越来越多，部分中央企业在竞标投资项目的时候与其他中央企业发生利益冲突，恶性竞争近年来屡屡发生，不仅使中央企业的海外资产蒙受额外损失，也对中央企业的海外形象造成了一定的负面影响。

第四，部分中央企业管理水平和资源配置效率不高。

一些中央企业管理链条过长，集团管控能力弱，缺乏对重要子企业和境外资产的有效监控和管理，重大资产损失时有发生。另一些企业盲目扩张经营范围，主业不够突出，主营业务盈利能力较弱或盈利基础不牢固，财务风险和经营风险大。

与此同时，中央企业在对外投资的过程中面临着来自东道国、国际形势、投

资决策效率、文化和管理理念以及国际化人才方面的重大挑战。

第一，国有企业背景使得中央企业在对外投资时面临东道国的政治干扰和商业合作阻力。

近年来，随着中央企业对外投资尤其是跨国并购的增加，加之各种"中国威胁论"的舆论氛围，使一些国家对中国海外投资疑虑重重，通过各种措施对中国国有企业进行遏制，动辄以国家安全为名对中国国有企业海外投资并购实施严格的个案审查，甚至政治干预。由于中央企业往往被认为贯彻国家战略的主体，企业目标多元，经济利益可能不是最主要的目标，这不仅使国外政府从国家经济安全角度提高警惕，国外商业合作伙伴也感到中央企业行为方式独特且难以捉摸，合作前景具有不确定性。尤其是中国对外投资高度集中在金融、采矿等比较敏感的领域，而且过于强调战略投资，更加剧了国际社会的担忧。中国铝业公司并购力拓的失败以及五矿集团在澳大利亚并购受阻的深层次原因就在于此。

第二，复杂的国际经济政治形势导致国别投资风险加大。

金融危机后，贸易投资保护主义有所抬头，发达国家投资壁垒增加阻碍我国企业对外投资，发展中国家则更加注重资源、环境和市场的保护，从生态环保、就业和税收贡献等方面对企业投资提出更加严格的要求。国际金融市场也更加复杂多变，加上主要国际货币汇率大幅震荡，跨国经营企业一旦在结算币种选择和汇率走势判断上出现失误，企业境外经营都会蒙受巨额损失。复杂的国际政治和经济形势导致国别风险加大，一些国家和地区尤其是资源丰富地区往往内在矛盾复杂、治安较差、甚至出现武装冲突，有的地区还是大国角力和政治风潮涌动的敏感地区。这些因素均使中央企业对外投资安全风险和社会风险增加。

第三，中央企业对外投资决策效率偏低。

作为国有企业，中央企业始终存在委托代理风险问题。为了降低中央企业决策失误，中央要求国有企业"三重一大"即"重大决策事项、重要人事任免事项、重大项目安排事项、大额度资金运作事项"坚持集体决策原则，明确"三重一大"事项的决策规则和程序，建立群众参与、专家咨询和集体决策相结合的决策机制。

为了降低海外投资风险，国资委也加强了中央企业对外投资的监管，规定中央企业应当根据境外投资规划编制年度境外投资计划，并按照有关要求按时报送国资委。未列入中央企业年度境外投资计划，需要追加的主业重点投资项目，中央企业应在履行企业内部投资决策程序后报送国资委备案，规定中央企业原则上不得在境外从事非主业投资，如有特殊原因确需投资的，应当经国资委核准。尽管这些规定，能够一定程度降低企业对外投资的风险，但同时也将导致决策效率的下降，可能贻误企业对外投资的时机。

第四，文化冲突和管理理念差异导致并购后整合困难。

由于对东道国法律监管、企业竞争环境和经营环境不熟悉，又面临语言障碍、文化冲突和管理理念差异等问题，中央企业普遍感到并购后整合更加困难。而决定并购成功的关键恰恰在于整合。我国企业尤其中央企业受传统计划体制影响深，对西方市场经济理念以及商业规则、行为范式和商业惯例缺乏深入了解，并购后对业务和管理流程和组织架构的整合往往不到位，加之语言文化的巨大差异造成企业文化的融合更是难上加难，导致有的企业在并购重组后形式上实现了联合，但并没有实质性的整合。

第五，中央企业普遍面临国际化人才短缺的瓶颈制约。

中央企业国际化经营能力不足，最主要的制约就是缺少国际化人才。国际化人才应具备全球化的视野和跨文化管理的沟通能力，而我国中央企业的人才机制主要受传统用人制度的影响。中央企业领导基本上是行政任命，尚未建立现代企业制度所要求的职业经理人制度。尽管中央企业也开展了高级管理人才全球招聘工作，但从传统的行政任命"干部"到公开选拔"职业经理人"，真正市场化选人用人机制的建立尚需时日。中央企业若想成为具有较强国际竞争力的跨国企业，普遍面临着人才结构性短缺的瓶颈制约。

第二节 能源行业中央企业竞争力及国际化对策

一、能源行业中央企业海外经营基本情况

根据传统的企业国际化理论，企业的跨国经营行为是基于其垄断优势。由于企业进行对外直接投资必须具有一定的特殊优势，例如，基于研发、品牌、营销渠道等无形资产，并确保这些资产的所有权。这种特定的所有权优势是对外直接投资的前提条件和主要动因，这也成为传统理论解释企业国际化行为的出发点。

Dunning（1977）基于已有理论基础进行了总结，提出了国际生产折衷理论

（The Eclectic Theory of International Production），分析跨国公司在所有权优势、内部化优势、区位优势基础上的对外直接投资行为，并认为企业对外直接投资最重要的动因在于其拥有的战略性资源[144]。而随着企业跨国经营方式的创新和分工的深化发展，传统理论对于企业国际化行为的解释力度逐渐下降，尤其对于发展中国家企业而言，在经济全球化条件下，如何利用全球资源，开拓国际市场成为企业形成可持续发展能力的关键。

对于我国能源行业大型中央企业而言，随着分工的细化，行业的供应链不断延伸，生产环节的细分使得企业越来越难以在所有环节拥有独立的竞争优势，作为发展中国家企业，更加需要"走出去"，在世界范围内有效利用和配置资源与要素，参与全球竞争。

（一）能源行业中央企业国际化动因

1. 获取外部资源，寻求成本最小化路径

随着经济全球化的深化发展，企业跨国经营战略逐渐转变，市场机制的完善以及利润空间的不断压缩，促使企业的国际化战略必须基于成本最小化路径进行，即在全球范围内寻求某一环节的最低成本生产点。而企业国际化经营的最主要优势不再是自身战略资源的多寡，而是能否在全球范围内实现动态的成本最小化生产路径，从稀缺的比较优势和竞争优势向外部资源协调能力转变。企业的行为不仅仅取决于自身的资源和能力限制，企业的国际化行为也不再纯粹地处于对战略性资源的控制，更重要的是对外部资源的有效整合，以实现成本最小化，从而强化核心竞争力。

2. 提升对于国际能源价格的控制力

国际能源价格作为基础价格，其上涨会带动相关产业生产成本的提高，最终表现为物价上涨，价格的稳定对改善一国国计民生有重大意义。2015年，我国石油对外依存度首次突破60%，达到60.6%，如图3-1所示，说明我国国民经济对国际油价的波动相当敏感[145]。国际油价的波动不仅对通货膨胀有很大压力，还会影响人民币币值的稳定，因为原油价格的上涨无疑会增加物流、原料的成本并加大在石油进口方面的外汇支出，从而减少我国外汇储备。而能源企业的国际化有助于打破跨国石油巨头的垄断地位，提升中国企业在国际市场的地位和影响力。西方跨国石油能源公司凭借其上百年经营所积累的技术和资本实力，控制着世界能源生产、加工、贸易与营销的多数份额；然而上游资源，如油气储量大多仍掌握在发展中产油国。

图 3-1 我国石油对外依存度变化趋势

资料来源：中石油经济技术研究院，2015年国内外油气行业发展报告。

上一轮原油价格增长加剧了围绕油气资源控制权的国际争夺，发展中产油国掀起新一轮石油资源国有化浪潮，发展中国家能源企业也加快国际化和上下游一体化经营，以摆脱跨国石油巨头对下游市场的控制，这为中国企业提供了新的发展空间和机遇。我国并非石油出口大国，对国际油价不具有话语权，如果能够通过国际化手段，使我国的石油企业拥有足够多的海外石油份额，当国际油价上涨时，我国在海外拥有的石油份额价值也随之增加，抵消了石油价格波动对国内产业的影响，反而为我国带来益处。同时，国际化手段也可以通过设立我国石油企业在国外的炼油厂，直接向国外消费者出售石油产品，有利于提升我国的国际能源地位，获得国际油价的话语权。

3. 满足国内能源需求，保障能源安全

尽管2015年中国石油消费持续中低速增长，天然气需求增速明显放缓，然而较高的对外依存度显示，能源供应仍为已经日益成为制约我国经济发展的重要因素，而能源行业中央企业在一定程度上承担着国家能源安全战略的实施和执行。国内资源的品位和储量局限，使得国内众多能源行业公司都将开拓海外资源市场、利用外部资源实现自身发展作为企业的发展战略，这些都促进了对外投资和资源收购。

同时，我国尚处于工业化还未完成时期，预计石油消费量的增长趋势将得到延续，而确保国家石油战略储备，保障一国能够稳定、及时而且经济地获取石油资源，解决短期石油供给中断的问题，是支持我国经济稳定发展的重要基础。在我国完成工业化进程后，预计对于石油的消费量会趋于稳定，增长速度放缓。在此之前，从能源安全的角度出发，中央企业在积极"走出去"的过程中，也在一定程度上承担着开发和控制全球能源战略资源的战略任务。

（二）我国能源行业中央企业国际化现状和特点

我国能源行业具有代表性的中央企业主要有中国石油天然气集团公司、中国石油化工集团公司以及中国海洋石油总公司，在 2015 年"中国 100 大跨国公司"排名中，依次分列前 3 位；根据 2015 年公司收入比较，在全球各石油和天然气开采公司中分列第 1、第 2 与第 15 位。由此可见，我国能源行业中央企业通过不断提升海外投资规模和经营范围，持续优化海外业务布局和投资结构，国际化经营效益持续提升。

1. 能源行业中央企业逐步展开战略布局，加速国际资源整合

在国际资源整合方面，能源行业中央企业国际化战略布局逐步展开，并针对不同的国家、不同的阶段、合作重点采取各有侧重的合作方式。

中国石油天然气集团公司自 1993 年实施"走出去"战略开展国际化经营以来，坚持"互利共赢，合作发展"的理念，积极参与国际油气合作与开发。1996 年，中国石油天然气集团公司中标在苏丹 1/2/4 区块项目，在秘鲁开发已逾百年的塔拉拉油田，从接手时的年产仅 8 万吨产量提高到 32 万吨。2001 年中国石油组建专门从事海外油气开采业务的中国石油国际有限公司，通过收购中国石油集团下属中油勘探 50% 的权益，在 2005 年取得重大突破，拥有了中油勘探分布在 11 个国家和地区的多项油气资产。经过多年努力，公司海外业务规模和实力不断增强，在全球油气市场发挥着越来越重要的作用。截至 2015 年，公司在全球 38 个国家和地区开展油气业务，公司海外运营的油气管道总里程达到 14507 千米，全年输送原油 2654 万吨、天然气 403 亿立方米，中亚天然气管道、中哈原油管道、中俄原油管道、中缅天然气管道（缅甸段）等长输管道保持安全平稳运营[146]。2015 年，公司海外炼厂加工原油 4392 万吨[147]。苏丹喀土穆炼厂、乍得恩贾梅纳炼厂和尼日尔津德尔炼厂等项目积极优化工艺和生产方案，实现安全平稳高效生产；哈萨克斯坦 PK 炼厂升级改造项目一期工程有序推进。预计未来，中国石油天然气集团公司将继续在油气领域广泛开展国际合作，不断拓展合作领域，加快落实"一带一路"沿线国家合作项目。

中国石油化工集团公司积极稳妥推进境外油气资源合作，在巴西深海、哈萨克斯坦、安哥拉等项目勘探成果突出，阿根廷、安第斯、Addax 等项目滚动勘探增储显著，探井、评价井成功率分别达到 54.3% 和 80%。资本运作方面，2015 年成功收购阿帕奇埃及资产 1/3 权益、美国 Chesapeake 公司 MS 页岩资产部分权益，签署安哥拉 31 区块 10% 权益收购协议；顺利将俄罗斯 UDM、哈萨克斯坦 CIR 和哥伦比亚圣湖能源等项目权益注入石化股份公司，同时适时退出部分资源勘探潜力有限的项目。境外石油工程业务全年新签合同额 46 亿美元，完成合同额 29 亿美元，重点项目包括沙特阿拉伯 14 部钻机服务合同与墨西哥 EBANO 油田综合服务激励型项目合同，外籍员工占比 73.2%；境外炼化工程技术服务新签合同额 34.59 亿美元，完成合同额 11.45 亿美元，其中 EPC 总承包项目 9 个，施工类项目 16 个，外籍员工占比 89.3%。这显示，中国石油化工集团公司的国际化经营水平在稳步提升[148]。

截至 2015 年，中国海洋石油总公司海外业务覆盖全球 30 多个国家和地区，海外资产占总资产的比重达 37.2%[149]。2015 年，公司新签订 5 个对外合作石油合同，与俄罗斯天然气工业公司签订了战略合作协议的补充协议，与荷兰皇家壳牌公司签署了《关于增进在大亚湾合作的重大条款协议》，成为墨西哥湾最大的钻井承包商之一，钻井业务成功进入俄罗斯市场，获得印度尼西亚 FPSO 项目，建立首个北美作业支持基地。与此同时，中国海洋石油总公司海油发展还跟随国家"一带一路"倡议，构筑了包括印度洋—中东—非洲—欧洲在内的海上生态安全走廊，设立了北美、南美、非洲、中东、亚太区域中心和俄罗斯办事处，作为开拓海外市场的支持平台。

2. 能源行业中央企业的海外油气产量发展稳定，保持较高增速

2015 年，中国石油天然气集团公司海外全年实现作业当量产量 13826 万吨，权益当量产量 7204 万吨，同比增长 10.5%。其中，原油作业产量 11550 万吨、权益产量 5515 万吨；天然气作业产量 286.5 亿立方米，权益产量 211.9 亿立方米。中国石油化工集团公司 2015 年全年实现权益油气产量 3871 万吨油当量，较 2014 年增长 33.3%，增长迅猛。而中国海洋石油总公司全年海外原油总产量 3197 万吨，天然气总产量 107 亿立方米，分别较 2014 年增长 10.0% 与 12.6%[147]。这显示经过多年发展，三大能源行业中央企业的海外业务逐渐趋于稳定。

3. 开拓海外市场的过程中呈现出明显的资源导向和需求导向的特征

我国能源行业中央企业的国际化进程并非遵循发展中国家企业"先易后难，逐步升级"的国际化阶段规律，能源资源稀缺性使中央企业在开拓海外市场的过程中一直呈现出资源导向和需求导向的特征，投资项目周期长、规模大。而对于资源获取能力的重视，也使中央企业近年来的大手笔的并购频频出现，企业并不是首先以低成本地方式进入国际市场，这显然超出了发展中国家企业国际化理论的解释范围，这种跳跃式的国际化进程使我国能源行业中央企业维持可持续的国际化动力和能力面临较大的挑战。能源行业中央企业国际化模式单一，特征明显，主要涉及上游油气资源开拓，而下游营销网络的构建和整合尚未完全展开，说明能源行业中央企业频繁的巨额并购行为与其国际化的深度并未呈现出正相关关系。海外并购对于迅速提升整个企业的价值链更有效率，然而并不等于国际化，全球化能力的获取仍需有效完成对当地资源的整合和配套能力的提升，尤其是中游炼化加工能力、下游国际化营销网络的构建需要与上游资源潜力的提升协调发展，而价值链关键环节优势的形成无法仅靠单一的收购模式来实现，价值链整体能力的提升需要在开辟资源潜力的基础上，提升中下游环节的生产配套能力和其他商务运作能力。

从能源行业中央企业近年来海外并购案例来看，能源行业中央企业以收购油气资源为主，目标资产集中在北美、中东与非洲地区；从收购方式看，以股权收购和获取勘探许可为主，较少涉及其他形式的国际化模式，且涉及交易金额通常较大。表 3-2 为 2011~2015 年中国石油天然气集团公司、中国石油化工集团公司与中国海洋石油总公司海外并购案例。

表 3-2　　　　2011~2015 年中国石油天然气集团公司、中国石油化工集团公司与中国海洋石油总公司海外并购案例

并购方	年份	目标资产	交易金额	并购区域
中国石油天然气集团公司	2011	和英国英力士集团控股有限公司（INEOS Group Holdings plc）完成双方在欧洲建立贸易和炼油合资公司的交易	10.15 亿美元	欧洲
	2012	收购壳牌石油集团加拿大上游业务的合伙权益，取得其在加拿大的 GroundBirch 页岩气项目中 20% 的矿区权益	13.04 亿加元	北美
		收购加拿大能源公司在 Duvernay 区块 49.9% 的权益	21.8 亿加元	北美
	2013	收购美国康菲石油公司附属公司 ConocoPhilips（Browse Basin）Pty Ltd. 和 ConocoPhilips（Canning Basin）Pty Ltd. 在西澳大利亚海上布劳斯（Browse）盆地波塞冬（Poseidon）天然气项目 20% 的权益和其在陆上凯宁（Canning）盆地页岩气项目 29% 的权益	4.007 亿美元	大洋洲
		收购澳大利亚必和必拓公司在西澳大利亚布劳斯（Browse）项目全部权益	17.12 亿美元	大洋洲

续表

并购方	年份	目标资产	交易金额	并购区域
中国石油天然气集团公司	2013	与巴西国家石油公司国际（荷兰）公司（Petrobras International Braspetro B. V.）以及巴西国家石油公司国际（西班牙）公司（Petrobras De Valores Internacional De Espana S. L.）签订收购协议，收购其拥有的巴西能源秘鲁公司（Petrobras Energia Peru S. A.）全部股份	26 亿美元	南美
		收购 ExxonMobil Iraq Limited 在伊拉克西古尔纳－1 期项目 25% 工作权益	5.9 亿美元	中东
	2014	支付 ExxonMobil Iraq Limited 对价款 4.42 亿美元，所占伊拉克西古尔纳－1 期工作权益由 25% 提高到 32.7%	4.42 亿美元	中东
中国石油化工集团公司	2011	对澳大利亚 APLNG 持股比例将由 15% 增至 25%	11 亿美元	大洋洲
		收购加拿大 Daylight 能源公司全部股份	22 亿加元	北美
		葡萄牙高浦能源公司所持有的高浦巴西公司及高浦荷兰公司 30% 股份项目	35.4 亿美元	南美
		壳牌持有的喀麦隆 Pecten 石油公司全部 80% 股份	5.38 亿美元	非洲
中国石油化工集团公司	2012	收购美国 Devon 公司在美部分页岩油气资产权益	24.4 亿美元	北美
		收购加拿大塔里斯曼能源公司英国子公司 49% 权益	15 亿美元	欧洲
		与法国道达尔公司就收购尼日利亚—油田区块部分权益达成收购协议	24.6 亿美元	非洲
	2013	收购美国切萨皮克能源公司位于俄克拉何马州北部部分密西西比灰岩油藏油气资产 50% 的权益	10.2 亿美元	北美
		收购美国阿帕奇石油公司埃及资产 1/3 权益	31 亿美元	中东
	2015	收购俄罗斯卢克石油（Lukoil）所持有的 Caspian Investments Resources Ltd.（CIR）50% 的股权	10.87 亿美元	亚洲

续表

并购方	年份	目标资产	交易金额	并购区域
中国海洋石油总公司	2011	与图洛石油公司签署销售和购买协议，收购其在乌干达1、2和3A勘探区各1/3的权益	14.67亿美元	非洲
		完成对加拿大油砂生产商OPTI的收购	21亿美元	北美
		购入切萨皮克公司丹佛—朱尔斯堡盆地及粉河盆地油气项目共33.3%的权益	6.97亿美元	北美
	2012	以每股27.50美元的价格以现金收购加拿大尼克森公司所有流通中的普通股	151亿美元	北美
	2013	与英国天然气集团完成增持澳大利亚昆士兰柯蒂斯液化天然气项目的权益交割，将原有5%的权益提升至25%	19.3亿美元	大洋洲

资料来源：中央企业年度报告。

二、我国能源行业中央企业竞争力和国际化程度比较分析

企业竞争力的一般定义是：在竞争性市场中企业所具有的能够持续地比其他企业更有效地向市场提供产品或服务，并获得盈利和自身发展的综合素质和条件。企业竞争力的提升与其经营战略的调整和适应市场的能力密切相关，但企业国际化的程度和广度并不必然地与企业竞争力呈正相关关系，对企业竞争力的衡量必须要尽可能地运用综合性指标，特别是具有显示性的指标，把企业在市场竞争中的业绩即竞争力的结果表现出来。并且，竞争力衡量的另一个重要指标是行业内同类企业之间的比较分析，以显示该企业在行业内的竞争性地位。

对于能源行业中央企业竞争力的衡量同样适用于企业竞争力指标体系的构建、测算和比较的分析逻辑，我们选取比较具有显示性效果的重要财务指标，同时选取能源行业具有明显影响力的国外同类大型跨国公司的同类指标作为参照，综合分析我国中央企业的国际竞争力。

基于2015年全球各石油和天然气开采公司收入排名结果，并剔除国有化比率较高的国家石油公司，本研究将选取荷兰皇家壳牌石油公司与英国石油公司作为参照系，以进行能源行业中央企业竞争力和国际化程度比较分析。

(一) 财务指标对比

根据选取的三家中央企业以及作为参照的两家国际石油巨头的财务报表，我们选取了主要财务指标进行对比分析，所有数据均来源于各企业公开发布的2014

年及 2015 年公司年报，包括合并的资产负债表、利润表以及现金流量表，从中选取主要指标。所有指标根据《国际财务报告准则》分类，中国企业的数据基于当年人民币兑美元年平均汇率转换成美元，以便进行对比，汇率资料来源于《中国统计年鉴》以及国家外汇管理局网站。

表 3-3　　　　　　　　　国内外能源企业财务指标对比　　　　　　　　单位：亿美元

国内外能源企业		中国石油天然气集团公司		中国石油化工集团公司		中国海洋石油总公司		荷兰皇家壳牌集团		英国石油公司	
		2014 年	2015 年	2014 年	2015 年	2014 年	2015 年	2014 年	2015 年	2014 年	2015 年
盈利指标	营业收入	3716	2770	4600	3241	991	679	4211	2650	3536	2229
	营业利润	250	91	107	84	159	66	546	306	216	73
	净利润	194	68	80	70	129	66	147	22	40	-64
	营业利润率	6.7%	3.2%	2.3%	2.6%	16.0%	9.7%	13.0%	11.5%	6.1%	3.3%
	净资产收益率	9.0%	3.2%	7.6%	5.6%	12.4%	6.1%	8.5%	1.3%	3.6%	-6.5%
偿债指标	资产总额	3916	3844	2363	2317	1818	1866	3531	3402	2843	2618
	负债总额	1771	1686	1309	1056	774	792	1803	1760	1717	1634
	权益总额	2145	2158	1054	1261	1044	1074	1728	1642	1126	984
	资产负债率	45.2%	43.9%	55.4%	45.6%	42.6%	42.4%	51.1%	51.7%	60.4%	62.4%
现金流指标	经营活动产生的现金流净额	580	420	241	266	168	163	450	298	328	191
	投资活动产生的现金流净额	-473	-347	-216	-188	-182	-151	-197	-224	-196	-173
	融资活动产生的现金流净额	-72	-73	-35	15	8	-6	-128	38	-53	-45

资料来源：企业年度报告。

　　根据表3-3的分析比较，从盈利指标而言，国内三家主要能源行业中央企业已经具备了一定的国际竞争力。尽管中国海洋石油总公司营业收入规模相对较小，但从其他利润指标看，我国能源行业中央企业与国际石油巨头的差距并不明显。受到全球宏观经济遇冷与油价下跌影响，能源企业盈利能力呈现显著的恶化趋势，然而横向比较来看，我国能源行业中央企业已具备较为稳定的盈利能力。

　　在资产规模方面，我国能源行业中央企业与国际巨头差距已逐渐消失，基本处于相同规模水平。从现金流指标看，我国能源行业中央企业经营活动产生的现金流净额为正，现金流状况健康；在投资活动方面，投资活动产生的现金流净额为负，显示其在持续进行投资发展，需要进一步根据企业投资项目的优劣具体分析，如果投资回报率高，将会在未来产生现金净流入，创造效益。

　　我们可以进一步比较各公司的净资产收益率，国内三大能源行业中央企业该指标一直维持在较高水平，且表现稳定，说明国内中央企业自有资本运作效率和投资收益均较为理想；而荷兰皇家壳牌集团与英国石油公司在2015年度该指标出现巨幅下滑，说明国际巨头资本运作效率遭到显著削弱。

　　从三大类财务指标的对比来看，国内能源行业大型中央企业资本实力和营销能力均较强，已具备较强的国际竞争力，一方面，三大中央企业近年来国内外投资步伐加快，上游资源开拓和整合能力、中下游产品营销能力不断提高，整体竞争优势得以凸显，已具备国际竞争力；另一方面，中央企业业绩能力相对突出同样得益于我国工业化尚未完成，国内能源需求延续增长态势。

　　相比于2014年，2015年国内与国际能源巨头的资产规模、营收能力均出现明显下滑，显示全球整体经济放缓的负面作用。未来随着中国经济发展方式的转型，能源需求结构将发生巨大变化，国内资源瓶颈等因素的变化对我国能源行业中央企业竞争力也将产生一定的不利影响，能源行业中央企业国际化程度的提升将是必然之路。表3-4为2015年国内外主要能源行业企业财务指标增长比较。

表3-4　　　　　　2015年国内外主要能源行业企业财务指标增长比较　　　　单位：%

企业	中国石油天然气集团公司	中国石油化工集团公司	中国海洋石油总公司	荷兰皇家壳牌集团	英国石油公司
营业收入增长率	-25.5	-29.5	-31.5	-37.1	-37.0
净利润增长率	-64.9	-12.5	-48.8	-85.0	-160.0
资产总额增长率	-1.8	-1.9	2.6	-3.7	-7.9

　　资料来源：企业年度报告。

（二）可持续发展能力

我国能源行业中央企业在资本规模、产能以及资源的并购力度等方面已达到甚至超过一些国际能源企业水平，然而衡量企业的竞争力还需要从品牌、技术创新能力以及可持续发展能力等多方面进行全面评价。我国能源行业中央企业在长远战略、技术发展研究投入等方面还需要加大投入，提升综合能力。因此，我们分别选取资源潜力类指标、市场竞争力指标以及反映生产一体化程度的上下游规模结构指标综合评价能源行业中央企业的竞争力。

保持一定的市场竞争力是能源企业实现可持续发展的关键。考虑到能源是稀缺产品，能源企业资源潜力越大，其市场竞争能力越强。从资源潜力看，中国石油天然气集团公司与中国海洋石油总公司资源潜力较强，说明其可持续发展的后续资源接替状况良好，与荷兰皇家壳牌集团、英国石油公司等国际巨头实力相当；而中国石油化工集团公司同类指标则相对较低，资源储备相对不足。

表 3-5 为国内外石油企业资源潜力对比情况。所有数据均从各企业公开的 2015 年报中获得，部分数据由整理和转化计算而来，转化标准如下：原油按 1 吨 = 7.389 桶，天然气按 1 立方米 = 35.315 立方英尺换算。

表 3-5
 国内外石油企业资源潜力对比

企业	中国石油天然气集团公司	中国石油化工集团公司	中国海洋石油总公司	荷兰皇家壳牌集团	英国石油公司
原油探明可采储量（百万桶）	2325	230	3154	3169	4254
原油产量（百万桶）	972	349	589	1078	1137
原油可采年限（年）	2.4	0.7	5.4	2.9	3.7
天然气探明可采储量（十亿立方英尺）	37119	1113	6.992	13474	33027
天然气产量（十亿立方英尺）	3131	735	886	2149	5951
天然气可采年限（年）	11.9	1.5	7.9	6.3	5.5

资料来源：企业年度报告。

（三）生产一体化程度

生产一体化程度同样可以评估能源企业的发展成熟度与综合实力。因此，我们以原油产量、原油加工量、油品销售量、上下游规模结构等指标来比较分析能源行业中央企业的市场竞争力。

通常来讲,国外石油公司的生产经营呈现出鲜明的纵向一体化特征,在原油生产、原油加工与油品销售方面可实现均衡发展。考虑到能源行业的特殊性以及近年来垄断程度的不断深化,国际几大能源巨头欲维持自身竞争力,需要在产业链各环节均有所长,从荷兰皇家壳牌集团与英国石油公司的上下游一体化程度看,国际能源巨头该指标的表现一直较为稳定,基本呈现出中下游能力相对较强,同时也保持稳定的资源开拓水平。

然而观之国内企业,中国石油天然气集团公司在原油开采方面优势明显,而中国石油化工集团公司在原油加工方面具有明显倾向性,中国海洋石油总公司的业务则明显集中在资源勘探和开发领域。与国外石油公司相比,中国石油企业的油品销售规模较小。从技术角度看,中国石油企业在资源勘探开采等上游业务领域具有显著优势;从企业规模和资源控制看,中国石油企业的资产规模和营业收入规模已具备了同国外石油公司竞争的条件,主要财务指标与国际竞争者相差不大,部分指标甚至超过国际水平。通过近几年大力开拓国际市场,也已具备了相当可观的资源潜力,国内强大的油气需求和相关产业的推动也使中国石油企业具有一定的竞争优势。然而从国际能源行业的生产一体化的对比来看,我国几大中央企业的上下游生产一体化程度还有待优化,需要结合各自发展特点,加强薄弱环节的能力培养,力求提升对产业链整体的控制能力。表3-6为国内外石油企业市场竞争力对比。

表3-6 国内外石油企业市场竞争力对比

企业	中国石油天然气集团公司	中国石油化工集团公司	中国海洋石油总公司	荷兰皇家壳牌集团	英国石油公司
原油产量(百万桶)	972	349	589	1078	1137
原油加工量(百万桶)	998	1747	241	1008	1705
油品销售量(百万桶)	679	1398	66	2348	2812
上下游规模结构(原油产量/原油加工量/油品销售量)	1:1.03:0.70	1:5.01:4.01	1:0.41:0.11	1:0.94:2.18	1:1.50:2.47

资料来源:企业年度报告。

（四）国际化程度

从国际化程度主要指标看，我国能源行业中央企业国际化程度与国外跨国公司相比差距较为显著。海外资产占比方面，我国三大能源企业比例均为40%左右，远低于国际竞争者的60%以上；海外收入占比方面，中国石油天然气集团公司与中国石油化工集团公司分别为31.3%与36.0%，中国海洋石油总公司相对较高，达到54.85%，然而均明显低于荷兰皇家壳牌集团与英国石油公司的比例；海外员工占比更是差距悬殊，我国三大能源企业员工绝大多数来自本土，而荷兰皇家壳牌集团与英国石油公司海外员工占比超过70%。这显示，我国中央企业在提升国际化水平方面，还有很大的提升空间。表3-7为国内外石油企业国际化程度比较。

表 3 - 7　　　　　　　　　　　国内外石油企业国际化程度比较

企业	中国石油天然气集团公司	中国石油化工集团公司	中国海洋石油总公司	荷兰皇家壳牌集团	英国石油公司
海外资产占比	37.8	38.0	42.98	85.1	62.3
海外收入占比	31.3	36.0	54.85	64.1	66.7
海外员工占比	5.1	3.5	4.1	73.1	74.4
是否为世界500强品牌	是	是	是	是	是

资料来源：企业年度报告。

三、全球能源行业未来发展趋势

在世界人口和经济持续增长的宏观背景下，全球能源需求总量将进一步扩大，其需求结构将发生深远变化，新兴市场国家将推动消费需求的增加。而世界能源供应结构未来同样将发生显著改变，预计低污染能源重要性将有所提升。随着宏观经济增长有所放缓，国际石油价格波动剧烈，未来存在较大不确定性。

具体到石油化工产业，预计未来需求可观，且随着科技的发展将服务于更多领域。产业竞争格局将发生调整，美国、中东与东南亚国家联盟将处于发展快速阶段。技术层面，页岩油气开采技术将带来石油和天然气开采业的重大革命。石油化工新材料将成为引领高新技术产业发展的开路先锋，前景广阔。而以最佳实践技术为代表的石油化工技术创新，将显著提高生产效率，降低成本。

四、能源行业中央企业国际化对策

因此，中央企业在未来国际化进程中必须调整原有的经营战略和路线。一方面，中央企业产业链在国际化的影响下呈现出"头重脚轻"的特点，过分注重资源获取，忽略了国际市场定价权控制；另一方面，由于能源行业资本投资金额大、项目周期长，未来盈利能力和偿债能力易受能源市场价格波动影响，能源结构的转变也使中央企业面临投资结构难以迅速转换的难题。

（一）加快下游营销网络的国际化

由于能源行业的特殊性质，资源控制和价格控制能力是企业通过国际化获取竞争优势的关键。我国中央企业盈利能力在很大程度上依赖于国内刚性能源需求以及垄断国内营销网络的优势，随着节能减排压力的增加、能源结构的调整，原有增长模式面临的压力不断增加；而在企业国际化进程中，国际市场环境迥然不同，从我国中央企业上下游结构的变化来看，企业在扩大资源开拓的同时，需要进一步掌控下游价格形成。

（二）注重非常规油气资源和清洁能源的协调发展

由于常规油气资源的勘探开采难度不断加大，上游生产成本提高，因此，对于非常规油气资源的获取能力将在一定程度上决定企业未来竞争力的关键。另一方面，我国节能减排压力将进一步压缩能源企业对传统油气资源的利用和发展空间，清洁能源利用效率的提升决定了未来能源企业核心竞争力的发展趋势。由于非常规能源对技术水平的要求和生产成本较高，我国能源行业中央企业应因地制宜，实行差异化的非常规油气资源国际化战略。

1. 区域差异化战略

以市场需求为导向，积极推进非常规能源的开采和应用，实现符合区域资源禀赋特点的区域差异化研发和推广。全球非常规油气资源的开采勘探已经显示出了一定的地域特征，如加拿大的油砂油、美国的页岩气、巴西深水石油，非常规能源的发展已经形成了新的全球能源重心，我国能源行业中央企业在具备一定的"走出去"实力前提下，需要在非常规油气资源领域开辟差异化经营领域，结合不同区域的资源分布特征，确定各区域特定种类非常规资源的勘探路线。

2. 技术差异化战略

我国能源行业呈现出三家大型中央企业主导的寡头格局，单个企业应结合自己的技术优势，选择相应的非常规领域进行开拓。同时，非常规油气资源地质条件更加复杂，开发技术尚不成熟，前景预期仍不确定，能源行业中央企业需要根据自身技术掌握情况，推行差异化发展战略，避免未来在这一领域产生同质化竞争。各家中央企业理应发挥各自的优势，积极寻找合作机会，独立经营跨国项目，建立协商机制，如由政府某一主管部门牵头各中央企业和从事跨国石油经营的其他企业进行协商，还应制定公司都应共同遵守的准则。

（三）国际化战略重点转向发展中国家

未来能源供给结构的多元化和能源需求重心的转移将进一步提升发展中国家，尤其是具有资源禀赋优势的发展中国家的能源战略地位，能源行业中央企业需要不断加强与资源国及新兴市场国家大型石油公司的合作，建立全方位、多层次、多模式的新型战略合作关系。随着资源国对资源控制的不断加强以及新兴市场国家经济的快速发展，资源国和新兴市场国家中以国家石油公司为主、少数大型私营石油公司为辅的企业群体迅速崛起，其规模实力迅速壮大，在全球油气行业中的地位和影响力日渐增强。通过与这些石油公司合作，能够在全球油气资源最丰富的地区和新兴市场国家获得新的发展机会。由于资源国或新兴市场国家的石油公司在技术、资金、经验、管理等方面仍存在差距，在产业链各环节均存在合作需求。

对于发展中国家市场的开拓需要另辟蹊径，从以下三方面采用有别于传统国际化路径的进入模式，首先，对上游油气资源的投资尽量采取以非股权投资为主的模式，避免政治风险，也有利于减少摩擦；其次，加强对当地配套加工能力、油气管网和营销渠道的投资建设，通过加强中下游环节的战略合作，既有利于帮助东道国克服基础设施、油气输送管道、加工能力和销售渠道等方面的不足，也可以达到对上游油气资源高效利用的目的；最后，在对这些国家的投资进程中，需要重视企业社会责任，能源领域的开拓必然对当地环境产生不利影响，而大多数发展中国家均树立了绿色低碳发展理念，企业对当地环境的破坏势必影响未来投资战略的实施，因此，能源行业中央企业需要扩展社会责任的范畴，树立良好的投资者形象，提升东道国政府和民众的认同度，减少投资障碍。图3－2为能源行业中央企业针对发展中国家市场的国际化路径。

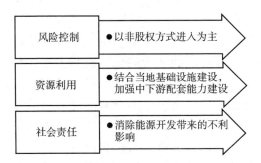

图 3 - 2　能源行业中央企业针对发展中国家市场的国际化路径

根据全球油气资源分布，大致可以划分出中亚—俄罗斯、非洲、美洲、中东及亚太地区等五大油气资源较为集中的板块，能源行业中央企业应对这五个重点区域的发展中国家市场采取不同的措施，有针对性地进行战略布局：

（1）中亚地区：中亚各国经济和中国互补性强，互为临国，修建管道不受第三方影响。以哈萨克斯坦、土库曼斯坦为重点，在做好现有项目的基础上，争取拓展新项目。

（2）非洲地区：非洲地质条件相对简单，勘探和开发程度低，与中国有传统的友好关系，比较容易进入。利用中国石油天然气集团公司在非洲已有的资源开发优势，拓宽合作，以苏丹、乍得、安哥拉和尼日利亚为重点合作国家。

（3）美洲地区：以非常规油气资源开发为重点，特别是南美地区经济发展水平不高，有引进外资和技术的强烈需求。以委内瑞拉石油资源、玻利维亚天然气开发为重点，扩大安第斯盆地群，中国海洋石油总公司可争取进入巴西深海资源勘探领域。

（4）中东地区：中东是世界油气资源最丰富的地区，作业条件优良，但许多资源国并不对外开放上游领域，或者合同条款非常苛刻，伊拉克和伊朗是中国进入中东最现实可行的国家，争取成为能源行业中央企业国际化经营的最大合作区。

（5）亚太地区：该地区的油气储产量占全球比例低，但作为中国的近邻，也应受到能源行业中央企业的重视。未来应以天然气和 LNG 为发展重点，重点国家是印度尼西亚、巴基斯坦、缅甸和澳大利亚。

（四）注重非股权控制方式的灵活运用

利用海外油气资源的方式是多样的，但总体说来，应基于协同和战略整合的多途径协调发展，具体可概括为三大途径：一是进入国际上游勘探开发市场，通过购买海外油气资源的开采权益，或建立海外油气生产基地；二是通过国际贸易，以合理的价格进口能源；三是加强与油气资源国或国际石油公司的战略合作，形成利益共同体或战略合作伙伴关系。鉴于我国能源行业中央企业的特殊背景，企业开拓国际市场时往往遇到非经济因素的阻挠，能源行业中央企业大肆收购、兼并的国际化方式备受诟病，因此，中央企业需要转变思维，跳出传统的企业国际化模式，在能源行业专业分工不断深化的条件下，原有的基于资源内部化的国际化动机需要转变，通过产品供应链将各环节紧密联系在一起，不能仅仅依靠股权控制的方式来实现降低各环节交易成本的目标，需要在专业分工不断深化的基础上，掌握核心资源和环节，建立一定的"退出壁垒"，如掌握关键管网设施、销售渠道等，可以降低战略合作的成本，更有效地推进企业国际化。

（五）提升价格控制能力

能源行业中央企业执着于过多地占有海外油气资产，忽略了价格控制能力。我国无法保障资源的自给自足，必须通过国际市场采购作为供给的补充，而全球能源贸易十分活跃，然而强大的国际生产能力并不代表强大的贸易能力，我国中央企业必须实现从能源生产者向能源提供者的转变，能够主导全球能源贸易的走向和贸易渠道，才能从根本上保障国家能源安全，而做到这一点必须具备管网能力、信息能力和资本运作能力。

1. 提升管网能力

能源贸易的关键因素在于物流能力，即管网渠道的构建，包括海洋运输能力和陆上管道运输能力。未来能源行业中央企业需要着重完成东北（中俄管道）、西北（中哈、中土管道）和西南（中缅管道）三个陆上石油进口大通道和海上运输通道的战略布局，保障油气资源的安全运输与供应。

2. 强化信息能力

对能源基础数据和市场信息的获取、分析能力决定了企业的决策效率。目前中国企业使用的能源信息多依赖于国外机构和企业发布的能源统计资料，中国应进一步建立自己的能源信息系统，并向外界发布和进行必要的共享。这同样有助于提高整个中国能源行业的国际市场影响力。

3. 注重资本运作

资金的运作能力不仅涉及到如何投资，还涉及怎样盘活现有资产，实现效益最大化。在市场环境中，价格是贸易行为的"指挥棒"。在国内石油价格逐步与国际价格接轨的同时，在国际市场上争取定价权，减少石油溢价，对冲国际油价波动带来的风险，是增强我国石油贸易能力的内在要求。

第三节　矿产资源（铜、铁）行业中央企业竞争力及国际化对策

一、矿产资源行业国际市场发展趋势

从全球范围来看，世界铜、铁矿资源储备丰富，按照当前矿产开采水平，铜矿资源可供利用超过 30 年、铁矿资源可供利用 100 年以上。另外，矿产资源分布极不均匀。铜矿资源主要分布在智利、秘鲁、澳大利亚等国，而中国铜矿储量占世界总储量不足 5%，且具有大型矿床少、富矿少、单一矿少等劣势。铁矿资源则主要集中在澳大利亚、巴西、中国、俄罗斯、乌克兰等国，然而我国在同样具有大型矿床少、富矿少、单一矿少等劣势的同时，更面临采选难度大、生产成本高等挑战。该局面导致我国矿产资源很大程度上依赖进口。

市场供求方面，受全球宏观经济萧条影响，当前矿产品市场供过于求现象明显，行业对于未来发展趋势持相对消极态度。钢铁行业产能过剩现象明显，黄金、白银与铜等重要有色金属国际价格出现大幅下降，且未来走势预期不尽理想。这也将在一定程度上导致我国矿产资源行业中央企业在未来的国际化经营与境外收并购行为中采取相对保守审慎的态度。

二、矿产资源行业中央企业海外经营状况

企业国际化是指一个企业的生产经营活动不局限于一个国家，而是面向世界经济舞台的一种客观现象和发展过程。其主要目的是通过国际市场，去组合生产要素，实现产品销售，以获取最大利润。一般包括管理国际化、生产国际化、销售国际化、融资国际化、服务国际化与人才国际化等六个方面内容，如表 3-8 所示。

表 3 – 8 企业国际化的六个范畴

企业国际化范畴	含义
管理国际化	企业的管理具有国际视角，符合国际惯例和发展趋势，能在世界范围内有效配置资源
生产国际化	企业在世界范围内进行采购、运输和生产，利用海外资源提高生产绩效的方法
销售国际化	企业通过国内外的销售网络，根据不同地区和产品，有选择地进行销售活动，使自己利润最大化
融资国际化	企业有能力在世界范围内寻找成本低、风险小的融资机会
服务国际化	企业能根据实际范围内不同的地区提供从售前到售后并且符合当地文化习俗、法律规章的服务
人才国际化	企业拥有的人才不仅要熟悉国际贸易、国际金融、国际投资等领域相关知识，而且懂经营、会管理

（一）矿产资源行业中央企业国际化动因

我国铜矿、铁矿行业的中央企业，其国际化以获取资源为主要目的。矿产资源行业企业不同于一般制造业企业，其产业具有其特有的生产周期长、投资风险大、产品差异化程度低等特性。并且铜矿、铁矿资源均是不可再生资源，而目前我国铜矿、铁矿产量远远不能满足国内需求，严重依赖进口。因此，我国矿产资源行业中央企业以生产国际化为最主要方式，即以增强对战略性资源控制力、争取国际资源市场定价权以及保障国内发展所需矿产资源为主要目标，通过在海外购买矿产资源、与国际大型矿业企业的长期合作，以及合资、收购国外矿产企业等方式实现我国企业矿石资源的海外布局。

（二）我国矿产资源行业中央企业国际化方式

目前我国从事铜矿行业国际化业务的主要有 4 家中央企业，其中，中国铝业公司、中国五矿集团公司和中国有色矿业集团有限公司主要参与国际矿产资源贸易、直接投资国外矿产企业等国际化业务，中国冶金科工集团有限公司则主要涉及矿产资源勘探开采的工程建设工作。

从事铁矿行业国际化业务的主要有中国五矿集团公司、中国铝业公司以及 4 家钢铁企业，分别是宝钢集团有限公司、鞍山钢铁公司集团公司、武汉钢铁集团公司、中国中钢集团公司。目前，宝钢集团有限公司与武汉钢铁（集团）公司重组为中国宝武钢铁集团有限公司。近年来，我国中央企业开展国际化业务主要采用四种方式。

1. 收购或合资开发国外已探明的矿石资源

收购或合资开发的投资方式获得矿产资源储量较大，然而建设周期长。例如，1998 年中国有色矿业集团有限公司以 1.5 亿美元成功收购赞比亚谦比希铜矿，该项目是我国政府批准在海外投资开发建设的第一个有色金属矿山，已于 2003 年 7 月投产。2010 年 7 月，中国铝业公司与力拓集团成立合资公司共同开发非洲几内亚西芒杜铁矿，中国铝业公司拥有 44.65% 的股权，项目预计 2014 年投产，预计产能达到 7000 万吨/年[150]。

2. 合资参股国外矿业公司，间接控股矿产资源

合资参股的方式通常投资规模大、风险大并且可能具有一定的政治影响。例如，2008 年 2 月，中国铝业公司曾联手美国铝业公司收购力拓集团 9% 的悉尼上市公司股份和 12% 的英国普通股股份。中国铝业公司所购 Rio Tinto plc 股份约占力拓集团全部股份的 9%，成为力拓集团第一大单一股东。2009 年 2 月中国铝业公司与力拓集团签署战略合作协议，拟向力拓集团注资 195 亿美元，但最终于 2009 年 6 月宣告失败[151]。

3. 租赁国外企业已有的矿产资源开发经营

这种方式的主要特点是投产快速、见效快。例如，中国冶金科工集团有限公司 2002 年租赁经营巴基斯坦山达克铜金矿，国家开发银行提供 2 亿元人民币恢复生产贷款，2003 年 8 月正式点火生产[152]。

4. 直接从国外进口矿产资源

直接进口资源的方式容易受到国际矿石价格波动影响。例如，中国五矿集团公司与波兰铜业公司已经合作 14 年，从波兰铜业公司年进口额从最初的 2800 万美元发展到 2011 年的近 5.4 亿美元，波兰铜业公司已经通过中国五矿集团公司出口了近 60 万吨电解铜，总价值超过 24 亿美元[153]。宝钢集团有限公司 2001 年开始与淡水河谷战略结盟，签署长期铁矿石供应协议；2008 年与必和必拓签订总量为 9400 万吨的铁矿石长期供货合同[154]。表 3-9 所示为 2012~2015 年我国矿产资源行业中央企业的主要国际化业务。

表 3-9   2012~2015 年我国矿产资源行业中央企业的主要国际化业务

时间	事件
2012 年	五矿集团收购刚果（金）Anvil 公司，拥有 Kinsevere 铜矿 95% 股权和 Mutoshi 铜矿 70% 股权
2013 年	中国铝业公司与 Jointcap International Limited 和 Winshore Investment Limited 签订协议购买 PTNP 70% 的股权，获得其在印度尼西亚的铝土矿探矿权和采矿权，总对价为 1550 万美元

续表

时间	事件
2014 年	中国五矿集团公司与瑞士公司嘉能可斯特拉塔达成位于秘鲁的 Las Bambas 铜矿项目股权收购协议，交易对价为 58.5 亿美元
	中国五矿集团公司与古巴镍业公司签署烧结镍和硫化镍长期购销协议，约定在未来 5 年内从古巴镍业公司采购约 1.8 万吨镍商品，总价将达到 5 亿美元
	宝钢集团有限公司联合澳大利亚大宗商品铁路运营商 Aurizon Holdings Limited 收购澳大利亚综合矿业公司阿奎拉（Aquila Resources Limited），收购总价达 10 亿美元

资料来源：中央企业年度报告。

（三）矿产资源行业中央企业在国际化经营中面临诸多挑战

从历史来看，周期性的金融危机、潜在的地区冲突和贸易保护主义是世界经济和全球矿业复苏所面临的最大挑战。矿产资源价格一旦进入下行通道，将对矿业投资产生巨大影响；另外，我国矿业企业的海外并购热潮将显著推高海外矿业并购交易的价格，导致成本增加，并引起其他国家"资源保护主义"的警惕和阻挠。中央企业作为我国矿产资源行业的重要组成部分，与一般企业相比既具有资产规模大、资金充足等优势，但同时其国有背景也给其海外并购业务增添阻力。

资源国有化再度兴起，成为我国矿产资源行业中央企业发展所面临的一大趋势。2012 年上半年开始，陆续有国家在矿产资源领域推行国有化措施。未来，为加强国家对战略性资源的控制，预计将有更多国家走上资源国有化道路，这将影响未来矿产资源供求布局、投资资金流向以及企业的发展战略。

铜矿资源获取方面，印度尼西亚作为东南亚地区最大的经济体，同时也是铜矿主要生产国家之一，2011 年底曾宣布预计在 2012 年对出口商品加征关税，限制或禁止铁矿石、铜矿石、镍矿石，煤炭以及橡胶的出口。2012 年坦桑尼亚考虑禁止铜矿石出口，这一举动意味着东非国家正计划对其国家的自然资源进行加工以获得更高的收入。

铁矿石资源获取方面，印度在 2010 年曾出台政策限制铁矿石出口，2012 年 2 月，由于印度国内对于铁矿石需求出现瓶颈，印度联合工商会开始要求印度政府取消对铁矿石征收的 2.5% 进口关税，表明印度政府对于铁矿石进出口政策将彻底从鼓励出口到提倡进口。2012 年 2 月，越南政府将铁矿石出口关税从 30% 调高至 40%，虽然我国从越南进口铁矿石的占比很小，但由于受国际铁矿石供应垄断势力影响，目前我国正越来越多地从周边国家进口铁矿石。而印度、越南等周边发展中国家对于铁矿出口的限制势必对将来我国海外铁矿石资源获取造成影响。对于我国产生较大影响的是，2012 年 3 月，澳大利亚政府通过了《矿产资源租赁税 2011》法律草案，该草案的通过将增加力拓集团、必和必拓公司等矿业巨头出口成本，从而对国际市场铁矿石价格与供应产生深远影响。

具有国有背景的中央企业所进行的海外资源并购与民营企业"走出去"所实施的海外并购，从根本上均为市场行为。中央企业较之民营企业来说具有资金实力雄厚等优势，但其国有背景在从事海外并购时却常常遭遇政治壁垒。其他国家在面对我国中央企业的海外并购项目时，往往会将问题上升到国家战略安全层面。而矿产资源作为不可再生资源，其国家战略意义则更为明显。例如，2009 年中国铝业公司收购力拓集团时，便曾受到澳大利亚政府的质疑。而被收购企业原股东同样会考虑，成功收购后所将面临的公司战略与中国国家利益的内在冲突。因此，我国中央企业的国有背景造成的一系列不利因素，使其在从事海外并购业务时需克服重重阻碍。

三、我国矿产资源行业中央企业竞争力和国际化程度比较分析

我们选取比较具有显示性效果的重要财务指标，同时选取矿产资源行业具有明显影响力的国外同类大型跨国公司的同类指标作为参照，综合分析我国中央企业的国际竞争力。本研究将选取其中中国铝业公司、中国五矿集团公司和中国有色矿业集团有限公司作为主要研究对象，并将力拓集团、必和必拓公司与巴西淡水河谷公司作为参照系，以进行矿产资源行业中央企业竞争力和国际化程度比较分析。

(一) 财务指标对比

根据选取的三家中央企业以及作为参照的三家国际矿产资源巨头的财务报表，我们选取了主要财务指标进行对比分析，所有数据均来源于各企业公开发布的 2014 年及 2015 年公司年报，包括合并的资产负债表、利润表以及现金流量表，从中选取主要指标。所有指标根据《国际财务报告准则》分类，中国企业的数据基于当年人民币兑美元年平均汇率转换成美元，以便进行对比，汇率资料来源于《中国统计年鉴》以及国家外汇管理局网站。表 3 - 10 为国内外矿产资源企业财务指标对比。

表 3－10　　　　　　　　　国内外矿产资源企业财务指标对比　　　　　　　单位：亿美元

企业		中国铝业公司		中国五矿集团公司（五矿发展股份有限公司）		中国有色矿业集团（中国有色金属建设股份有限公司）		力拓集团		必和必拓公司		巴西淡水河谷公司	
		2014年	2015年	2014年	2015年	2014年	2015年	2014年	2015年	2014年	2015年	2014年	2015年
盈利指标	营业收入	231	198	219	100	30	31	477	348	446	309	375	256
	营业利润	1	4	0	−9	1	1	113	36	87	−62	72	−61
	净利润	−28	1	0	−10	1	1	96	−7	44	−62	4	−126
	营业利润率（％）	0.4	2.0	0.2	−9.0	3.3	2.3	23.7	11.5	19.5	−20.1	19.2	−23.8
	净资产收益率（％）	−43.1	1.2	−1.2	−125.0	10.0	9.1	17.6	−1.6	6.2	−10.3	0.7	−35.3
偿债指标	资产总额	314	304	76	52	31	37	1078	916	1249	1190	1165	885
	负债总额	249	223	59	44	21	26	532	474	540	589	602	528
	权益总额	65	81	17	8	10	11	546	442	709	601	563	357
	资产负债率（％）	79.3	73.4	77.6	84.6	67.7	70.3	49.4	51.7	43.2	49.5	51.7	59.7
营运指标	资产周转率	—	64.1%	—	156.3%	—	91.2%	—	34.9%	—	25.3%	—	25.0%
现金流指标	经营活动产生的现金流净额	22	12	−3	3	1	3	143	94	193	106	128	45
	投资活动产生的现金流净额	−8	5	−1	−1	−1	0	−65	−46	−132	72	−100	−62
	融资活动产生的现金流净额	−7	−9	4	1	1	1	−54	−77	−83	3	40	36

在资产规模方面，我国矿产资源行业中央企业还不具备同国际矿业巨头竞争的实力。尽管近年来我国矿产资源行业中央企业均实现了不同程度的发展，但在整体规模上仍小于国际矿业巨头，矿业市场寡头垄断的局面在短期内难以打破。且长期偿债能力方面，我国3家中央企业资产负债率均达到70%左右，负债占比过高，具有较高的债务风险，并显著高于国际矿业巨头50%左右的水平。

从盈利指标而言，我国矿产资源行业中央企业盈利能力不高，2015年营业利润率仅分别达到2.0%、-9.0%与2.3%。且受到全球宏观经济遇冷与大宗商品价格下跌影响，矿产资源行业企业盈利能力呈现显著的恶化趋势。若以2014年盈利能力进行横向比较，我国企业与国际矿业巨头相比仍存在较大差距。

现金流方面，2015年中国铝业公司、五矿发展股份有限公司与中国有色金属建设股份有限公司分别实现经营活动产生的现金流净额为12亿、3亿与3亿美元，经营层面现金回流能力仍需增强；投资活动产生的现金流净额较2014年有所萎缩，显示宏观经济与行业前景的恶化削弱了矿产资源行业中央企业的投资意图。若企业投资回报率较高，则投资的放缓将会影响未来现金净流入，从而阻碍效益的产生。

根据表3-10的分析比较，国内3家主要矿产资源行业中央企业资产规模仍难与国际巨头相抗衡，盈利能力不尽理想，现金回流能力不稳定，国际竞争力仍然有待提高。相比于2014年，2015年国内与国际矿业巨头的资产规模、营收能力均出现明显下滑，显示全球整体经济放缓的负面作用。未来随着中国经济发展方式的转型，矿产资源需求结构将发生巨大变化，国内自身矿产资源瓶颈等因素对我国矿产资源行业中央企业竞争力也将产生一定的不利影响，矿产资源行业中央企业国际化程度的提升势在必行。表3-11为2015年国内外主要矿产资源行业企业财务指标增长比较。

表3-11　　　　2015年国内外主要矿产资源行业企业财务指标增长比较　　　单位：%

企业	中国铝业公司	中国五矿集团公司（五矿发展股份有限公司）	中国有色矿业集团（中国有色金属建设股份有限公司）	力拓集团	必和必拓公司	巴西淡水河谷公司
营业收入增长率	-14.3	-54.3	3.3	-27.0	-30.7	-31.7
净利润增长率	—	—	-4.0	-107.3	-240.9	-3250.5
资产总额增长率	-3.2	-31.6	19.4	15.0	-4.7	-24.0

资料来源：企业年度报告。

（二）钢铁行业中央企业国际竞争力评价

近年来，由美国世界钢动态公司（World Steel Dynamics，WSD）编制的世界级钢铁企业竞争力排名受到广泛关注。该指标体系综合考虑了企业规模、扩张能力、议价能力、并购合资、技术创新、成本控制等 23 项竞争力指标，并且随着全球市场的发展变化，该指标体系中的具体评价指标以及各项指标所占权重会做出相应调整[155]。根据 2012 年 6 月公布的排名结果，全球共 35 家钢铁企业上榜，其中有 3 家我国中央企业，分别是宝钢集团有限公司，排名第 5 位；鞍山钢铁集团公司，排名第 22 位；以及武汉钢铁集团公司，排名第 30 位。表 3 – 12 为 WSD：世界级钢铁企业竞争力排名。

表 3 – 12　　　　　　　WSD：世界级钢铁企业竞争力排名

序号	影响因素	权重	韩国浦项制铁公司	宝钢集团有限公司	鞍山钢铁集团公司	武汉钢铁集团公司	平均
	年钢材发货量：百万吨		39	43	30	38	18
1	规模	6%	8	9	8	8	5.96
2	产能扩张	6%	8	10	10	10	7.27
3	位于高速增长市场	3%	7	9	9	9	6.91
4	靠近下游用户	3%	8	9	8	8	8.04
5	市场议价能力	6%	9	7	6	5	7.43
6	高附加值产品	5%	8	8	6	6	6.8
7	加工成本与收益	5%	9	8	6	7	7.81
8	能源成本	3%	6	6	5	5	6.05
9	削减成本能力	5%	6	6	6	6	6.37
10	技术创新能力	6%	9	6	6	6	6.45
11	铁矿	5%	6	5	9	4	6.04
12	炼焦煤矿	4%	6	6	3	5	4.41
13	与原材料的距离	4%	7	7	6	5	6.47
14	劳动力成本	3%	7	9	9	9	7.33
15	熟练技术工人	2%	10	8	6	6	7.84
16	退休职工福利	2%	8	9	9	9	7.38
17	盈利能力	6%	6	6	4	4	5.3
18	资产负债表	5%	8	7	7	5	6.61
19	来自竞争对手的威胁	5%	6	5	5	5	6.44
20	环境与安全	4%	9	9	9	9	9

续表

序号	影响因素	权重	韩国浦项制铁公司	宝钢集团有限公司	鞍山钢铁集团公司	武汉钢铁集团公司	平均
21	下游业务	4%	5	4	4	4	5.58
22	并购、联盟与合资	6%	8	8	7	6	7.37
23	所在国家风险	2%	10	8	8	8	8.23
	加权平均得分		7.50	7.24	6.68	6.3	6.73
	排名		1	5	22	30	

资料来源：美国世界钢动态公司（WSD）2012年6月公布报告。

我国中央企业的国际竞争力在规模、产能扩张、位于高速增长市场、劳动力成本等几项指标得分明显高于上榜企业的平均水平。这反映出随着我国经济的高速发展，对于钢铁产品的需求日益增加，中央钢铁企业为满足我国发展需求，迅速扩大自身规模、扩充产能方面上取得了明显进步。同时由于我国劳动力资源充足，在企业劳动力成本方面我国钢铁企业也具有一定竞争力优势。

但是在市场议价能力、能源成本、削减成本能力、技术创新能力、铁矿、焦煤资源、盈利能力、下游业务等多项因素上我国中央企业比较缺乏竞争力。由于我国目前对铁矿石的需求大量依靠进口，而铁矿石供给方面几乎被三大矿山所垄断，我国钢铁企业不得不接受高价矿石。此外我国钢铁企业所生产的主要为钢铁类基础产品，且面临长期产能过剩的局面，而对于下游一些高科技、高附加值行业，我国中央企业却明显参与不足，使我国钢铁行业进入"微利"时代。这表明我国中央企业在自身成本管理以及产业整合两大方面亟需改进，如果没有可持续的盈利作为保障，未来在规模、产能等方面的竞争力优势也将不能持续。

（三）国际化程度

我国大型矿产资源行业中央企业在国际化业务尚属起步阶段，国际市场份额相对较低，国际化程度远远不及三大矿山等行业巨头。在海外资产占比、海外收入占比、海外员工占比方面，中国五矿集团公司和中国铝业公司均还处于起步阶段。从海外收入占比来看，三大矿山海外业务收入占比均超过80%，力拓集团甚至高达97.4%，充分显示出其在全球矿产销售业务中的寡头地位，而中国五矿集团公司的海外业务收入占比仅17.3%，中国铝业公司则更少，约2.5%。海外资产方面，由于近年来中国五矿集团公司、中国铝业公司在海外收购矿产资源步伐加快，均有超过1/4的资产分布在海外，但与三大矿山超过40%的海外资产占比还存在一定差距。海外员工数方面，目前我国中央企业在国外开设的分支机构极少，海外员工占比少于5%，随着未来国际化进程的加速，海外员工数有望出现增长趋势。表3-13为国内外主要矿产资源行业企业国际化程度比较。

表3-13　国内外主要矿产资源行业企业国际化程度比较

企业	中国铝业公司	中国五矿集团公司	力拓集团	必和必拓公司	巴西淡水河谷公司
海外资产占比	27.7%	26.5%	43.3%	43.1%	—
海外收入占比	2.5%	17.3%	97.4%	92.6%	81.9%
海外员工占比	0.1%	4.5%	63.3%	58.3%	18.7%
是否为世界500强品牌	是	是	是	是	是

资料来源：企业年度报告。

四、矿产资源行业中央企业国际化对策

（一）加快海外资源基地建设，重视非洲国家及我国周边地区国家

铜作为重要的有色金属之一，与基础设施建设、国防科技工业以及未来高精尖产品的发展有着密切关系；铁矿石资源的保障关系到未来我国钢铁行业的可持续发展，对我国工业化、城镇化建设具有重要作用。然而我国为满足铜矿、铁矿日益扩大的需求，需大量依靠进口，国内自给率远远不足。在我国的"十二五"发展规划中，提高资源保障能力是有色金属行业、钢铁行业共同的发展目标。未来我国中央企业仍将继续加强、加快海外资源开发项目建设，积极推动境外资源勘探，与资源丰富的国家建立良好合作伙伴关系，与国际大型矿产资源行业企业紧密合作构建战略联盟，构建海外资源基地，以提高我国海外矿产资源的权益占有率。其中，非洲以及我国周边地区国家应成为今后投资的重点。

目前中国海外投资的项目构成以投资成熟项目为主，在未来投资方式选择上，进行前期勘探项目的投资比重将有所上升，而非洲则成为热门勘探地区。为吸引投资创造良好条件，许多非洲国家出台一系列优惠政策和措施。另外，非洲仍然存在着政治格局相对不稳定、基础设施建设落后等不利因素。中国与非洲之间有着传统良好的合作基础，半个世纪以来，向非洲国家提供了大量的援助，在非洲开展了900多个基础设施项目和社会公益项目。近年来，中国对非洲投资不断增加，矿业所占投资比重上升，主要流向南非、尼日利亚、阿尔及利亚、赞比亚、尼日尔、刚果（金）等国家，如中国五矿集团公司收购刚果（金）Anvil公司，拥有Kinsevere铜矿95%的股权和Mutoshi铜矿70%的股权，武汉钢铁集团

公司收购利比里亚铁矿项目等。非洲大陆蕴藏着丰富的矿产资源，其黑色金属和有色金属储量位居世界前列，其主要矿产品包括金、铜、铝、镍、铁、铅、锌、铂、钯、铀、煤、金刚石和磷矿石以及铬、锰、钴、石油、天然气等。目前非洲铜矿主要分布在赞比亚、刚果（金）两国，铁矿石则主要分布在南非共和国，其次是刚果、几内亚、利比里亚等国也都有大量铁矿分布。非洲不同地区受历史、自然地理、经济发展等诸多方面因素的影响和限制，其矿产资源的勘探和开发程度有相当的差异。总体而言，非洲南部地区和非洲西部地区地质勘查程度与矿产开发程度较高，资料较丰富；而其他地区的地质勘查程度与矿产开发程度相对较低。今后对于非洲的资源合作，一是要加强对非洲援助项目中基础地质调查的支持力度，特别是开发程度较低的地区，以了解掌握更多的地质和矿产资源信息；二是鼓励有条件的企业加强对非洲矿产资源的勘查开发投资，在为当地人民谋取福利的同时，获得更多的矿权和资源。此外，我国周边国家地区，如蒙古、印度等都储有大量铜矿、铁矿资源。近年来，我国进口铜矿、铁矿石价格高昂的部分原因便是运输成本过高，而周边国家对于我国矿产企业来说具有运输便利，可在一定程度上缓解进口矿石高价格的影响。同时我国对周边国家政治、文化、法律等其他风险因素较为熟悉的优势，投资风险相对较小，因此周边国家也是未来我国矿产资源行业企业实施海外布局的重点地区。

（二）矿产资源行业横、纵整合，从资产规模、盈利能力等方面提高国际竞争力

目前我国矿产资源行业中央企业以及中央钢铁企业已经具备一定的自身规模，但与世界矿业巨头相比仍然存在一定差距，国内企业的产业集中度落后于同行业其他国家企业。例如，2015 年我国钢铁行业排名前 10 位的企业粗钢产量仅占全国总产量的 33.58%，而美国前 4 家钢厂的产量占全国的 61%，日本前 4 家钢厂的产量占比 75%[156]。我国国内经营铜、铁矿的企业众多，其中不乏产能与技术落后的小型企业；与此同时，我国目前存在钢铁行业产能过剩，铜矿冶炼加工行业产能基本饱和的局面。我国矿产资源行业中央企业作为行业领军，发展壮大自身规模的有效途径之一即为产业横向整合。此外，提高产业集中度同样能使我国在矿产品定价中话语权有所提高。

在横向整合扩大企业规模的同时，纵向延伸产业链条，加强矿产品精加工，提高技术创新程度，同样有助于提升企业规模，并给企业带来新的利润增长点，提升企业国际竞争力。目前，我国铜矿、铁矿行业的整个产业链条尚处于初级阶段，提高我国钢铁类产品质量，减少生铁、钢坯、普通钢材等初级钢

材产品的生产，加强各类特种钢材的生产，发展技术创新，保证重点领域重大
工程的需求；使铜矿产品的精深加工国产化，满足高端制造业需求，将成为未
来我国矿产资源行业中央企业的重点发展目标之一。并且，上游矿产资源供
给被垄断局面在短期内无法改变，我国企业以高价进口矿石资源满足国内需
求，使得我国钢铁企业、铜矿加工业利润微薄甚至出现亏损。发展下游业
务，提高自身技术实力，有助于企业自身获取利润，同时也能更多获得来自
于国家政策的扶持。

（三）引入战略投资者，接轨国际市场

近年来，我国矿产资源行业中央企业已发展具备一定规模，也更多地参与到
国际业务中。然而中国企业在国际化进程中却屡屡受挫，成功案例并不多见。究
其原因，是我国企业对于国际业务规则不够熟悉。

2001年，中国铝业公司在美国纽约交易所上市，对其而言，海外融资仅为
次要目的，更重要的是通过股权国际化改革自身机制，提高企业管理核心竞争
力。截至目前，我国矿产资源行业中央企业在引进外资方面多有所进展，众多中
央企业在中国香港市场部分上市，例如，中国有色矿业集团旗下的中国有色矿
业、中国五矿集团公司旗下的五矿集团资源等。但是较之国际大型矿业企业，我
国中央企业在这方面仍存在较大欠缺，未来可以按照首先将优质资产在中国香港
H股上市，逐步发展到集团整体上市，最终迈向国际化市场的方式逐步向国际市
场靠拢。

企业国际化发展，除依靠内部管理外，同样需要国际市场与国际投资者加以
监管。企业国际化发展涉及到企业的管理体制、发展战略、经营理念、产品竞争
力、技术优势等多方面因素。对外开放股权，不仅能引进国际投资者对于企业投
资项目按照国际视角进行评估，同时将引进国际金融中介机构、律师事务所、会
计师事务所以及海外高级管理人才等加强企业内部管理。只有在各个方面充分掌
握国际相关的规则和标准，并且受到国际市场的认可，才能在国际化发展中取得
长足进步。

（四）加强与FMG集团等大型矿产企业合作，力争打破三大矿山垄断格局

澳大利亚力拓集团、必和必拓公司以及巴西淡水河谷公司作为全球最大的三
家矿石供应商，近年来在矿石价格谈判中一直占据主导地位，三大矿山垄断格局
为其赚取超高的利润。而中国作为目前世界上最大的矿石消费国家，矿石对外依

存度高，却在国际矿产品贸易中缺少话语权，国内矿产企业、钢铁企业在盈利能力方面远远不及三家矿石供应商，甚至出现微利或亏损态势。因此打破三大矿山垄断地位对于未来我国矿资源行业企业的发展十分重要，联手澳大利亚 FMG 集团则是途径之一。

FMG 集团是澳大利亚第三大铁矿石出口商，公司成立于 2003 年，是澳大利亚近年来发展最快的上市公司之一，世界铁矿石行业的新兴供应商。该公司已成为继巴西淡水河谷公司、澳大利亚必和必拓公司和力拓集团之后，世界铁矿石供应的重要力量。FMG 集团近年来保持高速发展，铁矿年产量 1 亿吨左右，与三大矿石供应商相近，且其矿产品的 90% 流向中国市场。

FMG 集团与中国企业保持着良好的合作伙伴关系。2009 年 4 月，湖南华菱钢铁集团有限公司正式入股 FMG 集团，成功收购其 17.34% 的股权，成为第二大股东。近年来在对中国的铁矿石供给价格谈判中，FMG 集团也保持着友好态度，与中国企业签订了价格更低、期限更长的铁矿石供货协议；中国方面，众多大型中央钢铁企业也表示与 FMG 集团优先合作的意愿。2016 年 11 月，FMG 集团的首条 26.1 万吨超大型矿船（VLOC）在江苏正式交付并投入运营，其在中国建造的其余 7 艘 VLOC，预计于 2018 年完成交付。建成后，VLOC 船队将覆盖 FMG 集团 12% 的运力，成为供应链的天然延伸，并在提高港口装载效率和降低成本方面发挥重要作用，从而促进双方合作，提升中国钢铁工业的全球竞争力。

未来我国矿产资源行业中央企业应继续保持并发展与 FMG 集团以及相似企业的合作关系。合作形式也不仅限于签订长期供货协议等基本贸易方式，可通过成立合资公司开发海外矿山、技术合作以及直接参股等形式实现。

（五）联手建筑行业中央企业，联合评估海外开矿项目成本收益

在境外开矿需做好前期调研工作，除掌握资源条件、选矿条件等因素外，还应将矿区所在地的基础设施完善程度、交通运输状况等因素考虑在内。一些地区的开矿附加成本过高，将为企业经营带来潜在压力。

目前我国企业海外开矿，还存在独立对外寻找项目、分散无序、彼此竞争、外方受益而中方受损的现状。事实上，我国矿产资源行业企业可通过组成利益共同体的方式到海外集体买矿，并联手中国建筑工程总公司等相关建筑行业企业共同对海外矿产开发项目的收益与风险进行评估，尤其是非洲地区以及一些尚未开采的高品质矿区，有利于更好地估测海外开矿成本，从而有效选择优质项目。

第四节　农业中央企业国际竞争力及国际化对策

农业是支撑国民经济发展与建设的基础产业，而农产品是指来源于农业的初级产品及加工产品，解决的是人类最基本的生存需求。虽然在一个国家或地区工业化和现代化过程中，农业产值占国民生产总值的比例呈不断下降趋势，工业、服务业产值占比则不断上升，然而由于农业的特殊属性，其战略地位丝毫没有降低，反而随国家和地区经济实力的增强，在政治和经济上的重要性愈加凸显。

农产品的重要性在于其可解决温饱问题，且是重要的战略物资。世界上几乎所有国家均对本国农业有不同程度的保护，包括大力度的国内补贴、严苛的贸易保护等政策。农产品过剩的发达国家则通过这些政策，增强本国农产品的国际竞争力，以进入外国市场，为本国和本国企业争取经济利益。同时，几乎所有发展中国家为确保生存问题上的安全与自主，而致力于保护本国农业的行动，追求农产品特别是粮食自给的目标。即使由于资源禀赋的限制无法实现自给，很多国家也通过贸易保护政策对进口农产品实施严格的限制，以此保护本国农产品。

一、国际农产品市场的发展特点与趋势

国际农产品市场，广义上既包括农产品商品的国际贸易市场，也包括了与农业领域相关的科技、劳务、外汇和信贷资本等的国际流通市场；狭义上则仅指各个国家或地区之间的各种农产品商品交换关系的总和。本研究所探讨的是狭义的国际农产品市场，其发展是通过在世界范围内进行农产品的生产、交换、分配和消费，从而将世界各国各地区农产品流通领域联系在一起而实现的。目前国际农产品市场，总规模庞大，是由许多大宗农产品市场组成，例如，国际粮食市场、国际油籽市场、国际棉花市场等。

（一）国际农产品市场的发展与特点

农产品的生产受资源禀赋限制较大，大规模、高效率的生产对原材料的巨大需求促使资本主义国家把眼光投向农业原材料丰富的国家或地区。早期海外殖民地的开拓解决了原料来源问题，这是农产品国际分工体系和国际市场网络的基础。第二次世界大战以后，第二产业的发展减少了参与第一产业的劳动力，西方

资本主义国家重新重视发展农业生产，纷纷实现了农业现代化，以机器代替人力。同时各国政府一方面强行设定本国农产品的市场价格，另一方面采取关税和非关税措施，阻止外国农产品进入本国市场。这些措施使各国农业生产得到了较大的发展，以至于许多发达国家的农业生产能力大大超过了本国的消费能力，大量剩余农产品开始销往国际市场。

国际农产品市场的形成过程中，出现了一些比较显著的特点：

1. 国际农产品市场规模快速扩大

虽然农产品生产的增长速度很快，但贸易的增长更为迅速。根据关贸总协定（GATT）的资料，在 1953～1982 年农业生产翻了一番，而同期农产品国际贸易量却增长了 249%，即农业生产每增长 1%，农产品的国际贸易量就增长大约 1.8%，这一比例远高于工业制成品的相应数据。在这种情况下，农业生产越来越依靠国际市场。20 世纪 80 年代农产品出口额飞速增长，1992 年世界农产品出口额比 1982 年增长 102.2%。至 90 年代，增速有所放缓，这一时期农产品出口额徘徊在 4000～6000 亿美元，而 2000 年仅比 1992 年增长 23.1%。但进入 21 世纪，农产品贸易又开始了稳步的上升，2010 年比 2000 年增长 147%，2007 年世界农产品出口额首次超过了万亿美元大关。联合国粮食及农业组织（FAO）最新统计数据显示，在过去十年间，世界农产品贸易量实现了近 300% 的增长[157]。

2. 国际农产品市场结构发生重大转变

首先在市场主体方面，参与农产品国际贸易的国家已经不仅包括发达国家，发展中国家在贸易总额中的比例逐渐提高，贸易地位不断增强，而且参与主体也包括了跨国企业、多国企业、股份公司等多种形式。其次在市场空间结构方面，"封闭性市场"扩大，这主要是由于跨国公司内部贸易在世界贸易中比重增大，经济贸易集团内部市场贸易量增大，长期与大宗商品合同贸易比重上升，特别是20 世纪 90 年代以来。而这些内部贸易、长期合同贸易都具有相对封闭的特征。最后在产品类型方面，初级产品的比重下降，各类加工后的制成品比重增加，制成品技术含量增加，农产品越来越多样化、高级化、优质化和系列化，交易品种越来越多。

3. 国际农产品市场机制不断完善

首先是微观机制的建立和发展，包括竞争机制、风险机制、价格机制和关税机制等。其次是国际市场宏观调节机制的建立和不断完善。联合国粮农组织和世界贸易组织构成了国际市场最具权威、最高层次的宏观调节机构，发挥了必不可少的国际市场管理、协调、仲裁作用。

4. 市场竞争与垄断现象日趋激烈

市场主体与市场空间结构的变化，反映了竞争与垄断的激烈程度，为扩大自己的市场份额，发达国家与发达国家、发达国家与发展中国家、经济集团与经济集团之间贸易战不断。

（二）国际主要农产品市场发展现状

在国际农产品市场中，粮油是最主要的品种，是人类赖以生存的必需品，是关系国计民生的特殊商品，居于十分重要的地位。我们将对小麦、玉米、大米和大豆四种农产品市场进行分析。

1. 国际小麦市场发展现状

小麦是全世界分布范围最广、种植面积最大、产量最高、贸易额最多的粮食作物之一。世界上至少 90 个国家种植小麦，全球约有 40% 的人口以小麦为主食。自 1991/1992 年度以来，全球小麦产量大体能够满足消费需求，但个别年份曾出现过供不应求或供大于求的情形，原因包括天气状况导致的歉收，或是种植面积增加导致的收获增加，或是个别国家农业政策的变化等。

近 20 多年来，小麦的供求一直处于紧平衡状态，小麦的价格变化也呈现出波动的特征。由于历年世界小麦价格难以获得，所以选用世界第一小麦出口大国——美国的数据变动趋势来说明国际小麦价格变动。美国小麦生产者价格从 1991 年的 100 美元/吨开始上行，到 1996 年已超过 170 美元/吨，1999 年曾跌破 100 美元/吨，后又大幅回升，2007 年又超过了 200 美元/吨。但供求关系并不是影响小麦价格的唯一因素，1997/1998 年度，虽然小麦产量大幅超过了小麦消费量，但是亚洲金融危机却是导致小麦价格大幅下跌的罪魁祸首。而 2007/2008 年度，全球小麦的供求大体相当，但是能源价格的上涨和生物燃料的需求增长，使得粮食价格大幅上涨。2015 年，小麦价格下跌幅度较大。2015 年前 5 个月，美国、俄罗斯、澳大利亚等全球主要小麦种植区天气情况良好，国际市场小麦价格连续小幅下降，8 月份全球金融市场大幅震荡，小麦价格加速下跌。10 月份欧洲和俄罗斯小麦产区天气干燥，小麦价格出现反弹，此后呈小幅下降走势。12 月份，芝加哥小麦期货价格为 176 美元/吨，同比下降 21%；美国硬麦现货价格为 194 美元/吨，同比下降 19%。

小麦的生产主要集中在北美洲和阿根廷、中国、南亚以及东欧，主产国为中国、印度、美国、俄罗斯等国。近 20 年来，产量最多的 9 个国家在世界小麦产量中所占比重保持在 60% 左右。在贸易方面，小麦贸易量不仅受到产量的影响，还受到各国政府进出口政策的影响。如 2010/2011 年度，全球干旱、洪涝灾害频发，粮食生产受灾较重，部分国家实施出口和粮食价格控制措施，致使国际粮食供需趋紧。

小麦的出口国大多都是主产国，其中包括了美国、澳大利亚、加拿大和俄罗斯等国，而中国和印度则并不在主要出口国之列。20 年来，主要出口国占小麦总出口的比重大体维持在 70% 以上，2015/2016 年度这一数值达到 74.7%。值得一提的是，美国小麦出口所占世界小麦出口的比重呈下降趋势，在 1991/1992、1997/1998、2004/2005、2011/2012 四个年度美国小麦出口占世界小麦出口总量的数据为 31.7%、27.1%、26%、18.97%。自 2013/2014 年度起，美国全球头号小麦出口国的地位为欧盟所取代。这主要是由于欧盟小麦供应充足，而且对非洲和中东地区的出口占据运输及物流优势，其价格也非常有竞争力。小麦的进口国较多，主要是非洲、东南亚、东亚和中亚的一些国家，这些大都是经济较为落后以及国土面积狭小的国家，包括阿尔及利亚、巴西、埃及、印度尼西亚、日本和韩国等。2015/2016 年度世界前五大进口国进口量占到世界小麦进口量的23.5%。

2. 国际玉米市场发展现状

玉米是世界上分布最广泛的粮食作物之一，从北纬 58°到南纬 35°~40°的地区，在 70 多个国家均有种植。根据联合国粮农组织的数据，玉米在三大谷物中种植面积近几年已经超过大米，居第二位。而从 20 世纪 90 年代中后期开始，玉米在世界谷物总产量中的比重就已经超过小麦跃居首位，并且近十几年来一直稳步上升。2014/2015 年度，世界谷物总产量 25.27 亿吨，其中玉米产量 9.91 亿吨，占比高达 39.2%，超过第二位的小麦 10.4%。同时，玉米的贸易量也在世界粮食贸易中超过了 1/3[158]。

玉米在世界范围内用途广泛。首先，当今全世界依然有约 1/3 的人口以玉米为主要食粮，主要集中在亚洲、非洲和拉丁美洲；其次，玉米是饲料之王，世界上 65%~70% 的玉米都用作饲料，在玉米被用来大量制造乙醇之前，发达国家将玉米用作饲料的比例高达 80%，是畜牧业赖以发展的重要基础；再次，玉米初加工和深加工可生产 200 多种产品，如添加剂、酒类等。最后，玉米是重要的工业原料，近年来发达国家被用来制造乙醇的玉米比重逐年上升。

20 年来，玉米也处于供求紧平衡状态，然而历年间国际价格波动十分剧烈，2005/2006 年度后快速超过了 100 美元/吨，2009 年短暂下探后，2010 年急速上升到 200 美元/吨以上。这波价格上升最主要的原因是玉米工业的迅速发展，且玉米的主要出口国美国已经将生物能源的生产列入国家能源安全计划，越来越多的玉米被投入到乙醇工业领域，出口玉米数量越来越少。1995/1996 年度美国玉米出口占产量比例达到创记录的30%，随后保持在20%左右，2011/2012年度这一比例已低于15%。同时，近几年世界玉米库存的低位运行也是玉米价格居高不下的重要原因，2010/2011年度全球玉米库销比下降至14.6%的历史最低水平，严重低于18%的国际警戒线。2015年国际玉米价格先降后稳。前5个月，美国、阿根廷玉米种植带天气情况较上年明显改善，国际市场玉米价格连续小幅下跌，7月、8月两个月分别受到美国热带风暴、金融市场震荡影响，玉米价格月环比上升12%和下跌9%，此后价格基本平稳，年底出现小幅反弹。12月份，芝加哥玉米期货价格为146美元/吨，同比下降6.4%；玉米现货价格为147美元/吨，同比下降2.0%[159]。

多年以来，美国始终是世界玉米第一生产大国。2015年，美国的玉米产量占到世界总产量的35.4%，排名第二的中国为22.0%，巴西排名第三，仅为8.0%。而美国同样是世界第一大玉米出口国，虽然多年以来其出口的玉米占世界玉米总出口的比例不断下降，但2014/2015年度占比依然达到38.8%。2000年以来，中国的玉米出口比例已经极小，另一个主产国巴西近些年来玉米出口不断增加，此外，阿根廷作为世界第四大玉米生产国，多年以来国内超过60%的玉米用来出口，也是主要的玉米出口国。

玉米种植的广泛性使得玉米的进口国数量比小麦进口国少得多，主要的进口国家和地区集中在东亚、非洲、拉丁美洲等地区，包括日本、韩国、我国台湾地区、埃及、墨西哥和哥伦比亚等国家和地区。这六个国家和地区玉米进口占世界玉米进口总量的49.13%[160]，可以看出，玉米的出口国和进口国比小麦集中一些。

3. 国际大米市场发展现状

一直以来，大米在三种主要粮食中的总产量是最低的，近几年不超过全球玉米总产量的60%，大米的贸易量也比较小，20年来其出口量均不超过全球粮食贸易量的13%。主要原因在于三点：一是大米的主产区和主要消费区都在亚洲，而亚洲农业经营传统上属于自给自足的小农经济，商品率低；二是日、韩等国对进口大米采取小配额、高关税的贸易政策，限制国外大米进入本国市场；三是美、澳等国对其大米出口给予高额补贴，影响了发展中国家出口大米的积极性。

近些年来，与小麦、玉米的情况类似，大米的供求也趋紧。能源价格上涨造成的农业生产成本上升和气候灾害是限制产量的重要因素，同时由于主要消费大米的东亚、东南亚和南亚地区国家正处于城市化进程中，农业劳动力的减少增加了粮食供应的压力，但亚洲和撒哈拉以南非洲地区的大米需求从2008年以后就延续着高速的增长。使用泰国大米生产者价格变动计算，大米的价格走势与小麦、玉米的走势相似，2006 年以后也出现了强劲的上涨，超过了 200 美元/吨，2010 年已经超过了 350 美元/吨。2015 年，全球大米主要出口国泰国为削减其创记录的稻谷库存，一直在低价出售大米，全球大米出口市场竞争激烈，国际大米价格除个别月份出现反弹外，均稳中小幅下跌，泰国大米价格跌幅略大。12 月份，泰国、越南含碎 5% 大米出口价格为 359 美元、377 美元，分别比上年底下跌 13%、3.3%。

大米的主产国与消费国都比较集中，而且主产国往往就是主要的消费国，这些国家集中在东亚、南亚和东南亚地区，主要包括中国、印度、印度尼西亚、孟加拉国、泰国、越南等国。世界上主要的大米出口国依次为泰国、越南、美国和巴基斯坦；而进口国数量较多，主要有尼日利亚、印度尼西亚、伊朗、伊拉克、菲律宾等。

4. 国际大豆市场发展现状

大豆是世界上最重要的油料作物和高蛋白作物，其产量在全世界的油料作物产量中长期占比 50% 以上，进入 21 世纪这一数据又有所上升，近 5 年来已突破 55%。同时，大豆在国家粮食安全和国际农产品贸易中占有重要的地位，豆油和豆粕是大豆最主要的两种直接产品，2015 年，豆油在全世界油脂消费中占 29%，仅次于棕榈油的 35%，而豆粕在全世界动植物油粕饲料中消费占到 60% 左右。

全球大豆的供需在近 20 年处于紧平衡状态，大豆的供给方和需求方都相对较为集中。大豆的产区主要集中在北美、南美、中国以及印度四个国家和地区，其中以美国、巴西、阿根廷三个国家产量为最。而大豆的主要消费国为中国、美国、阿根廷、巴西、欧盟。近 10 年来，中国大豆消费年均增长 14.8%，我国已超过美国成为世界第一大大豆消费国，消费量占世界大豆消费总量的 26.2%。其他主要消费国家中，阿根廷和巴西的大豆消费呈现小幅上升态势，年均增长分别为 8% 和 5%，而欧盟近 10 年消费量出现了下降，美国的大豆消费近 10 年基本处于同一水平[160]。随着我国消费量的不断增加，2002/2003 年度我国就以 2142 万吨的进口量超越欧盟成为世界第一大大豆进口经济体，远超其他国家和地区[161]。

大豆作为重要的油脂作物，近 10 年价格波动剧烈，2003 年美国大豆生产者价格破记录超过 250 美元/吨，之后又迅速回落，2006 年重拾升势，2010 年已经直逼 450 美元/吨。大豆的价格不仅受粮食价格的影响，而且也受到中国大量进口的影响。同时库存对大豆价格的影响更为直接，2004/2005 年度，全球大豆库存创记录地超过 6000 万吨，导致大豆市场价格低迷，随后的几年中库存量的不稳定也使得价格总是剧烈波动。2015 年，全球大豆产量为 3.20 亿吨，与上年度基本持平；消费量为 3.1 亿吨，比上年度增长 3.96%；贸易量为 1.26 亿吨，比上年度增长 1.28%。美国大豆平均出场价格约为 309~364 美元/吨，较上年度平均价格 370 美元/吨有所降低[162]。

（三）国际主要农产品市场的发展趋势

1. 小麦市场发展趋势

世界小麦价格经历了 2008 年粮食危机推动的高速增长后，近几年受到全球经济不景气的影响，已经有所回落。目前小麦供需整体充裕，出口国之间的竞争较为激烈，特别是美国和黑海地区国家之间。国际小麦市场供需充裕的格局将限制小麦市场价格的涨势，但其偏低的比价将影响其后期播种面积，进而对小麦的产量预期产生影响。同时，未来不确定的天气因素和宏观环境会为小麦市场增添一些变数。

大体来看，小麦市场的发展趋势有以下几点：

（1）从生产角度来看，东欧国家粮食等农产品生产能力正逐步提高，乌克兰和俄罗斯小麦出口占世界小麦出口的比重呈上升趋势。而美国、加拿大和阿根廷等传统的小麦出口大国在近些年里减少了种植小麦的面积，增加了玉米的种植面积。两大产区之间出口的竞争会越来越激烈。

（2）从供求角度看，世界小麦供求长期仍将处于紧平衡状态，长远看来预计这一状况还会持续。但这并不表示小麦价格不会大幅波动，气候变化、自然灾害、发达国家农业补贴制度改革以及发展中国家在小麦贸易方面的政策调整，还有农业跨国公司的垄断都会造成小麦价格的剧烈波动。

（3）小麦贸易量会进一步增加，但地区供求不平衡问题会变得突出。不发达国家能否有足够的外汇到国际市场上购买到所需的粮食是一个长期悬而未决的问题，也会继续影响这些国家贫困人口的生存问题。

（4）从我国市场来看，我国小麦属于自产自销，进出口数额都很少，2004 年以来，连续七年中央"一号文件"锁定"三农"问题。2006 年起，我国小麦产量再度跃上 1 亿吨台阶，此后的六年间我国小麦供大于求。2015 年在国内经济下行压力大以及面粉加工业整合导致行业竞争加剧的情况下，小麦需求增速明显放缓，尤其是饲用小麦需求大幅下降，"供增需降"格局下，国内小麦市场供需进一步宽松。但是 1998 年以来，我国小麦种植面积持续减少，虽然科学技术水平在不断提高，但我国小麦未来进一步增产面临严峻的形势。近几年我国小麦进口占关税配额的 10% 左右，进口增长趋势应当引起重视。

2. 玉米市场发展趋势

2002/2003 年度以来，三大谷物中玉米的收获面积增长幅度最大，为 22.76%，大米为 8.18%，而小麦基本没有变化。玉米的种植范围在越来越广，但价格也依然在上升。总体来看，未来玉米市场有以下几个发展趋势：

（1）各玉米主产国，例如，美国、中国、巴西等，仍将在能力所及范围内继续增加玉米的种植面积。这一趋势在过去 10 年间已有所体现，主要是由于玉米运用的广泛性，且其越来越多地被用于工业领域。美国和巴西的经验表明，玉米制造乙醇能够在一定程度上缓解能源供需的紧张，这必然驱使各国在保证自身粮食基本供应的基础上，将更多的玉米投入到能源工业之中。

（2）从供求角度来讲，趋紧的形势较难改变。目前虽然玉米种植面积不断增加，但全球极端天气的多发趋势并未改变，对于玉米产量造成潜在影响，玉米未来需求趋势依然强劲，考虑到全球经济的未来依然不明朗，未来供求趋紧的形势将会依然持续。

（3）国际玉米贸易目前依然由美国所主导。2008~2011 年美国工业用玉米消费量在总消费量中占比分别为 39%、51.59%、55.4% 以及 58%。由于近些年来国际油价高企的影响，美国生化能源方面投入玉米量显著增加，预计未来，主要以玉米为原料的美国燃料乙醇工业对国民经济的贡献将继续升高。截至目前，美国依然是全球玉米生产、消费、贸易及定价中心，未来若干年内，尽管美国玉米出口量和国际贸易中的份额将缩小，但其主导国际市场的状况仍难改变。

（4）从我国的角度来看，未来玉米进口依然会持续增加。虽然我国玉米产量居世界第二位，但近几年玉米进口较前些年大幅增加，主要原因是需求的大幅增加，其来自两方面，一是人民生活水平提高增加了对畜牧业产品的需求，而畜牧业的增长会拉动饲料业对玉米的使用；二是玉米深加工需求出现了大幅度的增长。2014 年，美国农业部发布的《中国未来十年肉类需求上升，饲料进口增长》报告称，中国目前玉米进口量约是 500 万吨，预计未来 10 年中国玉米进口量将增长至 1600 万吨，到 2023/2024 年达到 2200 万吨。未来 10 年中国将占到全球玉米新增交易的 40%[163]。

3. 大米市场发展趋势

2008 年，大米价格大幅上涨，创 19 年新高，非洲和东南亚一些国家因粮食短缺而爆发骚乱，主要的大米出口国均限制大米出口，使得大米供需平衡和贸易格局被打破。粮食危机以来，大米供需偏紧，价格始终维持在高位。大体看来，未来大米市场的发展趋势如下：

（1）从生产角度来看，主产国的格局很难打破，大米生产总体仍然稳中有增，但增速将减缓，种植面积和总产量的年均增长率将下降。世界大米生产的制约因素进一步增强，大米的生产发展增速放缓，未来这一趋势很难扭转。

（2）从消费角度来看，大米消费总量持续增加，消费增速将放缓，大米期末库存量和库销比逐年下降，人均消费量下降，但也存在结构性的差异。从消费趋势看，受人口增长、生活水平提高等多因素的影响，未来大米消费仍将大幅增长，主要是由于南亚、东南亚和撒哈拉以南非洲的需求增长，特别是非洲地区增幅将增大，而南亚和东南亚地区的需求增长将趋缓。

（3）从贸易角度来看，粮食危机使得各国更加重视粮食自给问题，再加上泰国、越南等主要出口国的出口限制，未来的大米贸易量会有下滑的可能。针对这一情况，不发达国家已开始大力鼓励发展大米生产，菲律宾、马来西亚等国政府也已充分认识到发展大米生产的重要性，已经着手解决大米自给问题。一旦主要进口国大米生产能力得到提升，世界大米贸易量可能会持续减少。

（4）从我国角度看，我国是一个大米生产大国，也是一个消费大国，多年以来国内大米生产基本自给，所以2008年的粮食危机并未对我国大米市场造成严重影响。2008年，国际大米市场贸易量仅为我国大米产量的1/5，所以寄希望于国际市场满足国内需求不具有现实性，未来我国依然会继续提高大米的产业化水平，实现大米产业的快速发展，继续满足庞大的国内需求，并适时利用国际市场调剂余缺。

4. 大豆市场发展趋势

2009～2012年，国际大豆价格不断攀升，其原因较为复杂。生产地区的过度集中使得世界大豆产量极易受天气状况的影响，需求方过度集中但并不控制定价权、不断增长的海上运输费用、粮食市场价格的推动，这些都是近些年大豆价格不断走高的推手。2013年至今，国际大豆价格进入低迷阶段，主要由于全球范围内大豆生产良好，面积迅速扩张，逐年丰产，市场进入供大于求状态。大体来看，大豆市场的未来发展有以下一些趋势：

（1）从生产角度来看，在美国，玉米与大豆的种植面积之争愈演愈烈，近些年受益于有力的天气条件，农户偏向将耕地用来种植大豆而非玉米，所以大豆种植面积增加总是存在于市场的预期中。近几年巴西大豆的种植面积却在稳步增加，保证了相当部分的大豆供应。

（2）从供求方面来看，大豆供给受到美国种植面积增幅止步以及不确定的天气状况的影响，同时，美国发展生物柴油的原料90%来自大豆，这也在一定程度上减少了大豆的出口。而近几年中国、印度等国家的经济保持高速增长，对食用植物油需求开始逐步扩大，中国在过去7年中人均植物油消费几乎增长一倍，大豆的需求也直线上升。据测算，我国大豆需求量从 1990 年的 1100 万吨增加到 2015 年的 9300 万吨，但我国大豆总产量远不能满足国内需求。从 1996 年起，我国成为大豆的净进口国，进口量从当年的 111 万吨持续增加到 2015 年的 8169 万吨[164]。

（3）从贸易角度来看，2013 年巴西大豆总产量达到 8342 万吨，超过美国，成为世界上最大的大豆生产国，预计未来美国无力追赶巴西增产及出口增加脚步。美国商务部 2013 年发布的全球粮食行情预测报告同样指出，到 2022/2023 农业生产年度，全球大豆交易量将达到 1.44 亿吨，其中巴西大豆出口量将达 6380 万吨，占全球大豆贸易量的 40%；美国退居第二位，大豆出口 4380 万吨，占全球的 30%；阿根廷继续保持第三位，出口 1750 万吨，占全球的 12.1%[165]。而从进口的角度看，由于我国国内大豆产量的严重不足，而自身又是世界最大的大豆消费国，未来我国进口大豆数量还将进一步上升，解决国内的需求问题的途径依然会是大量进口。

（4）从我国角度来看，未来大豆大幅度进口而且无定价权的现状短期内难以改善。根据我国农业部公开数据显示，自 1996 年起，我国由大豆净出口国转变为净进口国，大豆进口依存度从 2000 年的 48.1%，增至 2007 年的 78.7%，到 2015 年度该比例上升至 87.8%[166]。尽管国家已吹响大豆保卫战的号角，但大量进口的趋势短期内难以扭转。而且国内企业在国际大豆市场并没有定价权，只能被动接受价格。另外经历了 2003～2004 年的大豆风波，国内加工企业已被挤压和边缘化，中国大豆产业链已被打断，目前，国内约 80% 的油脂加工产能都掌握在外资企业手中。

二、农业国际化与世界大型农业跨国公司

尽管农业受各国重点保护，在一定程度上减缓了农业国际化的进程，但是农业国际化依然是全球农业长期不变的发展趋势。特别是世界各国农业资源禀赋的差异与各地区农产品需求之间的结构性差异，使得从事农业跨国经营可以获得巨大利益，并促使各发达国家和发展中国家的跨国企业始终将跨国农业经营作为其长期的发展方向。过去几十年来，知名的跨国企业通过跨国并购、战略联盟、多元化经营等方式在农产品重点产区朝全产业链的发展方向稳步地迈进，已经取得了卓著成效。目前全世界最重要的十几家跨国企业同大约 40 家中型企业共同控制着全球食物产业链。其中，由美国阿彻丹尼尔斯米德兰公司（ADM）、邦吉集团、嘉吉公司、路易达孚公司以及安德烈公司等农业跨国公司组成的粮食卡特尔

实际上拥有对几乎整个世界农产品市场的绝对控制权。

（一）农业国际化和世界大型农业跨国公司简介

农业国际化是指不同国家农业经营超越国界并逐步融合拼构成全球体系的过程，不同国家和地区依据农业比较优势的原则参与国际分工，在此基础上调整和重组国内农业资源，使农业资源在世界范围内进行优化配置，实现资源和产品的国内和国际市场的双向流动，同时通过跨国并购、战略联盟等方式，形成相互依存、相互联系的全球农业整体。跨国企业的竞争已经逐渐成为了农业国际竞争的一种主要形式，一个国家在农业领域拥有强大竞争力的企业越多，对全球农业产业链的控制能力越强，其对世界的农业产业影响也越大，就在世界农产品市场中处于越有利的竞争地位，进而影响农产品的价格和贸易规则的制定。在当前的农业国际竞争中已经表现出了明显的国际垄断竞争特征，且主要的跨国农业企业都来自主要的发达国家，特别是美国。

目前，跨国农业企业在行业中的地位十分显著。资料显示，跨国公司在农产品世界贸易中所占的份额从 40% ~ 90% 不等。被称为 "ABCD"（ADM、邦吉集团、嘉吉集团、路易达孚集团）的四家跨国谷物公司，控制着世界绝大部分谷物的加工和分配，控制世界谷物贸易的 80%，并控制美国谷物出口的 90%。同时四家公司还控制了世界大豆贸易的 90%，他们在美国、巴西、阿根廷有众多的仓库进行大豆的收储，同时通过渗透的方式控制了大豆第一消费国——中国的大豆加工能力和进口话语权。

美国的 ADM 公司成立于 1905 年，是拥有粮食加工、贮运和全球贸易的大型国际集团。目前在除南极洲以外 60 多个国家和地区建立了 1100 多个相关的企业或加工单位，是世界最大的大豆、谷物、小麦和可可的加工企业，拥有美国最大的黄豆压碎处理厂和玉米类添加物制造厂，美国第二大面粉厂和世界第五大谷物输出交易公司。ADM 公司在大豆、玉米、小麦和可可综合加工工业方面的成就一直名列世界首位，其优势是把谷物和油籽原料深加工成为用于食品业、饮料业、保健品业和畜牧饲料市场中的多种产品。

美国邦吉集团成立于 1818 年，是一家一体化的全球性农商与食品公司，经营着从农场到消费者的食品链，以注重 "全产业链" 的控制为名。目前在全球 32 个国家拥有 450 多个工厂，已发展成为世界第四大粮食出口公司。邦吉目前是巴西最大的谷物出口商，美国第二大大豆产品出口商、第三大谷物出口商、第三大大豆加工商，全球第四大谷物出口商、最大油料作物加工商。邦吉的主要势力范围在美洲，特别是南美洲，在这里经营着与粮食贸易同为支柱产业的化肥产业，是巴西和阿根廷等国家最大的肥料生产商。同时在南美拥有大片农场，在向农民卖化肥的同时，收购其手中的粮食，再出口到其他国家或者进行深加工。

美国嘉吉公司成立于 1865 年，拥有全美最多的粮仓，从食品的生产、包装到市场的每一个环节，均涉足经营。嘉吉业务范围涉及 66 个国家和地区，堪称世界之最，在全世界有 800 多家加工厂，是全球最大的谷物贸易出口商，美国最大的谷物贸易出口商，美国最大的谷物仓储商——拥有 340 个仓库，美国第二大湿玉米加工商，美国第二大大豆压榨商，阿根廷第二大谷物出口商——约占比10%。嘉吉公司主张开放自由贸易，它的发展战略主要是开发第三世界的潜在市场，因而对环境的破坏非常显著。

法国路易达孚公司创建于 1851 年，是四大粮商中唯一的非美国公司。目前在全球 50 多个国家和地区建立了分公司，现在是世界第三及法国第一粮食输出商和世界粮食输往俄罗斯的第一出口商。在全球主要的粮食产区以及粮食贸易最发达的地区，都有路易达孚的业务布局，如北美洲的孟菲斯和威尔顿，南美洲的布宜诺斯艾利斯和圣保罗，欧洲的巴黎和伦敦，亚洲的中国和印度等。路易达孚之所以能够发展到今天这样的规模和实力，最重要的原因之一是农业产业链一体化的打造，在全球范围内整合农业资源，控制农业产业链的上中下游，使其抗风险能力世界一流。另一方面，路易达孚是一个非常多元化的企业，横跨农业、能源、房地产等多个领域，在一定程度上分散了风险。

因为四大粮商诞生背景不同，成长轨迹不同，因此，他们在经营方面各具特色，拥有自己独特的核心竞争力。四大粮商中的 ADM 公司，向来注重研发，通过不断的科学研究保持它强大的竞争力，是生物燃料的积极实践者和推动者，同时是美国最大的生物乙醇生产商。ADM 公司和很多大的公司合作，如宝洁、大众等，共同开发生物高科技产品。邦吉集团，以掌握从农场到终端的完整产业链而闻名。四大粮商中的嘉吉公司，因为最早从物流起步，迄今它的物流运输能力仍然强大，拥有 2000 多辆大货柜车和 400 多条平底运粮拖船等。路易达孚公司是唯一一家非美国籍的公司，它尤其注重期货买卖，以平衡投资风险。

（二）世界大型农业跨国公司的发展经验

四大粮商均历经上百年的发展历史，见证了百年来全球农业市场的浮沉，它们能够在剧烈变动的农业市场中经久不衰，且经营规模日益扩大，必然有其经验值得借鉴。

1. 发展全产业链模式

四大粮商最重要的共同点之一，即在全球范围内垂直整合农业产业链，打造一体化的农业全产业链模式。在产业链的上游，控制农业生产资料，比如种子、化肥等，意味着他们控制了原料的来源；在产业链中游，掌握现代化的加工技术和设备；而在产业链下游，掌握了渠道和终端销售。

2. 重视企业长远发展，而非短期回报

农业通常投资规模较大，而见效缓慢，因此四大粮商在经营中保持了较大耐心，注重企业长远发展。例如，各企业不仅向农民销售化肥、种子等产品，而是试图与种植者建立长期互动关系，向他们提供培训与科学种植知识，促使种植者优先考虑购买他们的化肥、种子产品。同时，农民也能根据其具体要求，生产符合四大粮商要求与标准的农产品。

3. 充分尊重自然规律，发挥比较优势

四大粮商的目标消费人群定位为全世界各国人口，因此其在整合全球农业资源时，始终站在全球的高度，充分发挥比较优势。例如，南美国家巴西和阿根廷的大豆产量高、品质好，因此四大粮商充分开发和利用阿根廷和巴西的大豆，将其销往世界其他地区。而中国的人工成本相对低廉，四大粮商因而利用中国廉价的劳动力进行深加工和包装，之后将成品运输到经济发达的地区销售。总之，四大粮商整合全球农业资源，发挥比较优势，在全世界范围内开展农产品的贸易。同时由于四大粮商都具有发达而成熟的物流体系，且都拥有强大的运输能力，因此在物流环节，各企业成本也控制在最低水平。总之，四大粮商通过在成本上的严格控制，保证了企业良好的盈利能力和较高的利润率。

4. 开展政府游说与合资并购

为突破各国政府对于本国农业的保护，并进一步扩大本国农业开放，为跨国农业企业的进入创造便利，四大粮商经常针对政府进行游说，并通过合资或并购的方式进入市场。ADM进入各国市场后，会低调地进入农产品产业链的各个环节，并悄无声息地缔造其农业帝国。例如，在进入中国市场时，ADM通过对民营企业投资、参股等隐蔽方式，由此躲避了公众的关注，目前嘉吉公司在中国拥有的合资和独资企业多达37家，遍布沿海地区大部分省市，类型包括饲料厂、榨油厂、糖果厂、化肥厂等各类加工厂。

5. 建立广泛的战略合作关系

尽管四大粮商作为规模巨大的全球化农业企业，其经营范围包括农产品贸易、食品加工、化学工业、金融等众多行业，但是与各个领域的巨头建立合作关系依然是农业跨国企业参与全球竞争的重要手段。例如，邦吉集团在种子、营养食品领域与美国杜邦公司开展战略合作，在生物柴油方面与欧洲政府开展合作。ADM公司则在种子领域与美国孟山都公司进行合作，利用彼此的优势共同控制

产业链，与大众共同开发生物燃油等。广泛的战略联盟实现了企业间的强强联合，一方面为其跨国经营扫清障碍，另一方面同样增强了企业自身的竞争力。

三、农业中央企业海外经营基本情况

（一）农业中央企业简介

中粮集团有限公司是中国最大的进出口公司之一，是从事农产品和食品进出口贸易历史最悠久、实力最雄厚的中国企业。其前身为组建于 1952 年的中国粮谷出口公司、中国油脂出口公司和中国食品出口三家公司，1961 年三家公司合并，中粮集团获得了最为传统的独家垄断业务——粮油贸易业务，1987 年国家颁布一系列外贸体制改革方针，这一年各地粮油食品分公司同中粮集团总公司脱钩，中粮集团开始逐步由管理型企业向经营型企业转变。起初，中粮集团控制着全国粮油出口的计划、销售等关键环节，其他各地粮油公司仅负责供货。但与中粮集团总公司脱钩后，各地粮油食品分公司独立开展业务，与总公司形成竞争关系，而以贸易起家的中粮集团在这一时期开始进军实业。2004 年宁高宁入主中粮集团，拉开了战略转型大幕，此后 5 年通过海内外收购资产、整合业务，目前中粮集团已经形成了包括粮油贸易、食品加工、房地产和酒店、金融服务的四大经营领域，并进入了打造"全产业链粮油食品企业"的新时代。公司在粮食贸易方面拥有其他公司无法比拟的垄断优势，在中国小麦进出口总额中占比为100%，在中国玉米出口总额中占比为 50%。根据中国海关的统计，中粮集团同样是中国最大的大米出口商，出口量占全国大米出口量约 74.6%。2015 年，中粮集团大豆加工能力 900 万吨，行业排名第二；玉米加工能力 640 万吨，行业排名第一；小麦加工能力 200 万吨，行业排名第二。

中国华粮物流集团公司成立于 2000 年，是国务院出资组建的大型国有粮食物流企业，为国内最大的跨区域性粮食物流企业，具有中转库、港口、散粮车和船队，初步形成北粮南运通道，2013 年 3 月整体并入中粮集团有限公司，成为其全资子企业。中国中纺集团公司前身为中国纺织品进出口总公司，创建于 1951 年，1988 年顺应国家外贸体制改革的要求，积极拓展大宗农产品贸易，主要贸易对象为油脂油料作物，大豆压榨和精炼能力居国内第三位，2016 年 7 月整体并入中粮集团有限公司，成为其全资子企业。

中国储备粮管理总公司成立于 2000 年，是担任特殊政策性任务，经营涉及国家安全和国民经济命脉领域的国有重要骨干企业，其拥有国内覆盖面最广、规模最大的粮食储运网络，在粮食储运技术和装备水平行业处于领先水平。中国储备粮管理总公司机构和业务覆盖 31 个省、自治区、直辖市，总公司直属库达 338 个。现行粮食体制下，中国储备粮管理总公司作为国家委托市场收购政策的执行主体，是市场上具有绝对垄断地位的小麦买家。中国储备粮管理总公司对小麦的收购和仓储，主要通过分布在各地的粮库来实现。

（二）农业中央企业海外经营情况

两家农业中央企业中，中国储备粮管理总公司长期执行国家保障任务，并未开展海外经营，而中粮集团有部分业务在海外，其海外经营多采取设立子公司的形式开展贸易业务。中粮集团由于早期以贸易业务起家，目前在农业领域的海外分支分布在美国、日本、德国、英国、加拿大、新加坡、澳大利亚、中国香港、荷兰等国家或地区，主要也以农产品贸易和金融企业为主。2014 年以前，中粮集团目前在农业资源及加工领域的海外经营和并购案例非常有限，仅包括两家分别位于法国和智利的酒庄，澳大利亚的塔利糖厂和非洲加蓬共和国的 5 家木材经营公司；并购对象多为五谷道场、蒙牛、白水杜康、华粮物流等国内品牌。2012 年，中粮曾参与竞购澳大利亚糖商 Proserpine Cooperative Sugar Milling Association Ltd，但败给丰益国际集团。此后中粮集团加快海外投资步伐，计划 5 年内至少投资 100 亿美元用于海外收购，收购对象主要是农业资源，重点市场包括美国、澳大利亚和东南亚国家。2014 年，中粮集团联手厚朴基金，以 15 亿美元收购新加坡来宝公司 51% 的股权，又以 12.9 亿美元收购荷兰尼德拉公司 51% 股权，获得其分布在巴西、阿根廷、黑海地区、印度尼西亚等粮油核心产区的主要资产，实现迄今为止我国最大规模的国际粮油并购交易。此次并购使中国粮商跻身第五大国际粮商，资产规模可与国际四大粮商相较量，逐步实现物流和供应链的融合，大大增强了中国在国际粮食贸易市场的话语权。

中粮集团旗下目前在海外的二级子公司有 10 家，并购对象中国中纺集团公司旗下二级子公司有 3 家。中粮集团 BVI 公司是注册于维京群岛的从事农产品贸易的全资子公司。中粮集团（纽约）有限公司是中粮集团的全资子公司，主要从事粮食贸易。鹏利实业（加拿大）有限公司是中粮集团的全资子公司，主要从事谷物、小麦和其他食品的出口业务。鹏利（伦敦）有限公司是中粮集团设在英国的全资子公司，设立于 20 世纪 90 年代主要从事粮油食品进出口贸易，其中主要以食糖为主。鹏利（澳大利亚）有限公司是中粮集团设在澳大利亚的全资子公司，其主要从事农产品进出口业务，中粮集团对澳大利亚塔利糖业的收购就是通过鹏利完成的。中粮集团（德国）有限公司是中粮集团设在德国汉堡的全资子公司，主要从事罐头、速冻蔬菜和其他粮油食品贸易。中粮集团日本有限公司是中粮集团设在日本东京的全资子公司，从事禽畜、油脂及水产等产品贸易。中粮集团金融资本公司和中粮财务有限公司是中粮集团分设在芝加哥和中国香港的全资子公司，主要从事金融业。博恩（美国）公司是中粮集团设立在凤凰城的从事物业开发与金融信贷的全资子公司。中纺粮油（美国）公司是一家贸易公司，其成立是为了将粮油采购业务向上游延伸、逐步为中纺粮油公司培育一个集原料采购、港湾/离岸 FOB 贸易、境外融资、国际结算以及商情分析等多功能综合业务为一体的平台，并通过这一平台逐步整合粮油公司在巴西、阿根廷和美国的贸易资源，加快建立和完善粮油收购体系。中纺粮油（中国香港）有限公司主要经营大宗农产品的现货交易、期货交易、干散货船租赁、远期外汇交易等。中纺粮油（巴西）进出口有限公司也是一家贸易公司，从而打破跨国集团的垄断，实现直接从巴西采购和进口大豆。

（三）农业中央企业海外经营的必要性

2003 年我国农产品贸易由顺差转为逆差，而且差额呈现逐年不断扩大的趋势，并于 2015 年达到 462 亿美元。由于国际竞争力不足，国内农产品明显受到国外廉价农产品的冲击，其潜在原因是大型跨国农业企业在技术和成本方面相比国内企业的巨大优势。目前我国在小麦、玉米、大米领域实施关税配额管理，因此这三个领域尚处于国内企业控制之下，然而近几年小麦、玉米和大米的进口都有所增加，且三种谷物的增产前景受耕地、气候等因素的制约较为明显；同时，已开放的大豆产业被外资控制 80% 左右的产能，在大豆进口方面，我国已于 2015 年超过 8000 万吨规模，大豆对外依存度接近 90% 的水平。一方面是进口农产品总量在不断增加；另一方面在进口价格方面缺乏话语权，国际市场的冲击对于我国农业安全的潜在威胁不断增长。与此相对，作为国内农业领导者，具有标杆作用的农业中央企业"走出去"的步伐多年来一直相对缓慢。

中央企业作为我国农业领域的大型集团公司，控制了我国农业命脉，且具有规模巨大、占有资源丰富以及物流、加工与政策等方面的优势。在农业国际化浪潮的风口浪尖上，为增强自身实力、满足国内人民日益增长的多样化的农产品需求及争取农产品的国际话语权，应勇于"走出去"开展海外经营，参与国际竞争，这是顺应农业国际化浪潮的必然趋势，是保证国家农业安全的必然要求，是中央企业提高内部竞争力的内在需求。在未来的国际竞争中，大力发展农业中央企业对外投资对我国的农业现代化及社会经济发展具有深远意义。

1. 获取重要的战略资源

我国对于一些涉农大宗进口产品，例如，大豆、玉米、棉花等的依赖程度在不断提高，而上述资源集中在少数几个国家和企业处，出口国寻机涨价，往往对于我国下游产品和企业造成冲击和震荡，给整个产业带来巨大风险。为降低市场风险，减少业务的不确定性，农业中央企业有必要开展对外投资，以合资、合作甚至独资的方式控制农业战略资源。

2. 规避贸易壁垒问题

贸易壁垒已成为制约我国农产品国际竞争力进一步提高的重要障碍，尽管提高产品质量与自身管理水平，增强对于进口国市场规则的适应能力是提高出口产品竞争力的根本，然而大力开展对外投资是重要的发展趋势。例如，我国某水产出口企业尽管获得美国 FDA 认证，被允许进入美国市场，然而美国对来自于中国的水产品检验检疫手续繁杂，而面对和美国签有自由贸易协定国家的进口水产品手续则要简化许多。为此，我国企业可以通过收购自由贸易协定国家的水产养殖及加工企业，扩大对于北美市场的出口规模。

3. 提高企业技术和管理水平

发展中国家企业，尤其是处于国际化初期的企业，通过对外直接投资在海外创新活跃地区建立生产基地进行生产和研发活动，不仅可以获得先进的技术信息，有效利用当地技术资源，还可以为本国技术累积和创新建立更为广泛的国际基础，推动产业发展。

4. 获取农产品定价权

不管是在农产品的现货还是金融市场，美国等发达国家的跨国企业都扮演着主导角色。随着粮食对外依存度提高，我国农业中央企业应当积极参与国际合作，在应对国际粮价上涨中掌握更大的话语权。发达国家以及国际粮商在国际粮食市场拥有较大的话语权，主要是能够依据对农产品信息和数据的解读，做出预测并进行操作。以 2004 年的"大豆危机"为例，当时美国农业部先调低、后调高预期大豆产量，造成大豆价格从暴涨到暴跌，我国大豆产业由此蒙受巨大损失，而在此过程中我国企业对外经营经验不足导致我们无法了解真实数据，从而无法对市场状况拥有客观的掌握。

四、农业中央企业国际竞争力和国际化状况分析

农业中央企业未来继续"走出去"是国际形势和国内形势的必然要求，而进

入更广阔的世界领域，意味着陌生而又复杂的国际环境，不确定的经济、政治、汇率等风险随之而来，同时还会面临在国际市场早已拥有丰富经验的大型跨国公司的激烈竞争，挑战非常严峻。但如果从增强自身竞争力出发，制定合理长远的发展战略，提高自身应对各种风险的能力，我国农业中央企业依然可以在世界市场上有所作为。而我国中央企业的国际竞争力状况究竟如何，本研究将基于国际四大粮商的竞争力状况与中粮集团进行对比，以为农业中央企业的国际化发展提供一些启示。

（一）农业中央企业国际竞争力状况

该研究将从企业的整体财务状况出发，选取五个方面的指标，即经营规模与范围、偿债能力、营运能力、盈利能力与未来发展，分别针对中粮集团与国际四大粮商的现状进行比较。

1. 经营规模与范围

农业作为一个特殊产业，规模经济的作用尤为突出，从被众多企业普遍实行的"全产业链"战略中就可看出。因此，对于直接参与国际竞争的企业而言，经营规模就显得异常重要，国际布局、经营范围、营业收入等因素体现着企业对于全球农业产业链的控制程度，从而影响着其对国际农产品市场信息的把握和在国际市场的话语权。

中国中纺集团公司并入后，中粮集团目前除在境内经营之外，在美国、日本、德国、英国、加拿大、新加坡、澳大利亚、中国香港地区、巴西、荷兰等国家或地区拥有子公司，然而多限于贸易环节，在国外市场对上游资源的控制相对有限；另一方面，2014 年中粮集团对于新加坡来宝公司与荷兰尼德拉公司股权的收购，使得中粮集团拥有巴西、阿根廷、黑海地区、印度尼西亚等粮油核心产区的主要资产。与此相对比，跨国公司 ADM 的经营遍布 60 多个国家，公司有 1100 多家企业和分支机构，包括贸易、金融、加工厂、销售公司等企业类型，经营范围包括粮油贸易、食品加工、农产品加工、金融、生化能源等领域，因此中粮集团在经营范围上与 ADM 相当。

然而 ADM 农业板块目前在世界范围内有共计 244 家加工厂，采购工厂 292 家，1500 艘驳船，700 辆卡车，1600 辆拖车，7 艘远洋海运船，业务遍及 60 多个国家。而不完全统计，中粮集团与中国中纺集团公司的工厂总数约为 100 家左右，基本上全部分布在国内。运输能力方面，中粮集团全资子公司中国土畜下属利海船务公司拥有 6 艘 2.8 万吨级小灵便型干散货物船舶，旗下还有一家中粮集团国际仓储运输公司经营办理国际货物进出口业务；并入的中国华粮物流集团公司使中粮集团获得了 15 个港口泊位，新增港口吞吐能力 2020 吨，新增吞吐能力超过原中粮集团水平的一倍左右，如表 3 - 14 所示。

表 3 - 14　　　　　中粮集团与跨国农业巨头 2015 年经营规模对比

企业	中粮集团	ADM	邦吉集团
跨国数量	10	60	32
经营范围	贸易、金融、地产、酒店、农产品加工、食品加工、生化能源	贸易、食品加工	贸易、金融、食品加工、农产品加工、生化能源
加工厂数量	约 100	244	450
独立运输能力	中等	很强	很强

资料来源：企业年度报告。

年度报告显示，如表 3 - 15 所示，2015 年中粮集团总资产已达到 738 亿美元，显著超过 ADM 公司与邦吉集团两大粮商，这表明从企业规模方面考察，中粮集团已经成为农业巨头，可与四大粮商比肩。

表 3 - 15　　　　　中粮集团与跨国农业巨头 2015 年资产负债表对比　　　　单位：亿美元

企业	中粮集团	ADM 公司	邦吉集团
流动资产	436	218	109
固定资产	300	184	70
资产总额	738	402	179
流动负债	344	135	73
长期负债	176	87	39
负债总额	520	222	112
所有者权益总额	218	180	67

资料来源：企业年度报告。

2. 偿债能力

偿债能力可从短期和长期两个方面考察。短期偿债能力方面，中粮集团所拥有的流动资产为流动负债的 1.27 倍，明显低于 ADM 公司与邦吉集团的 1.61 倍与 1.49 倍，短期债务风险相对较高；另一方面，中粮集团现金比率较高，显示出中粮集团有较为充足的货币资金和交易性金融资产以为变现提供流动性，但这有可能会影响资金的使用效率。长期偿债能力方面，中粮集团在资产负债率与长期资本负债率方面均高于 ADM 公司与邦吉集团，说明从长期来看中粮集团依赖于高财务杠杆开展经营，偿债风险相对较高。表 3 - 16 为中粮集团与跨国农业巨头 2015 年偿债能力对比。

表 3 - 16　　　　中粮集团与跨国农业巨头 2015 年偿债能力对比

企业	中粮集团	ADM 公司	邦吉集团
流动比率	1.27	1.61	1.49
现金比率	0.66	0.49	0.10
资产负债率	70.5%	55.2%	62.6%
长期资本负债率	44.7%	32.6%	36.8%

资料来源：企业年度报告。

3. 营运能力

应收账款周转天数是指企业从取得应收账款的权利到收回款项、转换为现金所需要的时间，周转天数越短，说明流动资金使用效率越好，企业营运能力越强；而总资产周转天数考察企业的全部资产周转一次所需要的时间。从应收账款的角度来看，中粮集团的周转率低于 ADM 公司与邦吉集团，说明国际四大粮商相比之下收账速度快，平均收账期短，坏账损失少，资产流动快，偿债能力强。另一方面，中粮集团在总资产周转类指标上表现同样较差，总资产周转天数为408 天，表现明显落后于国际竞争者，这可能是管理效率方面的原因，也可能是优质资产过少导致。

表 3 - 17　　　　中粮集团与跨国农业巨头 2015 年营运能力对比

企业	中粮集团	ADM 公司	邦吉集团
应收账款周转天数	17.4	11.8	14.3
总资产周转天数	408	224	163

资料来源：企业年度报告。

4. 盈利能力

从表 3 - 18 各指标表现可以看出，中粮集团的盈利能力明显低于国际竞争对手，2015 年主营收入净利率仅为 0.3%，这显示出中粮集团在成本控制与资产盈利方面仍落后于四大粮商。权益净利率主要衡量企业股东潜在的获利水平，因此中粮集团在该方面也不及另外两家跨国农业企业。

表 3 – 18 　　　　　中粮集团与跨国农业巨头 2015 年盈利能力对比

企业	中粮集团	ADM 公司	邦吉集团
主营收入毛利率	0.9%	5.9%	6.2%
主营收入净利率	0.3%	2.7%	1.8%
资产净利率	0.3%	4.6%	4.4%
权益净利率	1.0%	10.3%	11.9%

资料来源：企业年度报告。

5. 未来发展

尽管从偿债能力、营运能力以及盈利能力方面，中粮集团与各跨国农业巨头相较尚存在一定差距，然而中粮集团显示出更为良好的成长性，如表 3 – 19 所示。2015 年，中粮集团总资产增长 2.0%，主营业务收入与净利润分别增长 58.4% 与 74.0%，增幅明显；而同期 ADM 公司与邦吉集团的相关指标多呈现下降趋势。这说明，中粮集团目前正处于快速发展、不断追赶国际竞争者的阶段，未来进入国际市场还有很大的发展潜力。

表 3 – 19 　　　　　中粮集团与跨国农业巨头 2015 年未来发展能力对比

企业	中粮集团	ADM 公司	邦吉集团
总资产增长率	2.0%	- 8.7%	- 16.1%
主营业务收入增长率	58.4%	- 16.6%	- 6.6%
净利润增长率	74.0%	- 17.6%	52.8%

资料来源：企业年度报告。

（二）农业中央企业竞争力偏弱的原因分析

以上研究显示，截至目前中粮集团在很多方面与大型的跨国农业企业相比尚存一定差距，而大型跨国农业企业的竞争力是建立在几十年深耕于国际农业市场的基础上的。即使中粮集团在国内市场已做到龙头企业的地位，但国际农业市场需要企业具备更强的硬件和软件实力，更需要企业长期在国际市场参与竞争的经验，从这个角度来讲，以中粮集团为代表的中央企业的国际竞争力还是偏弱，主要原因有以下三点：

1. 我国农业中央企业转型刚刚完成，仍然处于初级发展阶段

2005 年开始完成国有企业改革的中粮集团进入以战略转型为特征的重塑阶段，确立了新的使命、愿景和战略，并进行产业整合与管理架构调整。目前的中

粮集团已完成战略转型，成为国内最具竞争力的农业企业，但全产业链战略依然在实施过程中。

反观大型跨国粮食企业，这些经营上百年的企业从 20 世纪初就开始参与国内竞争，并伴随着每一次对外直接投资浪潮开展对外投资，拓展国际版图，建立国际农业秩序与规则。特别是 20 世纪 80 年代以来随着经济全球化和金融自由化趋势的增强，跨国粮食企业的跨国并购进入高峰期，势力渗透到世界上最重要的粮食产区中，并在这些地区牢牢控制了产业链。同时，多年的跨国经营让这些企业具备丰富的经验和风险规避能力，并在农产品期货市场上拥有较强的交易能力。对于农业上游和金融资源的控制让后进者难以撼动其在国际农业市场的地位。

2. 我国农业中央企业的海外经营程度较低

中粮集团旗下的海外公司，主要从事农产品的贸易来满足国内对于农产品的需求，较少掌握世界谷物和大豆领域的上游资源。对比 ADM 公司的海外经营情况即可看出，目前我国中央企业的海外经营还处于较初步阶段，全球布局还有待于进一步的规划和实施。

仅在油料种子加工方面，ADM 公司就拥有 67 个国外的加工厂，超过其国内的 47 个，这些加工厂分布在北美、南美、欧洲的 11 个国家和地区，国外还拥有 105 个谷仓，总计容量 36.2 亿吨，还有相当数量的港口运输设施。国外采购设备数量达 90 个，占其总采购设备数量的 90%。谷物方面，公司在阿根廷、墨西哥和乌克兰有 5 个出口谷仓，有总计 7.37 亿吨储量。公司还有 13 个谷仓分布在多米尼加共和国、爱尔兰、罗马尼亚和乌克兰。ADM 公司还有众多其他的加工厂分布在农产品主产区。此外，ADM 公司还与世界上诸多知名企业进行合资经营，在欧洲、亚洲和美洲地区开展农产品经营，我国油脂市场的龙头益海嘉里集团便是 ADM 公司与新加坡丰益国际的合资公司。

由此可见，与 ADM 公司的国际经营相比，我国中央企业的跨国经营还处在初级阶段，没有在世界范围经营链条的延伸，就很难塑造起强大的国际竞争力，中央企业未来还有很大的发展空间。

3. 中央企业还没有完全实现全产业链经营

从 2009 年开始，中粮集团提出全产业链模式，这种模式覆盖种植、运输、仓储、生产、加工、分装和销售七大环节，以食品为核心，打通连接农场到餐桌的所有环节。全产业链模式能够更好地发挥规模经济作用，为企业创造更多的利润。全产业链并非中粮集团首创，而是对大型跨国粮商经营模式的一种借鉴。目前的中粮集团全产业链战略还在实施过程中，还未真正实现，在产业链上游收储和贸易环节中粮集团具有先天优势，而真正的挑战在于下游营销网络，中粮集团多年的努力重点在于建设下游。而在国际经营中要想实现全产业链可谓任重道远，实现这一目标的过程充满阻碍和困难，而这些阻力主要来自于他国政策、团体、农民、跨国粮商等方面。

ADM 是"全产业链战略"的先行者，经过一百多年的发展，ADM 公司已经构建了完善的"产地→运输→加工→转化→配送→市场与销售"的全产业链。通过农产品的生产、加工、转化、配送、销售，延伸产业链，扩展品种，扩大生产规模和地理覆盖，增加市场占有率和多样化产品组合。

（三）中央企业与跨国公司国际化程度对比分析

截至目前，中粮集团在资产规模方面、员工人数方面已经超过 ADM 公司、邦吉集团等国际粮商，然而在国际化程度上还处于初级阶段。ADM 公司在全球超过 75 个国家和地区拥有超过 265 个从事玉米、油籽、小麦、可可加工、动物饲养以及进行工业和能源方面用途的工厂。而邦吉集团则在超过 40 个国家和地区拥有 400 多家从事谷物、油籽生产和粉碎以及食品生产的经营单位。

中粮集团从 2010 年开始海外并购，起初仅在法国和波尔多拥有两家酒庄，澳大利亚拥有一家糖厂，泰国拥有一家生化公司，另有 8 家海外从事农产品及食品贸易、金融、地产方面的子公司位于 6 个国家和地区。2014 年，中粮集团联手厚朴基金，以 15 亿美元收购新加坡来宝公司 51% 的股权，又以 12.9 亿美元收购荷兰尼德拉公司 51% 股权，获得其分布在巴西、阿根廷、黑海地区、印度尼西亚等粮油核心产区的主要资产。截至 2015 年，中粮为世界 1/4 以上的人口提供粮油食品，业务涉及 140 多个国家和地区，资产国际化占比 20%，营收国际化占比 50%，在全球范围内拥有仓储能力 3100 万吨，加工能力 8900 万吨/年，港口中转能力 5400 万吨/年。表 3 - 20 的对比显示，经历 2014 年的收购，中粮集团的海外资产占比由低于 1.0% 快速增加至 20.0% 左右，海外收入占比超过国内业务，国际化指标与 ADM 公司、邦吉集团等跨国农业巨头可以比肩。然而由于中粮集团尚未与被收购公司在业务层面实现协同效应，目前仍处于整合阶段，因此距离真正实现全球化经营尚存在一定差距。

表 3 - 20　　　　中粮集团与跨国农业巨头 2015 年国际化指标对比

企业	中粮集团	ADM 公司	邦吉集团
海外资产占比	约 20.0%	28.0%	14.5%
海外收入占比	约 50.0%	47.7%	75.0%

资料来源：企业年度报告。

五、农业中央企业国际化对策建议

2003 年开始，我国对外直接投资开始成倍增长，企业大规模地走出去，开展国际经营，参与国际竞争，但是农业领域的对外直接投资水平相对较低，我国农业企业在"走出去"方面还处于研究和蓄势阶段，农业中央企业的特殊地位决定了其"走出去"应当首先从战略方面制定长远规划。

（一）立足于国内需求，开展海外并购

目前中国已是世界上最大的农产品消费国，而且随着人口的增加和人们生活水平的提高，未来对农产品的需求还将进一步扩大，巨大的市场吸引外资企业纷纷进入中国，并不断扩大经营，加强对中国农产品市场的掌控。而对于中央企业而言，无论是从市场角度还是从践行国家与社会责任角度而言，都应把重心放在国内需求上，开展国际化经营也要紧紧围绕这个中心。中央企业目前的海外经营程度较低，对国外主要农产品产区的中上游资源缺乏掌控，未来的海外投资首先应该是寻求资源，这就要求在并购对象的选择和并购条款的制定中重视对资源的掌控。

（二）"全产业链"与国际化相结合，增强企业竞争力

控制全产业链是大型农业企业普遍采取的竞争战略，跨国粮商无一不对从收储到销售的各环节进行控制。中央企业应从全球农业市场角度考虑"全产业链"问题，根据不同地区的比较优势进行国际布局，并从自身的优势和特点出发，选择适当区位，制定相应策略，根据当地市场特点，以个别环节作为切入点，逐渐实现国际化的"全产业链"。同时要增强自身对于"全产业链"的经营和管理能力，力求从农民种植环节就开始提供种子、化肥以及农业咨询服务，或是大力建设专业化、规模化、标准化的原材料生产基地。构建覆盖主要农产品产区的收储网络，控制上游原材料资源；建立规模化加工厂，实现集约化加工能力，控制中游；拓展包装储藏、物流配送和市场营销等下游环节，建立完整的产业链条。要通过国际布局、战略进入、步步渗透首先实现全球"全产业链"的控制，再通过"全产业链"的不断优化经营增强自身经营管理能力，形成"全产业链"经营与竞争力相互促进的良好机制。

（三）组建大型跨国企业集团，形成规模经济优势

厂商垄断优势理论认为规模经济优势是企业特有优势之一。跨国企业通过水

平或垂直一体化经营可以达到当地企业所难以企及的生产规模，降低成本。跨国企业还可以实行国际专业化生产，利用各国生产要素价格的差异，合理布置生产区位来取得企业内部与外部规模经济，获得一定的竞争优势。从整体上看，目前中央企业和国外大型跨国农业公司相比，经营范围远没有达到知名跨国公司的程度。例如，从农业运输方面来看，知名跨国公司大多都拥有港口、船队、火车等一整套的物流运输体系，一方面降低了经营的成本，另一方面增强了经营的灵活性。企业若规模小，企业内部市场就小，外部交易成本就较大，难以形成规模经济优势，更难以与外国大型跨国农业企业抗衡。为此，中央企业应当壮大主业，加强国际国内资本运作，开展跨国和国内企业兼并、收购，提高企业集约化程度。

（四）建立战略联盟，加强国际合作

跨国粮商进行国际经营的经验显示，随着企业走向世界，其面临的是更加激烈的市场竞争和变幻莫测的国际环境，与专业领域的跨国巨头进行合作是增强自身国际竞争力的重要手段。不同领域的专业化研究和经营可使公司之间实现强强联合，优势互补，降低成本，还可能带来一系列附加效应，例如，可获得使用战略伙伴的市场资源的机会等。在中国市场风生水起的益海嘉里是新加坡益海集团与美国 ADM 的合资公司，益海掌握了 83.6% 的股权，ADM 公司仅有 16.4% 的股权，但是事实证明了益海引入 ADM 公司作为战略投资者是非常明智的。目前益海嘉里对中国油脂市场的控制得益于其洞悉国际大豆市场的变化趋势，ADM 公司仅大豆事业部门的销售额就占到公司整体销售额的近 40%，其最为知名的业务就是油脂业务中的大豆业务。另一方面，很多国家对于农业领域的跨国经营都有一定的限制，在这种情况下，建立战略联盟、进行合资经营是企业进入外国市场的一种重要方式。中粮集团在 1992 年自创品牌以来，就与 ADM 公司、丰益国际在中国市场形成了战略伙伴关系，ADM 公司、丰益国际看重的是通过合资进入中国市场的机会，而中粮集团看重的则是两家外资在油籽加工业的丰富经验、良好信誉、原料购买和供应实力以及先进技术与管理人才。未来中粮集团在进行国际化经营时也应当借鉴大型跨国农业企业的经验，选择合适的伙伴建立战略联盟，这对于进入市场、优势经营有着重要的意义。

第五节　中央企业国际化模式的低碳转型

随着能源资源瓶颈凸显和劳动力、原材料价格的上涨，上游生产成本的上升

不断挤压利润空间，有实力的跨国企业均积极采用新能源、开发新产品，加大低碳领域的投资力度，低碳经济正成为未来重要的经济增长新动力。各国政府也纷纷出台低碳发展战略，低碳发展成为企业国际化的重要决策依据，低碳领域的对外投资将是未来企业国际化的重点竞争领域。我国中央企业发展海外低碳领域的投资既符合东道国产业转型升级的指引方向，也符合作为跨国企业战略转变的需要，可以实现多方共赢。

一、低碳经济引领跨国企业全球战略转型

跨国企业全球战略大致经历了利润最大化与成本最小化两个阶段。在利润最大化阶段，跨国企业以合资、独资控股的形式增强对东道国企业的控制，使其在生产经营活动方面保持与母公司的统一，保证利润最大化目标的实现；而随着更加细致的市场需求导向的发展，利润空间的不断压缩促使企业必须通过不断降低成本来实现利润目标，企业全球战略更加注重成本控制，将各环节配置到成本最低的区域，实现整个产业链成本的下降。而随着金融危机后全球对外投资活动的逐渐复苏，原有的主要对外投资领域逐渐饱和，低碳经济成为对外投资的亮点，未来投资潜力巨大。各国在碳减排方面也逐步达成共识，最大限度地减少碳排放将成为国际通行准则，碳排放权、碳关税、碳交易已成为国际经济发展中的重要参数，低碳经济已经成为新的经济增长"发动机"，引领未来全球产业结构调整的方向，碳排标准将成为衡量企业对外投资活动效率的重要指标。而低碳经济条件下的全球产业布局的调整是一场涉及生产模式、消费方式的根本性革命，涵盖产业链全部环节的转型，低碳理念贯穿于资源开发、产品设计研发、加工、利用的整个生命周期中，各环节必须以碳减排为目标重新配置，从根本上影响产业链在全球的重新配置，企业必须以碳排放最小化为目标配置产业链各环节，最大限度地实现碳减排。

二、我国中央企业国际化的低碳转型——既是挑战也是机遇

我国将低碳发展作为未来一个时期国家发展战略中的重要内容，《"十三五"规划纲要》中明确要求"生产方式和生活方式绿色、低碳水平上升；能源资源开发利用效率大幅提高，能源和水资源消耗、建设用地、碳排放总量得到有效控制，主要污染物排放总量大幅减少"。因此，中央企业作为重要的国际化主体，应树立绿色低碳发展的战略目标，对外投资战略也必须顺应这种潮流。在低碳转

型过程中，既面临国内国际环境的不利变化，也面临低碳经济带来的新的投资合作机遇。

（一）中央企业国际化在低碳经济条件下面临的制约因素

第一，中央企业在实现低碳发展方面面临国际国内双重压力。"十二五"期间，中央企业节能减排目标为万元产值综合能耗下降 16% 左右，而根据 2016 年部分省份已公布的单位地区生产总值能耗下降 13%～17% 的节能减排指标，"十三五"期间中央企业节能减排将同样任重道远。另外，中央企业在电力、钢铁、建材、有色、化工和石化六大高耗能行业中占据了相当的比重，因而承担了较大节能减排压力。我国尚处在工业化加速进行的历史阶段，对能源的刚性需求在短期内难以改变，中央企业如何在能源资源的巨大消耗与可持续发展之间实现平衡是其面临的首要难题。

第二，中央企业在关键领域的低碳技术瓶颈成为制约其国际化进一步拓展的因素。中央企业虽然在低碳产业全球布局方面取得了一定进展，但一些关键领域的低碳技术仍有待突破，低碳领域技术水平不足，研发创新能力有限，势必导致国际化竞争的能力缺失，低碳化的对外投资战略不可持续。

第三，中央企业社会责任不断强化，国际化进程中面临巨大减排压力。经济因素不再是唯一决定企业对外投资战略的因素，企业能否实现低碳化的国际化路径决定了其能否立于不败之地，中央企业必须转变原有的国际化思路和战略，将低碳发展模式融入未来全球布局的考虑之中，除了需要考虑东道国投资政策、市场条件、生产成本等主要因素外，还要承担起低碳发展的社会责任，注意对东道国环境和资源的保护。否则，不仅无法获利，而且有损企业形象，不利于今后对外投资活动的顺利开展。

（二）中央企业具备实现低碳转型的机遇和优势

第一，中央企业在一些低碳技术装备领域与发达国家企业差距不大，在相关设备制造领域有可能占有优势，具备一定的参与低碳竞争的实力。随着我国低碳技术创新机制的不断完善，将进一步刺激中央企业形成经济节能的全球产业链布局，加上中央企业资金投入和政策方面的优势，中央企业有实力率先实现低碳转型，成为我国企业国际化向低碳经济发展的引领者。

第二，低碳经济开拓了中央企业国际合作新领域。发达国家有众多中小型高科技公司，在低碳技术领域占据制高点，但缺少市场开发途径和资金，中央企业可以通过收购、兼并或合资、合作经营等方式与其合作，或通过与跨国企业建立战略合作伙伴关系和合作开发低碳技术,分摊低碳技术研发风险,实现优势互补。中央企业还可以争取发达国家在应对气候变化方面的技术转让和资助,大力扶持和鼓励开发低碳适用技术,为发展低碳经济奠定必要前提。

第三,低碳转型有利于中央企业在国际化进程中树立负责任的企业形象,减少贸易投资摩擦。中央企业作为推动低碳经济发展的主导力量,既肩负着壮大国有资产的重任,也肩负着企业的环境责任和法律责任,是行业形象的领导者和代表者,是我国企业国际市场的重要开拓者,在一定程度上甚至代表了国家形象,实现产业链的全环节的碳排放最小化,会直接对当地环境、卫生、气候等领域产生直接的提升效应,有利于树立负责任的企业形象,进一步减少中央企业国际化进程中的非经济因素的障碍。

三、中央企业实现低碳国际化路线的战略取向

(一) 在产业链全球布局中注重降低全环节的碳排放,进一步优化投资结构

改变原有的单一能源资源拓展、加工制造为主的高碳排放强度的国际化模式,一是要提高能源利用效率,包括改进生产运行、相关投资和生产装置的运行效率;二是要加强在基础性研究和开发方面投资,开发新的突破性低碳技术,特别是提高产业链各环节的碳捕获和储存能力,进一步减少碳排放。

有选择地进入清洁能源、低碳产品和服务领域,发展高效清洁产品及服务,进一步优化投资结构。注重搜集整理和关注各国政策导向,把握低碳经济带来的新机遇。跟踪低碳经济下的投资热点以及各国政府的鼓励、引导和服务政策;深入了解东道国的国情和阶段特点以及有关低碳经济法律动向、产业与产品的技术标准,利用自身优势找准重点领域,逐渐构建一整套能够紧扣国际市场需求的专业化、低碳化的产业链体系。

(二) 积极开展低碳技术研发合作

中央企业应对可能占据未来低碳领域制高点的新技术应做好前瞻性技术储备,在国际化进程中获取相应知识产权资源;同时,进行低碳能源研发,开展相关研究、试验与示范工作,与国外科研机构合作,支持重要的低碳项目研究,并结合生产实践,开展先进低碳技术的应用推广,特别是节能减排技术。积极学习和借鉴跨国公司在低碳经济、节能环保等方面的先进经验、理念和技术,进一步

加强与跨国公司技术研发合作。

（三）强化企业社会责任

作为在东道国开展业务活动的市场主体，中央企业在一定程度上代表了国家形象，在对外投资过程中必须树立强烈的社会责任感，最重要的是遵守东道国当地的法律法规，在投资活动中避免造成外部的不经济。在产品和服务的节能环保标准方面，要严格遵守东道国相关规定，即使东道国尚未形成较为完善的法律法规，也应该主动按照国际通行的高标准开展经营。对于东道国投资环境尚不健全的国家，中央企业应通过减少生产经营环节的碳排放强度，为其发展低碳经济做出贡献。

（四）在低碳经济政策制定方面发挥影响

中央企业应从推动行业健康可持续发展的角度积极与政策制定者沟通，倡导低碳生产和消费模式。一是加强与相关国际组织联系，及时跟进国际低碳发展模式方面的信息，扩大企业影响力；二是积极开展相关战略研究，积极影响国家政策的制定；三是从社会责任角度出发，在消费环节加强宣传，提高公众低碳消费意识，倡导低碳生产和消费模式。

（五）坚持低碳标准先行，参与制定国际标准

发展低碳经济，相关标准体系的建设必须先行。低碳产品和服务的标准体系构建有利于打破国际贸易投资壁垒、促进外向型发展，为发展低碳经济提供重要技术支撑。中央企业在国际市场的开拓过程中一方面面临的是发达国家日益更新的新标准和新要求，并逐渐构成了新的技术、环境壁垒；另一方面，中央企业面临的广大发展中市场在低碳标准及相关保障体系方面相对滞后。中央企业要主动适应低碳发展新标准，坚持自主创新，加快技术转型，以采用国际标准为基础，不断提升企业内控标准，一方面有利于紧跟发达国家市场要求，另一方面也可以弥补有关标准建设方面的空白，在发展中国家的低碳领域投资竞争中占据先机。

第四章

国有企业混合所有制改革

内容提要

本章针对混合所有制与国有企业改革发展趋势及融资模式进行研究，探讨中央和地方国有企业改革的发展趋势，分析和预测混合所有制框架下的国有企业改革发展带来的投融资需求总量和结构变化及对投融资模式的新要求。

第一节　国有企业改革发展趋势

1978 年的改革开放标志着我国国有企业迈入市场化改革阶段，其后的一系列改革政策通过政府放权让利、大型国有企业公司制改革以及大中型国有企业建立现代企业制度，释放大量政策红利，显著提升国有企业经营效率。然而受限于产权改革停滞、现行国有资产监管体制存在弊端等现实制约因素，国有企业内外部仍存在诸多弊病，使其在经营效率、盈利能力、治理水平等诸多方面明显落后于私营企业。另一方面，由于国有企业始终在国民经济中处于至关重要的地位，因而当下推行新一轮针对国有企业的改革势在必行。

2013 年 11 月 12 日，党的十八届三中全会通过的《中共中央关于全面深化改革若干重大问题的决定》提出"积极发展混合所有制经济"，赋予了混合所有制经济前所未有的重要地位。此后，2014 年的《政府工作报告》明确提出"加快发展混合所有制经济"，2015 年的《政府工作报告》进一步提出"有序实施国有企业混合所有制改革"，体现了党和政府推动国有企业改革、支持非公有制经济发展的坚定决心。

一、国有企业改革发展方向

改革开放以来，国有企业改革逐渐被提上日程，一系列相关政策的推行在一定程度上提高了国有企业运营效率，释放了大量政策红利，取得了重大成果。而另一方面，产权定位模糊等问题的存在，导致历史上历次改革的不够彻底，再次大力推动新一轮国有企业改革成为"十三五"时期迫在眉睫的任务。

（一）国有企业改革相关政策

作为我国国有企业改革与发展历程的重要分界点，1978 年召开的党的十一届三中全会，开启了改革开放的序幕，真正标志着我国国有企业迈入市场化改革阶段。

我国国有企业改革历程大致经历了以下三个重要阶段，如表 4 - 1 所示。

表 4 - 1　　　　　　　　国有企业改革相关政策分析

改革阶段	关键政策出台时间	相关会议	相关决议/报告	涉及国有企业改革内容
1978 ~ 1992 年扩权让利	1984	十二届三中全会	《中共中央关于经济体制改革的决定》	"增强企业的活力，特别是增强全民所有制的大、中型企业的活力，是以城市为重点的整个经济体制改革的中心环节"
1993 ~ 2002 年抓大放小	1993	十四届三中全会	《中共中央关于建立社会主义市场经济体制的若干问题的决定》	"要进一步转换国有企业经营机制，建立适应市场经济要求，产权清晰、权责明确、政企分开、管理科学的现代企业制度"
	1997	十五大	《高举邓小平理论伟大旗帜，把建设有中国特色社会主义事业全面推向二十一世纪》	"把国有企业改革同改组、改造、加强管理结合起来。要着眼于搞好整个国有经济，抓好大的，放活小的，对国有企业实施战略性改组""实行鼓励兼并、规范破产、下岗分流、减员增效和再就业工程，形成企业优胜劣汰的竞争机制"
	1999	十五届四中全会	《中共中央关于国有企业改革和发展若干重大问题的决定》	"继续推进政企分开""积极探索国有资产管理的有效形式""对国有大中型企业实行规范的公司制改革""面向市场着力转换企业经营机制""必须高度重视和切实加强企业管理工作，从严管理企业，实现管理创新"

改革阶段	关键政策出台时间	相关会议	相关决议/报告	涉及国有企业改革内容
2003～2013年规范治理	2002	十六大	《全面建设小康社会，开创中国特色社会主义事业新局面》	"继续调整国有经济的布局和结构，改革国有资产管理体制，是深化经济体制改革的重大任务"
	2003	十六届三中全会	《中共中央关于完善社会主义市场经济体制若干问题的决定》	"建立归属清晰、权责明确、保护严格、流转顺畅的现代产权制度，有利于维护公有财产权，巩固公有制经济的主体地位；有利于保护私有财产权，促进非公有制经济发展；有利于各类资本的流动和重组，推动混合所有制经济发展；有利于增强企业和公众创业创新的动力，形成良好的信用基础和市场秩序"
	2007	十七大	《高举中国特色社会主义伟大旗帜，为夺取全面建设小康社会新胜利而奋斗》	"加快建设国有资本经营预算制度，完善各类国有资产管理体制和制度。"
	2012	十八大	《坚定不移沿着中国特色社会主义道路前进，为全面建成小康社会而奋斗》	"要毫不动摇巩固和发展公有制经济，推行公有制多种实现形式，推动国有资本更多投向关系国家安全和国民经济命脉的重要行业和关键领域，不断增强国有经济活力、控制力、影响力"

资料来源：中国共产党新闻网。

1978～1992 年，为国有企业改革的第一阶段，即"扩权让利"阶段。在此期间，由于国有企业普遍缺乏活力，国家为调动企业积极性，推动了以"放权让利"与"承包经营责任制"为主要内容的改革，通过逐步推行"企业基金制度"（1978 年）、"利润留成制度"（1981 年）、"利改税"（1983 年）以及"扩权规定"（1984 年）等"放权让利"政策，鼓励企业在国家计划框架下通过扩张生产和降低成本增加利润；另一方面，通过实施"承包经营责任制"使企业获得剩余利润全部索取权，以提升经营活力。在此期间，党的十二届三中全会通过了《中共中央关于经济体制改革的决定》，明确指出增强企业的活力，特别是增强全民所有制大中型企业的活力，是以城市为重点的整个经济体制改革的中心环节[167]。

1993～2002 年，为国有企业改革的第二阶段，即"抓大放小"阶段。在这一阶段，现代企业制度逐渐得以建立。1993 年，党的十四届三中全会通过《中共中央关于建立社会主义市场经济体制的若干问题的决定》，明确提出要求建立"产权清晰、权责明确、政企分开、管理科学"的现代企业制度。1997 年，党的十五大

提出要把国有企业改革同改组、改造、加强管理结合起来，对国有企业实施战略性
改组，形成企业优胜劣汰的竞争机制；1999 年，党的十五届四中全会通过《中共
中央关于国有企业改革和发展若干重大问题的决定》，进一步阐明了国有企业改革
发展的基本方向、主要目标和指导方针，明确了国有经济布局战略性调整的方向。
受到以上政策大力推动指引，我国国有大中型企业开始着力进行规范的公司制和股
份制改革，健全企业法人治理结构，推动国有企业上市，截至该阶段末期，50% 大中
型国有企业进行了股份制改造，国有及国有控股企业数也从 23.8 万户减至 15 万户。

2003～2013 年，为国有企业改革的第三阶段，即"规范治理"阶段。2002 年，
党的十六大报告提出了建立国有资产管理新体制的要求，推动我国国有企业改革进
入国有资产管理体制改革阶段，以解决长期制约国有企业改革发展的体制性矛盾和
问题；2003 年，党的十六届三中全会通过《中共中央关于完善社会主义市场经济
体制若干问题的决定》，提出要建立归属清晰、权责明确、保护严格、流转顺畅的
现代产权制度；2007 年，党的十七大报告中提到，"加快建设国有资本经营预算制
度，完善各类国有资产管理体制和制度"；而 2012 年召开的党的十八大进一步提
出，要推动国有资本更多投向关系国家安全和国民经济命脉的重要行业和关键领
域。相关研究显示，本轮国有企业改制迅速释放了政策红利，引入非国有资本的行
业运营效率与引入私人股份的国有控股企业盈利能力显著提高。

由此可见，自 1978 年改革开放以来 35 年间推行的三次国有企业改革，其侧
重点分别为政府放权让利、大型国有企业的公司制改革以及大中型国有企业建立
现代企业制度，已获得较为显著的成效。

未来新一轮国有企业改革政策的侧重点，将主要集中于分类推进国有企业改
革、完善现代企业制度、完善国有资产管理体制三个方面。

（二）国有企业改革实施成果

改革开放以来，随着国有企业改革的不断深入，国有经济布局和结构调整力
度不断加大，大多数国有企业进行了公司制改革，企业改制和产权转让逐渐规
范，国有资本有序退出提速，国有企业管理体制和经营机制发生深刻变化。截至
今天，我国已发展形成一批具有较强竞争力的国有大公司、大集团，放开搞活了
一批国有中小型企业，国有经济的整体素质和竞争力进一步增强，国有资产保值
增值与经济效益明显，为我国宏观经济保持持续、快速、健康发展做出重要贡
献。目前，全国接近全部的原油、天然气和乙烯生产、约 50% 的发电量、60% 的
高附加值的钢材、70% 的水电设备与 75% 的火电设备生产，由国有企业承担。通
过广泛吸纳非国有社会资本，国有企业不断扩大国有经济的辐射范围。除此以

外，自 2007 年起，国有企业开始上缴红利，2015 年利润总额 23027.5 亿元，应交税金达到 38598.7 亿元，对于公共财政具有直接的贡献[168]。

相较 20 世纪 90 年代国有企业改革的高歌猛进，进入 21 世纪以来，我国国有企业改革驶入"慢车道"，呈现出一定程度上的倒退。国有企业改革的政策红利、上市募集得到充裕资金、宏观经济稳定快速增长以及二级资本市场与房地产市场的出色表现等众多因素，使得我国国有企业长期亏损的趋势得以扭转，也掩盖了国有企业自身尚存的一些缺陷，使得改革的压力与动力有所减弱。

随着宏观经济增长的趋缓以及国际金融危机的冲击，国有企业自身长期存在的产权定位模糊等问题再次暴露。如图 4-1 所示，2007~2008 年，国有企业的杠杆率大幅上升，与此同时，与私营企业的资产回报率差距也进一步拉大，国有企业改革再次成为迫在眉睫的任务。

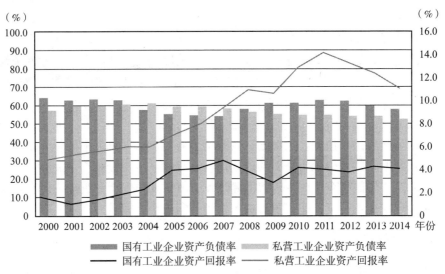

图 4-1　2000~2014 年我国国有工业企业与私营工业企业资产负债率与回报率比较

资料来源：中华人民共和国国家统计局，2000~2014 年年度数据。

截至目前，企业运营效率较低、资源低效率配置以及产能无序扩张等问题依然存在，国有企业董事会运行机制普遍较不完善，管理制度并不能完全适应市场经济要求，来自企业外部的干预力量仍在发挥重要作用。南开大学发布的《2014 中国公司治理评价报告》同样显示，2012~2014 年，私营控股上市公司治理指数持续超过国有控股上市公司[169]。因此，国有经济布局结构与国有企业组织结构亟待进一步调整，国有资产监管体制也需进一步完善。

（三）国有企业改革前景

1978～2013 年的 35 年间，我国国有企业改革业已取得很大成就，然而受限于产权改革停滞、现行国有资产监管体制存在弊端等现实制约因素，传统的国有企业改革已难以实现进一步的突破。

首先，出于国有资产流失的担忧，政府在长期以来刻意回避明晰的产权改革，而代之以激进的控制权改革，导致过往的改革并未触及位于最上端的母公司，仅在大量子公司间展开，效率较为低下。而产权改革停滞的另一个不良后果则是，国有资产布局较为不合理，除部分涉及国家安全的行业外，主要分布于煤炭、冶炼等行业，进一步导致以上行业产能过剩与过度投资现象的加剧，如图 4-2 所示。

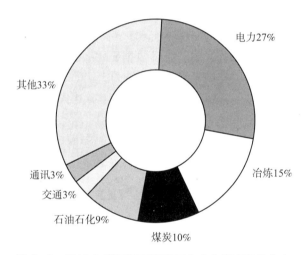

图 4-2　2014 年我国国有控股工业企业资产行业分布

资料来源：中华人民共和国国家统计局，2014 年年度数据。

其次，我国国有企业的外部监管与内部管理依旧不尽完善，在职能定位、治理结构、运营模式等方面，仍然存在深层次机制问题。依照现有国有资产监管基本原则，国资委针对各级国有企业行使"管人管事管资产"职责，明显将出资人职责、政府监管和行业管理职责相混淆，不利于激发国有企业经营活力与发展动力。

因此，国有企业改革未来发展方向，应针对以上弊端，集中于"实现对于发展更为成熟的混合所有制的突破""明确政府、企业与市场的边界"以及"不断完善国有企业内部治理结构"等方面，切实完善产权制度，提高公司治理效率，实现新一轮改革红利的释放。

二、国有企业发展现状

近年来，我国国有企业实现较为平稳的增长，在国民经济中始终处于重要地位，然而其经营效率较低，盈利表现明显落后于同期私营企业，且具有"抗周期能力弱，创新能力低，激励不足，市场化不充分"等特点。

（一）国有企业存量与规模现状

根据国家统计局在《关于对国有公司企业认定意见的函》中的定义，广义的"国有企业"是指具有国家资本金的企业，可分为纯国有企业（包括国有独资企业、国有独资公司及国有联营企业）、国有控股企业（包括国有绝对控股企业及国有相对控股企业）与国有参股企业[170]。

2014 年 7 月，财政部公布《2013 年全国国有企业财务决算情况》，首次对外公开我国国有企业存量与运营情况，统计数据显示，我国国有企业具有"增长平稳，资产可观，地位重要，集中于东部"的现状特点[171]。

如表 4-2 所示，2013 年，全国独立核算的国有法人企业 15.5 万户，同比增长 5.8%；年末职工人数 3698.4 万人，同比增长 0.7%；资产总额 104.1 万亿元，同比增长 16.3%。整体而言，近年来我国国有企业数量减少的趋势有所缓和，国有企业职工人数相对稳定，资产总额增长较为显著。

表 4-2   2013 年我国国有企业数量及规模

企业类别	国有企业数（万户）	同比增速（%）	职工人数（万人）	同比增速（%）	资产总额（万亿元）	同比增速（%）
中央部门企业	1.0	8.2	167.7	0.7	1.6	14.1
国资委监管企业	3.8	7.6	1274.3	1.5	34.9	11.5
财政部监管企业	0.4	0.8	320.9	0.5	12.0	12.9
中央企业合计	5.2	7.2	1762.9	1.3	48.6	11.9
省级国有企业	4.2	5.0	988.4	-1.6	23.6	12.3
地市级国有企业	1.6	-4.0	324.2	-6.0	9.8	7.1
县级及以下国有企业	4.5	9.0	622.8	7.0	22.2	38.8
地方国有企业合计	10.3	5.1	1935.5	0.2	55.5	20.4
全国国有企业总计	15.5	5.8	3698.4	0.7	104.1	16.3

资料来源：中华人民共和国财政部，《2013 年全国国有企业财务决算情况》。

《第三次全国经济普查主要数据公报》显示，2013 年末全国共有从事第二产业和第三产业活动的企业法人单位 820.8 万户，资产总计 466.8 万亿元[172]。如

图 4-3 所示，在全国从事第二产业和第三产业活动的企业法人单位中，户数占
比仅为 1.9% 的国有企业，其资产占比高达 22.3%，在国民经济中占据极为重要
的地位。由此可见，我国现在虽然实行以公有制为主体多种所有制经济成分共同
发展的经济制度，但从总量角度看，公有制经济依然发挥着主要作用。

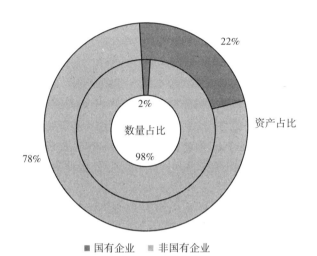

■ 国有企业　　■ 非国有企业

图 4-3　2013 年我国国有企业数量及资产占比
资料来源：中华人民共和国国家统计局，《第三次全国经济普查主要数据公报》。

从其分布特征来看，地方国有资产总量基本按照由东向西的顺序排列，东部
12 个省市区为国有资产富集区。根据上海市国资委 2014 年所公布的数据显示，
上海市国有资产上市公司数量、上市公司总资产、上市公司总市值等均居全国首
位，截至 2014 年底，上海市国有及国有控股企业资产总额达到 130706.98 亿元，
国有企业改革空间最大。北京、广东、山东、江苏等省市，国有资产总量同样较
为可观，也拥有充足的改革空间。

（二）国有企业运营效率现状

总体而言，当前我国国有企业的经营效率较低。如表 4-3 所示，2015 年我
国国有企业营业总收入 45.5 万亿元，利润总额 2.3 万亿元，资产回报率仅为
1.9%，利润率则为 5.1%[173]。若以 2015 年同期上海银行间同业拆放利率（SHI-
BOR）作为社会资本平均回报的参照，国有企业平均 1.9% 的资产回报率，明显
低于 1 年期 SHIBOR 的 3.8915% 水平，显示目前我国国有企业对社会资源的配置
能力和效率亟待提升。

表 4 – 3 2015 年我国国有企业经营效率

	资产总额 (万亿元)	营业总收入 (万亿元)	利润总额 (万亿元)	资产回报率 (%)	利润率 (%)
中央企业合计	64.2	27.2	1.6	2.5	5.9
地方国有企业合计	55.0	18.3	0.7	1.3	3.8
全国国有企业总计	119.2	45.5	2.3	1.9	5.1

资料来源：中华人民共和国财政部，《2015 年 1 ~ 12 月全国国有及国有控股企业经济运行情况》。

以工业企业为例，如图 4 – 4 显示，过去 10 余年间，私营企业的利润率整体呈现上升趋势，而在国际金融危机发生前的 2004 ~ 2007 年，国有企业的盈利能力显著优于私营企业。随着国际金融危机的爆发，国有企业受到重创，利润率表现下降明显，与私营企业的利润率差距保持在 2% 左右水平，而私营企业在应对市场剧烈变化方面表现较为出色。2014 年私营工业企业的平均利润率为 6.3%，而国有企业仅为 5.5%。

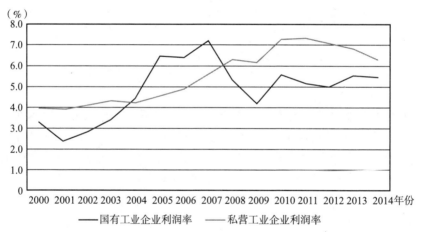

图 4 – 4 2000 ~ 2014 年我国国有工业企业与私营工业企业利润率比较

资料来源：中华人民共和国国家统计局，2000 ~ 2014 年度数据。

如图 4 – 5 显示，国有工业企业与私营工业企业的资产回报率差距明显，且自国际金融危机爆发后呈现逐年扩大趋势。2014 年，私营工业企业的资产回报率达到 11.1%，而国营企业仅为 4.0%。由于"资产回报率"这一指标综合考察了企业"利润率"与"资产周转率"（收入/资产）双重能力，足以证实，所选取时段内私营企业的生产效率显著优于国有企业。2009 年政府所推出的投资驱动型经济刺激方案，更多传导进入国有企业系统，在一定程度上形成了较难消化的冗余产能，抑制了国有企业的生产效率，也降低了社会总体效率。

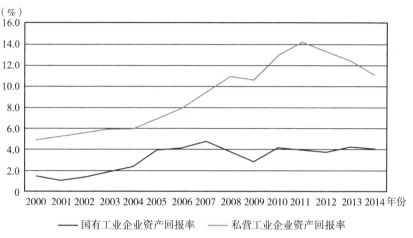

图 4 - 5   2000 ~ 2014 年我国国有工业企业与私营工业企业资产回报率比较
资料来源：中华人民共和国国家统计局，2000 ~ 2014 年度数据。

（三）国有企业其他运营特征

除在国民经济中占据重要地位而经营效率整体偏低以外，我国国有企业目前还具有"抗周期能力弱，创新能力低，激励不足，市场化不充分"等特点。

受益于前期国有企业改革与政府扶助的政策红利与始于 20 世纪末的中国经济重化工业浪潮，我国国有企业实力在过去 10 年间快速提升。然而伴随着政策红利窗口的结束与宏观经济的增速放缓，国有企业自身存在的一系列问题逐渐凸显，其中包括：

（1）由于国有企业抵御经济周期能力相对较弱，在获得政府扶持时容易出现产能无序扩张，导致生产效率相对低下。

（2）国有企业在经营中倾向于规避风险，其创新能力普遍低于私营企业，短视行为频现，易错失关键发展机会。

（3）国有企业内部缺少行之有效的约束与激励机制，不利于"去行政化，去官员化"的实现，也不利于推行市场化以充分激发企业家才能等。

三、中央企业发展现状

我国中央企业主要分布于关涉国民经济命脉的关键行业，具有国民经济中占比高、增长稳定的特点。中央企业的年度利润规模呈现稳步提升的趋势，其平均利润率却缓慢下降，与国有企业平均水平基本持平，且在行业间存在结构性分化。就整体发展趋势而言，中央企业的结构调整速度不断加快，并不断开创国际市场，发展步伐不断加快。

（一）中央企业国民经济地位

相较独立核算的各类国有法人企业的数量众多，我国由国资委管辖的中央企业数量有限，截至 2016 年底减至仅有 102 家。尽管如此，中央企业在国民经济发展中扮演着重要的角色，在各个行业具有广泛的影响力。自 2003 年至今，中央企业创造的 GDP 占全国比重始终保持在 10% 左右；根据国资委发布的《中央企业 2014 年度经营情况》以及财政部发布的《2015 年 1～12 月全国国有及国有控股企业经济运行情况》，如图 4-6 显示，2015 年中央企业累计实现营业收入 27.2 万亿元，较 2004 年的 5.5 万亿元增长 395%，折合年均增长率 15.6%，高于同期我国名义 GDP 增速，体现出我国中央企业经济规模长期以来在国民经济中占比高，且稳速增长、影响稳定的特点[174]。2012 年以后，中央企业累计实现营业收入的增长步伐有所放缓。

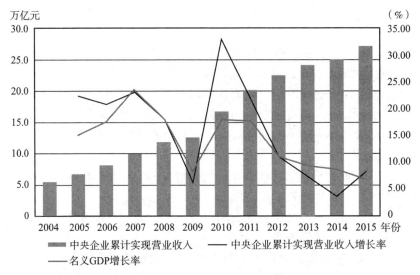

图 4-6 2004～2015 年我国中央企业累计实现营业收入及增长率

资料来源：中华人民共和国国家统计局，2004～2014 年年度数据；国务院国有资产监督管理委员会，2004～2014 年中央企业年度经营情况；中华人民共和国财政部，2015 年 1～12 月全国国有及国有控股企业经济运行情况。

中央企业主要分布于关涉国民经济命脉的关键行业，其中包括原油及天然气、煤炭、化工、电力、通讯等，以确保国家的整体健康发展，如表4-4所示。此类中央企业除在国内相关产业占据领导地位，例如，2014年的中国石油天然气集团公司、中国石油化工集团公司与中国海洋石油总公司主营业务收入总和，占到原油及天然气相关行业规模以上工业企业总额的69.4%，扮演着行业内的重要支柱角色。

表4-4   部分关键行业中央企业分布情况

关键行业	代表性中央企业
原油及天然气	中国石油天然气集团公司 中国石油化工集团公司 中国海洋石油总公司
航空航天	中国航天科技集团公司 中国航天科工集团公司 中国航空工业集团公司
化工	中国化工集团公司 中国化学工程集团公司
电力	国家电网公司 中国南方电网有限责任公司 中国华能集团公司 中国大唐集团公司 中国华电集团公司 中国国电集团公司
通讯	中国电信集团公司 中国联合网络通信集团有限公司 中国移动通信集团公司

资料来源：国务院国有资产监督管理委员会官方网站。

（二）中央企业运营效率现状

2015年中央企业累计实现营业收入27.2万亿元，其中，累计实现利润总额1.6万亿元，平均利润率达到5.9%，同期国有企业总体利润率水平为5.1%，中央企业的盈利能力明显高于国有企业平均水平。如图4-7所示，尽管中央企业的年度利润规模呈现稳步提升的趋势，其平均利润率却缓慢下降，由2004年的8.7%降至2015年的5.9%，说明中央企业的盈利能力并无改进。而在中央企业盈利能力的成长性上，各年度间波动明显，在2012年的快速增长后，自2013年起年度利润规模进入增长缓慢期。

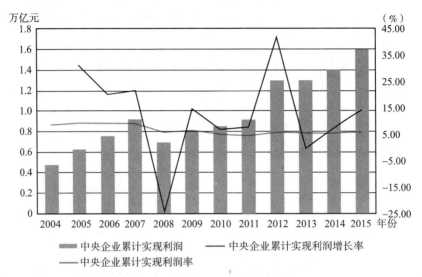

图4-7 2004~2015年我国中央企业累计实现利润及增长率

资料来源：国务院国有资产监督管理委员会，2004~2014年中央企业年度经营情况；中华人民共和国财政部，2015年1~12月全国国有及国有控股企业经济运行情况。

考察各行业盈利能力，2013~2014年中央企业盈利能力有所提高的行业包括电力、汽车、军工与建筑等，而利润呈现明显下滑趋势的行业包括石油石化、煤炭、冶金与通信等，存在难以消化的过量产能。这显示出随着经济整体形势的变化，中央企业盈利能力在行业间的结构性分化，对于企业产业升级与产能调整提出新的要求。中央企业在未来发展定位中，应不断发展优势产业与朝阳产业，淘汰落后产业与夕阳产业。

偿债能力方面，近年来，中央企业负债规模持续加大。负债总额从2008年的4.3万亿元，上升到2015年的31.1万亿元，资产负债率从2008年的58.4%上升到2015年的66.2%，导致企业运营风险大幅提高。债务负担加重的主要原因为企业效益下降，自身盈利缩减，企业发展更多依靠融资以及企业盲目扩大规模等。

目前，半数以上中央企业平均资产负债率超过率65%，尤其是航空、电力、军工等关系到国计民生和国家安全的中央企业，资产负债率远高于国际公认水平。一些中央企业的负债率已超过国资委划定的70%"红线"，其中电力行业中央企业的资产负债率更是普遍超过80%。根据国际货币基金组织（IMF）于2016年4月发布的《全球金融稳定报告》分析，中国政府需采取降低杠杆率和改善监管框架的综合措施，迅速解决中国企业的高债务问题以及金融部门不断增大的其他脆弱性因素。

（三）中央企业发展趋势

在党的十八大关于加快转变经济发展方式、经济结构战略性调整的方针指导下，中央企业的结构调整速度不断加快，对传统产业领域进行了生产力布局优化、重点产业转移，应用新技术、新材料、新工艺、新装备发展改造制造业，并实现跨地区重组整合、淘汰落后产能、清理低效无效资产，使得产业集中度得到提高。

《中央企业"十三五"发展规划纲要》指出，2016～2020 年中央企业总的目标是：到 2020 年国有资本布局结构持续优化，企业创新驱动发展能力显著增强，国际化经营水平大幅提升，深化国企国资改革取得决定性成果，发展质量和效益明显提升，党的建设全面加强，形成更加符合我国基本经济制度和社会主义市场经济发展要求的国有资产管理体制、现代企业制度、市场经营机制，进一步做强做优做大中央企业，培育一批具有创新能力和国际竞争力的跨国公司。

此外，近年来我国中央企业在海外市场步伐加快，据统计有超过 20% 的中央企业参与海外重大与长期项目。例如，中国五矿集团公司经营的铜、铝、铅、锌、钨、稀土等有色金属产品在国际市场上颇具影响力；中国石油化工集团公司国际化程度不断提高。

第二节　混合所有制改革发展现状及问题

整体而言，我国国有企业已发展到改革的关键时刻，非公有制经济同样具备了较强的实力，市场条件已经基本满足。在改革的实施过程中应关注于制度设计、股权结构、市场准入、操作路径以及监管方式等层面可能存在的改革障碍，以保障改革的顺利进行。

一、混合所有制经济先进性理论探讨

根据其定义，"混合所有制经济"是指财产权分属于不同性质所有者的经济形式。就宏观层面而言，指一个国家或地区所有制结构的非单一性；而就微观层面而言，是指不同所有制性质的投资主体共同出资组建的企业，具体形式

包括公有制与私有制联合组成的混合所有制企业、公有制与个人所有制联合组成的混合所有制企业及公有制内部国有企业与集体企业联合组成的混合所有制企业等。

众多西方经济学者的学术研究指出，发展混合所有制经济，并推行相关改革，符合社会经济趋势，是其未来发展的必然方向与重要举措。

西方市场经济发展的初期，社会资源由市场配置，政府仅充当"守夜人"的角色，以保障市场经济运行的外部条件。直至1936年，经济学家约翰·凯恩斯（John Maynard Keynes）在《就业、利息和货币通论》中指出，应扩大政府机能，"让国家之权威与私人之策动力量相互合作"以挽救资本主义制度，成为关于"混合经济"观点的最初阐述[175]。

1941年，阿尔文·汉森（Alvin Hansen）在其发表的《财政政策和经济周期》中指出，无论美国还是西欧，都存在着从个人主义经济向社会福利为重点的"公私混合经济"过渡的趋势[176]。而经济学家保罗·萨缪尔森（Paul Anthony Samuelson）在《经济学》中的观点认为，"所有的社会都是既带有市场成分也带有指令成分的混合经济"，而并非自由放任的市场经济和国家干预指令经济两个极端[177]。由此可见，国家宏观调控与市场自由相结合，政府资本和社会公众资本与私人资本相结合，已成为现代资本主义显著区别于早期资本主义之处。

而经济学史家阿尔弗雷德·钱德勒（Alfred Chandler）1977年在《看得见的手》中同样指出，管理协调"有形的手"有望取代市场机制"无形的手"，带来巨大的生产力和丰厚的利润[178]。

2014年诺贝尔经济学奖获奖者法国经济学家让·梯若尔（Jean Marcel Tirole），在其著作《公司金融理论》中指出，公司股东流动性过弱或过强，均不利于公司治理与长期的竞争力[179]。根据梯若尔的理论，提升股东流动性的途径主要包括，增加股权投资者数量，促进股权投资者多元化以及提高股权交易市场活跃度。其中，引入积极型监督者有利于正面影响管理层决策，提高管理效率。

众多经济学理论共同提出，就宏观经济而言，"混合所有制"成为世界各国经济发展的重要趋势；而就企业层面而言，股权投资者多元化同样有益于公司整体治理水平的提升。针对我国国有企业改革的现状，股东流动性过低这一弊病极大地限制了经营效率的提升，使得国有资产回报率不尽理想，且管理层道德风险提高，经济结构遭到扭曲。因此，在国有企业中引入多种成分股权，提升股东流动性，实现各种成分间的优势互补，提高运营效率，具有一定的必然性与先进性。

二、混合所有制改革相关政策

继党的十八届三中全会的召开，混合所有制改革相关政策不断出台，中共中央、国务院提出《关于深化国有企业改革的指导意见》，国资委选取混合所有制经济试点企业，银监会也将金融机构混合所有制改革作为 2015 年工作重点。

2013 年，党的十八届三中全会召开，会上通过的《中共中央关于全面深化改革若干重大问题的决定》提出，"积极发展混合所有制经济。国有资本、集体资本、非公有资本等交叉持股、相互融合的混合所有制经济，是基本经济制度的重要实现形式，有利于国有资本放大功能、保值增值、提高竞争力，有利于各种所有制资本取长补短、相互促进、共同发展。允许更多国有经济和其他所有制经济发展成为混合所有制经济。国有资本投资项目允许非国有资本参股。允许混合所有制经济实行企业员工持股，形成资本所有者和劳动者利益共同体。"[180] 表 4 - 5 为混合所有制改革相关政策分析。

表 4 - 5 混合所有制改革相关政策分析

关键政策出台时间	相关会议	相关决议/报告	涉及混合所有制改革内容
2013 年	十八届三中全会	《中共中央关于全面深化改革若干重大问题的决定》	"积极发展混合所有制经济。国有资本、集体资本、非公有资本等交叉持股、相互融合的混合所有制经济，是基本经济制度的重要实现形式"
2014 年	十二届全国人大二次会议	《2014 年政府工作报告》	"优化国有经济布局和结构，加快发展混合所有制经济，建立健全现代企业制度和公司法人治理结构，完善国有资产管理体制"
2015 年	十二届全国人大三次会议	《2015 年政府工作报告》	"有序实施国有企业混合所有制改革，鼓励和规范投资项目引入非国有资本参股"
2015 年	—	《国务院批转发展改革委关于 2015 年深化经济体制改革重点工作意见的通知》	"推进国企国资改革，出台深化国有企业改革指导意见""制定中央企业结构调整与重组方案，加快推进国有资本运营公司和投资公司试点""鼓励非公有制企业参与国有企业改制，鼓励发展非公有资本控股的混合所有制企业"
2015 年	十八届五中全会	《中共中央关于制定国民经济和社会发展第十三个五年规划的建议》	"完善各类国有资产管理体制，建立健全现代财政制度、税收制度，改革并完善适应现代金融市场发展的金融监管框架"

续表

关键政策出台时间	相关会议	相关决议/报告	涉及混合所有制改革内容
2015 年	—	《关于深化国有企业改革的指导意见》	"国有资产监管机构要准确把握依法履行出资人职责的定位，科学界定国有资产出资人监管的边界，建立监管权力清单和责任清单，实现以管企业为主向以管资本为主的转变"

资料来源：中国共产党新闻网，http://cpc.people.com.cn/。

如表 4-5 所示，《2014 年政府工作报告》提到"优化国有经济布局和结构，加快发展混合所有制经济"；《2015 年政府工作报告》进一步提到"有序实施国有企业混合所有制改革，鼓励和规范投资项目引入非国有资本参股"；而在《国务院批转发展改革委关于 2015 年深化经济体制改革重点工作意见的通知》中，"非公有制企业参与国有企业改制"受到鼓励，"国有资本运营公司和投资公司试点"将不断向前推进。通过各种途径将国有企业变革为多种经济成分的企业，可充分利用各种经济成分的优势，有效规避各种经济成分的劣势，共存互补，提升经济效率。因此，关于混合所有制改革政策的层出不穷，显示了党和政府针对国有企业改革的坚定决心；而改革试点企业的选取，将为未来全面铺开改革提供宝贵的经验基础。

党的十八届五中全会以及 2015 年 9 月《关于深化国有企业改革的指导意见》的出台，标志着在未来的国有资产监管中，将逐渐实现科学界定国有资产出资人监管职责，突出国有资产监管重点以及改进国有资产监管方式。当国有资产监管逐渐转向以管资本为主时，国有资本的布局将紧密围绕服务于国家战略，使其在重大基础设施、重要资源以及公共服务等关系国民经济命脉和国计民生重要行业的控制力明显增强。基于国有资本的管理，可实现建立健全国有企业财务预算审议、运营状况监测分析和财务决算审核基础管理制度，加强对国有企业清产核资、资产评估、产权流转和上市公司国有股权管理等事项的管理，加强国有资本投资运营平台建设。除此以外，通过完善激励约束机制，落实国有资本保值增值责任，可以实现维护资本安全与提高资本回报等目标。

作为推行混合所有制改革的重要举措，2014 年 7 月，国资委选取了 6 家中央企业为改革试点企业，分别作为改组国有资本投资公司、发展混合所有制经济、董事会行使高级管理人员选聘、业绩考核和薪酬管理职权以及派驻纪检组试点，其意图在于，和企业一起探索破解改革难题，进一步总结经验，并以点带面，有序推进改革[181]，如表 4-6 所示。在此基础上，国资委同时为此成立四个专项小组，以破解国有资产与国有企业改革所面临的难题。

表 4-6   **2014 年国资委改革试点企业**

试点类型	试点企业
中央企业改组国有资本投资公司	国家开发投资公司 中粮集团有限公司
中央企业发展混合所有制经济	中国医药集团总公司 中国建筑材料集团有限公司
中央企业董事会行使高级管理人员选聘、 业绩考核和薪酬管理职权	中国医药集团总公司 中国建筑材料集团有限公司 中国节能环保集团公司 新兴际华集团有限公司

资料来源：国务院国有资产监督管理委员会。

    2015 年 5 月，银监会发布《中国银行业监督管理委员会 2014 年报》，报告表示将推进银行业金融机构混合所有制改革，并把拓宽民间资本进入银行业的渠道作为 2015 年监管工作的重点之一[182]。

    2016 年，经国务院国有企业改革领导小组研究决定开展国企改革"十项改革试点"，主要涉及落实董事会职权、市场化选聘经营管理者、推行职业经理人制度、企业薪酬分配差异化改革、国有资本投资与运营公司、中央企业兼并重组、部分重要领域混合所有制改革、混合所有制企业员工持股、国有企业信息公开工作、剥离企业办社会职能和解决历史遗留问题等内容[183]。而国务院办公厅发布《关于推动中央企业结构调整与重组的指导意见》，提出"到 2020 年，形成一批具有创新能力和国际竞争力的世界一流跨国公司"的发展方向[184]。

三、混合所有制经济发展现状与前景

    目前，我国推动混合所有制经济发展，基本满足两个前提条件，即过去几十年间的国有企业改革尚存在一些未解决的难题，另外非公有制经济经过迅猛的发展，已满足与公有制经济相抗衡并且彼此取长补短的要求。与此同时，部分国有企业已经摸索走出一条混合所有制改革的有效路径。

    纵观过去 35 年间，国有企业改革的历程，可知当下发展混合所有制经济具备一定的必然性与可行性。首先，历史上先后三轮国有企业改革，尽管有效地促使国有企业产权转让制度逐步完善，然而并未显著提升公司治理结构与水平，董事会依旧无法发挥最高决策作用，有效激励机制匮乏，导致资源配置缺乏效率。而在宏观经济走势不明朗、国际竞争日渐激烈且私营企业实力逐渐增强的环境下，推行新一轮改革以切实改善国有企业治理，可谓势在必行。

其次，此时推行改革的市场主体条件相对比较成熟，国内具有较强竞争力的私营企业众多，可实现与国有企业的对等竞争。并且私营企业在经营效率、创新性等方面领先于国有企业，有望实现与其取长补短、优势互补，提高社会整体的运营效率，并实现利益最大化的目标。

截至目前，少数国有企业已在混合所有制改革的道路上反复探索，获得一定的成就，而2014年国资委改革试点企业中的中央企业发展混合所有制经济试点——中国建筑材料集团有限公司同样提出深化的改革方案，以抓住契机，提升企业运营水平。

中国建筑材料集团有限公司根据改革要求，初步定出"三层混合"方案以落实混合所有制改革，其中第一层级主要涉及其旗下上市公司，其中包括中国建材、洛阳玻璃、北新建材、中国玻纤、瑞泰科技与方兴科技等，如表4-7所示，此类上市平台预计将吸纳大量社会资本；第二层级，主要涉及集团内四大水泥公司等大型业务平台，即提高其私营企业部分的股权比例，以实现交叉持股；而在第三层级改革中，水泥厂这一等级的企业，为原所有者保留的股权份额预计为30%左右。

表4-7　　　　　中国建筑材料集团有限公司旗下上市公司名录

上市类型	上市公司
H股上市	中国建材、洛阳玻璃
A股上市	洛阳玻璃、北新建材、中国玻纤、瑞泰科技与方兴科技

资料来源：Wind 数据库。

根据中国建筑材料集团有限公司发布的公告，中国建材、北新建材与中国玻纤将作为首批试点实施单位，践行混合所有制改革。北新建材的改革方向主要为拓展经营范围，有望将产品线延伸至具有高附加值的复合材料领域；相较之下，北新建材当前业务范围集中在新型建材领域，随着定向增发的完成，新募集的资金将流向建材基地、结构钢骨、平台建设等项目，实现公司向B2C与服务商的转型。

推动本轮混合所有制改革，将成为试点企业业务全面提升的重大机遇，有利于其在新时代背景与竞争环境下的企业转型。

又如，上海城投控股于2014年成功引入私募基金弘毅投资，成为上海市在本轮改革中的最具代表性的案例。如图 4 - 8 所示，引入弘毅投资前后，上海城投控股的股权结构存在明显变化，母公司上海市城市建设投资开发总公司的股权占比由 56% 下降至 46%，而弘毅投资获得 10% 的股份并成为第二大股东，赢取董事会 2 个席位，切实参与到法人治理当中。借助于大宗交易平台，此次股权转让并未引起市场大震荡，与此同时削弱了公司内部的行政管理思维，引入了先进的公司管理模式。

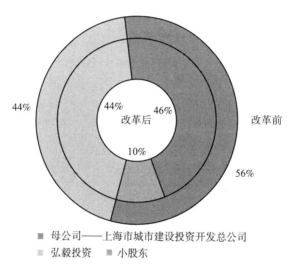

图 4 - 8　混合所有制改革前后上海城投控股股权结构变化

资料来源：Wind 数据库。

　　在选取其他所有制性质投资主体的标准方面，上海城投控股同样寻找到一条行之有效的路径，即将合作对象定位于可带来显著技术、人才与管理经验资源的"战略投资者"，得以充分利用国内外双重市场的前沿科技与融资渠道，全面提升公司竞争实力。

　　中国建筑材料集团有限公司对于混合所有制改革路线目标的制定，以及上海城投控股成功引入私募基金弘毅投资的案例，均为本轮混合所有制改革的缩影。未来将有更多国有企业走上改革道路，通过引入其他所有制性质投资主体，在兼顾社会效益的同时，最大限度地提高企业经济效益。

四、混合所有制改革面临的障碍

　　尽管我国混合所有制改革已获得一定改革成果，然而现实中仍存在众多障碍，使其难以被大多数国有企业直接复制。概括起来，目前混合所有制改革主要面临以下几个方面的障碍。

（一）制度设计障碍

"制度设计"其含义在于，以相关法律法规为依据，利用系统控制的理论与技术，将混合所有制改革所涉及国有企业与程序加以具体化、规范化与文件化，以便于据此指导和处理改革工作。由此可知，全面而科学的制度设计，是其他相关机制正常运行的基础，是推行混合所有制改革的必须条件；而制度设计障碍的存在，也必将导致其他障碍的产生，从而影响改革的进一步推行。

首先，契约精神与法律体系为发展混合所有制经济的重要基石，其中契约精神的实现需要完善的法律法规作为支撑，而法律基础的缺乏将影响到混合所有制改革的效果。就法律而言，契约是指双方当事人共同定义的权利与义务，也是双方共同履行的法律行为，以保证混合所有制经济中各股东均可按照自身目标和诉求进入企业内部，其各方权益均可以得到有效保护。然而受到历史因素限制，目前我国相关法律法规尚不完善，企业间诚信体系的构建尚未完成，契约精神尚未完全建立；且随着市场的逐渐成熟，部分法律法规始终停留在早先阶段，完善工作未得到推进，以至于企业间发生新问题时无据可依。根据商务部的相关统计，我国每年签订的 40 亿份合同中，切实履约率仅为 50% 左右。而缺乏足够的制度保障与监督，将使企业在推动混合所有制改革进程中面临较大风险。

其次，政策调整应同时着眼于国有经济的效率与全社会的资源配置效率，鼓励积极正面的竞争行为，籍此发挥市场在配置社会资源方面的作用。推行混合所有制改革，其目的在于实现国有资产的总量增加与结构优化，而根本上服务于提高社会资源配置效率的目的，有益于国计民生。因此在一些充分竞争的细分市场，可以令国有资金公平地参与市场竞争甚至有选择地退出该市场，以确保社会资源配置效率的提升。例如，美国 1890 年颁布《反托拉斯法》，日本 1947 年实施《禁止垄断法》，德国 1958 年推行《反对限制竞争法》等，均是出于强调市场竞争重要性的目的，针对市场竞争通过国家法律加以保护[185][186][187]。我国《反垄断法》2008 年 8 月 1 日生效以来，曾长达 5 年左右时间未出现反垄断执法案例，时至今日仍存在一系列问题：涉及的市场领域较为有限、较难打破利益集团阻碍全面深化改革、系统性和常态性还有局限；另一方面，我国市场主体结构的特殊性、市场秩序中诚信体系建设的局限性、行政权力在经济运行中广泛渗透以及产业结构的转型和技术、管理创新与升级需要反垄断执法的进一步强化。因此，在我国本轮混合所有制改革制度设计中，如无法实现在剥离政治因素的保护消费者利益基础上的有效反垄断执法，无法打破既得利益格局并挑战垄断行业和具有垄断地位的利益集团，则混合所有制改革的最终效果将受到较大的影响。

统计数据显示，2013 年，我国国有资产总额已经达到 91 万亿元，较 1989 年的 1.7 万亿元增幅达到 5252.9%，折合年均增幅达到 18.0%，资产规模快速增长；然而从经济效率角度来看，非国有部门效率远超国有部门；从资产构成角度来看，国有资产收益主要依赖其行政垄断优势。如图 4 - 9 所示，2013 年 A 股市场上市中央企业归属母公司所有者净利润额中，石油石化、电力、通讯与交通运输等垄断行业占比达到 57%，缺乏市场竞争且与民争利现象较为明显。

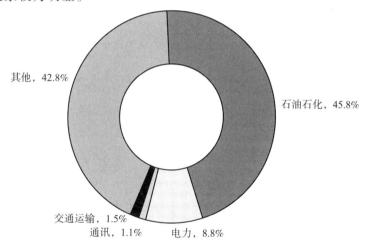

图 4 - 9　2013 年 A 股市场上市中央企业归属母公司所有者净利润额构成
资料来源：Wind 数据库。

（二）股权结构障碍

吸引其他所有制性质投资主体进入国有企业，共同形成混合所有制经济，股权比例的合理安排，将成为企业得以长久维系、经营效率得以明显提高的关键。历史上并不乏私营企业入股国有企业的先例，然而受到制度与私营企业发展规模的多重制约，入股的私营企业基本仅起到陪衬和点缀作用，无法在企业运营决策方面起到决定性作用。

改革开放以来的快速发展，促使我国大量私营企业发展壮大，具有领先的科技竞争力与充沛的资金实力，可以实现混合所有制经济中股权占比的显著提高并带来公司治理的不断改善。如在此情形下，政府过于干涉企业的市场化行为，使社会资本和民营资本无法分享混合所有制改革的红利，同样不利于改革的成果。

根据《中华人民共和国公司法》有关规定，一般而言，股东持股比例高于50%即构成对于公司的绝对控股，持股比例高于20%但不高于50%则可对公司产生重大影响，持股比例低于20%则不被认定对公司产生重大影响[188]。如在改革中，私营企业在其入股的国有企业中持股比例仍仅为1%～2%，将难以发挥机制体制方面的既有优势，无法起到运营管理方面的重要补充作用，与引进民间资本、适当降低国有股份以优化股权结构的初衷相背离。同时，入股后的其他所有制性质投资主体的经营管理权与分红派息权等合法权益恐怕也难以实现充分保障。

（三）市场准入障碍

在其他所有制性质投资主体的市场准入规则方面，我国的发展现状相对模糊不清，并未将现有国有企业类别进行明确划分，以确定其他所有制性质企业的进入限制与参股比例。这导致在目前阶段，无法在保证重大基础设施与国民经济安全的前提下，促进市场竞争，提高全社会资源配置效率。目前，国有企业依赖其既有垄断优势，限制私营企业的进入，在众多行业不加区分地获取高额利润，不利于整体行业的充分竞争与健康发展。

根据其他国际的相关经验，通常将国有企业区分为"公共政策性国有企业"、"特定功能性国有企业"与"一般商业性国有企业"。其中"公共政策性国有企业"一般带有公共性质或公益性质，其企业活动以实现社会公共利益为目标，多保持国有独资性质。"特定功能性国有企业"具有一定的混合特征并以企业自身经营活动盈利为前提承担特定的国家功能，常常涉及重大基础设施、重要矿产资源及粮食安全等关键领域的企业，因此出于国家安全考虑，经验上多在保持国有控股的前提下鼓励其他经济成分参股。而完全以营利性为目标的"一般商业性国有企业"，常占据国有企业中的大多数，对于此类企业，完全可依照我国公司法相关规定进行监管，大力鼓励股权结构多元化，引入多种类型资本，发展成为混合所有制企业，不断培养其市场竞争力。

然而由于我国国有企业尚未进行明确分类，使得原本可以参与"特定功能性国有企业"与"一般商业性国有企业"经营并带来经营效率提高的民营资本受到限制，未充分发挥其优势，因此解除由于分类不明而带来的市场准入障碍成为混合所有制改革的关键之一。

（四）操作路径障碍

混合所有制改革的核心，是引入其他所有制性质投资主体参与国有企业产权制度的改革和治理机制的完善。而在这两者中，产权制度的改革是其中的基础。因此，推行产权制度改革进程中遭遇的主要障碍，均将成为本次混合所有制改革面临的潜在重大障碍。

总体来看，产权制度改革的基本路径主要包括国有企业整体上市、私营企业参股、国有企业并购以及员工持股等。

国有企业整体上市，是国有企业资产通过股份制改造证券化的过程，使企业资产得以在证券市场上进行交易，较为适用于业务单一集中、资产难以有效分割的企业。较为成功的案例包括，2014 年 8 月，中信集团在中国香港整体上市，并引入主权财富基金淡马锡等境外机构投资者、社保基金等国有机构投资者以及众多私营企业投资者。然而，对于大多数国有企业而言，资产质量和盈利能力限制、管理体制和经营机制转换尚未完成等问题的存在，均会成为整体上市的约束因素。

私营企业参股所面临的主要障碍包括资产专用性风险、企业经营权旁落以及信息不对称困境等。首先，私营企业对于国有企业的入股投资，较难用于其他用途，因此存在沦为"沉没成本"的风险；其次，由于国有企业资产规模较为可观，具有较强的谈判能力，因此入股的私营企业难以参与企业重要决策，通常仅能充当财务投资者角色，与其入股的初衷相违背；受制于针对目标国有企业实际经营状况知情有限，私营企业多持有对于信息不对称的担忧，而对投资入股的决策较为迟疑。因此，加大对于其他所有制性质投资主体权益的保障，推动国有企业运营信息透明公开，是鼓励私营企业参股的有效措施。

相比于私营企业参股，国有企业并购为国有企业作为交易的主动一方，主动扩张实现产权多元化的方式。然而这一模式多发生在国有企业子公司中，难以触及母公司层面，无法从根本上实现混合所有制改革的初衷。

西方国家的实践经验表明，员工持股确可作为一种有效的激励方式，可以极大地调动员工积极性，同样符合我国混合所有制改革的政策要求。然而目前在我国国有企业中，员工持股特别是管理层持股受到国有资产流失和内部人控制等问题的困扰，难以普遍推行。

（五）监管方式障碍

国务院国有资产监督管理委员会成立于 2003 年，其设立目的主要在于集中行使国有股东权利，终结国有资产管理的"五龙治水"局面。然而其长期以来"管人，管事，管资产"的监管思路，却呈现出过度监督的局面，使得政企不分问题更为严重。

本轮混合所有制改革的实施，同样对于监管机构提出改革要求，即切实将政府与企业分离，将所有权与经营权分离，股东权利与政府审批权分离，将公共管理职能与出资人职能分离，国资委依法履行出资人职责，形成规范、科学、透明的国有资产监管体制。

政府则应营造各种所有制性质投资主体依法平等使用生产要素、公平参与市场竞争、权益受到法律同等保护的环境。

第三节　混合所有制改革的实现路径

基于我国现实国情与西方各发达国家在其发展史上所获得的过往经验，推行混合所有制改革应从企业分类管理、股权结构优化创新、完善定价机制、提升监管水平及落实员工持股等多角度着手。

一、国外混合所有制改革案例研究

我国目前面临的混合所有制改革所带来的制度挑战，西方各发达国家在其发展史上同样有所经历，通过对于其改革路径的比较分析，可以充分借鉴其经验，为我国实施改革提供方向指引。

（一）国外混合所有制经济模式类型分析

20 世纪 20 年代后期至 30 年代爆发"大萧条"前，西方资本主义国家普遍奉行经济自由主义；至经济危机爆发后，凯恩斯主义逐渐成为经济发展的主导思想，国有经济成分比重提升，国有资本与私人资本相结合的混合经济持续扩张，在第二次世界大战后的经济重建中同样发挥较大作用。

尽管此间国有经济与私有经济的主导地位曾随所处时代不断变化，例如，20世纪 80 年代初期，英国推行声势浩大的私有化运动，然而国有资本与私人资本始终处于交织状态。西方各国经过数十年的理论研究与发展实践，形成了多样的混合所有制经济模式，如表 4-8 所示，其中较具代表性的包括以英美为代表的自由市场经济模式、以德法等为代表的社会市场经济模式以及以日韩为代表的政府主导市场经济模式等[189]。

表 4 - 8   国外混合所有制经济代表模式

混合所有制经济模式	代表国家	主要特征
自由市场经济模式	美国、英国	私人经济占绝对主导，国家干预较少
社会市场经济模式	德国、法国	注重市场机制与国家调节的结合，强调社会福利
政府主导市场经济模式	日本、韩国、新加坡	政府干预力度与作用范围大，有较强的经济约束力

总体而言，"英美模式"相较"欧洲大陆模式"与"东亚模式"，更为崇尚市场机制的自发作用，国家干预相对较少。而"欧洲大陆模式"与"东亚模式"的主要差异在于，"欧洲大陆模式"中的政府干预关注于社会福利、社会保障与公平，而"东亚模式"中政府通常扮演制定产业政策、引导投资等指导经济发展的角色。

（二）国外混合所有制改革实例分析

1. 英国——国有企业私有化改革

历史背景：英国历史上实施的私有化进程始于 1979 年撒切尔夫人执政期间，当时英国国有企业效率低下，公共开支不断增加，为国家财政带来巨大压力[190]。私有化进程在 1987～1991 年达到跨越式发展的巅峰时期，在这一时期，经营效率低下的国有企业英国钢铁公司、英国石油公司、劳斯莱斯、英国航空、供水与电力公司陆续被出售，转由私人运营[191]。

政策成果：推行私有化改革后，英国原国有企业经济效益有所提高，财政压力有所减轻，为减税刺激经济创造空间。然而，其不良后果包括社会失业率提高，通货膨胀加剧，在短期内社会矛盾激化等，且相关实证研究并未证实国有企业的技术效率因私有化而得到显著提升[192]。

借鉴经验：①在国有企业中引入其他所有制性质投资主体，有助于解决运营效率低下问题，但应同时注重提升技术水平，提高技术效率；②对于经营不善的大型国有企业，可根据各部门具体盈亏情况进行划分，整个过程分阶段、分步骤陆续完成；③发展混合所有制经济的同时，应留意对于社会就业的潜在影响。

2. 美国——经济危机中的政府调节

历史背景：美国的整体经济趋向为经济自由主义，直至 1929～1933 年席卷资本主义世界的经济危机的爆发，在各国之中率先采用国家直接投资等措施刺激经济复苏。2008 年金融危机发生时，美国政府为濒临破产边缘的通用汽车公司提供了 130 亿美元援助，并与 2009 年 1 月购买了通用汽车 61% 的股份，并在其实现盈利的 2013 年底将政府所持有的股份出售给了私有投资者。

政策成果：相比之下，美国政府坚持自由经济的传统，较为倾向于为私营经济的发展提供良好的社会和经济环境，而非直接介入除公共事业、基础设施等投资总额巨大、资金回收缓慢且利润微薄行业外的其他领域；且在相关国有企业发展进入平稳期或摆脱经济危机影响后，便将其出租给私有资本进行运作。

借鉴经验：①以"管理下经济自由"的模式运作，国有企业与私营企业均依照市场化原则进行管理；②在对于国民经济具有较大影响力的企业陷入经营危机时，果断且灵活地以国家投资的方式加以救援，在其转入正常运转时，逐步退出。

3. 德国——社会市场经济体制下的私有制改革

历史背景：第二次世界大战之前，德国的国有企业数量较为有限，直至战争爆发后，大量国民经济支柱产业被收归国有。战后的德国一分为二，联邦德国形成了社会市场经济体系，以私有化为社会经济的主导；而民主德国则建立了计划经济体系，以公有制为社会经济的主导，直至到 1990 年 10 月两德统一，才终于完成国有企业私有化进程[193]。联邦德国于 20 世纪 60 年代与 80 年代末 90 年代初分别完成两次国有企业改革，分别针对联邦所属的大型国有企业与垄断行业的国有企业。

政策成果：德国政府果断退出具有竞争性质领域的一切经营性活动，通过引进民间资本来转变公营企业的经营理念与管理机制，从而提高企业的效率和竞争力，将国有企业改革比例提升到 80% 以上；并通过普适的区域差异企业扶助政策、支持科技创新政策等，从根本上消除国有企业在享受政府财税优惠政策方面的优势。

借鉴经验：①根据宏观经济的发展周期与政策目标，调整国有企业数量与经营方向；②应当建立和完善一套与市场紧密联系的现代企业制度；③合理分配改革成本，各级政府勇于承担应由政府承担的部分，而不将其转嫁给其他企业或个人。

4. 法国——以分类管理作为最大特色的改革

历史背景：西方资本主义国家中，法国拥有相对较高的国有化程度，且国有企业效率与创新力相对较低，因此于 20 世纪 80 年代中期开始推行国有企业改革[194]。为保证改革的顺利进行，法国先后于 1986 年与 1993 年颁布私有化法案，从顶层设计层面上予以支持。改革先后共涉及约 1760 家企业，钢铁、石油、基础化学、汽车等众多行业。

政策成果：法国赋予国有企业经营自主权，目前法国政府参股的 71 家企业经营效率已呈现明显好转态势。

借鉴经验：①改革节奏从易到难，优质国有企业整体改组、直接上市，亏损国有企业则采取转让股权的办法；②以派驻稽查员等方式监督改革企业，以防止国有资产流失；③针对不同特点的国有企业，采取分类管理模式，对于关涉国民经济安全的公益性国有企业，采取国家独资或国家控股的模式，而对于竞争性国有企业则采取国家参股模式甚至完全退出。

5. 日本——立法先行的国有企业改革

历史背景：日本的国有企业主要在第二次世界大战期间崛起，截至 20 世纪 70 年代数量达到 114 家左右。受世界其他主要资本主义国家影响，日本于 80 年代同样逐渐开始实施国有企业改革。其中，1985 年 4 月，日本国有铁道、日本电信电话公社与日本专卖公社的改革方案获得批准，改革目标设定为利润最大化与风险最小化前提下的所有权与经营权分离。与此同时，如表 4 - 9 所示，颁布大量与各行业改革相关的法案，保障改革效果。

表 4 - 9   日本国有企业改革相关法律举例

相关行业	颁布时间	法律名称
铁路交通	1986 年 11 月	《国铁改革关联法》
	2001 年 6 月	《关于部分修订旅客铁路股份有限公司及日本货运铁路股份有限公司法的法律》
烟草	1984 年 8 月	《日本烟草产业股份公司法》
电信通讯	1984 年 12 月	《日本电信电话股份公司法》《电信通讯事业法》《相关法律整备法》《关于日本电信电话股份公司等的法律》

政策成果：由于在国有企业改革的进程中，日本针对不同类型企业采取全然不同的模式，因此在改革完成后，日本国有企业部分转型成为政府持股的股份有限公司，另一部分则完全转变为私营企业。然而研究显示，在 PPP 模式（公私合作模式）的实践结果来看，受制于市场机制与法律框架的欠缺，私营投资占比始终较低，民间资本并未得到计划中的充分调动。

以日本电报电话公司（NTT）为例，公司年度数据与日本国民财产统计显示，如图 4 - 10 所示，尽管 1995 ~ 2015 年日本政府持股比例稳步下降，公众持股稳步上升，然而由于并未引入有利于改善公司运营现状的战略投资者，公司运营能力并未得到本质提升，因此日本电报电话公司并未呈现随之好转的趋势[195][196]。

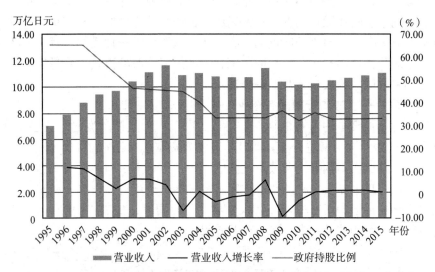

图 4 - 10　1995 ~ 2015 年日本电报电话公司（NTT）政府持股比例与经营效率

资料来源：日本电报电话公司（NTT）年度报告，The Japanese National Property System and Current Conditions（2013）。

借鉴经验：①将实现国有企业改革的最终目标设定为，把企业股份在证券市场上进行出售，实现按照市场规则自由配置资源；②在改革实施以前，制定出相应的法律，对其改革成果加以法律依据的保障，甚至针对某些国有企业进行单独立法；③针对不同的国有企业，提出全然不同的灵活的改革模式。

6. 新加坡——倡导市场化且打破国有产权封闭的淡马锡

历史背景：新加坡淡马锡控股公司成立于 1974 年，其功能定位为新加坡财政部组建的专门经营和管理原国家投入到各类国联企业资本的国家资产经营和管理公司，下属各类大小企业约 2000 余家。自成立至今 40 年来，淡马锡成功实现了国有资产的高盈利性。

运营经验：淡马锡控股公司统计数据显示，如图 4 - 11 ~ 图 4 - 13 所示，由于旗下资本可通过私有化而自由从本国国有企业退出，因而淡马锡可进入全球高收益地区及高收益行业，借此获取理想的投资回报并充分分散投资风险，10 年间年均利润率达到 14.6%，资产收益率达到 8.2%，净资产收益率达到 6.1%，实现国有资产的稳定保值增值[197]。

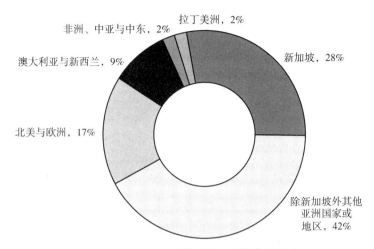

图 4 – 11　2014 年淡马锡控股公司投资地区分布

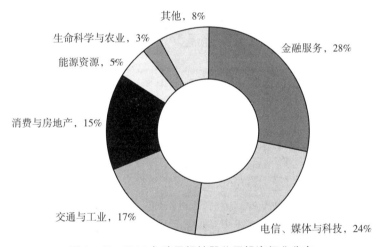

图 4 – 12　2014 年淡马锡控股公司投资行业分布

运营经验：①切实实现政企分开，政府不干涉企业的运营与决策，令企业完全依照市场化方式运营；②采取积极的投资策略与灵活的资本退出机制，在重点项目与产业升级关键阶段完成后，通过"私有化"与"私营化"方式，以较高价位转让资产完成增值，并战略退出相关领域；③在企业治理方面，通过法人治理建设方式提高效率，消除内部人控制、董事会与经理层职权不分等隐患[198]。

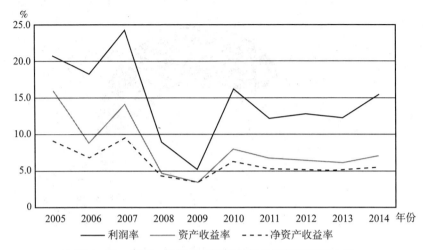

图4-13   2005~2014年淡马锡控股公司投资回报水平

资料来源：淡马锡控股公司年度报告。

二、我国混合所有制改革实施建议

2006年，挪威政府颁布《国家所有权政策》，以从多个侧面规范国有企业的治理，其中包含表4-10中10项主要原则[199]。

表4-10   挪威2006年《国家所有权政策》国有企业治理10项主要原则

1	所有股东应受到平等对待，一视同仁
2	国家在公司中的所有权应当透明
3	所有者的决定和决议应当在股东大会上做出
4	国家应与其他所有者共同对公司的表现规定标准。董事会负责完成这些目标
5	应当根据所有权状况和公司的情况建立合理的资本结构
6	董事会的构成应当以专业水平、能力和多样化为特征，应当反映公司的独特特征
7	补偿和激励应当促进公司的价值创造，应当是合理的
8	董事会应当代表所有者对公司的管理独立行使控制权
9	董事会应为其自身工作制定计划，并积极发展完善自身的能力，董事会的活动应当受到评估
10	公司应当认识其对所有股东和利益相关方承担的责任

资料来源：中华人民共和国驻挪威王国大使馆经济商务参赞处，《挪威国有企业管理制度初探》。

与此相仿，为推进混合所有制改革，我国同样应规范国有企业的股权结构、定价机制、监管机制与员工激励。

（一）通过分类确定混合所有制改革红线与底线

无论是英国在其私有化进程中"对于经营不善的大型国有企业，根据各部门具体盈亏情况进行划分，整个过程分阶段、分步骤陆续完成"，或是注重分类管理的法国"针对不同特点的国有企业，采取分类管理模式，对于关涉国民经济安全的公益性国有企业，采取国家独资或国家控股的模式，而对于竞争性国有企业则采取国家参股模式甚至完全退出"，抑或是日本的"针对不同的国有企业，提出全然不同的灵活的改革模式，甚至针对某些国有企业进行单独立法"均说明，改革前期根据一定依据对于改革目标的国有企业进行分类的科学性与普遍性。

与其他各国相似，我国当前国有企业覆盖众多行业，种类繁杂，其中部分涉及国家安全与民众根本利益，若贸然引入其他所有制性质投资主体，容易为国民经济带来隐患；同时另一部分行业为国有企业所垄断，不利于企业竞争力与创新性的提高，也无益于国民的福利，针对此类国有企业，引入其他所有制性质投资主体，可激发企业活力，使其充分取长补短，符合国家与民众的内在需求。由此可见，针对国有企业进行明确分类，是本轮混合所有制改革广度与层次的重要基础。

因此，根据各国改革经验与我国实际国情，并依据《中共中央、国务院关于深化国有企业改革的指导意见》内容，提出操作建议如下：

首先，划分国有企业不同类别。根据国有资本的战略定位和发展目标，结合不同国有企业在经济社会发展中的作用、现状和发展需要，将国有企业分为商业类和公益类。

其次，商业类国有企业按照市场化要求实行商业化运作，以增强国有经济活力、放大国有资本功能、实现国有资产保值增值为主要目标，依法独立自主开展生产经营活动，实现优胜劣汰、有序进退。此类企业原则上都要实行公司制股份制改革，积极引入其他国有资本或各类非国有资本实现股权多元化，国有资本可以绝对控股、相对控股，也可以参股，并着力推进整体上市。而主业处于关系国家安全、国民经济命脉的重要行业和关键领域、主要承担重大专项任务的商业类国有企业，要保持国有资本控股地位，支持非国有资本参股。

最后，针对某些特别或重要的国有企业进行单独立法，确保"一企一策"，有的放矢。这在顶层设计文件中具体体现为，"不搞全覆盖，不设时间表，成熟一个推进一个"。

（二）优化股权结构成为发展混合所有制的突破口

推行混合所有制改革，其目的在于引入其他所有制性质投资主体，特别是可为国有企业带来革新的私营战略投资者，在实现国有资本有序退出的同时，提升企业运营表现。然而日本的私有制改革实践显示，若受制于市场机制与法律框架的欠缺，而难以切实提高私营投资比例，无法充分调动民间资本或引入战略投资者失败，则企业的经营水平便无法得到切实提高。故在本次改革中，确定股权比例以优化股权结构应被作为改革是否成功彻底的核心。

如表 4-11 所示，世界各国在推行本国国有企业私有化的过程中，常对于国有持股比例做出明确限制，并以此为目标进行不断的持股比例调整，如日本经济新闻（Nihon Keizai Shimbun）2000 年所引述，对于信息通讯这一竞争性产业，英国与德国的国有持股方向为完全退出，而日本与法国则分别规定国有持股比例不低于 1/3 或 1/2，充分体现出不同国家对于该产业战略重要性的不同定位[200]。

表 4-11　　　　　2000 年世界各国大型通讯公司中政府法定与实际持股比例

	日本电报电话公司（NTT）	英国电信（BT）	德国电信（DT）	法国电信（FT）
股票发行量（万股）	1583	647000	302900	102400
持股机构	财政部	财政部	财政部，德国复兴信贷银行	法国经济财政部
法定国有持股	1/3 或以上	0%	0%	超过 1/2
实际国有持股	59.6%	0%	约 57%	63.6%

资料来源：日本经济新闻（Nihon Keizai Shimbun, Inc.），2000 年 6 月 30 日。

根据各国改革经验与我国实际国情，提出操作建议如下：

首先，基于国有企业分类方式与国际上该类型国有企业的国有资本比例，以各方优势融合互补为目标，确定该类型企业中各所有制性质投资主体的最优持股比例。

其次，确保其他所有制性质投资主体的经营管理权和分红派息权等合法权益，做到同股同权。

最后，德国的发展经验指出，优化股权结构的目标设定是动态的，而非静态的，可以根据宏观经济的发展、政策目标的调整以及投资标的企业的实际运营表现而不断进行调整，确保资本的保值增值。

（三）创新股权多元化方式

西方发达国家的混合所有制经济已发展进入较为平稳的阶段，其混合所有制企业的资金来源除包含国有资本与私有资本外，社会保障基金、养老基金与其他类型金融机构同样持有较大比例，而活跃的二级市场则为股权的流动性、交易成本以及价格确定提供保证。

让·梯若尔（Jean Marcel Tirole）的理论已明确指出，促进股权投资者多元化以及提高股权交易市场活跃度对于股东彼此制衡、形成合理的法人治理结构具有重要意义。故而创新股权多元化方式将成为提升国有企业活力并提高混合所有制改革效率的重心。

除在企业产权框架层面坚持"现代企业制度"的标准形式股份制外，公私合作模式（PPP），即在政府公共部门与私营部门合作过程中，让非公共部门所掌握的资源参与提供公共产品和服务，同样有利于调整经济结构、提高国民福利、降低投资风险并提高绩效水平，实现相关利益主体的共赢。

因此，根据各国改革经验与我国实际国情，提出操作建议如下：

首先，国有企业在与其他所有制性质投资主体合作时，鼓励放低准入门槛，吸引分属多个类别的财务投资者与战略投资者。

其次，尝试更多地采用公私合作模式（PPP），这一法治环境下形成的多产权主体间的契约，在股权归属清晰的前提下，引入大量的非政府民间资金，追求共赢。

最后，优化股权结构的有效方式，包括赋予股份较高的流动性，提供灵活的国有资本退出机制等，培养各类非国有投资机构对于国有股份购买和再出售前景的信心，令我国国有资本可如新加坡淡马锡一样，选择盈利性或风险性更为理想的投资标的，投资于重点项目与产业升级的关键阶段，实现在国内外各类型资产间的高效率配置。

（四）完善国有股权定价机制

在混合所有制改革推行过程中，优化股权结构与创新股权多元化方式不断得到实践，却也在国有资产股权交易中带来企业价值被不公允估计的可能性——如果国有资产被过低定价，不可避免地将引发国有资产流失问题；而如果国有资产被过高定价，则将因收益率不够理想而失去对其股权投资者的吸引力。因此，对于国有资产的公平公开与市场化定价，有利于国有资产的保值与其他所有制性质投资主体的引入，并可确立公平的市场竞争秩序。

21世纪初期，国内管理者收购（MBO）交易盛行，成为当时国有资本的主要退出途径。然而由于MBO相关法律制度并不健全且交易中国有资产是经过中介机构评估而得的，因此一时间出现了众多国有资产遭到低价交易的案例。而国有资产流失问题，本质上同样是股权公平市场定价机制的问题。

经验说明，从根本上解决股权公平市场定价问题的方法之一是使其进入公开资本市场。以上海与深圳两家证券交易所为例，在交易所平台上市交易的国有股权在不断的竞价过程中，其价值逐渐被准确揭示。

因此，根据各国改革经验与我国实际国情，提出操作建议如下：

首先，政府应搭建起各类型转让市场，实现信息公开透明，鼓励各种其他所有制性质投资主体充分展开竞价，以最终确定合理价格。

其次，在资产评估这一平衡国有资产买卖双方的重要环节，政府应加强相关监督管理。

再次，在资产评估这一过程中，充分考虑是否拥有特许经营权或垄断性资源所带来的影响，并将轻资产与重资产行业的企业进行区别分析。

最后，可考虑引入PE基金等专业投资机构，利用其筹措社会资本并参与到国有企业的改造。

（五）建立国有资产监管新机制

在各国推行国有企业民营化的历程中，普遍出现了政府对于自身功能的调整。例如，德国政府将自身核心功能定位于制定宏观政策与经济框架，而退出了对于企业经济活动的直接管理与干预；而日本政府则关注于制订相关的产业扶持政策，提升整个行业的国际竞争力；挪威政府则陆续将挪威药业、食品企业Grodegaard公司、专门从事特殊废物处理的NOAH控股公司、负责国有地产开发的Entra公司以及公路基建的Mesta公司列入出售清单。

由此可见，在混合所有制改革的新形势下，国家作为国有企业的长期战略投资者，应致力于实现具体的产业或社会政策目标，并纠正市场失灵，而将提升企业经营表现等任务交由市场竞争机制完成，从"管企业"转型为"管资本"。这在《中共中央、国务院关于深化国有企业改革的指导意见》具体体现如下：

首先，以管资本为主推进国有资产监管机构职能转变，准确把握依法履行出资人职责的定位，重点管好国有资本布局、规范资本运作、提高资本回报、维护资本安全，建立监管权力清单和责任清单。

其次，以管资本为主改革国有资本授权经营体制，改组组建国有资本投资、运营公司。

再次，以管资本为主推动国有资本合理流动优化配置，清理退出一批、重组整合一批、创新发展一批国有企业。

最后，以管资本为主推进经营性国有资产集中统一监管，建立覆盖全部国有企业、分级管理的国有资本经营预算制度。

（六）落实员工持股制度

党的十八届三中全会《中共中央关于全面深化改革若干重大问题的决定》首次明确指出"允许混合所有制经济实行企业员工持股，形成资本所有者和劳动者利益共同体"，推动管理层和骨干员工持股，对于重新认识国有企业劳资关系具有重要的意义。

国有企业现行激励制度较为模糊，不利于激发员工工作效率，实施员工持股制度，建立长效激励约束机制，有望充分调动员工的积极性。

因此，根据各国改革经验与我国实际国情，提出操作建议如下：

首先，应明确可实施员工持股的国有企业类型，一般而言，"一般商业性国有企业"可较为普遍地推行员工持股，而国有独资的"公共政策性国有企业"不应轻易尝试该制度。

其次，在制度实施过程中，应以约束机制为主，辅以激励机制，并需明确甄别员工业绩，实现公司管理层与骨干员工等为公司做出重大贡献的人员持股，而非作为公司内部福利适用于全体员工，丧失了激励功能。而在员工持股比例问题上，应根据该国有企业的特点加以确定。

再次，赠予员工的公司股票应从二级市场购买，以减少国有资产流失的可能性。

最后，可探索直接持股与间接持股等多种持股方式，并建立起动态的调整和股权退出机制，增强股权的流动性并在长期实现激励约束。

第四节　混合所有制改革带来的投融资需求的可能变化

混合所有制改革预计将带来资金需求总量的增加，并造成债券性融资比例的相对下降，以及股权性融资与产权融资比例的相对提高。对于我国商业银行而言，其作为业务核心的贷款业务将受到一定程度的影响。

一、混合所有制改革带来的投融资需求总量变化

全球其他国家改革经验证实，发展混合所有制经济有利于提高企业的生产与

运营效率，改善就业环境，使公司治理水平显著提高。从资产角度来看，国有企业发展混合所有制预期将带来显著的资产扩张效应。基于对我国国有企业发展现状的分析及其他国家改革经验的总结，预期混合所有制改革后 5 年间原国有企业及相关企业融资需求总量较不改革有所增加，混合所有制改革所带来的资金需求总量非常可观。

（一）混合所有制改革对国有企业发展的影响

进入 20 世纪以来，自欧美等发达国家，至全球其他发展中国家，推行混合所有制改革，提升私营经济在原国有企业中的比重成为一个普遍趋势。众多学者的研究显示，针对国有企业推行混合所有制改革无论在宏观经济层面抑或是微观企业层面，均会产生显著的影响。Djankov 与 Murrell（2002）基于 100 余个关于转型经济体的实证研究结论指出，整体而言，企业私有化改革对于提高其经营表现具有显著的正向推动作用[201]。

首先，由于在国有企业中引入选取了其他所有制性质投资主体，革新了生产方式与企业治理结构，企业的生产与运营效率有望获得显著提高。Earle 与 Telegdy（2002）通过实证检验罗马尼亚经历混合所有制改革的国有企业，指出平均来看劳动力生产率的增长速度呈现出 1.0% ~ 1.7% 的提高[202]。Jerome（2008）则研究了尼日利亚国有企业的改革成果，证实其在运营效率方面的提高在 1% 的统计水平下显著[203]。因此可以预期，我国国有企业推行混合所有制改革，对于其生产与运营效率将会带来一定的提升作用。

其次，国有企业施行混合所有制改革通过结构调整，可能造成就业人口的数量下降，但同时也有望创造新的就业机会，提高就业人口薪酬并改善其工作环境。Knight – John 与 Athukorala（2005）通过对于经济转型中的斯里兰卡 8 家国有企业进行实证研究指出，尽管由于历史上的过度雇佣现象，8 家企业就业人口在改革当年分别呈现出 17% ~ 55% 的下降，然而其就业人口名义薪酬水平出现了 20% ~ 150% 的快速提高[204]。另外，Megginson，Nash 与 van Randenborgh（1994）的比较研究结果显示，18 个国家和地区中的 61 家国有企业在实施私有化改革后，就业人口数量平均增加 6%[205]。因此可以预期，我国国有企业推行混合所有制改革，对于重新划分就业岗位，精简企业内部的冗余就业人口，提高平均人员素质与技能水平，以致提高其劳动报酬均具有推动作用。

最后，国有企业施行混合所有制改革有助于企业更加公开透明，决策流程更加科学合理，公司治理水平显著提高。Morara（2010）在其报告中列举肯尼亚航空公司、科特迪瓦供水公司、加纳特马钢铁有限公司以及哥伦比亚石油公司的私有化案例，指出在国有企业中引入其他所有制性质投资主体可显著提高企业治理水平，使投资者的权益得到切实保障，企业对于市场的应变能力提高，制订出更为科学合理的企业发展战略[206]。因此可以预期，我国国有企业推行混合所有制改革，对于提升企业的整体治理水平以及投资者权益均有所助益。

（二）混合所有制改革企业资产扩张或收缩效应预期

从资产角度来看，国有企业发展混合所有制的重点在于盘活存量资产，为分布于各个产业、资产规模巨大的国有企业创造战略性发展机遇；同时也积极吸纳具有竞争力的私营企业，形成合力。在此过程中，国有企业通常可选择增资扩股、减资转让或新设立公司以完成混合所有制改革。其中增资扩股将在原资产存量基础上，通过向社会发行股票募集股份，将导致企业资产的净增加；新设立公司即国有企业与私有资本共同出资成立新公司，同样将导致企业资产的净增加；而减资转让则意味着将部分国有产权通过转让流转的方式推向社会资本，企业在中国持有资产比例降低，企业资产总量并不会因此增加。

实践显示，增资扩股等增量手段代表了未来发展混合所有制经济的趋势，2014 年国投信托、中国电信旗下新兴业务公司炫彩互动网络科技有限公司、中信国安集团等案例均是以增资扩股的方式完成。另一方面，经历过混合所有制改革进入快速发展期后，原国有企业的信贷资金需求预计同样将大幅提高。

理论研究方面，Müslümov，Özkarabüber 和 Akbaş（2002），在其研究中，对于 1986～2000 年土耳其国有企业改革成果进行实证检验，显示国有企业资产总额自私有化后的 14 年间增加了 118%（扣除通货膨胀影响），年平均增长率为 7.14% 左右，其主要原因为企业选择使用更高的财务杠杆进行运营[207]。而 Tsamenyia，Onumahb 和 Tetteh - Kumah（2010）在分析加纳国有企业私有化完成情况之时同样指出，实现私有化以前，加纳国有企业不具有吸引长期投资的能力，而资金的缺乏最终限制了企业资产扩张的速度；实现私有化以后，资金限制逐渐解除，加纳国有企业无论在资产规模抑或运营水平方面均有显著提升[208]。

因此可以预期，我国国有企业推行混合所有制改革，较为可能为改革企业带来显著的资产扩张效应，同时也催生较为可观的对资金的需求。

（三）多层次资本市场对资金需求总量估算

企业的融资方式主要分为债权融资与股权融资两类。其中债权融资具有风险高、融资成本低、不会削减股东对企业的控制力及带来杠杆收益等特点；而股权融资风险低、融资成本高、削减股东对企业的控制力及增加企业的信用价值等特点。根据会计原理，债权融资与股权融资的增加以及留存收益的累积，均会带来企业总资产的提高，因此企业对于外部融资的需求总量，理论上应等于预计总资产的增加量扣除留存收益的数值，如下述公式。

外部融资需求总量 = 资产总额 - 利润额 × (1 - 现金分红比例)

且根据表4-12所示，2012~2015年，我国国有企业资产总额增长率平均为15.0%，利润总额增长率平均为1.4%。且如表4-13所示，根据中国证券监督管理委员会发布的《上市公司监管指引第3号——上市公司现金分红》，可假设1007家总市值合计16.2万亿元的国有控股上市公司，其现金分红比例为40%[209]。且根据表4-14所示，Müslümov，Özkarabüber和Akbaş（2002）与Chong和López-de-Silanes（2004）分别对于土耳其和墨西哥国有企业私有化对资产总额增长率与利润率影响的研究，可对于我国国有企业资产总额、利润总额以致融资需求做出预测性计算[210]。

表4-12　　　　　　2012~2015年全国国有企业资产总额与利润总额情况

年份	全国国有企业资产总额（万亿元）	增长率（%）	全国国有企业利润总额（万亿元）	增长率（%）
2012	78		2.2	
2013	91	16.3	2.4	5.3
2014	102	11.9	2.5	3.4
2015	119	16.9	2.3	-4.5

资料来源：中华人民共和国财政部，《2015年1~12月全国国有及国有控股企业经济运行情况》。

表4-13　　　　　　国有控股上市公司现金分红比例规定　　　　单位：%

	现金分红在本次利润分配中所占比例下限
公司发展阶段属成熟期且无重大资金支出安排	80
公司发展阶段属成熟期且有重大资金支出安排	40
公司发展阶段属成长期且有重大资金支出安排	20

资料来源：中国证券监督管理委员会，《上市公司监管指引第3号——上市公司现金分红》。

表 4 - 14　　　土耳其与墨西哥国有企业私有化对于资产总额增长率与利润率的影响

	土耳其（1986~2000 年）	墨西哥（1983~1992 年）
资产总额增长率年均增量	7.14%	1.50%
利润率年均增量	2.21%	2.67%

资料来源：1. Müslümov A，Özkarabüber M，Akbaş H. The financial and operating performance of privatized SME's in Turkey [J]. 2002.

2. Chong A，López – de – Silanes F. Privatization in Mexico [J]. 2004.

如表 4 - 15 及表 4 - 16 与图 4 - 14 所示，预计我国推行混合所有制改革后 2016~2020 年的"十三五"间，原国有企业及相关企业融资需求总量将达到 161.3 万亿元，较不推行混合所有制改革的现状发展趋势增加 48 万亿元；更改后年均增长率在 20.0%~20.4% 区间，较不推行混合所有制改革的现状发展趋势增加 4.2%，混合所有制改革所带来的资金需求总量非常可观。

表 4 - 15　　　混合所有制改革前原国有企业及相关企业融资需求总量预测

年份	原国有企业及相关企业融资需求总量预测（万亿元）	增长率（%）
2016	16.5	
2017	19.1	16.2
2018	22.2	16.0
2019	25.7	15.9
2020	29.8	15.8
合计	113.3	

资料来源：作者根据相关数据计算得出。

表 4 - 16　　　混合所有制改革后原国有企业及相关企业融资需求总量预测

年份	原国有企业及相关企业融资需求总量预测（万亿元）	增长率（%）
2016	21.6	
2017	26.0	20.4
2018	31.2	20.2
2019	37.5	20.1
2020	45.0	20.0
合计	161.3	

资料来源：作者根据相关数据计算得出。

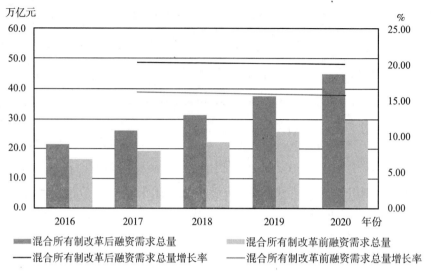

图 4 – 14   混合所有制改革前后原国有企业及相关企业融资需求总量比较

资料来源：作者根据相关数据计算得出。

本研究重点分析混改单一因素对融资总量的影响，实际上我国推进"一带一路"、国际产能合作、棚户区改造、扶贫等重大战略都有国有企业的参与，将带来巨大融资需求。

二、混合所有制改革带来的投融资需求结构变化

发展混合所有制经济，预期将增加金融、电信、能源、医疗等领域的融资需求，而钢铁、煤炭、化工、造船等产业将加速收缩。公司股权结构方面将发生显著改变，股东类型不断丰富，预计未来企业在获取资金时将更多地考虑资金来源方对于企业经营战略与发展方向的引导作用。随着融资方式多样化，预计将带来债权性融资比例的相对下降，以及股权性融资比例的相对提高，估算 2016 ~ 2020 年，债券性融资总量 91.6 万亿 ~ 107.1 万亿元，股权性融资总量 54.2 万亿 ~ 69.7 万亿元。

（一）混合所有制改革带来的产业结构变化

我国国有企业面临着企业发展不够平衡、发展方式比较粗放、治理机制还不够健全、管理不够精细、效率不够高、历史包袱比较重等困难；与此同时，世界经济正在经历深刻的转型，带来产业结构的重大转变。在此情形下，国有企业若

要彻底扭转传统比较优势逐步丧失的势头，必然会牢牢把握混合所有制改革的契机，推动产业结构的深度调整，加快科技创新步伐，发展一些战略性新兴产业，而这也将导致国有企业未来融资量在行业间的变化转移。

从国有企业产业结构变革来看，主要渠道目前共有三条。首先为基于产业链发展需要而进行的集团内部资源的优化配置，提高各个国有企业的运营效率；其次为国有企业之间的整合重组，实现协同效应；最后为通过产权交易市场转让不具有比较优势的资产，而这一部分将成为本次混合所有制改革关注的重点。

出于鼓励竞争，减少行政性垄断考虑，金融、电信、能源、医疗等领域可能更大程度地向私营企业开放，发展混合所有制经济。国有企业集中且产能过剩的钢铁、煤炭、化工、造船等产业可能部分通过处置资产等措施消化过剩产能。另外，建筑、铁路、建材等基础建设相关产业可通过开拓国际市场部分向海外输出。故而金融、电信、能源、医疗等领域受益于混合所有制改革，必将进入快速发展阶段，从而增加外源融资需求；而与此相对，钢铁、煤炭、化工、造船等产业将加速收缩，融资量预计将同步萎缩。

另外，除产业整体发展趋势外，混合所有制经济发展成功与否也成为影响产业内部结构与产业间结构的重要因素，最终影响到行业的融资需求。Cubbin 与Stern（2006）即在广泛研究私有化对于发展中国家电力产业的影响后指出，尽管行业内部小规模局部的私有化不会对于行业产能造成显著影响，若在行业内部广泛推行私有化则会在长期给行业产能带来 8% ~ 10% 的提升[211]。而 Li 与 Xu（2002）在实证研究全球电信行业的私有化成果后证实，剔除其他要素投入影响，私有化进程平均可将行业全要素生产率提升 7.2%[212]。因此，成功发展混合所有制经济的产业，预期将有利于内部资源整合与结构优化，实现相对优势，成为未来资金聚集的重点领域。

（二）混合所有制改革带来的公司股权结构变化

就企业层面而言，混合所有制改革同样会为公司股权结构带来重大变化。在实施混合所有制改革的过程中，企业通常会分析自身的业务实际与长期战略需求，实现股权结构的调整。对于需要引入资金做大做强的国有企业而言，除传统的债权性融资外，多选择社保基金、保险基金等公众基金或私募基金等，尽可能发挥社会资本的作用；对于需要引进管理经验，提高治理水平的国有企业而言，则可慎重地选择与国际行业巨头合作，以学习其技术和管理；对于需要补充某些特定能力，向产业链上下游延伸的国有企业而言，通常在充分考虑短期行为或利益输送等问题的基础上，选择私营企业进行混合[213]。由此可见，企业发展现状及发展路径的不同会显著影响其混合所有制改革方向，从而导致公司股权结构变化多样化的特点，进而影响到其对于各种融资模式的依赖度。

理论研究方面，Bohm，Damijan，Majcen，Rojec 与 Simoneti（2001）通过对于斯洛文尼亚的研究指出，国有企业推行私有化改革前后的所有者结构方面，企业最大的 5 个所有者集团中，国家与公募基金的持股比例显著下降，而内部持股与财务投资者、战略投资者持股比例显著提高，其中公募基金的持股比例平均下降 11.5%，战略投资者的持股比例则平均提高 8.6%[214]。

参照斯洛文尼亚的改革经验可以预期，我国大力推动混合所有制改革的进程，可能带来国有企业中国家与公募基金的持股比例下降，与此同时，来自企业内部管理层与以私募基金为代表的战略投资者的资金占比有所提高，从而公司股权结构发生显著改变，股东类型不断丰富。而这一变化将通过企业融资模式的调整来实现，因此预计未来企业在获取资金时将更多地考虑资金来源方对于企业经营战略与发展方向的引导作用，而非单纯以引入社会资金为最终目标。

（三）混合所有制改革带来的融资需求结构变化

根据估算结果可知，2016～2020 年，混合所有制改革后的原国有企业及相关企业融资需求总量将达到 161.3 万亿元，然而受到企业内部其他所有制性质投资主体的影响，受益于产权市场的不断完善以及融资模式的多样化发展，混合所有制改革带来的融资需求不仅呈现出总量增加的趋势，更导致了融资结构的显著变化。

发展至今，我国国有经济金融体系的中心是商业银行，商业银行持续不断的资金支持构成了国有企业资金来源的主要渠道。其优势在于为国有企业的发展提供稳定的资金保障，而且劣势同样在于大大削弱了国有企业股权融资的积极性，延缓了其向现代企业转型的步伐，同时也降低了通过让渡股权引入私营企业与外资企业等其他所有制性质资本。而本轮混合所有制改革有望打破这一商业银行和国有企业所形成的体制内资金循环模式，构造起市场化的资金输送渠道。

另外，推行混合所有制改革后，产权交易逐渐成熟，整体上市的国有企业将明显增加，民间资本将得到更为充分的利用。无论是产权转让、增资扩股、新设立企业抑或并购投资，均将成为国有企业可尝试的融资渠道，一定程度上替代银行贷款与企业债券的债权性融资。同时鉴于 2015 年 10 月我国国有企业平均资产负债率已达到 66.40%，普遍存在财务杠杆较高的现象，因此寻求其他融资渠道，降低财务风险，变革内部治理，成为我国国有企业更为理性的选择。

根据前文表 4–16 中的混合所有制改革后原国有企业及相关企业融资需求总

量预测，可大致估算 2016～2020 年我国国有企业债权性融资与股权性融资总量。第一种假设方案为国有企业继续维持 66.40% 的资产负债率水平，则其债权性融资与股权性融资总量如表 4－17 所示，债权性融资累计总量 107.1 万亿元，股权性融资累计总量 54.2 万亿元。

表 4－17　　维持当前资产负债率假设下国有企业债权性融资与股权性融资总量

单位：万亿元

年份	债权性融资需求总量预测	股权性融资需求总量预测
2016	14.3	7.3
2017	17.2	8.7
2018	20.7	10.5
2019	24.9	12.6
2020	29.9	15.1
合计	107.1	54.2

第二种假设方案为国有企业的资产负债率将逐渐下降至与私营企业持平，即 2020 年达到国家统计局最新公布的私营工业企业资产负债率 52.15%，则其债权性融资与股权性融资总量如表 4－18 所示，债权性融资累计总量 91.6 万亿元，股权性融资累计总量 69.7 万亿元。

表 4－18　　资产负债率持续下降假设下国有企业债权性融资与股权性融资总量

单位：万亿元

年份	债权性融资需求总量预测	股权性融资需求总量预测
2016	13.7	7.9
2017	15.8	10.2
2018	18.1	13.2
2019	20.6	16.9
2020	23.5	21.5
合计	91.6	69.7

根据《2013 年全国国有企业财务决算情况》统计数据，2013 年全国国有企业负债总额 67.1 万亿元，同比增长 16.7%，年度债权性融资增长量约为 9.60 万亿元。2013 年中央企业负债总额 32 万亿元，同比增长 13.1%，年度债权性融资

增长量约为 3.71 万亿元，占全国国有企业比例为 38.6%。此处假设中央企业新增债权性融资量占全国国有企业比例保持相对稳定，则混合所有制改革后中央企业未来债权性融资需求如表 4 - 19 与表 4 - 20 所示。如维持当前资产负债率，则 2016 ~ 2020 年中央企业债权性融资总量约为 41.34 万亿元；如假设资产负债率持续下降，则 2016 ~ 2020 年中央企业债权性融资总量约为 35.37 万亿元。

表 4 - 19　　　　维持当前资产负债率假设下中央企业债权性融资总量　　　单位：万亿元

年份	债权性融资需求总量预测
2016	5.53
2017	6.66
2018	8.00
2019	9.61
2020	11.54
合计	41.34

资料来源：财政部，《2013 年全国国有企业财务决算情况》。

表 4 - 20　　　　资产负债率持续下降假设下中央企业债权性融资总量　　　单位：万亿元

年份	债权性融资需求总量预测
2016	5.29
2017	6.09
2018	6.97
2019	7.96
2020	9.06
合计	35.37

资料来源：财政部，《2013 年全国国有企业财务决算情况》。

三、混合所有制改革带来的融资模式变化

预计混合所有制改革将带来融资模式的多元化，股权性融资模式将更受到国有企业青睐，导致债权性融资比例相对有所下降。对于国家开发银行而言，其作为业务核心的贷款业务将受到一定程度的影响，且其在产能过剩与向私营企业开放行业的过度配置具有一定的风险性。

（一）混合所有制改革后企业融资模式倾向预测

就现状而言，国有企业资金来源的主要渠道是银行贷款，国有企业对于银

行贷款的依赖度常年来保持在危险的水平。而融资模式单一的现状也造成商业银行资金配置格局存在严重缺陷，银行如果持续贷款给盲目扩大产能、依赖低技术和低价格的低效率企业，则将进一步推高产能过剩现象，不利于社会整体效率的提高。

另外，以银行贷款为代表的债权性融资，仅能满足国有企业对于资金的需求，却无力实现企业机制的革新与质量的提升，一时间难以提高国有企业的运营效率。而本次混合所有制改革，所要求的是国有企业实现运营效率的提高与公司治理的改善，而通常带给企业此类变革的多为股权性融资。

以风险投资/私募股权（VC/PE）为例，在混合所有制的过程中，此类机构可以战略投资者的途径参与其中，不仅为国有企业提供充裕资金，更带来对于企业管理、战略决策与日常运营的独到理解，加快国有企业的资源整合与结构调整。而引入国内领先的私营企业或国际行业巨头，实现强强联合，同样有利于国有企业引进管理经验，提高治理水平，向产业链上下游延伸。

由此可见，无论出于商业银行自身健康运营，抑或是国有企业完成其战略性的变革，本轮混合所有制改革过后，股权性融资模式将更受到国有企业青睐，导致债权性融资比例相对有所下降。

（二）中央企业贷款需求预测

根据《2014 年全国国有企业财务决算情况》的统计数据，2014 年，中央企业银行借款余额由 81380.4 亿元增长至 87606.5 亿元，增加了 6226.1 亿元，占同年债权性融资总额变动的 15% 左右，因此此处可假定债权性融资新增量的 15% 左右来自中央企业银行贷款额度的增加。如表 4-21 所示，如假设维持当前资

表 4-21　　　　中央企业银行贷款额度增加预测　　　　单位：万亿元

年份	维持当前资产负债率		资产负债率持续下降	
	债权性融资需求总量	银行贷款额度增加	债权性融资需求总量	银行贷款额度增加
2016	5.53	0.83	5.29	0.79
2017	6.66	1.00	6.09	0.91
2018	8.00	1.20	6.97	1.05
2019	9.61	1.44	7.96	1.19
2020	11.54	1.73	9.06	1.36
合计	41.34	6.20	35.37	5.31

资料来源：作者根据相关数据计算得出。

产负债率，则 2016 年中央企业银行贷款额度增加 0.83 万亿元，2020 年银行贷款额度增加 1.73 万亿元；如假设资产负债率持续下降，则 2016 年中央企业银行贷款额度增加 0.79 万亿元，2020 年银行贷款额度增加 1.36 万亿元。

　　本研究所采用的融资需求预测模型，以当前的融资需求现状为基础，以资本深化的平稳变化为前提，采取了相对连续静态的预测假设，具有其自身的局限性。如将"一带一路"发展战略的深远影响、科技研发的拉动作用、资本深化引发的产业结构性变化等相关因素纳入考虑，则未来潜在融资需求将更为巨大。如产业结构性变化导致当前存量资产无法得到完全利用，同样需要更大规模的投资加以弥补替代。

第五章

中央企业国际化的金融支持

内 容 提 要

目前我国对外直接投资已进入快速发展阶段，中央企业是国家"走出去"战略的主力军和主要实践者。近年来中央企业进行国际化经营的速度明显加快、规模明显加大。大量海外投资项目和企业并购，对我国金融服务业提高综合服务质量并融入世界金融体系提出了挑战。特别是一些中央企业在海外投资并购失败或巨亏，暴露出我国中央企业国际化经营的能力不足以及金融机构的服务支持缺位。中央企业的国际化发展不仅需要企业自身提高在全球配置资源的能力，也需要金融机构提供良好的金融环境和金融服务支持，而开发性金融机构可实现单纯依靠市场和商业金融所无法达成的目标。

第一节　中央企业融资需求

一、各主要融资模式比较

企业为了维持自身的生存和正常发展，需要向金融机构或其他企业筹借资金，以弥补企业自有资金的不足。目前市场上的众多融资模式通常可以归纳为四个类型，其中根据资金来源不同可分为外源性融资与内源性融资，外源性融资根据对于企业及其资产的支配权的不同又可分为股权性融资、债权性融资与产权融资，具体的主要融资模式如表 5-1 所示。

内源性融资由于受到公司盈利能力及收益积累的限制，因此存在规模有限的天然制约。因此，就我国国有企业发展实际而言，外源性融资已成为最重要的融资渠道。

表 5 – 1   主要融资模式分类

内源性融资 ——累计折旧 ——留存收益		
外源性融资——债权性融资 ——国内外银行贷款 ——企业债券 ——民间借贷 ——融资租赁等	外源性融资——股权性融资 ——IPO/增发/配售等公开市场发售 ——风险投资 ——增资扩股 ——股权出让 ——合资经营等	外源性融资——产权融资 ——产权交易

其中，银行贷款融资是指企业通过向银行借款的方式以筹集所需资金。其具有方便灵活、期限和类型较多、可提高财务杠杆等优势，同时具有申请手续繁复、融资总额有限、还本付息压力较大等劣势。

企业债券融资是指公司依照法定程序向债权人发行且约定在一定期限还本付息的有价证券从而获取资金的一种融资方式，其期限可短至 1 年以内，长至 5 年以上。与银行贷款融资相比，银行贷款融资具有渠道多元化、灵活性强、期限相对较长、融资总额可观等优势。

股权性融资中的公开市场募集，包括 IPO、增发及配售等形式，是指发行人通过中介机构向不特定的社会公众广泛地发售证券以募集资金的模式。这一模式的优势在于筹集资金潜力大、被操纵的风险较小、流动性较好，而其劣势在于进入门槛较高、发行过程比较复杂、发行费用较高等。

与公开市场募集相对的股权性融资模式为私下募集，包括增资扩股与股权转让两种基本模式。其中增资扩股是指企业增加注册资本，增加的部分由新股东认购或新股东与老股东共同认购的融资模式，其利在于可增加营运资金或减轻负债，而其弊在于摊薄原有股东的股权；股权转让是指公司股东依法将自己的股份让渡给他人，使他人成为公司股东以获得资金的融资方式，其利在于实现股权流动，而其弊在于未实现企业资金的扩大。

产权交易融资是指资产以商品的形式作价交易的一种融资模式，为除上市公司以外企业财产所有权及相关财产权益的有偿转让行为和市场经营活动，其优势在于覆盖面广阔、可集聚信息、发掘价格等，而其劣势则为需要具有较强的制度性与专业技术性等。

根据预计，混合所有制改革进程中将会不断涌现出大量国有企业融资案例，分别涉及债券市场、股票市场与产权市场三个市场平台，而这三种融资方式通常服务于特点明确的企业类型，如表 5 - 2 所示。

表 5 - 2   三个市场平台主要服务对象企业类型

债券市场	股权市场	产权市场
多类型国有企业	较为成熟的大型国有企业	非上市公司与非上市国有企业

根据是否依赖银行作为融资中介，融资渠道又可划分为直接融资、间接融资与关系融资三类。

直接融资在市场经济发达、融资法制规范的国家比较普遍，其特点是没有金融中介机构的介入，企业所需资金由资金盈余方直接提供，投融资双方具有较大的选择自由，且投资者收益较高，筹资者成本较低。但由于筹资人资信程度不同，造成债权人承担的风险相差悬殊，且部分直接金融资金具有不可逆性。

间接融资在日本、德国等国家和地区比较普遍，这些国家和地区资本市场相对欠发达，金融制度以银行间接融资为主，银行在国家的金融体制中占据相当重要地位，并对于融资企业的决策和治理施加重大影响。相对而言，银行不仅关注企业的当期盈利能力，更注重企业发展的长期趋势。

关系融资相对较不普遍，而东南亚国家为其代表。产生原因主要为，东南亚各国华人在所在国家的融资体系中处于受歧视地位，且所在国融资渠道过于狭窄。东南亚华人企业治理结构深受此融资方式影响，具有所有权集中、家长权威、家族垄断、家族传承等特点。

二、中央企业金融服务整体需求分析

（一）中央企业主要融资渠道与发展趋势

1. 内源融资是中央企业主要的资本来源之一

企业资金来源主要包括内源融资和外源融资两个渠道，其中内源融资主要是指企业的自有资金和在生产经营过程中的资金积累。2007 年国务院下发《国务院关于试行国有资本经营预算的意见》后，国有企业与国家之间的财务分配关系得以明确。即国有独资企业必须按照规定比例向国家上缴利润，中央企业与国家之间的利润分配制度得以确立和完善，中央企业内源融资和利润留存有了明确的法规依据，中央企业可以将留存利润按比例用于投资。与西方国家国有企业相比，我国中央企业上缴利润比例较低。据统计，法国国有企业向国家上缴红利的比例高达 50%，比利时、丹麦等国最低上缴比例也高达 1/3。由此可见，国资委希望以利润留存代替出资人投资的意图，内源融资依然是中央企业主要的资本来源之一。

2. 整体上市是中央企业权益性融资的一种主要方式

中央企业的外源融资按照性质可以划分为权益性融资和债务性融资。国务院国资委成立后，大力推进中央企业整体上市，加快了公司制股份制改革步伐，鼓励中央企业进行不留存续资产的整体上市。主业资产已经整体上市的企业，通过多种途径实施集团层面整体上市；涉及国家安全和国民经济命脉、采取国有独资形式的企业，进行公司制改革；其他行业和领域的中央企业，则积极引进各类投资者，实现产权多元化。至此，以推进企业改革为目的中央企业股份制改造和整体上市，已经成为中央企业外部融资的一个重要渠道。截至 2012 年底，国资委系统监管的国有控股上市公司共 953 家，占 A 股上市公司数量的 38.5%；市值合计 13.71 万亿元，占 A 股总市值高达 51.4%。根据国资委的统计，截至 2012年底，整体改制的上市中央企业增加至 40 家[215]。通过 IPO 融资有利于发挥资本市场配置资源，提高行业集中度，通过整体上市可以迅速实现资本的积聚和集中，壮大企业规模，同时，IPO 还有利于提高中央企业在业务经营和组织管理方面的独立性，进一步完善公司治理。

总体而言，中央企业整体上市已经成为中央企业外部权益性融资的一个重要渠道，不仅为中央企业提供了更多的资本来源，还有效地改善了中央企业的资本结构和公司治理。同时，引入战略性投资主体和产权多元化会是今后中央企业改革的一个重要方向，也会成为中央企业外部权益性融资的另一个重要渠道。

3. 中央企业显示出对于债券融资的强烈偏好

2011 年共有 674 家企业在交易商协会注册发行非金融企业债务融资工具，累计 17398 亿元，其中中央企业债务融资工具融资总额 8688.8 亿元，占 49.94%；而 2010 年，共有 424 家企业在交易商协会注册发行非金融企业债务融资工具，累计 12966.47 亿元，其中 96 家中央企业债务融资工具融资总额 5498.5 亿元，占比 47.07%。由此可见，与 2010 年相比，中央企业融资额继续快速增长，增速达到 58.0%。截至 2016 年 3 月底，共有 82 家中央企业发行债券余额 4.05 万亿元，其中中期票据占比 37.4%，超短期融资券占比 20%，企业债比占 14.2%，公司债比占 12.2%，短期融资券占比 5.7%[216]。中央企业发行海外债券的步伐也不断加快。如 2012 年，中国国电 H 股上市公司龙源电力成功发行 4 亿美元永续债券，成为第一家发行美元永续债券的 H 股上市公司。中国长江三峡集团公司于 2015 年 6 月同时在美国成功发行 7 亿美元 10 年期和在欧洲成功发行 7 亿欧元 7 年期债券，成为首次以全球同步发行双币种债券进入国际资本市场的第一家中国企业。

中央企业青睐短期融资券和中期票据为主的债券融资工具融资，主要原因在于，这种融资方式与传统的信贷融资相比，性价比高，融资成本相比同期贷款可节省 100 ~ 200 个基点。此外，发债融资还具有以下两个方面的显著优势。一是发债融资更加灵活、市场化，效率更高。银行与贷款人是"一对一"，而债券投资人与发行人是"多对一"，企业在决定融资的时间、期限、规模等方面更具主动性，直接融资的效率更高，发债融资成本大幅降低。二是由于金融危机后银行信贷审批和发放更加趋于严格。为了吸取国际金融危机教训和有效防范风险，银行监管部门对商业银行的监管要求日趋严格，中央企业信贷融资渠道也因此受到了较大影响。对核心资本充足率、资本充足率的最低要求，约束了商业银行贷款的总规模，单一客户授信集中度不高于资本余额的 15%、单一客户贷款集中度不高于资本余额的 10% 等指标要求，则限制了对单一企业的贷款额度。此外，监管部门出台了其他一系列管理规定，对银行贷款管理提出了更加精细化的要求，如贷款资金使用应采用"受托支付"方式，先向银行提供购销合同等必要文件方可使用贷款资金，贷款资金不能用于偿还债务、分红、上缴特别收益金等用途。这些都使得中央企业在使用传统信贷融资渠道时受到了较大影响。在这种情况下，拓宽融资渠道、依托近年来不断发展创新的债券市场进行债券融资，就成为中央企业的首要选择。

2015 年 9 月，国家发展改革委发布了《关于推进企业发行外债备案登记制管理改革的通知》，"松绑"企业海外发债的条件，鼓励境内企业发行外币债券，取消发行外债的额度审批，实行备案登记制管理[217]。2016 年 5 月，中国人民银行发布《关于在全国范围内实施全口径跨境融资宏观审慎管理的通知》（132 号），统一了国内企业的本外币外债管理，将原来在自贸区试点的全口径跨境融资推广到全国范围内执行，使得所有的国内企业都可以通过"全口径"模式从境外融资[218]。随着境内企业借用外债政策的放宽，预计未来会有更多中央企业选择债券融资工具融资。

4. 再融资也成为近年来中央企业主要融资渠道

A 股市场走势的起伏波动并未对再融资产生较多不利影响，2015 年超过 800 家上市公司实施了再融资，通过定增募集资金 12396.45 亿元，较 2014 年的 6906 亿元增幅达到 79.5%；另有 5 家公司通过配股募集资金 35.04 亿元[219]。

由于再融资相关核心法规《上市公司证券发行管理办法》做出了新的修订，规定再融资实施分类监管，针对发行人的资质、发行人选择再融资的品种以及该品种投资者的特征和融资额大小等进行分类监管，并且在此过程中，证监会将淡化行政审批，强化市场监管。因此，中央企业未来再融资方式的选择必须更加慎重。表5-3为主要再融资模式比较。

表5-3　　　　　　　　　　主要再融资模式比较

融资工具	优势	劣势	适用企业
公开增发	可募集资金量高；权益性融资，无还本压力	发行价格随行就市，发行风险大；老股东权益稀释；对公司短期业绩摊薄明显	资金需求量大；项目见效快，短期成长行显著，业绩预期被市场普遍接受
配股	控股股东权益不易被稀释；权益性融资，无还本压力；发行价格无限制，确定灵活	存在发行失败可能；可募集资金量较低；控股股东需承诺配数量，对控股股东资金压力大	融资需求相对较小；公司成长性及回报稳定；大股东不愿意引入新股东而摊薄收益
定向增发	融资条件宽松；募集资金规模大且灵活；大股东可通过大比例认购确保控制地位	融资条件虽无硬性指标限制，但需要给投资者留出价格空间；增发对象限于10名以内，销售压力较大	行业龙头、成长良好，长期受到投资者关注与持有；有战略投资者进入或大股东增持
可转换公司债	转股逐年进行，对公司利润摊薄作用小；可发挥财务杠杆效应且成本低于公司债和短期融资券；较股权融资具有税务挡板效应	存在转股失败风险；有逐年付息和最后一次还本付息压力；股票价格受可转换公司债设计方案的夹板效应影响；持续期长，后期披露工作量大；需要信用评级和担保	在公司业绩稳定，股价长期看好的情况下，利用财务杠杆降低资金使用成本

5. 中央企业资金仍然是银行信贷资金的重要需求者

中央企业直接融资能力有待增强，需要以银行借款或银行担保形式，大量使用银行信贷资金，增加长期股权投资项目，来满足流动资金需求。从金融机构角度看，中央企业仍是传统的优质客户资源，中央企业作为国民经济的脊梁和民族企业的"排头兵"，也一直是政策性金融机构支持的重点，近年来，石油石化、电信、电力、铁道、化工、建材、煤炭等行业的中央企业融资需求不断提升，国家开发银行对于长江三峡总公司、中国石油天然气集团公司、中国石油化工集团公司、神华集团、五大电力公司、中国网络通信集团公司、中国化工等企业和铁道部及其所属的铁路干线公司予以大力支持，积极为南水北调、西气东输、西电东送、金沙江水电一期开发等重点工程建设筹措低成本建设资金。

6. 中央企业资金来源逐渐呈现出多样化趋势

由于信贷成本的上升促使中央企业开始寻求更有效的多元化融资路径，直接融资比重逐渐上升，例如发行短期、中期、长期票据，或发行短期、超短期融资券，以及通过私募债等方式募集资金。例如，2015 年银行间市场共有 683 家发行人发行 912 期中期票据，合计融资 12416.70 亿元。发行期数、发行规模和发行家数较 2014 年均有较大程度的增长，增幅分别为 28.27%、32.54% 和 23.96%。其中，仅国家电力投资集团公司就发行了 4 期合计 155 亿元的中期票据。一些中央企业开始利用境外融资的方式降低融资成本，在境外组建融资平台。此外，中央企业结合项目经营和融资经验，一些具备条件的中央企业逐渐开创出一条独立自主的融资渠道，呈现出产业资本和金融资本的结合的态势。

（二）中央企业企业性质决定的融资特点

我国中央企业的企业制度决定了它们在选择融资策略时对融资成本考虑的不够。

首先，由于所有者缺位，中央企业尚未成为真正意义上的投融资决策主体。名义上现在的国有企业是投融资主体，而实际上行政权力的干预大大制约了中央企业的决策效率，企业投融资审批程序繁多，限制极多，中央企业在一定程度上仍然处于束缚中。条块分割下的中央企业各主管机构，虽然都不是企业的所有者，但却具有对中央企业决策的直接影响力，并形成了巨大的既得利益，这种既得利益和市场配置资源的矛盾正是国有企业深化改革的阻力，是阻碍国有企业成为市场主体，成为自主投融资决策主体的屏障。

其次，中央企业外源融资动机强。中央企业对外部资金依赖程度较高，尤其是有高信贷的冲动，在国家信用担保，且缺乏企业破产机制的情况下，中央企业可以不断提高借贷水平。当前我国绝大多数中央企业中国有股占控股地位，最大的股东是国家，国家作为最大的股东却对企业管理缺位，缺乏对企业经营者的行为进行有效监管。在中央企业中的个人股东虽然数量较多，有追求企业利益最大化动机，但相互间意见分散，从而导致中央企业没有完整的股东控制权。由于中央企业的所有者缺位，企业不会选择效益最大化的融资模式，中央企业决策者对融资成本考虑不充分。

此外，中央企业内源融资的阻力大。当前我国中央企业普遍缺乏较强的盈利能力和自我积累能力，企业缺乏内部资金，因而选择以外部融资为主的融资方式。如果企业希望提高内部融资的比例，需要改变企业的收益分配结构，但这会改变现有的利益分配模式，并带来利益冲突及其带来"制度创新成本"。

（三）中央企业转型的融资需求

中央企业较高的杠杆率和监管要求总体上决定了中央企业融资结构的调整方向。未来中央企业重点发展领域的变化对发挥金融机构的先行作用，提供优质的金融服务，提出了更高的要求。未来中央企业不同重点领域的业务拓展也将对开行开发性金融理念提出不同的要求和新的挑战。

1. 结构性变化——中央企业的债权性融资需求将得到一定抑制

目前中央企业的资产负债率大幅度上升，接近 70% 的国资委所规定的警界线，按照现代财务管理理论，未来进一步大幅度融资将会增加其财务风险，因此从风险监管的角度和中央企业财务风险的角度看，未来中央企业继续扩大负债率增加债务融资的空间有限，且会受到相关政策的约束。

鉴于中央企业愈发增高的债务风险，自 2011 年年末开始，国资委开始陆续出台相关通知及法律，要求中央企业加强成本费用预算控制。通过强化定额和对标管理，明确制定成本费用控制标准，落实成本费用管控责任，实现降本增效。同时，要加强投资项目预算控制，中央企业在确定年度投资项目时要坚持效益优先和资金保障原则，严控亏损或低效投资，严控资金难以落实的投资，严控超越财务承受能力、过度依赖负债的投资。此外，要加强现金流量预算管理及债务规模与结构的预算管理，严格控制债务规模过快增长，优化债务结构，切实防范债务风险。

因此，虽然债权融资是中央企业更为偏好的渠道，但由于监管的愈发严厉以及客观经营条件的约束，预计在"十三五"规划期间，中央企业的债权性融资增长将得到较大抑制，直到整体财务杠杆率回落到较为安全的水平。

与债权性融资相比，股权性融资虽然更加烦琐耗时，对中央企业的经营与管理要求更高，但已日益成为国资委对中央企业重点要求的融资模式。国资委明确表示，将推动中央企业建立资本与技术双轮驱动机制，构建支持创新的投融资平台，多渠道多方式筹集创新资本，用好用活股票市场和产权市场，促进项目融资、孵化注资和产权流转；同时各企业可根据自身实际情况开展业务，提出联合其他央企共同成立基金的方案，内容包括中央企业间联合发起基金的优势、基金投向和拟共同参与的中央企业名单等。

2. 中央企业转型升级和科技创新对建立和完善风险投资模式的需求

中央企业做强做优需要加大研发投入，近年来，国有企业及国有控股企业尽管研发费用逐年增加。2015 年，A 股上市公司平均研发投入约 1.68 亿元，占整体营业收入比重为 1.8%，其中国有企业研发费用较高，例如中国石油天然气集团公司总计投入 193 亿元，中国中铁股份有限公司总计投入 103 亿元。截至 2015 年末，中央企业累计拥有有效专利 40.4 万项，占全国 4%，其中有效发明专利 13.2 万项，占全国 9%[220]。研发费用投入是否充足，直接影响到国有企业自主创新的健康发展。考虑到研发环节的投入风险高的特点，并且中央企业固有体制易导致企业在研发环节的短期行为，企业考核的短期机制与研发创新投资之间存在长期性矛盾，因此应通过自觉主动地建设制度和市场主体，运用多层次的资本市场和资本运作手段，完善有利于创新的激励机制和风险分摊机制，加快推进金融产品和服务方式的创新，解决中央企业在科技创新方面的资金难题。

同时，中央企业具备国家信用支撑的优势，未来需要以弥补市场缺损和制度落后为目的，以国家信用为基础，以市场业绩为支撑，以建设市场来实现政府发展目标，并带动社会资金，引导其他金融机构的投入，发挥"杠杆效应"。

3. 中央企业战略性新兴产业转型的融资需求

中央企业战略性新兴产业转型战略和主营业务的拓展大致遵循以下三种模式进行，即"点—线—网"的递进模式，不同阶段的融资需求各不相同。

第一，是选"点"切入。从产业链的某个环节切入，进而带动战略转型。中央企业探索战略性新兴产业初期，通常采取这种谨慎的转型模式。重点聚焦在某一点或几个点，集中资源和资金，积极拓展，力图实现少数"点"的突破。以发动机制造为例，研制飞机发动机可对产业链建设和经济拉动产生显著效应。为了参与我国大飞机制造工程，中国航空工业集团公司系统内的中航商用飞机发动机有限责任公司，主动融入"世界航空产业链"，抓住"发动机"这个关键点，充分整合和利用全球资源，构建合作共赢格局，加快实现我国民用飞机发动机的国产化和参与国际竞争的跨越式发展。

第二，发展全产业链模式。实施全产业链的业务扩张战略。这种模式是中央企业实施产业链延伸和战略性新兴产业转型的重要模式。以中国电子信息产业集团的海外军工贸易为例，该集团的海外军工贸易业务以进出口贸易的产业链环节为基础，积极推进高端装备制造产业的延伸，嫁接军品制造，实施贸易实体化，完善产业链的贸易、技术研发和制造环节，初步实现了军工产品的战略转型目的。

第三，跨产业的全面转型升级的网络模式，这是中央企业实现传统产业向战略性新兴产业转型的重要模式，它的一般特点是，这类国有企业原来已经在某些领域具有较好的生产或科研基础，已经有一定的研发力量或核心技术，相关产品的技术应用和产品升级的壁垒不大，容易形成相关多元化、重复性、多领域的商业应用业务。

根据对我国中央企业在战略性新兴产业战略转型过程的主流模式和所处产业发展阶段的系统研究，中央企业在战略性新兴产业转型的初期，基本采取"点模式"，这一阶段融资需求是不确定的，需要投入一定规模的启动资金；随着产业的成熟度增加和业务规模的扩大，逐渐向战略性新兴产业的上下游延伸，呈现明显的产业链延伸的"线模式"的特征，这一阶段企业已经确定了战略性新兴产业的拓展方向，研发创新取得突破并逐渐标准化，企业需要长期投资的能力；等到企业规模、技术和产业成熟度达到一定程度，初步进入跨产业、多领域应用的网络模式，这时中央企业就需要建立起长期投资机制，提供稳定的资金来源。

4. 中央企业"走出去"同样对政策性金融机构产生全方位服务模式的需求

虽然近年来对外投资的主体结构呈持续多元化趋势，但中央企业仍占据较高的比重，企业境外资金需求剧增。中央企业"走出去"对海外投资贷款、对外承包工程项目贷款等融资业务有大量需求，此外，中央企业境外运营过程中对境外融资、上市、咨询等中间业务的需求也较大，政策性金融机构通过开展中间业务与"走出去"相结合的方式，可以帮助中央企业解决国际化运营经验不足的问题。

三、各行业中央企业金融服务需求

（一）电力行业中央企业金融服务需求

中央企业电力行业的金融服务需求种类包括：技术援助贷款、软贷款、中长期贷款、建设期短期贷款、流动贷款等各类贷款以及现金管理、债券承销、银团贷款、财务顾问、信用证、保付代理、保函、票据等配套金融产品。因此，金融机构可以积极开展项目融资、贸易融资、外汇贷款、存款、理财、国际结算等业务，并推进融资租赁、海外并购重组、投资银行等其他方面的合作。

（二）石油行业中央企业金融服务需求

结合石油行业的发展趋势和特点，石油行业未来金融服务需求主要包括：发行债券、中期票据、企业债券、超短期融资券、短期融资券、中期票据、银行承兑汇票、项目融资、银行贷款、国际贷款、国际证券、股票增发、内部融资租赁等。目前，发行债券已经成为石油公司进行直接融资的主要渠道。

为了获取短期流动资金，石油公司还存在其他融资方式的需求。

（1）抵押融资需求。石油公司要营销成品油、原油，需要适合针对成品油、燃料油贸易商的融资，故而需要抵押融资。

（2）预付账款融资需求。石油系统的物资采购，通常金额较大，以成品油提单作为质押，银行提供预付账款融资，扩大买家提货能力。

（3）银行承兑汇票。

（4）代理票据贴现需求。充分利用买方付息捆绑代理票据贴现，对于买家而言视同现款支付，银行可以获得存款、中间业务、贴现利息等众多收益。

（5）采购融资需求。针对石油机械制造厂提供钢管等物资采购融资，银行交叉销售多品种银行产品，从帮助客户获得订单入手，提供围绕整个产业链的融资。

（6）海外并购贷款。针对石油石化行业开展的海外并购业务，提供短期贷款融资，与石油石化企业签订战略合作协议，积极支持我国石油石化中央企业开展海外业务。

此外，银行还可以为企业提供资金池管理，对企业大额资金包括资金调用、资金拨付等进行管理。

（三）铁路交通行业中央企业金融服务需求

未来，我国铁路交通行业中央企业主要的金融服务需求包括银行贷款、股权融资、企业债券融资、可转换公司债、融资租赁以及海外融资等。

（1）企业债券，是企业依照法定程序发行、约定在一定期限内还本付息的有价证券，表示发债企业和投资人之间是一种债权债务关系。债券持有人不参与企业的经营管理，但有权按期收回约定的本息。在企业破产清算时，债权人优先于股东享有对企业剩余财产的索取权。企业债券与股票一样，同属有价证券，可以自由转让。

（2）可转换公司债，是指债券持有人有权依照约定的条件将所持有的公司债券转换为发行公司股份的公司债。可转换公司债有着普通公司债的绝大多数特点。同时，可转换公司债兼具债券、股票和期权的特征，是一种混合证券。

（3）融资租赁，是通过融资与融物的结合，兼具金融与贸易的双重职能，对提高企业的筹资融资效益，推动与促进企业的技术进步，有着十分明显的作用。融资租赁包括直接购买租赁、售出后回租以及杠杆租赁等。此外，还有租赁与补偿贸易相结合、租赁与加工装配相结合、租赁与包销相结合等多种租赁形式。融资租赁业务为企业技术改造开辟了一条新的融资渠道，采取融资融物相结合的新形式，提高了生产设备和技术的引进速度，还可以节约资金使用，提高资金利用率。

（四）矿产资源中央企业金融服务需求

我国的矿业中央企业融资模式在经济的全球化市场化进程中也在不断地发展完善，从财政主导型的融资模式到银行贷款主导型的模式，再到多元化融资模式。结合发达国家经验可知，我国目前的矿业融资尽管理论上具备长期贷款、上市融资、发行债券、项目融资等多元化融资机制，但由于历史和现实的原因，真正的多元化融资模式尚未形成，尤其矿业权融资、私募股权融资和项目融资等方式的范围和应用非常有限。根据矿业中央企业的发展预测和现状，矿业中央企业的金融服务需求主要有债券融资、贷款融资、国际融资、私募股权融资、资产证券化等。

（五）煤炭行业中央企业金融服务需求

鼓励煤炭行业上市公司采用多元化的融资工具，可以有效规避宏观政策的风险和行业风险。煤炭行业上市公司可利用融资租赁、资产证券化、短期融资券等融资工具来优化融资结构，降低融资风险。煤炭企业要积极建立直接融资和间接融资相结合，互为补充的多元化的融资平台。采用新的融资方式，以国家推进资本市场建设为契机，利用短期融资券等各种融资工具，推动直接融资。国家可以建立区域开发型金融机构，将融资优势与政府组织协调优势相结合，解决煤炭企业融资的难题，并促进区域经济与社会协调发展。国家还可以积极设立能源产业基金，引导民间融资，保险资金、社保资金有序进入煤炭行业，一定程度上也能缓解银行的压力。另外，企业可利用的融资方式还有组建财务公司、资产证券化、融资租赁、无形资产资本化等。

从我国煤炭行业发展的趋势来看，未来煤炭行业中央企业的主要金融服务需求包括短期债券、长期债券、融资租赁等。

第二节　国外政策性银行支持企业国际化

一、日本国际协力银行

日本国际协力银行成立于 1999 年 10 月，成立的目的是通过提供贷款和其他金融手段支持日本经济和国际业务的发展，促进日本的进出口业务和日本的海外经济活动；稳定国际金融；促进发展中地区的社会发展和经济稳定；不与商业金融机构竞争。日本国际协力银行是日本对外实施政府开发援助（ODA）的主要执行机构之一，其前身是成立于 1952 年的日本输出入银行和成立于 1961 年的海外经济协力基金（OECF）。本部分内容均来源于日本国际协力银行官方网站。

（一）出口信贷

1. 适用的企业或贸易类型

出口到发展中国家的在日本生产的机器和设备，包括飞机、船舶、车辆和其他基础建设物资，以及它们的零、部件及配件；向发展中国家提供的日本的技术服务（包括各种项目相关咨询服务、设计和项目实施的监测和监管）以及海外建设和其他采用先进的日本技术的项目。

例如，发电和输电的机械和设备，钢厂和炼油厂，石油化工（包括化肥）厂，医疗器械，水泥厂，通信电缆（包括相关的 IT 硬件和软件），石油和天然气管道，铁路和机场设施，船只，建筑机械和车辆。

2. 贷款类型

直接贷款给外国采购商和金融机构，包括买方信贷（B/C）和银行对银行贷款（B/L）。

买方信贷（B/C）和银行间贷款（B/L）是分别提供给外国进口商和外国金融机构的直接贷款，用于资助进口日本机械和设备或日本技术。向进口商提供的直接贷款被称为买方信贷，而提供给金融机构的直接贷款则被称为银行对银行贷款。图 5-1 为日本国际协力银行出口信贷服务。

日本国际协力银行与其他金融机构（通常为贷款申请人的银行）也提供联合融资，以满足客户的金融需求。

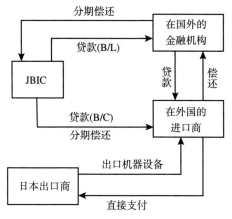

图 5 – 1　日本国际协力银行出口信贷服务

3. 贷款条款

表 5 – 4 为日本国际协力银行出口信贷条款。

表 5 – 4　　　　　　　　　　　日本国际协力银行出口信贷条款

贷款额	贷款金额通常是根据经合组织的安排确定的。原则上，贷款金额不应超过出口合同或技术服务合同的价值，但不包括首付。出口贷款原则上不能用于本地成本，贷款提供的金额不超过首付（出口合同价值的 15%）
支付范围	出口贷款原则上支付 50% ~60% 的出口商品和服务。贷款申请人应在有关贷款部门对具体的贷款条件进行调查
利率	根据经济合作与发展组织安排出口贷款原则上支付 50% ~60% 的出口商品和服务。贷款申请人应在有关贷款部门对具体的贷款条件进行调查的规定，利率原则上运用承诺期间内的商业参考利率（CIRRs）。在利率在贷款起初即被固定的情况下，采用 CIRR +0.2% 作为贷款利率
还款期限和方法	贷款还款期及方法根据经合组织的协议确定。最长还款期限由进口国、货物和服务及合约价值的不同而不同。一般情况下，要偿还的本金和利息的总和，原则上每半年度等额偿还
风险溢价	风险溢价率根据经合组织的协议确定

4. 为日本企业的海外基础设施建设项目融资

近年来，随着国家经济的快速增长，印度的电力需求增加，电力短缺已经成为一个长期存在的问题。日本国际协力银行通过印度最大的私有银行提供出口信贷，支持日本企业向印度工厂出口锅炉和具有先进技术的涡轮机热发电站。使得这些印度工厂能有效利用其国内丰富的煤炭资源，并减轻了对环境的负担。同时，该项目也为日本企业的海外业务发展提供了基础设施上的支持，并有增加了印度的电力供应能力。

5. 为向发达国家出口海上船只融资

日本国际协力银行为世界上最大的游轮公司提供必要的资金，以购买日本船厂建造的 125000 吨的船舶。该项目提高了日本造船业的国际竞争力。且由于海上船只部门在当地经济中起到了重要的作用，日本国际协力银行给它们提供的帮助，有助于进一步促进该行业内许多中等规模的企业和中小企业的就业。

（二）进口信贷

进口贷款支持日本企业进口重要战略意义的商品，包括石油、天然气和铁矿石。担保融资可以用于进口除自然资源以外的商品。图 5 - 2 为日本国际协力银行进口信贷服务。

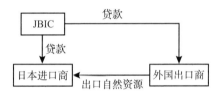

图 5 - 2　日本国际协力银行进口信贷服务

1. 适用的企业或贸易类型

进口自然资源：矿物、金属、石油、油成气、天然气、煤炭、矿产磷、铁、废钢、棉花、木材、木浆等。

2. 贷款条款

表 5 - 5 为日本国际协力银行进口信贷条款。

表 5 - 5　　　　　　　　　　日本国际协力银行进口信贷条款

贷款额	贷款额不超过进口合同的价值。贷款于发生实际融资需求时发放
支付范围和利率	贷款利率与日本国际协力银行的资金成本挂钩，包括从财政贷款基金特别账户的借款的利率，因此，利率将随着金融市场状况而变化
还款期限和方法	还款期：还款期限取决于商品和合约价值，并在审查进口合同后确定 还款方式：要偿还的本息和，在原则上可分期支付
抵押担保	日本国际协力银行与客户协商后，对抵押或担保的需求做出判断

3. 担保

除自然资源以外的其他进口商品可以采取以下担保融资，如表5－6所示。

表5－6 日本国际协力银行进口信贷担保条款

符合条件的商品	产品，如飞机，国民经济的健康发展真正需要的产品
条款和条件	
支付范围	担保，原则上将覆盖进口货物所需的资金的80%
保质期	从进口时起，长达15年
安全	担保原则上确保进口产品

4. 阿联酋：进口贷款助日本实现稳定的石油进口

2007年12月，日本国际协力银行与阿联酋阿布扎比国家石油公司（ADNOC）签署了总金额高达30亿美元的贷款协议，其目的是确保一个长期的、稳定的原油供应。根据该贷款协议，日本石油公司与ADNOC签署一个为期5年的原油收购合约，每天由ADNOC向日本运送120000桶原油。

阿联酋是世界第二大石油出口国为日本，占日本原油进口总量的约1/4。因此，该地区在日本的能源战略中具有极其重要的地位。此进口贷款协议的签署，巩固了日本国际协力银行和阿布扎比国家石油公司的合作伙伴关系，从而保证了日本从阿布扎比得到一个长期稳定的原油供应。

5. 澳大利亚：地理政治上重要的液化天然气供应来源

澳大利亚是少数工业化国家与成熟的市场经济之间主要的液化天然气生产商之一，且其地理上距离日本并不远，这种地缘政治的优势，使得日本考虑投资超过1万亿日元，以在未来的几十年里从澳大利亚获得稳定的天然气资源供应。

目前，日本国际协力银行仍继续支持日本企业参与的原油和液化天然气项目，如西北大陆架合资公司液化天然气项目，在这个过程中，日本国际协力银行与澳大利亚的资源开发公司建立了密切的合作关系。在此基础上，2008年日本国际协力银行批准与私营金融机构为Pluto液化天然气项目进行联合融资进口贷款，合计总额为1.3亿美元。该项目由日本的电力和天然气公司与澳大利亚公司共同进行的。该项目生产的天然气将在未来15年间将出口到日本。因此，该项目将成为另一个日本和澳大利亚之间的联系。

（三）境外投资贷款

日本国际协力银行提供境外投资贷款，以满足日本企业国际业务发展的长期融资需求，包括建立或扩大生产基地和开发海外自然资源的项目。通过支持这些项目的有效实施和运作，帮助企业稳固其国际竞争力，开拓海外市场，确保国内经济活动关键资源的稳定供应，从而对日本经济产生积极的影响。

JBIC 承担特定风险，企业可以减少政治风险，包括货币兑换和转移，其特征在于涉及境外经营相关的风险。当日本企业与海外所在政府及有关当局的关系出现困难，或由于基础设施配套不完善时，日本国际协力银行帮助尽可能多的企业顺利开展海外项目。对于中小型企业，还有优惠的条款。图 5 – 3 为日本国际协力银行境外投资贷款服务。

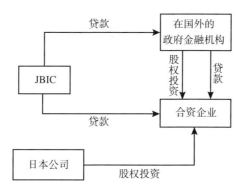

图 5 – 3　日本国际协力银行境外投资贷款服务

1. 适用的企业或贸易类型

直接融资和间接融资将提供给发展中国家和地区，日本企业持有股权的项目，也包括对海外发展有所贡献的项目、收购具有重要战略意义的资源以及在专门指定的区域的项目。例如：

提供给外国实体的直接贷款；提供给国内企业的对日本资源稳定供应有所贡献的项目的贷款。

2. 贷款条款

贷款期限和条件在个别项目贷款评估后确定，同时考虑到利率、还款方式、抵押及担保等。表 5 – 7 为日本国际协力银行境外投资贷款条款。

表 5 – 7 日本国际协力银行境外投资贷款条款

贷款金额货币和利率	贷款金额,不得超过与境外投资相关的合同的价值;贷款可用于进行特定的海外投资项目或长期的投资需求、发展海外业务操作。贷款在出现实际融资需求时发放
还款期限和方法	
还款期	还款期根据投资收回的期限确定。由于还款期没有限制,还款计划可以灵活设置,包括根据个别项目的回报率的期望值放宽限期。一般情况下,还款期范围在 1~10 年之间
还款方式	分期偿还本息
抵押及担保	日本国际协力银行与客户协商后,对抵押或担保的需求做出判断

3. 为在自然资源开发项目投资的日本企业融资

铜是一种重要的矿产资源,应用在广泛的领域,如电缆、汽车、建材,然而日本目前完全依赖进口来满足铜精矿的供应。日本国际协力银行目前为在智利的 Caserones 铜矿项目进行融资,该项目是第一个 100% 日本拥有的大规模的海外铜矿开发项目。该项目确保日本获得稳定的铜精矿的供应,这对日本企业收购开发矿山和海外运营,以及保护矿产资源是具有重要战略意义的。

4. 为日本企业的海外扩张融资

随着亚洲经济的增长和生活水平的改善,亚洲对加工食品的需求日益增加。日本国际协力银行向当地的一家日本公司的附属公司——吴羽越南有限公司(KVC)提供长期融资贷款,用于其制造食品包装薄膜的生产和销售业务。这笔贷款将有助于日本工业在海外市场拓展新的业务,并提高日本制造业的国际竞争力。

(四)联合贷款

1. 适用的企业或贸易类型

联合贷款并不附带从日本采购设备和材料的条件。这些贷款主要是为发展中国家的项目和方案进行融资,如进口、为实现收支平衡或稳定货币。联合贷款支持的特殊的项目和方案都有助于:

(1)保持和扩大贸易以及来自日本的直接投资;

(2)协助稳定能源和矿产资源的供应;

(3)促进日本的业务活动;

(4)对保护全球环境产生有利影响;

(5)维护国际金融秩序。

图 5 – 4 为日本国际协力银行联合贷款服务。

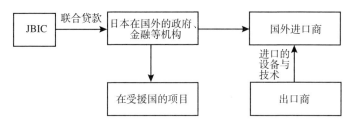

图 5 – 4　日本国际协力银行联合贷款服务

2. 阿曼港口开发，以支持当地日本子公司高效的业务营运

如今阿曼苏丹国的主要工业城市——苏哈尔，正转变为一个工业中心。1999年 3 月和 2006 年 11 月，日本国际协力银行通过向其提供不附带条件贷款来支持苏哈尔港的建设。在邻近的工业区，日本的工程公司在 2003 年获得了炼油厂的合同和 2005 年获得了一个化肥厂的合同后，开始从事和开展其工作。

继该项目成功之后，日本国际协力银行又与阿曼合作了新项目。由于在中东国家（包括阿曼）缺乏配备干船坞并用于修理 LNG 和油轮的港口。阿曼政府计划在阿曼的 Duqm 以及南部以外 600 公里的马斯喀特建立一个新的工业中心与港口设施，包括干船坞。2007 年 9 月，日本国际协力银行又为阿曼政府提供了用于港口发展的联合贷款。该项目将帮助日本商货托运货主降低维护成本，并确保更高效的航运业务。

日本国际协力银行对阿曼项目的金融支持，具有多种含义。与阿曼的合作，改善其投资经营环境，将加强国家的双边经济关系，安全地获得稳定的资源供应，并支持日本企业在其的业务发展。

3. 发展当地支柱产业，通过泰国中小企业的发展帮助日本的业务运营

日本国际协力银行广泛地支持亚洲中小型企业（SMEs）。2007 年 10 月，日本国际协力银行与泰国泰华农民银行签署了一项 260 亿元的联合贷款，为八间私人金融机构，包括三井住友银行（首席银行）、东京三菱 UFJ 银行、瑞穗实业银行、京都银行有限公司、东日本银行有限公司、住友信托银行有限公司和野村信托银行有限公司等，进行共同融资，日本国际协力银行为他们的联合融资部提供担保。

这笔贷款的目的是在泰国发展中小企业，这些中小企业所发展的行业将支持当地的日本子公司和分支机构，包括日本中小企业的配套产业。泰华农民银行将作为中介，就在本地中小企业提供贷款，以促进他们的业务发展。

近年来，日本企业，尤其是在汽车、家电、电子等行业，已积极在泰国投资，努力使泰国成为它们在东南亚的生产网路的枢纽。凭借泰国泰华农民银行对

日本本土和泰国中小企业财政支持，在泰国开展业务的日本企业将能够建立先进的供应链，拓展市场，提高国际竞争力。

（五）参与股份

日本国际协力银行通过参与股权投资来支持其客户的海外业务经营。

1. 参股方式的优点

日本国际协力银行通过利用其对东道国经济和投资项目的专业知识和技术来支持日本企业的海外投资项目。

东道国的政治风险，可以被日本国际协力银行利用其与东道国政府的长期培养的关系和它作为一个正式的金融机构的地位来缓解。日本国际协力银行将借鉴它已收购的东道国的经济和投资项目的经验知识，来支持新的海外项目。

投资公司可以向日本国际协力银行请求帮助，对有关投资项目的环境和社会因素作出评估。

2. 参股方式的运用

日本国际协力银行可以通过以下几种形式参与股权投资。

3. 项目类型

（1）日本企业对海外项目进行股权投资。图 5 - 5 为日本国际协力银行参与股权投资。

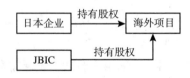

图 5 - 5　日本国际协力银行参与股权投资

（2）日本企业通过收购外国公司权益形成商业联盟。图 5 - 6 为日本国际协力银行参与形成商业联盟。

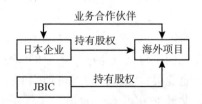

图 5 - 6　日本国际协力银行参与形成商业联盟

（3）日本企业参与投资基金（并在他们的管理和投资决策中担任普通合伙人的重要角色）。图 5 - 7 为日本国际协力银行参与投资基金。

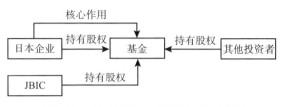

图 5 - 7　日本国际协力银行参与投资基金

（4）日本企业组成一个联合体并共同参加一项国际基金。图 5 - 8 为日本国际协力银行参与国际基金。

图 5 - 8　日本国际协力银行参与国际基金

若日本企业没有股权时，日本国际协力银行在以下情况下也会进行股权投资：

（1）当多边机构和国际资金的项目日本企业的海外业务发展将有具体的积极影响时，可对其进行资本注入。

（2）对保护全球环境产生有利影响。

（3）对一般的国际融资活动中断作出反应。

4. 符合资格的国家

原则上，一般对发展中国家的项目进行投资，但一些发达国家的项目在下列情况下也有资格：

（1）对日本海外资源开发和收购具有重要战略意义的项目。

（2）有助于维护和提高日本产业的国际竞争力，并涉及以下领域的项目：核能发电、连接主要城市的高速铁路、在主要城市的铁路、供水和污水处理系统、可再生能源发电、变电输电和配电、燃煤发电、煤气燃料产品的制造、大型碳捕获和储存、通过使用信息和通信技术利用电能或热能、互联网和其他先进的电信网络。

5. 在总投资中的百分比

原则上，小于总投资的 25%，并且在此条件下，日本国际协力银行不会成为日本投资者中的单一最大股东。

6. 在新兴国家参股成长型企业基金

日本国际协力银行投资于一个以越南成长型企业为目标的基金。这家私人股权投资基金由日本企业管理，投资于越南需要资本和技术来实现增长的企业，并为他们提供一些方面的支持，如与相同领域的其他日本企业联盟，目的是提升公司的价值。除了支持越南公司外，基金还有助于促进日本企业在越南的发展，因为越南是一个很有前途的生产基地和消费市场。

7. 参股海外私人发电项目

日本国际协力银行与日本和法国公司，共同收购了新加坡最大的发电公司之一的股权。日本国际协力银行参股后，该公司正在实施一项更高效的天然气为燃料的联合循环设备，以取代现有的燃油发电设备。发电业务在新加坡正逐步开放，电力公司也逐步被私有化。通过本次股权参与，日本国际协力银行通过参股，支持了日本企业利用日本的卓越的技术和专业知识，从事高效率的发电业务。

（六）担保

日本国际协力银行为以下业务提供担保：私人金融机构放款、发展中国家政府和其他公共实体发债、日本境外子公司及附属公司发行公司债券。

1. 为日本境外子公司及附属公司发行的公司债券担保

日本国际协力银行支持日本子公司和附属公司在境外经营，为他们在当地资本市场发行公司债券提供担保。图 5-9 为日本国际协力银行提供公司债券担保。

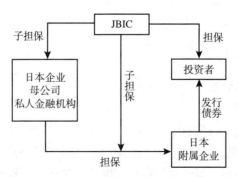

图 5-9　日本国际协力银行提供公司债券担保

2. 为境外银团贷款和担保公债担保

向包含着国家风险，如货币兑换和转移相关的风险的发展中国家贷款。由日本国际协力银行发行的担保将覆盖这些风险，使得日本的私人金融机构可以向发展中国家提供中期和长期融资。图 5 - 10 为日本国际协力银行提供公债担保。

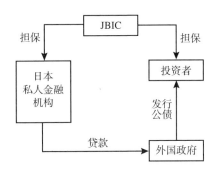

图 5 - 10　日本国际协力银行提供公债担保

3. 为进口工业制品担保

日本国际协力银行为日本企业进口飞机和其他工业制品的借款提供担保。图 5 - 11 为日本国际协力银行提供进口工业制品担保。

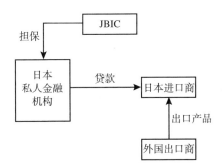

图 5 - 11　日本国际协力银行提供进口工业制品担保

二、美国进出口银行

美国进出口银行（Export - Import Bank of the United States）是一家独立的美国政府机构，创立于 1934 年，依照 1945 年有关融资和促进美国出口法律运作。其主要职责是通过提供一般商业渠道所不能获得的信贷支持促进美国商品及服务的出口，增加就业。仅 2010 ~ 2015 年，美国进出口银行共支持出口额总计 2350 亿美元，并为美国国内创造约 130 万个就业岗位。美国进出口银行与商业银行之间是一种相互补充而非竞争的关系。本部分内容均参考美国出口银行官方网站。

（一）流动资金担保

1. 金融工具简介

美国进出口银行的流动资金担保计划旨在鼓励商业银行为与美出口相关的各种商业活动提供融资。该计划是在没有这种扶持出口就难以扩大的情况下才实施的。这种担保也可用来为美国的企业提供流动资金担保，这种资金信贷担保可以购买为出口生产所用的制成品、原料、产品、服务和劳动力，向备用信用证、投标和付款保证书提供担保，还可向有足够的附属担保品或现金支持的市场营销活动提供融资。

2. 利率及附属担保品

美国进出口银行可为担保贷款的本息提供 100% 的流动资金担保。

在流动资金担保业务中，美国进出口银行不规定利息上限。

担保贷款须全部附属担保。可接受的附属担保还包括将出口的盘存、应收出口贷款、国内库存或国内出售的应收款项。

3. 由美国进出口银行担保的加州公司的国际协议

加州洛杉矶的出口商——Ceilings Plus 公司，是一款高品质的铝和木质天花板和墙板制造商。2007 年，Ceilings Plus 公司赢得了 1800 万美元的合同——多哈国际机场在卡塔尔的扩建项目，需要进行营运资本融资。这是该公司的第一个国际协议，它需要 220 万美元的履约保证金和抵押品。

美国进出口银行的备用信用证帮助 Ceilings Plus 获得资金作为履约保证金。该公司随后获得该项目的第二阶段的 1100 万美元的合同，进出口银行的担保使得其再次获得了履约保证金的资金支持。

这两个国际的合同总金额达 2900 万美元，产生的新业务对这个小公司实现 1500 万美元的年收入具有重要意义。这种营运资金贷款人的贷款担保帮助了 Ceilings Plus 的成功，他们正在寻求在中东地区的其他合同。

（二）出口信贷保险

1. 出口信贷保险

出口信贷保险旨在通过防止和避免可能的买方拖欠货款，以帮助美国公司开发和扩大出口销售。在美国进出口银行向应收款项提供保险的情况下，出口商可以安排更有吸引力的融资并能向其客户提供更优惠的信贷条件。美国进出口银行提供出口信贷保险的第一个政策标准，是向那些缺少出口信贷经验的公司短期销售提供优惠担保。这种优惠担保的申请方须满足美国中小企业局有关中小企业的规定，且其年出口额在 200 万美元或以下。

2. 短期信贷销售保险

向某一出口商的短期（一般为 6 个月）信贷销售提供保险，并确保某一出口商销售的合理扩展。此种保险措施承担类似其他保险形式所造成的损失，同时向某一出口商提供可选择的保险险别，即 90% 的商业风险，100% 的政治风险或 95% 的加权平均风险。

3. 自决信贷限额

自决信贷限额（DCL）可允许该出口商有一定的信贷决策灵活度。这种信贷保险一般称为多个进口商担保政策。

4. 单一进口商信贷保险

单一进口商信贷保险，是指向单一进口商一笔或多笔销售提供短期或中期保险，是金融机构进口商信贷措施，是指美国进出口银行向为购买美国货物和服务实行短期信贷的金融机构提供保险。

5. 银行信用证措施

银行信用证措施，是指美国进出口银行向美国出口融资相关的外国银行发出不可撤销信用证而涉及的议付行提供保险。

6. 特殊保险措施

特殊保险措施，是指进出口银行提供政治险担保、服务出口或受贸易协会支配的担保。另外，美国进出口银行还为经营和融资租赁提供保险。

总之，美国进出口银行保险宗旨是为 90% ~ 95% 的商业险提供保险，为 90% ~ 100% 的政治险提供保险。某些农产品出口，可为 98% 的商业与政治险提供保险。除此之外，出口商也可从进出口银行获得特殊允诺，为寄售、栈售、运货拒受、提前装船风险、外币支付、货物展销、二手设备出售，以及奶和牛肉制品销售提供保险。上述各种类型的保险费将随偿还期限、债务人与担保人信誉以及进出口国别等因素的不同情况而变化。

7. 美国科罗拉多州印刷公司通过进出口银行降低拒付风险

Fiberlok 是一家专业的印刷公司，提供热传导的显卡产品，如电脑鼠标、饮料托垫。该公司为各类市场服务，包括纺织服装、促销广告、工业，以及零售产品，拥有 70 名员工。该公司大约 40% 的业务是国际的，它们向全世界销售产品，但他们的主要市场是德国、墨西哥和英国。

2008 年，该公司开始使用的进出口银行提供的小企业多买方信贷保险。由于其出口销售增长 15%～20%，使得它们的信贷额度上限从 50 万美元增加到 60 万美元。2011 年 3 月，美国进出口银行向 Fiberlok 提供了 270 万美元贷款以支持其出口。

（三）担保

1. 金融工具简介

美国进出口银行向为购买美国产品和服务且信誉良好的进出口商而进行的私人贷款提供还本付息的担保，还可向跨行业的或国际的租赁业务提供还本付息的保证。担保贷款一般达到美国出口货值的 85%，还本付息的期限一般为一年或一年以上，进出口银行将为出口贷款的固定或浮动利率提供担保。就融资部分的担保将包括 100% 的还本付息。

美国进出口银行担保兑现的票据可以自由转让。绝大多数担保范围是广泛的，包括政治和商业风险，但仅包括政治风险的担保也是有的。

信贷担保基金也可为由一家美国银行按单一合同为外国银行进行融资的多笔销售提供担保。综合担保协议旨在向为无须一笔交易一个担保协议的多笔交易进行融资且有资格的贷款人提供担保。任何当事方均可以申请说明一笔担保的数量、费用和条件的初步承诺。这一初步承诺项下的潜在出口，进出口银行将予以认可。最终承诺则是进出口银行扶持一项出口的正式认可。借款人或贷款人都可为一项担保申请最终承诺。

2. 美国北方动力系统公司运用进出口公司的担保实现了风力发电机组的最大出口

北方电力公司是风力涡轮机制造商。进出口银行为纽约 RB 国际有限公司发放给北方电力公司的 22.2 万美元的贷款提供了担保，用于购买 55 座 100 千瓦时的永磁直驱式风力发电机组。这些贷款担保有 15 年的还款期，使北方电力公司由于得到了政府出口信贷机构的融资支持，得以在欧洲和亚洲供应商的竞争中取得成功。并且此项交易为该原有 140 名雇员的公司增加了 15 个以上的就业机会。北方电力的销售预期也将在其供应链中产生 30～45 个新增就业岗位。

（四）直接信贷与中介信贷

1. 金融工具简介

美国进出口银行为美国出口提供竞争性的、固定利率的信贷。此种信贷分为两类，一是美国进出口银行直接向美国货物购买者提供信贷，称为直接信贷；二是间接向美国货物购买者提供信贷的责任方提供贷款。就直接信贷来说，其规模一般包括美出口货值的85%，贷款期限在一年或一年以上。

进出口银行向中介人提供的中期贷款是一种"后补义务"。某一中介人可按相关的出口信贷条件要求进出口银行偿还贷款。"一揽子"融资协议允许贷款机构依据进出口银行的中介贷款方案向多笔交易提供信贷，而无须逐笔交易进行。任何责任方可向进出口银行申请关于一笔贷款的初步承诺（Primary Commitment），初步承诺是指进出口银行对一笔贷款的数量、费用和条件的最早认可，旨在促进潜在的出口尽早变为现实的出口。最终承诺（Final Commitment）是指进出口银行为扶持出口对提供一笔贷款的正式认可。只有举借方才能向进出口银行申请最终承诺。美国进出口银行对每项关于初步承诺和事先无初步承诺的最终承诺的申请，征收100美元的手续费。

2. 利率规定

美国进出口银行贷款利率是22个经济合作与发展组织成员国的出口信贷安排准许的最低利率。在大多数情况下，进出口银行的利率是经济合作与发展组织的商业参考利率，该利率按还本付息的条件而变动，每月调整一次。例如，期限为5年的银行贷款利率为3年财政利率加1%，5~8年半的为5年财政利率加1%，8年半以上的为7年财政利率加1%。美国进出口银行的贷款利率是在贷款最后批准日确定。对较穷的国家（经合组织的第三类国家和地区）而言，进出口银行的贷款利率一般低于相应的经合组织的参考（商业）利率或经合组织的基础利率，这种较低的利率半年一变化。例如，1992年7月15日至1993年1月14日的经合组织对第三类国家的基础利率是8.1%。至于中介贷款，向外国进口商提供信贷的融资机构可按以下利率向进出口银行贷款：低于100万美元，利率为1.5%以下；100万~500万美元，利率为1.0%以下；500万~1000万美元，利率为0.5%以下；超过1000万美元为进出口银行贷款利率。其他负有责任的有关各方，包括出口商，可按进出口银行贷款利率获得融资。

（五）扶持中小企业

美国出口银行对扶持中小企业的出口有着特别的兴趣，并通过优惠的融资条件和良好的服务来加强同中小企业的联系。由于美国出口银行的大力扶持，不仅提高了中小企业参与出口贸易的能力，扩大了美国总体出口水平，而且促进了整个经济的发展。1991年，进出口银行批准了21亿美元以扶持美国中小企业的出口，其中包括16亿美元的出口信贷保险、6700万美元的流动资金担保、4.01亿美元的出口贷款担保和5000万美元的直接与中介贷款。

出口信贷保险旨在保护中小企业出口商避免因进出口商拒付而造成的损失；流动资金担保旨在鼓励商业银行向那些有出口潜力但缺乏生产和营销资金的中小企业提供贷款；出口贷款担保旨在为那些向购买美国产品和服务的进出口商提供贷款的商业银行保证还本付息；直接和中介贷款是向那些购买美国产品和服务的外国进口商提供有竞争力的优惠贷款为了顺利开展这一业务，美国进出口银行成立了由进出口银行营销办和美国分支机构组成的中小企业集团，以帮助中小企业了解并利用进出口银行的项目来扶持它们的出口活动。中小企业集团的服务项目包括免费提供信息，免费出口融资热线电话以及为商业贷款机构提供培训和咨询并跟踪处理中小企业有关要求扶持的申请等等。

（六） 进出口银行与环境保护

美国进出口银行在扶持环境保护设备和技术出口方面，也有着长期的成功经历，并积极参与了布什总统的环境保护倡议计划的执行美国进出口银行扶持美国环保设备出口的范围很广，从工程技术服务到有关开办电力企业的可行性研究、大型公共污水处理项目的设计与施工以及私人制造业部门设备的净化处理与污染控制等等。自 1979 年以来，美国进出口银行已扶持了 40 多项能源项目，使这些项目涉及的开发地热资源、太阳能、风力、水力的技术得以具体化，这些含有 15 亿美元的美国货物和服务的能源项目，分别在墨西哥、印度尼西亚、泰国、委内瑞拉、阿尔及利亚和肯尼亚等国家建设施工。

第三节 开发性金融支持中央企业国际化

本节结合国际经验，分析开发性金融对中央企业海外经营的积极作用，重新定位开发性金融机构在我国"走出去"战略中的角色，转变传统服务中央企业模式，构建开发性金融与中央企业新型合作模式，对我国中央企业实施"走出去"战略提供金融支持，推进中央企业战略转型，为中央企业提供海外投融资战略咨询服务，努力防范经济、社会与环境风险。

一、开发性金融支持企业国际化发展的理论依据

（一） 开发性金融定义及理论框架

开发性金融是国家或国家联合体通过建立具有国家信用的金融机构，为特定

需求者提供中长期融资，同时以建设市场和健全制度的方式，推动市场主体的发展和自身业务的发展，从而实现政府目标的一种金融形式。开发性金融是以服务国家发展战略为宗旨，以中长期投融资为手段，把国家信用与市场化运作相结合，促进市场建设、制度建设、信用建设，为缓解经济社会发展"瓶颈"制约、维护国家金融稳定、增强经济竞争力而出现的一种金融形态和金融方法[221]。开发性金融作为金融中介的一种，通过发行开发性金融债券从金融市场中筹集资金，以市场业绩和政府特定经济社会发展目标为经营目标，向经济社会中迫切需要资金的龙头企业主动提供资金支持，并以提供资金获得的回报偿还发行债券应支付的本息。开发性金融的行为主体是具有国家信用的金融机构，国家信用是开发性金融以融资推动制度建设的市场化运作模式的基础。开发性金融以市场业绩为支柱，以市场业绩维护和增强国家信用，充分发挥市场与政府之间的纽带作用。开发性金融直接参与市场的培育和制度建设，弥补制度缺陷和解决市场失灵，实现政府特定经济和社会发展目标。

国外的开发性金融起始于法国1816年成立的国家储蓄基金，理论研究也较早。McKinnon（1973）和贝冢启明（1981）认为开发性金融与政府采取特殊措施减少民间金融的低效率性，以及充分发挥政府对民间金融的补充作用[222]。由于民间金融市场的利率机制不够健全，政府有必要通过开发性金融介入民间金融市场。馆龙一郎（1982）和龙升吉（1988）指出开发性金融的目的是在金融市场出现信用缺口时进行补充，主要是为社会提供单靠民间金融不能提供的资金供给，同时诱导民间资金运用于政府的产业政策目标[223][224]。开发性金融理论主要是解决市场失灵，用政府这一有形之手触及到市场无法涉及或低效率的领域，通过建设市场、完善市场促进经济和社会的协调发展。

我国于1994年成立了三家政策性银行，分别为国家开发银行、中国进出口银行、中国农业发展银行，其目的是将四大国有银行中的政策性贷款分离出来。1998年，国家开发银行率先进行市场化改革，提出了开发性金融理论，认为开发性金融是实现政府发展目标、弥补体制缺损和市场失灵，并有助于维护国家经济金融安全、增强竞争力的一种金融形式[225]。开发性金融一般历经政策性金融初级阶段、制度建设阶段和作为市场主体参与运行三个发展阶段。政策性金融是开发性金融的一个初级阶段，是财政融资或政府财政的延伸，是以财政性手段弥补市场失灵的非金融行为。而开发性金融是政策性金融的深化和发展，帮助市场解决其自身不能解决的问题。

（二）开发性金融与政策性金融和商业性金融的区别

开发性金融的前身是政策性金融。政策性金融以国家信用为基础，以优惠的条件为特定的战略性产业提供金融服务，以实现国家的产业政策和区域发展政策等经济政策为目的。政策性金融是政府职能的一部分，推动政府政策意图的实施，服务于整体社会经济的发展，具有集中资源办大事的优势。但相应的，政策性金融最大的缺陷正是过度依赖政府。首先，政策性金融机构的资本金由政府拨付，筹资由政府担保，造成政策性银行资本补充渠道单一，主要依赖政府注资或政府担保下的债务融资，无法为企业海外投资提供长期稳定的资金供给。其次，我国政策性金融机构不以营利为经营目的，呆账损失由财政弥补，因此在海外投资项目的选择上和贷款的审批上都不严格，因此政策性银行不良贷款率高，市场业绩差，严重影响金融体系的稳定。最后，我国最初的政策性金融机构完全不介入商业金融机构的业务领域，不符合金融有效配置资源的原则，造成市场的空白和机制的缺陷。

开发性金融机构不同于一般的商业性金融机构。商业性金融主要是运用和依靠成熟市场实现自身利润最大化为目标。盈利性、流动性、安全性是商业性金融机构的经营目标，内部收益率是其贷款或投资的筛选标准。涉及国家战略需要，但建设周期长、投资大的企业在商业金融的经营规则下会被淘汰。开发性金融不以营利为唯一目标，将着力点放在市场缺失、制度空白的地方，通过制度建设、信用建设来创造市场、完善制度，并在建设市场与制度的过程中取得自身可持续发展必需的利润。开发性金融把自身发展与经济社会发展统一起来，以市场化方式缓解"瓶颈"制约，通过主动建设市场，使空白、缺失的市场逐渐发育成熟，为商业银行铺路搭桥，引导商业资金投向政府鼓励发展的领域，用制度建设和开发市场的方法实现政府发展目标。

开发性金融将政府的组织优势与银行的融资优势相结合，成为市场经济分配资源的基础平台，通过市场的手段实现国家的发展战略。开发性金融既是政策性金融的继承和发展，又是商业性金融的深化与超越。开发性金融机构在依托国家信用运行的同时，以市场化的运作方式和市场业绩为支柱，通过融资推动制度建设和市场建设，以实现政府特定的经济和社会发展目标。开发性金融机构以借助国家信用发行开发性金融债券的方式从金融市场中筹集资金，向经济社会中迫切需要资金的领域主动提供资金支持，并以提供资金获得的回报偿还发行债券应支付的本息，进一步增强了国家信用，形成良性循环。开发性金融将国家信用和市场业绩相结合，兼顾盈利性、安全性、流动性的同时实现经济社会的协调发展。

（三）中央企业与开发性银行的联系

首先，中央企业与开发性银行志同道合。中央企业的国际化经营既要实现盈利，也要兼顾国家的发展战略，其经营目的不仅是追求利润，还肩负服务国家经济社会发展的责任。国有企业是我国国民经济的核心，中央企业更是我国国民经济的中坚力量和国有经济的主导力量。同民营企业"走出去"不同，中央企业"走出去"不仅要获得技术和人才资源，还要获取国家急需的境外战略性资源，如能源、矿产资源、大宗商品等。中央企业凭借国家雄厚的资金和政策支持，更易于在国际市场建立营销网络，以较大规模融入世界贸易体系，带动中国经济结构调整和产业结构优化升级。开发性金融机构对中央企业"走出去"的支持是从我国加快转变经济发展方式的要求为出发点，支持企业"走出去"开拓国际市场，促进产能、技术、劳动力的有序转移，为产业升级腾出空间。中央企业与开发性金融机构都要同时兼顾企业自身发展和满足国家战略的需求。

其次，中央企业与开发性银行同根同枝。中央企业的运营拥有国家信用，其部分资金来源于国有资本经营预算，由国务院国资委负责监督管理。财政部2013年明确中央国有资本经营预算支出编制重点之一是境外投资及对外经济技术合作支出，支持中央企业收购兼并能够实质控制、具有较好经济效益、国家急需的境外战略性资源，以及拥有关键核心技术且对促进本企业技术创新具有推动作用的境外企业；2016年中央国有资本经营支出预算中52.35亿元用于对外投资合作支出，推动中央企业实施国际产能合作，落实"一带一路"倡议等[226]。同时，为更符合国际市场的竞争规则，中央企业正从完全的行政安排向市场化股份制改革，逐步建立现代企业制度。从本质上看，我国的开发性金融机构也属于中央企业的概念范畴，因此二者从资金来源到改革方式相同。

（四）中央企业的国际化发展需要开发性金融的支持

"走出去"战略是我国有国际竞争力和相对比较优势的企业，为获得更多的利润、更大的市场、更好的资源，有计划、有步骤地开展对外直接投资活动，在境外发展业务，参与国际分工和合作的总体谋划。国资委已明确要求中央企业加快"走出去"步伐，积极开展海外业务，提升国际市场份额，优化产业链和价值链，制定切合实际的国际化经营战略，可以从根本上提升企业的实力和竞争力，参与更高水平的国际竞争，融入世界经济主流。《2015年度中国对外直接投资统计公报》显示，截至2015年底，我国2.02万家境内投资者在全球188个国家（地区）设立3.08万家对外直接投资企业，累计实现对外直接投资10978.6亿美元，占全球外国直接投资流出存量的份额由2002年的0.4%提升至4.4%，排名由第25位上升至第8位。2015年末中国境外企业资产总额达4.37万亿美元[227]。

其中中央企业境外投资额占我国非金融类对外直接投资的70%以上，对外承包工程营业额占我国对外承包工程营业总额的60%左右。截至2011年底，已有100家中央企业在全球158个国家和地区设立5894个经营单位，实施了国际化的经营。中央企业的境外经营活动正从工程承包、资源开发利用，逐步向制造业、服务业等领域发展。在中央企业"走出去"的过程中，需要开发性金融机构直接及间接的支持。

首先，中央企业需要开发性金融机构直接提供金融支持。虽然有政府的资金支持与补贴，但融资难仍是困扰中国企业扩大"走出去"业务的"瓶颈"。同时，直接拨款的方式不能形成有效的约束和激励机制，容易出现道德风险造成重大亏损。但开发性金融机构对中央企业提供贷款，是按照市场规则进行项目和企业的选择。由于追求自身业绩，开发性金融机构挑选优质企业或项目提供贷款，并监督贷款的使用，鞭策中央企业谨慎经营，克服财政拨款中存在的道德风险，提高经济效率。

其次，中央企业需要开发性金融机构间接营造良好的投资环境。中央企业在"走出去"的过程中常受到误解和猜忌。东道国政府认为中国的中央企业是使用政府的钱进行"政治活动"，违反市场规则和经济自由化的规律，不符合市场经济自由竞争的原则，是国家意志而非商业行为，经济利益可能不是最主要的目标。国外商业合作伙伴觉得中央企业行为方式独特且难以捉摸，合作前景具有不确定性。因此，国有企业背景使中央企业的对外投资面临东道国政治和商业的双重阻力。事实上中央企业的国际化经营只是顺应国际经济一体化和产业转移的经济行为。通过开发性金融对中央企业国际化进行融资及后续的支持，是市场手段而非行政手段，可向世界证明中央企业的市场主体地位，避免误解和猜忌，免遭不公平待遇。

二、目前开发性银行支持中央企业国际化的模式

作为中国最早开展国际合作业务的银行之一，国家开发银行2005年起在全球范围"投棋布子"，以互利共赢为原则，成功运作了中委基金、中委大额融资、中俄石油、中巴石油等一批重大国际合作项目，支持中国石油天然气集团公司、中国石油化工集团公司、中国铝业公司、五矿集团、宝钢集团等龙头骨干企业"走出去"，贷款项目遍及全球115个国家和地区，成为中国最大的对外投融资合作银行。目前国家开发银行支持中央企业海外经营主要通过直接提供优惠贷款、组建银团贷款、直接投资、成立开发性基金几种模式。

（一）提供直接贷款

开发性银行为中央企业"走出去"提供的贷款期限长、利息低，有利于企业利用国家资本进行境外投资并取得利润。贷款规模、期限视项目实际需要而定，利率参考项目性质、同期 LIBOR 等因素。建立专门支持企业境外投资的贷款部门，保证对企业"走出去"战略支持的融资比例。对于信用良好的大型国有企业设立贷款的绿色通道，或针对不同项目分设贷款小组。如国家开发银行支持中国国际海运集装箱（集团）股份有限公司向海洋工程设备制造领域扩展，收购世界排名第三的新加坡烟台来福士船业有限公司，打造国际一流海洋工程装备设计、研发和建造平台，并推动企业"走出去"拓展国际海工产业市场。

（二）牵头组建银团贷款

开发性银行牵头，组织商业性金融机构及国际金融组织、其他国家的政策性金融机构、国外商业银行等组成银团，共同为我国企业在境外的资源开发、基础设施建设等项目融资。如由鞍山钢铁公司集团与澳大利亚金达必金属公司合作开发的卡拉拉铁矿项目，总投资 19.75 亿澳元，国家开发银行牵头组建银团贷款 12 亿美元，其中国家开发银行占份额 4 亿美元。

（三）作为主要股东直接投资

开发性银行联合东道国政府，共同投资我国在当地的项目。如中国—巴基斯坦联合投资公司，由国家开发银行与巴基斯坦财政部分别投入 1 亿美元于 2007 年成立，是我国在境外设立的第一家合资投资公司，目的是帮助中国公司在巴基斯坦开展基础设施、制造业等领域的投资。中巴投资公司可以直接参股，或组成银团对中国企业在巴基斯坦投资进行银团贷款，或为中国企业和巴基斯坦企业成立的合资企业给予贷款支持。

（四）建立开发性基金

开发性银行、中国投资公司共同组织建立合作基金，支持我国企业对高风险国家和地区的投资。如国家开发银行已投资的中瑞合作基金、中国—比利时直接股权投资基金等。

三、开发性银行支持中央企业国际化面临的主要问题

由于我国资本市场不完善及外汇管理体制等原因，中央企业在海外经营的过

程中面临经济、社会、环境多方面的风险。在财务管理上，融资渠道狭窄，往往凭借政府政策支持和优惠条件取得资金；支付手段单一，大多采用银行贷款融资、现金支付的单一方式。在履行企业社会责任上，虽然中央企业得到的当地评价要高于民营企业，但有时仍受到当地媒体、民众以及非政府组织的误解。与国外发达的开发性金融实践相比，我国金融机构的金融工具和产品单一，金融支持模式仍以提供贷款为主，不能为企业提供财务顾问、战略咨询等方面的高端金融服务，还没有建立起评价开发性金融机构的评价指标和法律体系。

（一）信贷资金来源单一

国际上成熟的政策性银行的资金来源主要有两种模式，一是以财政直接融资为代表的固定资金来源模式，二是以国家信用为依托的市场化融资模式。而我国政策性银行主要资金来源是财政拨款、中央银行再贷款以及发行金融债。例如，截至 2015 年 12 月 31 日，财政部持有国家开发银行 30.54% 的股权，汇金公司持有 34.68% 的股权，国家外汇储备通过其投资平台梧桐树投资平台有限责任公司持有 27.19% 的股权。国家开发银行虽进行商业化改革，但按照国务院要求，国家开发银行改革后资金来源仍以发行金融债为主。单一的资金来源不能满足巨额的资金需求。

（二）不能为企业提供高端的金融服务

我国金融机构的海外分支少、金融产品单一，不能满足企业海外经营的多样化需求。相比之下，外资银行的全球网络较为成熟，复合金融产品较为丰富，与证券、保险相结合的综合性产品优势强，能够更好地配合企业海外发展。而且外资银行在海外市场开展业务时间较长，对当地政策环境、投融资环境、市场风险等较为熟悉，能够为企业进入海外市场提供重要经验，减少当地政治、文化等隐性风险。

（三）法律法规不完善

在我国，只有商业银行法、保险法、证券法等相对完善的商业性金融法律体系，政策性金融法律体系尚未建立。国家开发银行自 1994 年成立以来，国家一直没有对其进行专门立法，只能在商业性金融的法律体系下运行。中国银监会有关资本充足率的规定对商业银行具有刚性约束，但对于政策生银行仅仅是一个软性约束的监测指标。根据 2006 年 12 月 28 日中国银监会通过的《关于修改〈商业银行资本充足率管理办法〉的决定》规定，政策性银行资本充足率的计算和监督管理参照《商业银行资本充足率管理办法》，没有考虑到政策性银行业务的特殊性和资本金来源的特殊性。政策性银行要支持商业银行不愿进入的高风险低收益的领域，又要与商业银行遵守同样的规则，严重影响了政策性金融职能的发挥。用商业性银行的指标来衡量开发性银行的经营业绩不符合开发性银行的属性与功能。

（四）缺乏深入的国别规划和行业投资指南，包括绿色投资指南

商务部、发改委、外交部每年发布的《对外投资国别产业指引》，仅简单介绍该国产业发展目标、优先产业领域、重点发展区域及行业准入规定，并没有深入分析该国每一产业的法律法规、风险评估等具体环节，难以指导企业具体的投资行为。企业因缺乏全面的信息和正确的指导从而进行盲目投资。尤其是高风险冲突地区，法律文化差异大、政治环境复杂、投资风险高，没有经济、环境、社会的综合指导与分析，不利于中国中央企业的海外运作。

（五）中央企业对海外投资面临的非传统风险——社会风险和环境风险认识不足

中央企业海外投资主要集中在资源丰富的地区，但这些地区同样也是高风险冲突地区。在这些地区进行投资，企业不仅面对金融风险，还要面对政治、文化、移民安置、生物多样性保护等来自社会和环境的非传统风险。我国企业普遍忽略公众咨询、社会和环境影响的自我审核和监控，不熟悉与公众、非政府组织和媒体等利益相关者的沟通方法，因而造成不应有的损失。因此开发性银行在提供金融服务的同时，帮助企业对当地投资环境进行综合调查和分析，提供经济、环境、社会的综合风险评估，帮助企业控制并化解来自各方的风险。

四、开发性金融支持企业国际化发展的国际经验借鉴

（一）日本

日本政府给予政策性银行免税优惠，如法律规定免征登记税、执照税、不动产购置税、汽车购置税以及部分特种土地税，目的是确保政策性银行可为本国企业提供优惠利率贷款。日本进出口银行为日本企业的投资活动或海外经营项目提供海外投资贷款。其业务职能主要包括：为日本企业在国外企业中参股投资提供贷款；为日本企业对外国企业和政府的融资提供贷款，并为企业在日本境外进行

风险经营提供长期资金；为日本企业参股设立在日本境内的对海外投资企业提供贷款；为日本企业在海外经营项目所需资金提供贷款等。日本进出口银行融资利率和偿还条件十分宽松，其利率由市场利率和投资种类综合决定，还款期限一般为 7~15 年。日本国际协力银行向客户提供有关国外市场动态、产业信息、法律法规、税收政策、融资条件、大型项目的国外需求、出口担保、研讨会等方面的信息咨询服务。

（二）韩国

韩国产业银行在成立最初的十年时间里基本依靠财政融资，此后逐步扩大自筹融资比例。不仅通过贷款业务为企业提供融资支持，而且利用其广泛的世界网络，努力争取满足韩国企业在世界市场上不断增长的多样化的资金需求，给客户提供各式的衍生交易服务，包括外汇掉期与期权，并不断进行金融工具创新。为客户提供全方位的国际金融服务，包括筹划与报销债券发行、办理银团贷款、工程资助、飞机船舶租赁贷款等业务。提供多样化产业银行的辅助业务，如商业信息技术及技术咨询、贸易融资和信托业务等。韩国进出口银行专门设立了"海外投资基金"和"海外资源开发基金"，向境外投资企业提供优惠利率贷款，数额可高达境外项目投资总额的 90%。

（三）美国

美国海外私人投资公司（OPIC）是一家自负盈亏的政府机构，通过提供一般商业上所得不到的金融服务来帮助美国私人企业扩大在发展中国家和新兴市场国家投资。OPIC 最多能为一个项目提供 4 亿美元以上的资金，其中 2 亿多美元为项目贷款，另外 2 亿多美元为政治风险担保。主要在以下四个方面帮助美国投资者扩大海外投资、减少相关风险：通过提供贷款和贷款担保为企业融资；支持那些为美国公司投资海外项目而投入的私人投资基金；为投资可能产生的一系列范围广泛的政治风险提供担保；尽力为美国商界提供海外投资的机会。近年来，美国海外私人投资公司所提供的服务不断增多，大大超出了提供资金支持的范围，如分担海外投资公司部分市场开拓和投资试验的费用、向参加投资的私人公司提供情报咨询和进行可行性分析、提供政治风险担保、专项风险担保等服务。这些咨询担保等服务解除了美国企业的后顾之忧，鼓励了企业向发展中国家的一些风险较高、预期收益率高的项目进行投资。

（四）德国

德国复兴信贷银行从 1961 年起就接受联邦政府的委托，向海外长期开放项目提供贷款资助。银行成立时的原始股本中联邦政府占80%，各州政府占20%，所有权属于国家。但它不是国家机构，独立经营不受政府的干预，项目的授信权由董事会决定。在发放信贷的时候，首先考虑方案与项目的经济性，按商业银行的风险角度来发放信贷。按《德国复兴信贷银行法》规定，德国复兴信贷银行的贷款应是中长期，只有在特殊情况下，并经董事会批准，才可能发放短期贷款。银行按不同业务种类确定各类贷款的优惠利率，贷款发放后，实行固定利率。

五、发挥开发性银行引领中央企业国际化发展的对策建议

（一）引导中央企业完善公司治理结构、合规经营

中央企业的国际化发展需要进一步改革和完善公司治理结构，开发性银行应在投融资过程中发挥引导作用，促使中央企业在国际化进程中建立现代企业制度，实施反腐合规的可持续发展。中央企业的政府背景常引来东道国政府、媒体、NGO的猜忌和误解，例如2005年中国海洋石油总公司因政治压力收购美国优尼科石油公司以失败告终，因此开发性银行在提供金融支持的过程中应促进中央企业完善现代企业制度，脱离政治色彩，借鉴淡马锡模式，形成适应全球化经营的管制结构，进行合规的商业投资。

（二）推动中央企业转变海外投资模式，积极履行企业社会责任

目前中央企业海外投资模式更多注重与当地政府的交涉，而忽视与当地居民、社区的沟通，在劳工和环境保护方面产生了许多负面的国际影响。基于此情况，中国进出口银行对其所投资或提供贷款的项目要求必须进行项目实施前的环境影响评价、项目进行中的环境措施实施，以及项目完成后的环境评估[228]。而对于环境标准，所有项目都是在比较中国的环境标准与东道国的环境标准后，选择其中较高者。中国进出口银行于2007年、2011年与2015年分别出台《中国进出口银行贷款项目环境与社会评价指导意见》《移民安置政策框架》与《中国进出口银行绿色信贷指引》。其他开发性银行也应通过金融杠杆的作用对我国企业海外投资的环境社会影响进行管控，鼓励企业积极参与社区建设，与当地公民社会对话，用正面形象引领社会舆论，形成适应全球化发展的责任理念。

（三）通过金融创新扩大融资渠道

多元化筹集资金有利于形成一个长短搭配、高效灵活的筹资体系，增强开发

性银行的自主筹资能力，有效降低筹资成本。扩大发债范围，逐步向商业银行以外的其他金融机构公开发行。可向中央财政、中国人民银行和国内外同业借款；可向社会筹资，如向社会发行中短期银行票据进行筹资；通过发行外币债券向境外投资者筹资；利用杠杆融资，可以引导商业银行向国家产业政策确定的项目贷款，并为之提供担保来承担最后风险。同时，邮政储蓄、社会保险和保障基金应该成为开发性银行的重要资金来源。

（四）完善海外组织体系

支持我国企业"走出去"，建设广泛的海外业务网络，加快在境外设立分支机构、代表处。开发性银行可在国际中心、重要的贸易国家和地区设立代表处，加强与国际组织和银行的交流。增设和提升海外分支机构，及时将现有的代表处升格为分行，开展实际经营业务。通过加快海外营业网点的建设，健全支持企业国际化经营的金融服务体系，为我国境外企业提供富有当地特色的金融服务。

（五）加强与国际金融机构合作，熟悉市场操作，淡化政府色彩

加强与国际大型商业银行、外资银行、保险公司等机构的合作，扩大与世界银行、区域性银行机构在联合融资、平行融资、再融资等方面的合作。与国际金融机构加强信息交流、人员往来、能力建设，一方面可学习先进的经营理念、金融创新，另一方面可削减东道国对中央企业投资意图的猜忌，增加商业性和市场性，为中国企业"走出去"创造良好的外部环境。如2010年，国家开发银行倡导建立"金砖国家"银行合作机制，牵头成立中国—东盟国家银联体，推动设立中葡基金、中国—希腊专项资金等，搭建双边多边金融合作平台。

（六）努力提升研究、规划与咨询能力，为中央企业提供全面的风险评估服务

我国企业长期忽略海外信息咨询的重要性，未能及时掌握全球市场上的有效信息，导致经营效率低下。项目投资与海外并购的过程中往往聘请国际金融机构帮助其完成尽职调查、融资估价、风险评估等环节，导致经营成本增加。由于缺乏对当地投资环境的认识，没有进行社会和环境风险评估，导致不必要的损失。在世界银行和亚洲开发银行支持的项目实施中，社会和环境影响评估为专门环节，配备专业团队负责实施，并在预算中列出专项资金，有的外包给第三方来承担，从而提高项目执行中社会和环境影响工作的专业化水平和对外可信度。我国开发性银行应学习借鉴其他国家开发性金融机构的先进经验和做法，深入研究海

外市场，开发风险冲突管理工具，尝试开展第三方评估，系统性防范非传统风险，为中央企业提供从国际业务发展规划咨询、系统性融资方案、具体项目融资到社会、环境风险评估的"一揽子"综合服务。

（七）利用区域性金融合作机制平台，系统性助推中央企业国际化

区域性金融机构的项目融资决策独立于政府，在开发框架中具有更自由操作的空间。我国开发性银行可进一步加强与"金砖国家"开发银行合作，加快推进金砖银行建立，稳步扩大本币结算和贷款业务规模，服务于"金砖国家"间贸易和投资便利化，调动资金资源用于"金砖国家"和其他新兴经济体及发展中国家的基础设施和可持续发展项目。加强上海合作组织国家开发银行合作和银团贷款，推进中亚合作开发银行的设立，按照市场化原则，创建适合本地区特点的多领域、多样化融资合作模式，共同为上海合作组织框架内的合作项目提供融资支持和金融服务，促进成员国经济社会可持续发展。考虑参加东北亚开发银行协会，促进东北亚金融合作，使中国中央企业在东北亚大型跨境基础设施建设和资源能源开发中发挥作用。

第六章

企业国际化案例

内容提要

    本章重点对能源、矿产资源、农业三大领域代表性中央企业的国际化经验进行案例分析。除此之外,针对国外政策性银行支持企业国际业务以及国内外商业银行差异化服务进行了案例分析。

第一节　中国石油化工集团公司国际化案例分析 *

    作为中国能源行业三大巨头之一的中国石油化工集团公司是一个集能源勘探开发、炼油、化工、成品油销售于一体的大型中央企业,从其上下游结构来看,它是国内能源行业中生产链相对完善、分布合理的企业,但同时也是资源实力相对较弱的,其上游油气资源依赖中国石油天然气集团公司、中国海洋石油总公司的供应以及进口,为改善上游资产与中下游加工炼油及营销能力的不平衡的结构,实施"走出去"发展战略是其实现可持续发展,强化企业竞争力的必由之路。通过全球配置资源和产业链各环节,主动融入世界石油经济体系中,自然成为中国石油化工集团公司强化自身竞争力的必经之路。

一、国际化历程

    中国石油化工集团公司海外投资总额已超过 900 亿美元,投资分布在全球 70

---

    * 本节内容所涉及的数据均来源于中国石油化工集团公司提供资料。

余个国家和地区，在一些政治干扰较大、对中国投资偏见比较严重的国家也实现了突破。海外员工总数超过5万人，其中当地和国际化员工占80%以上，国际化程度不断提高，境外资产与营业收入在公司所占的比例从2005年的10.6%和2%，提高到2015年的38.0%和36.0%。作为国内最大的炼化公司，中国石油化工集团公司从成立初期就积极主动地实施国际化经营战略，从最初的境内国际合作为主，逐渐实行外向策略，开拓海外市场，深化国际化经营。其国际化进程大致经历了以下几个阶段：

（一）第一阶段（1993~2003年）——境内合资合作为主

从1993年中国石油化工集团公司中原油田反承包新西兰石油公司的油田钻井工程开始，到1997年中原油田拿到苏丹石油区块的工程承包项目，中国石油化工集团公司凭借其海外工程服务优势积极推进海外业务。同时，从2000年开始，公司凭借其在勘探和炼化加工环节的优势，在国际化经验尚不足的情况下，积极与国际能源巨头合作，通过引入外资合作控股的方式，扩大国内炼化加工环节产能，并积极组建战略联盟联手"走出去"，通过互补优势、共享利益、共担风险、获取知识等方式有效增强联盟各方自身实力，降低成本和风险，延伸价值链，实现自己的战略目标，积累国际化运作经验。2000年，中国石油化工有限公司分别开始与国际石油三大巨头埃克森美孚公司、荷兰皇家壳牌集团和英国石油公司（BP）谈判并先后达成战略联盟的一系列框架协议。其中之一就是中国石油化工集团公司将选择江苏、福建、广州三地，与三家公司共同经营1500个加油站。同年，中国石油化工集团公司与德国巴斯夫有限股份公司落实了扬子—巴斯夫乙烯合资项目，合资方还包括巴斯夫中国有限公司、巴斯夫投资公司，双方各占50%股权。同年，与BP化工华东投资有限公司合作的上海90万吨乙烯项目获批准。2001年，中国石油化工集团公司与荷兰皇家壳牌集团在湖南煤气化项目（总投资1.36亿美元，双方各控股50%）、与BP上海合资的乙烯项目相继设立了合资公司，并于2002年进入全面施工建设阶段。2003年，与中国海洋石油总公司、荷兰皇家壳牌集团、美国优尼科公司合作的东海西湖天然气勘探开发项目正式启动，与埃克森美孚公司、沙特阿美石油公司在福建的炼化一体化项目进入可行性研究阶段。

同时，中国石油化工集团公司积极开拓国际市场。这一阶段公司海外市场的触角已经延伸到伊朗、也门、阿尔及利亚、土库曼斯坦、尼日利亚、吉尔吉斯斯坦等多个国家和地区，采用产品分成等低风险方式进入海外市场。在伊朗，中国石油化工集团公司采用购回方式为当地油田提供风险勘探服务，在土库曼斯坦和吉尔吉斯斯坦的两处油田都采用提供工程服务和研究的方式进入，而阿尔及利亚和尼日利亚的边际油田则动用投入较少的产品分成法则获得利益。

从2001年开始，中国石油化工集团公司成立了专门负责上游海外投资经营的专业化全资子公司——国际石油勘探开发公司（SIPC），负责管理集团现有全部的海外勘探开发的投资经营事项。2002年1月，中国石油化工集团公司与中国进出口银行署了总额为80亿元人民币的出口卖方信贷"一揽子"授信额度框架协议，主要用于未来5年内的海外油气勘探开发、对外工程承包等项目。从2002年开始，国际油价处于相对低位，有利于中国石油化工集团公司进入油气资源前景较好的海外市场，通过获得海外相对优质且低成本的资源，可以提高公司整体资源资产的质量和效益。

通过这一阶段的海外市场的试探，中国石油化工集团公司奠定了国际化经营的基础。截至2003年底，中国石油化工集团公司已经实施海外油气资源项目7个，其中油田开发项目3个、风险勘探项目4个，分布在中东地区、中亚地区、东南亚地区、北非地区，形成了一些上游资源产区。

（二）第二阶段（2004~2008年）——海外并购加速发展阶段

2002年，中国石油化工集团公司意图收购英国石油公司在哈萨克斯坦里海卡沙干地区油田的股份，但未能成功。从2004年开始，公司开始实施主动的国际化策略，该年被视为集团公司实施"走出去"战略的关键年。

中国石油化工集团公司继续收购海外油气资源，巩固资源储备基础，同时，继续发挥在海外勘探及炼化工程项目方面的优势。2004年，公司开始进入沙特阿拉伯的天然气开发领域，并于同年3月通过竞标成功获得沙特阿拉伯鲁卜哈利盆地B区天然气勘探开发权，获准对该气田进行风险投资。2006年，公司新签炼化海外承包和服务合同约31亿美元，与2005年的3.35亿美元相比，实现了质的飞跃。

2007年7月，中国石化炼化工程公司成立，专门负责统一经营与管理海外炼油和化工项目市场开发及项目执行，积极发挥海外炼化工程集团化、一体化优势。2008年，国际金融危机爆发，中国石油化工集团公司大批项目被延期或取消，海外施工队伍停待增多，最多达83支。但当年公司新签合同额、完成合同额和实现利润均超出年初集团公司下达指标。同时拥有海外业务的10家油田企业全部实现盈利，新走出队伍61支，取得这场战役的阶段性胜利。

通过海外并购的方式实现国际业务跨越式发展，中国石油化工集团公司在这一阶段的并购规模和速度明显提升，并且大多数并购是以溢价收购的方式进行。

表 6 - 1 为 2004 ~ 2008 年中国石油化工集团公司国际化历程。

表 6 - 1　　　　　　2004 ~ 2008 年中国石油化工集团公司国际化历程

年份	交易对象	交易内容	金额
2004	美国第一石油公司	中国石油化工集团公司国际石油勘探开发有限公司获得美国第一石油公司（FIOC）在哈萨克斯坦全资拥有和部分拥有的 6 家子公司，以及所属的石油开发勘探区块面积达 3.4 万平方公里，地震探测结果显示这些区块油气资源潜力较大，配合中哈输油管道，为中国建立了中亚地区的石油资源储备，减轻对中东石油的依赖	
	巴西国家石油公司	与世界拥有深水油田勘探开发技术的三大公司之一的巴西国家石油公司签署《战略合作协议》，借助巴西石油公司的深海勘探技术，发展深海石油项目	
2005	克瓦纳公司	就曾经与道达尔合作收购了加拿大北极之光油砂项目 50% 的股权	
		中国石化上海工程公司和第二建设公司与克瓦纳公司合作，联合中标沙特聚烯烃项目，创造了中国石化与国外工程公司联合中标的最大的海外工程项目	7.5 亿美元
2006	哥伦比亚石油公司	与印度石油购得哥伦比亚石油公司股权，进入拉美油田开采市场	4 亿美元
	俄罗斯秋明——英国公司乌德穆尔特石油公司	收购俄罗斯秋明——英国公司乌德穆尔特石油公司 96.86% 的股份	35 亿美元
	巴西国家石油公司	与巴西国家石油公司签订巴西天然气管道建设总包项目，是当时中国石化上游海外中标的最大地面工程服务项目	13 亿美元
2007	伊朗国家石油公司	与伊朗国家石油公司正式签署开发伊朗亚达瓦兰油田的合同	
	安哥拉国家石油公司	中国石油化工集团公司国际公司与 BP、安哥拉国家石油公司共同投资的位于安哥拉海上 18 区块的 Plutonio 项目正式投产	
2008	加拿大 Tanganyika 石油公司	以 31.5 加元/股的价格收购加拿大 Tanganyika 石油公司，TYK 公司的资产大部分位于叙利亚，中国石油化工集团公司借道进入中东上游市场	136 亿元人民币

同时，为提高海外并购的成功率，公司灵活调整国际化策略。如 2004 年，中国石油化工集团公司国际石油勘探为收购美国第一国际石油公司，为了规避来自美国政府和法律对中国公司购买美国公司的交易限制及税务风险，公司采用了在百慕大注册新公司、把美国公司迁往百慕大进行兼并的曲线策略。2004 年 4

月，中国石油化工集团公司国际石油勘探开发有限公司在百慕大注册了全资子公司第一国际石油有限公司，并由这家公司实现了对美国公司的兼并，收购最终在 2004 年 8 月完成。

这一时期中国石油化工集团公司已经开始注重海外并购的风险控制，特别是进入发展中国家、中东地区市场时，以并购的方式切入存在一定的政治风险。因此，及时调整国际化策略可以有效规避此类风险，如 2007 年中国石油化工集团公司与伊朗国家石油公司正式签署开发伊朗亚达瓦兰油田的合同就是按照回购服务方式进行的，即中国石化集团将投入 20 亿美元用于该油田的开发，油田开发完毕后，伊朗国家石油公司全部接管油田，外国公司的投资成本则在油田产出的石油或天然气收入收回，既保障了经济利益，也避免了项目的国有化风险。

（三）第三阶段（2009 年至今）通过海外并购补业务"短板"

金融危机后国际原油价格大幅下跌为中国石油化工企业"走出去"提供了很好的契机，中国石油化工集团公司也加大的海外并购步伐，在国际能源企业收购领域，增长速度世界第一。中国石油化工集团公司一方面通过大手笔的并购强化了在国际原油勘探开采领域的控制力；另一方面，通过合资控股的方式继续加强中下游领域的加工炼制能力，也间接解决了原油供给问题，获得了更多的海外市场定价权。

这一阶段的国际化范围逐渐扩大，从非洲、中亚、拉美地区逐渐扩展到发达国家和地区，形成了非洲、中东、南美、南亚太、俄罗斯—中亚、加拿大六大油气生产基地，更多地参与成熟地区的油气勘探开发。表 6 - 2 为中国石油化工集团公司近年来主要并购活动。

表 6 - 2   中国石油化工集团公司近年来主要并购活动

年份	交易对象	交易内容	交易金额
2009	美国马拉松石油公司	在安哥拉 32 区块 20% 的权益	13 亿美元
	巴西国家石油公司	"贷款换石油"项目	100 亿美元
	瑞士 Addax 公司	以 52.8 加元/股的价格，总价 82.7 亿加元，中国石油化工集团公司海外权益油总产量同比将增加 78%	72.4 亿美元
2010	美国西方石油公司	收购其位于阿根廷的子公司 100% 的股权及关联公司，获得了美国西方石油公司在阿根廷的 23 个勘探开发区块	24.5 亿美元
	美国康菲石油公司	收购美国康菲石油公司持有的加拿大油砂项目 9.03% 的权益	46.75 亿加元

续表

年份	交易对象	交易内容	交易金额
2011	沙特阿拉伯阿美石油公司	双方合资建设红海炼油公司，分别持有 37.5% 和 62.5% 的股权	
	葡萄牙 Galp Energia 公司	收购 Galp Energia 巴西子公司及对应的荷兰服务公司 30% 的股权	35.4 亿美元
	澳大利亚太平洋液化天然气公司	与 APLNG 签署 LNG 供应和认股 15% 协议，从 2015 年开始，中国石化将每年从 APLNG 项目采购 430 万吨的液化天然气，为期 20 年	
	加拿大 Daylight 能源公司	以每股 10.08 加元收购 Daylight 能源公司 100% 的股份	22 亿加元
	壳牌	收购壳牌持有的喀麦隆 Pecten 石油公司（PCC）80% 的股份	5.38 亿美元
	美国 Devon 能源公司	收购 Devon 能源公司在美国 Niobrara、Mississippian、Utica Ohio、Utica Michigan 和 Tuscaloosa 等 5 大页岩油气盆地资产权益的 33.3%	24.4 亿美元
2012	澳大利亚太平洋液化天然气有限公司（APLNG）	增持澳大利亚 APLNG 股份至 25%，累计从其采购 760 万吨/年的液化天然气	11 亿美元
	加拿大塔里斯曼能源公司	收购塔里斯曼旗下英国子公司 49% 的股份	15 亿美元
	法国道达尔公司	与法国道达尔公司就收购尼日利亚—油田区块部分权益达成收购协议	24.6 亿美元
2013	美国切萨皮克能源公司	收购美国切萨皮克能源公司位于俄克拉何马州北部部分密西西比灰岩油藏油气资产 50% 的权益	10.2 亿美元
		收购美国阿帕奇石油公司埃及资产 1/3 的权益	31 亿美元
2015	俄罗斯卢克石油公司（Lukoil）	收购俄罗斯卢克石油公司（Lukoil）所持有的 Caspian Investments Resources Ltd.（CIR）50% 的股权	10.87 亿美元

资料来源：中国石油化工集团公司年度报告。

中国石油化工集团公司这一阶段国际化的明显特征是"补短板"，形成上下游一体化的产业链模式。中国石油化工集团公司上游油气产业发展相对薄弱，对下游炼化和石油化工板块的支撑力度不够，原油自给率有逐年下降趋势，2009 年这一指标仅为 22.4%。此前中国石油化工集团公司主要依靠获取份额油或者购买石油的贸易道路，投资的方式也主要是参股，而通过并购海外油气资产可直接提升原有自给率，并且通过继续推进海外油气田勘探开发，加快建立有一定规模的海外油气生产基地，在海外投资建设炼化项目，可以间接达到获取资源的目的。

同时，中国石油化工集团公司也兼顾非常规能源海外业务的发展。自 2011 年开始，中国石化继续加大海外非常规油气资产收购力度，2011 年新收购储量资产项目 6 个，新增加了非常规煤层气储量、潜在资源量和 NGL（天然气液）资产。累计在 14 个油田和区块（或项目公司）的勘探有较大发现，天然气和凝析气也有新的发现，实现了油气并举、常规和非常规兼顾。

二、国际化特征

（一）中国石油化工集团公司"走出去"战略实现途径

1. 战略联盟

建立战略联盟是一种比较成熟的国际化经营方式，可以快速弥补核心竞争力的不足，加快中国石油化工集团公司进入国际市场的步伐。中国石油化工集团公司通过战略联盟方式加快国际化进程一般又分为以下几种具体路径：一是与东道国联合开发油气资源，一般进入发展中国家市场较常采用这种方式，许多发展中国家油气资源丰富，但囿于本地石油公司开采技术的限制，需要引进国外石油公司的技术和资金力量进行联合开发，中国石油化工集团公司凭借其技术优势和施工经验与东道国公司进行联合投标，顺利进入东道国上游资源开采环节。这种方式的优点在于易于被东道国政府接受，有助于提高中标率。通过战略联盟的方式，还可以进一步了解东道国中下游市场和商业环境，为今后深化投资奠定基础。

从 2000 年开始，中国石油化工集团公司先后与埃克森美孚公司、荷兰皇家壳牌集团、英国石油公司、ABB 詹姆斯公司建立广泛的策略性联盟和合作伙伴关系，与发达国家实力强大的能源巨头联合投标，特别是中国石油化工集团公司面临的一些较为陌生的国家的市场时，或是在国际化初期阶段，尚不具备丰富的国际投资经验，可选择与有经验的跨国能源企业进行联合投标，有利于分散风险，又可以在短期内迅速积累一定的跨国投资经验，培养锻炼自己的国际化队伍，扩大国际影响。

2. 独立或联合出资，以控股方式进行油气开发

中国石油化工集团公司在进入中亚、独联体国家市场时常采用这种方式，这些地区资源储量丰富，并且能源行业逐渐私有化，政府允许国外能源企业购买其

公司的股权取得油气开采权。以这种方式可更加便利地获得油气开采权，但这些国家和地区市场仍然存在一定的政治风险，在收购其企业股份之前必须做好充分的信息收集和准备工作，了解其股权结构以及原有股东是否会行使优先购买权等。如2003 年，中国石油化工集团公司国际石油勘探开发有限公司与 BG 集团的全资子公司 BG International 通过谈判达成协议，收购后者在哈萨克斯坦北里海项目 1/12 的权益，收购价 6.15 亿美元，但由于该油田的 5 名股东行使优先购买权，导致中国石油化工集团公司收购失败。

3. 兼并收购

中国石油化工集团公司的并购活动大多以增加上游领域油气开采量、进入新市场为目标，兼并活动主要以储量交易方式进行。这种方式有利于发挥中国石油化工集团公司上游企业的整体优势，拓展产业链，同时学习和利用国外能源企业的先进管理方式和经验，获得规模经济，降低成本。

4. 购买储量

直接出资购买国外原油储量，包括直接收购尚未开采或已开采到一定程度的油气储量，收购拥有一定储量的能源企业，这种方式带来的国际化收益仍然较小，但风险也较小，属于储量补充方式。在进入发展中国家市场时会采用这种方式，如中国石油化工集团公司与巴西国家石油公司的合作，就是以储量交易的方式进行的。

5. 通过国际原油期货交易，规避价格风险

通过原油期货交易一改以往的"买涨不买落"的现货交易传统，降低进口风险，还可以实现套期保值，平抑进口价格，维护国民经济稳定运行的目的。

6. 无风险服务合同

通过提供工程服务的方式进入国际市场，由东道国雇佣我方承包服务项目，我方收取一定的服务费，中国石油化工集团公司下属的中原油田在苏丹、印度尼西亚、卡塔尔、也门等国进行的劳务工程承包项目都是以这种方式进行的。

（二）中国石油化工集团公司国际化目标与特征

1. 保障原油进口

中国石油化工集团公司作为国内能源三巨头之一，产业链各环节结构相对完善，但上游原油生产能力相对较弱，原油供给除依赖中国石油天然气集团公司和中国海洋石油总公司之外，进口原油的比重逐渐攀升，其国际化的首要目标就是资源开拓，数据显示原油进口量从 1999 年的 3414 万吨上升到 2011 年的 17121 万吨，年增幅 14.4%。

中国石油化工集团公司海外油气资源投资主要关注石油储量排名靠前的国家，大致包括亚太、非洲、中东以及部分西方国家，根据对政治、储量、技术难度、环保风险的综合考量，其国际化优先次序大致为中东、非洲、南美、亚太和中亚。

2. 产业链整体国际化能力的提升

在保障原油进口的同时，中国石油化工集团公司中游、下游环节国际化也逐级推进，实现产业链整体的国际化进程。中国石油化工集团公司大致经历了从国际化初期的单一性工程承包、通过贸易途径保障原油供给→并购海外油气资源→炼化加工环节海外产能的提升→全面开拓国际市场的路径，产业链各环节的国际化运作能力逐步提升。

3. 以并购带动国际化跨越式发展

中国石油化工集团公司海外并购积极，这与其是海外并购后来者有一定关系。同时，海外并购也是获得油气资源最为快捷的方式，总体风险可控。统计分析发现，此类公司上游原油产量与下游炼化能力的结构比例大致维持在0.60，且长时期保持稳定，对外界的一些经济因素如油价的变化反应程度并不敏感。中国石油化工集团公司提出的发展目标是到"十二五"末期实现海外油气"半壁江山"的发展战略，即国内外各为4000万吨原油产量。在国内产量受到限制的情况下，只有通过海外市场解决原油供给问题，而这必然离不开并购。

此外，联合收购可以避免不必要的竞争，同时也提升了并购方实力。中国石油化工集团公司于2009年联合中国海洋石油总公司联合收购美国马拉松石油公司持有的安哥拉一石油区块20%的权益，这种联合收购的方式避免了"单打独斗"，有利于分摊风险，而且两大中央企业各自在不同领域具有优势，中国石油化工集团公司炼化能力在国内位居第一，有加强上游油气资源获取的需要；中国海洋石油总公司海上油气开发能力强，两者联合符合双方共同的发展目标。

三、中国石油化工集团公司国际化进程中存在的问题

（一）通过国际化尚未完全补齐业务"短板"

中国石油化工集团公司的海外业务集中在上、中游环节，在很大程度上提升了原油自给率和加工炼制产能，然而，由于缺乏对海外市场定价权的掌控，不仅不能合理支付对价，同时我国能源中央企业的发展均在不同程度上受制于国内能源资源禀赋的匮乏，企业间在国际市场存在竞争，也在一定程度上抬高了国际化

成本，也不利于产业链一体化发展。

首先，中国石油化工集团公司投资结构与方式还需调整。据统计，中国石油化工集团公司在勘探开发、炼油营销、化工业务占用资本的构成比例为 25∶50∶25，而国外三大石油公司（埃克森美孚公司、荷兰皇家壳牌集团、英国石油公司）三块业务占用资本比例约为 52∶33∶15，中国石油化工集团公司对国际上游油气资源的勘探开发仍有提升空间。在下游环节方面，中国石油化工集团公司通过"做减法"成功实施了集团内部品牌整合，但在国际市场后续的品牌宣传和经营仍有待加强。

其次，中国石油化工集团公司内部企业存在"短板"，层次不齐，其国际化经营阶段也具有很大差异，子公司国际化运作能力和策略各异。

中国石油化工集团公司下一步国际化进程中要考虑的首要问题不是如何提升海外资产存量，而是如何整合现有的国际化资源，进一步补齐产业链环节"短板"，通过国际化业务提高对上游油气资源市场以及下游最终产品市场的价格影响力。

（二）海外并购经济利益有待提高

作为发展中国家企业，中国石油化工集团公司缺乏海外并购相关经验，并购可以从整体上控制政治、经济风险，但成本过高，因此频频出现大手笔并购，中央企业在国际能源市场运作水平有待提高。从 2008 年中国石油化工集团公司收购加拿大 TYK 石油公司的案例中可以看出，中国石油化工集团公司于 2008 年 3 月表示出收购意向时，国际油价为 100 美元/桶，到 8 月 21 日提出每股 31.5 美元收购要约时，国际油价一度涨至 147 美元/桶，到 12 月交易获批时，油价已狂跌至 47 美元/桶，在油价剧烈波动的情况下，中国石油化工集团公司仍然按照协议价完成了收购，这次收购无疑帮助中国石油化工集团公司树立了良好的国际声望，但此次交易极大地提升了中国石油化工集团公司并购成本，TYK 在叙利亚的两块油田，其储量尚不确定，而其产量在油价暴涨的情况下也并未出现大幅提升，表明油田开采可能并不如看起来那么容易。此外，中国石油化工集团公司未来要实现大幅度提高产量，还需要投入数十亿元的后续投资，无疑抬高了收购成本和不确定性。此外，中国石油化工集团公司在 2009 年 6 月 24 日曾以每股 52.8 加元收购 Addax 公司全部发行在外的普通股，收购总价为 82.7 亿加元，约合 72.4 亿美元。数据显示，中国石油化工集团公司的收购报价较 2009 年 6 月 5 日 Addax 公司在多伦多证交所的收盘价溢价 47%，较 6 月 23 日的收盘价高 16%，交易额相当于其 2008 年销售收入 20 倍左右，高价接盘的行为引发了极大的质疑，也被批评为浪费国有资产。

（三）海外市场高速扩张带来资金和人才储备压力

作为国际化"新手"，中国石油化工集团公司正处于海外高速扩张期，多次溢价并购使得企业资金压力沉重，首先，资金压力大。企业融入了大量外部资金，必须在短期内偿还本金和利息，而中国石油化工集团公司作为中央企业，更加看重项目的长期受益和增值潜力，被收购的企业和一些合作项目在短期内不会盈利，往往需要持续投入和配套资金，资金回笼周期过长。其次，人才队伍建设跟不上，海外市场的多元化导致合作对象处于不同的国家和地区，相应地对人才的多元化提出了越来越多的要求，中国石油化工集团公司在人才储备方面跟不上海外市场扩张的速度。

（四）海外并购遭遇非经济因素阻挠

我国中央企业在海外并购的过程中遭遇非经济因素阻挠导致交易失败的现象时有发生。中国石油化工集团公司的国际化进程也并非一帆风顺。2002年，中国石油化工集团公司意图收购英国石油公司在哈萨克斯坦里海卡沙干地区油田的股份，但未能成功。

国际市场对我国中央企业身份的质疑是阻碍中央企业国际化进程的重要原因。中央企业的海外收购行为往往被误读为"政治行为"，对中央企业国际市场运作行为一直存有疑虑，政治误解对于中国石油化工集团公司的国际化战略有着非常大的阻碍。此外，对当地法律体系的忽视也是造成并购失败的原因之一，即面临东道国法律变动或违反当地法律而遭受损失的风险。企业"走出去"后不同国家法律制度和规定的差异性会导致各方权利义务不对等，而对东道国法律环境的研究往往成为企业在国际化初期阶段容易忽视的环节，因此导致一系列法律纠纷和摩擦。

（五）并购后的整合一度成为中国石油化工集团公司国际化经营的"瓶颈"

并购后的整合一直是中国企业国际化进程中的"软肋"，成功并购后因整合失败而导致的水土不服现象时有发生。我国中央企业在管理理念、管理模式、经营方式及市场应对、经营理念、管理方式、制度体系等方面与其他国家企业存在一定的冲突和矛盾，并购双方地域文化和企业内部文化的整合存在困难。尤其是中央企业本身市场化程度相对较低，企业管理体制更加不能满足国际化的需要，企业组织架构与管理体系和国际市场合作伙伴存在更大的差距。

因此，作为中央企业，战略整合、管理整合、人才整合和文化整合对中国石油化工集团公司而言是难上加难。

四、分析和借鉴

（一）中国石油化工集团公司收购康菲石油公司加拿大油砂项目

2010 年 6 月 28 日中国石油化工集团公司正式宣布，旗下中国石油化工集团公司国际勘探开发公司正式以 46.5 亿美元的价格收购美国康菲石油公司持有的加拿大油砂项目 9.03% 的权益。中国石油化工集团公司此笔并购操作从 4 月 13 日正式提出收购申请，经过中加双方监管部门审批，到最终完成收购仅用时 2 个月 15 天，可谓一帆风顺。该项交易是目前中国能源企业在加拿大最大的一个投资项目，整个并购过程并没有遭遇到加拿大监管部门以危害国家资源安全为由进行的政治审查等政治风险，其成功并购经验值得其他中央企业借鉴。

1. 把握有利的并购时机

2009 年美国康菲石油公司由于受金融危机的影响现金流断裂，美长期债务总额 2008 年年底为 271 亿美元，债务负担沉重，面临严重的流动性风险，于是公司宣布，准备在两年内出售价值 100 亿美元的资产，用于偿还企业债务。中国石油化工集团公司得知美国康菲石油公司要出售其拥有的 Syncrude 公司 9.03% 的全部权益时，立即参与竞标，抓住了这一有利时机，对中国石油化工集团公司进一步拓展在加拿大油砂领域的业务具有重要意义。

2. 合理的支付对价

中国石油化工集团公司在此次并购前进行了详尽的资产评估和调查，对并购资产做出了合理估值，以 46.5 亿美元的现金对价收购了康菲在 Syncrude 公司 9.03% 的股权，同时在石油丰富但却具有政治敏感性的北美地区获得了立足点。

3. 合理的并购方式

中国石油化工集团公司此次采取的并购方式是通过其全资子公司国际勘探公司参股收购美国康菲石油公司持有的 Syncrude 公司 9.03% 的股权。根据加方规定，凡超过 2.99 亿加元的外资并购项目，都需要获得联邦政府的批准，而此前加拿大联邦政府曾以"国家安全"为由，否决了包括中国在内的多宗在加拿大的资源并购。不过，由于此次交易中国石油化工集团公司收购的只是 Syncrude 合资公司 9.03% 的少数股权，只是一种财务投资，而非战略性投资，所以并购申请很容易通过加拿大监管部门的审查。

4. 合理选择并购目标

此次中国石油化工集团公司的并购规模超过加方规定的 2.99 亿加元的批准门槛，但却顺利通过审查，其原因在于公司在进入加拿大油砂业务领域选对了合适的并购目标，避免涉及对方敏感资产：第一，油砂的开采成本远高于传统的原油开采，而且初始投资大、生产周期长、存在诸多风险。加方认为从油砂中提取出原油的成本十分昂贵，从经营上来说并不划算。因此加方一直将油砂视为"劣质资产"，一般都将油砂出口到美国。第二，Syncrude 公司本身是由加美两国的 7 家企业注资建成的一家合资企业，中国石油化工集团公司购买的这部分权益本身就为外资公司美国康菲石油公司所拥有，因此对加拿大来说，这少部分股权不管是由美国公司持有还是由中国公司持有差别不大，所以中国石油化工集团公司的此次并购并没有遇到预想中的政治势力和民族保护主义势力的阻挠。

（二）中国石油化工集团公司并购 Addax：成功整合

大型跨国并购一直以来都是机遇与风险并存，特别是中国企业文化与其他国家企业文化的差异较为明显，收购成功但整合失败的例子不在少数。麦肯锡统计显示，全球 70% 的收购是不成功的，其中绝大多数的收购失败是由于整合不成功导致的，这也印证了"三分并购、七分整合"的说法。2009 年 8 月，中国石油化工集团公司以 72.4 亿美元成功收购 Addax 公司，Addax 公司成立于 1994 年，是一家独立石油公司，公司总部在瑞士，在西非和中东拥有油气资产，还有部分权益资产，油气资源潜力大。中国石油化工集团公司对 Addax 的高溢价收购引发诸多质疑，但在收购之后的成功整合为缺乏企业整合经验的中国企业提供了很好的借鉴。

1. 管理整合

此次收购后，中国石油化工集团公司持有 Addax 所有股份，后者成为中国石油化工集团公司全资子公司，其掌握的所有油气资源由中国石油化工集团公司接管，而中国石油化工集团公司将 Addax 定位为集团内部的国际油气勘探开发公司，作为中国石化全资子公司，享有子公司所有权利，遵循自主经营、自主决策的管理模式，保持 Addax 在投资决策和生产运营方面的独立性以及应对市场变化的快速反应机制和能力，这种有利于充分发挥 Addax 的技术优势和推广经验。

在融合双方管理体系方面，中国石油化工集团公司采取了设立项目部的方式，在中国石化与 Addax 公司之间设立一个文化融合和体制整合的过渡带，实现"软连接"，构建适合跨文化管理的领导体制。项目部设总经理、副总经理和财务总监，下设勘探部、开发生产部、计划财务部和综合办公室。Addax 公司管理层设首席执行官、首席运营官、首席财务官、首席法务官、首席地质师，下设 10 个技术及运行管理团队和加蓬、尼日利亚、喀麦隆 3 个国家公司。公司领导班子由中国石化集团公司管理。项目部总经理担任 Addax 首席执行官，副总经理和财务总监分别担任首席地质师和首席财务官。首席运营官和首席法务官则由外籍员工担任。

这样的管理体制使项目部具有双重功能：一方面直接对中国石油化工集团公司负责，执行来自总部的指令；另一方面与外籍员工共同领导和管理 Addax 公司，可以有效推进总部决策部署的贯彻落实，成为中国石化实现对 Addax 公司领导和管理的推进器。

2. 人员整合

为确保交割后项目的正常运营，决定保留原 Addax 石油公司的管理团队和全体员工。Addax 具备较完善的生产经营和管理团队，为减轻收购后人力资源方面的摩擦，中国石油化工集团公司保留了原有团队，只派少量管理和技术人员参与公司管理。中国石油化工集团公司还提出了"四个不变"的原则，即"管理结构不变、工作程序不变、公司政策不变、汇报路线不变"，消除了员工对交割后公司发展和个人职业前途的顾虑，保证了平稳过渡和正常的生产运营。

3. 企业文化整合

原 Addax 公司作为一家私人石油公司，具有高效灵活的管理体制和运行体系，效益是其全部管理理念的核心，营利是其必然的价值选择。中国石化作为国家石油公司，具有管理特大型企业的成熟经验和运行体系，不仅要以效益为中心，而且肩负着保障国家能源安全的使命。因此，在管理理念上，不仅要强化经济效益理念，还要强化为国家负责的理念。

第一，中国石化收购 Addax 公司以后，面临着诸多文化差异，但在客观上也存在着实现文化融合的共同基础。Addax 公司管理层在实践中感受到，关注切身利益是实现文化融合最基本的前提，公司从关注员工的切身利益入手，采取了一系列促进价值认同、实现文化融合的有效措施。

在收购之初，针对管理层和员工队伍的思想波动和不安情绪，国际勘探开发公司提出要在接管过程中尊重文化差异，实现平稳过渡。

第二，建立长期激励机制。Addax 原为上市公司，曾根据公司业绩和个人绩效，每年增发一定数额股票。收购后公司退市，该项政策自然消失。为了使员工的切身利益不至于因收购受到损失，Addax 公司决定对原公司员工在留用期内采取措施弥补股票收益损失；留用期结束后，以长期激励替代原股票激励，实行公司经营业绩与员工绩效奖金挂钩，实行日常考核与年度考核相结合，年度考核与三年考核相结合，激励公司员工积极投身企业价值的实现和公司的长远发展。

第三，彰显公司价值，确定发展战略，用发展的美好愿景激励员工。中国石油化工集团公司在收购整合的过程中认识到，实现跨文化管理仅仅关注员工的眼前利益和具体利益是不够的，必须通过公司的持续发展，为员工的根本利益和长远利益搭建一个稳固的平台。中国石油化工集团公司提出了"学习 Addax、服务 Addax、管理 Addax、发展 Addax"的理念，在持续推进整合的同时，制定了中长期发展规划，并充分听取员工的意见，及时回应对员工的管理变革诉求，为充分沟通和深度交流创造了条件。

4. 管理体制的变革和整合

中国石油化工集团公司实行"四个一体化"，铸造适合跨文化管理的运行体系，即勘探开发一体化、科研生产一体化、决策运营一体化、技术经济一体化等"四个一体化"运营模式。

（1）勘探开发一体化。即勘探与开发目标一致，均以增储上产、提高公司经营效益为目的。开发紧跟勘探，从勘探走向开发的职责和界限清晰，过程连续，大大简化了勘探向开发过渡的进程。储量由开发部门按国际准则评价和申报，体现了储量的可采、经济和资产的三重属性，在有限的合同期内相对增加了开发生产创效的时间，提高了勘探和开发的运行效率。

（2）科研生产一体化。通过强化生产运营系统的组织机构调整和整合，夯实了公司科研生产一体化基础。公司专业技术人员直接面向勘探开发生产展开研究，从不同层面实行研究—决策—指挥"三位一体"。坚持课题从生产中来到生产中去的原则，实现生产促科研、科研保生产。同时把中国石化的科研资源优势和长线、基础及高新技术研究优势与 Addax 公司热线研究、前线研究的需求相结合，使公司科研生产一体化水平得到整体提升。

（3）决策运营一体化。即明晰汇报路线，明确授权体系，简化汇报层级，保持快速畅通的决策下达及反馈渠道。Addax 公司在决策运行过程中，充分利用最新的邮件管理系统和手机邮件即时接收系统，赋予邮件以正式公文的属性，上级随时接收下级的请示，下级随时接收上级的决策和指示，无论是在日内瓦还是尼日利亚、加蓬，相关员工可以随时随地获得指令并贯彻执行，真正实现了"即时沟通，即时决策，即时部署，即时落实"。

（4）技术经济一体化。业务部门人员实行技术经济一体化配备。公司专业技术团队均配备经济商务人员，确保技术管理与经济管理无缝连接，随时进行有效、充分、及时的沟通，保证了公司重大投资决策实现技术最优化、效益最大化。如在尼日利亚和加蓬的一些项目方案均经过多轮优化论证，降低投资数亿美元。

五、启示

（一）海外主要投资风险分析和化解

1. 政治风险和对策

加强与当地国家石油公司以及国际石油公司的合作，表示出希望长久与其建立合作伙伴关系的愿望，重视当地政府对社会经济发展的要求，并尽快做出回应，这样能够在当地快速建立起一定的公信力。同时，通过与国际大型跨国公司合作可以在一定程度上弥补自身技术的劣势，还可以化解国际竞争。

2. 技术风险和对策

提高科研投入比例，按照一般标准，研发经费占产品销售额5％的企业才具有一定的竞争力，国际大型能源企业近年来的科研投入一直稳定在5亿~8亿美元，我国中央企业应加大这方面的投入比例。

3. 经济风险和对策

在境外投资中应深入了解东道国的经济情况，了解其经济运行规律，尤其要分析其在经济低谷时外汇管制、财税制度调整的可能性，随时关注其政策、法律制度的信息，未雨绸缪，最大限度地保障自身利益。在投资国别和项目方面实行差异化投资策略也是有效化解经济风险的对策。

4. 环保风险和对策

环境问题已经成为各国关注焦点，中央企业国际化进程中应避免影响或破坏东道国的环境，因环境因素引发的纠纷相对于经济纠纷更加复杂，特别是中央企业在一定程度上代表着国家形象，环境问题必然引发国家间战略合作关系，不利于创造有利的舆论环境，给投资者带来额外的应对成本和舆论压力。

5. 国际化经营管理风险和对策

国际化经营过程中企业必然面对陌生的文化、政治、宗教等方面的应对风险，在保持自身风格的同时要积极灵活地应对当地的风俗习惯和特点，针对有可能存在的管理和融合风险要有所准备，积极学习其他国际企业的管理经验。

（二）不同发展阶段的国际化策略的差异性

首先，在上游油气勘探开发环节，中国石油化工集团公司的重点在于确保多元化资源供给，基于强大的资本优势和国际金融市场运作能力的不断提升，在一定程度上承担了能源安全保障职能。其次，在中游炼化加工板块，中国石油化工集团公司确定的"靠技术优势和管理优势拓展海外市场"的原则，拓宽了炼化业务境外投资工作的思路，有利于进一步强化炼化板块优势。最后，在下游品牌经营和营销环节，国际营销网络的延伸和品牌宣传则成为中国石油化工集团公司今后需要进一步加强的环节。

中国石油化工集团公司国际化策略和目标大致经历三个层级，即初期阶段单一性工程承包和贸易性资源进口、中期产业链完善的并购阶段，现阶段中国石油化工集团公司逐渐步入产业链全环节竞争优势的综合型企业发展的高级发展阶段，即凭借整产业链、技术专利、融资能力、管理水平和投资开发等综合能力的运用，来推动国际化。企业由单纯的国际市场开拓者转变为集资本经营、收购兼并、创建品牌于一体的跨国经营载体。这种发展模式基本与能源行业项目逐渐向规模大型化、技术工艺复杂化和产业分工专业化、项目投融资和工程总承包一体化方向发展的趋势相吻合，同时，也服务于中国石油化工集团公司不同时期的动态优势的变化。

中国石油化工集团公司国际化决策的主要衡量标准之一就是根据不同阶段的发展需要，针对目标市场和目标企业的不同发展阶段设定国际化目标，即需要考虑以下两点：

（1）并购目标企业所处的发展阶段，对于上游环节而言，需要考虑油气资源潜力、开采难度等因素；对于中下游环节而言，产能、运输和营销网络，尤其在并购中需要进一步分析目标企业各项要素潜力和所处的发展阶段，目标企业和自身的能力匹配，包括管理基础、财富基础、人力资源基础、制度基础等。

（2）对于中央企业而言，不可避免地要承担一定的社会职能，因此，对其国际化行为的评估不能绝对地设定经济目标，囿于国家产业安全、能源安全因素，对其国际化的成本收益分析需要从更为特殊的角度入手，尤其是作为国际化运作的新进者，进入国际市场需要付出额外的成本，因此，不能仅仅以经济利益作为中央企业国际化决策的唯一依据。

（三）"走出去"后实行"整合先行，再顾其他"的经营策略

从中国石油化工集团公司的并购整合经验看，中央企业"走出去"后需要从战略整合、管理整合、人才整合、文化整合四个方面着手，只有先促进合作各方的顺利融合，才能兼顾企业今后的利益实现。图6-1为企业并购后整合策略。

我国中央企业与国外企业特别是发达国家企业文化差异更为明显，而且中央

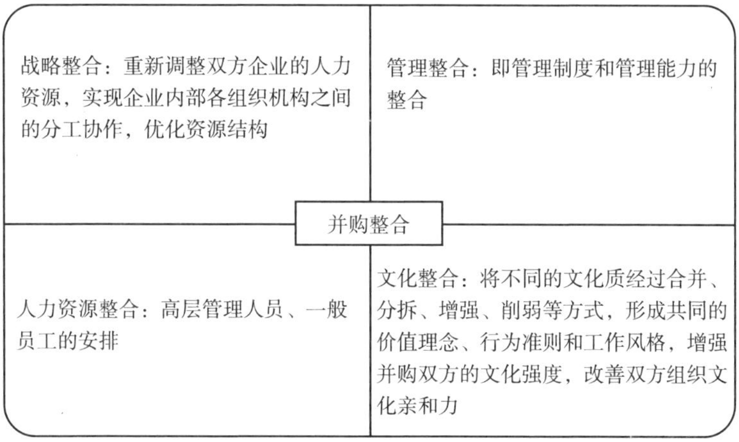

图 6-1　企业并购后整合策略

企业自上而下的决策机制导致企业基层普遍对风险的接受程度偏高，倾向于远离权力中心，企业决策的成败往往取决于最高领导者一人，将这种管理和决策体制强加给合作方是行不通的，因此文化整合和管理整合应成为我国中央企业"走出去"后的首要任务。

（四）积极承担社会责任，兼顾当地民生、环保领域的发展

中国企业到海外投资，发展国际化经营，必须要转变理念、转变方式、转变形象，承担社会责任。坚持以合作为主的方式，坚持商业化、市场化的原则，坚持人才国际化和用工本地化，切实履行企业公民的社会责任。无论什么行业，无论到哪个国家投资，首先要考虑的是如何在投资国应对气候变化、当地环境的保护、当地就业的促进、当地税收和经济发展的贡献。只有在这些考虑充分的基础上，企业如果有回报，我们才能真正进行投资，才能真正实现双赢的合作，才能实现企业与社会、与投资者、与员工、与当地政府和社区环境共同发展、和谐发展，也就规避了最大的风险。

第二节　中国五矿集团公司国际化案例分析 *

中国五矿集团公司成立于 1950 年，是我国大型国际化矿业公司之一。公司

---

* 本节内容均来源于五矿集团提供的企业资料。

主要从事金属矿产品的勘探、开采、冶炼、加工、贸易，以及金融、房地产、矿冶科技等业务。目前公司主要海外机构遍布全球 60 个国家和地区，拥有员工 24 万人，控股 9 家境内外上市公司，总资产规模达 7000 亿元。2016 年，中国五矿集团公司实现营业收入 4402 亿元，利润总额 41 亿元，列世界 500 强企业第 323 位。

一、中国五矿集团公司国际化发展历程和现状介绍

（一）发展历程

1950 年 4 月，按照中央政府政务院的决定，中国矿产公司成立。1952 年 9 月，中国五金电工进口公司成立，承担钢材、有色金属、电工电讯器材等商品的进出口业务。1960 年 12 月，中国矿产品公司与中国五金进口公司合并，改名为中国五金矿产进出口公司，该公司曾长期发挥中国金属矿产品进出口主要渠道的作用。1972 年 10 月，公司代表团访日，达成中日钢材共同谈判协议，是中国钢材贸易史上的创举。改革开放之前，中国五金矿产进出口公司单纯从事金属矿产品的进出口业务，并且由国家统负进出口的贸易盈亏。

随着改革开放的发展，中国经济体制制度转变，五矿集团总公司通过一系列富有成效的国内外重组并购与业务整合，从过去计划经济色彩浓厚的传统国有企业，逐渐向自主经营、具有较强竞争力的国际化企业发展。1980 年，五矿集团总公司设立驻美、英、日等国代表处，并成立第一家海外企业——与比利时玛斯公司合资成立企百公司 1988 年 7 月，五矿集团总公司在原有各业务的基础上，组建成立了五矿集团国际实业发展公司、五矿集团国际有色金属贸易公司、五矿集团贸易有限公司、五矿集团贵稀矿产品进出口公司等二级公司。1991 年 12 月，由国务院决定，组建中国五矿集团，是全国首批 55 家试点企业集团之一。1992 年 4 月，五矿集团正式成立。1996 年 8 月，五矿集团总公司首次进入国际资本市场直接融资，首次在美国成功发行 1 亿美元商业票据。1996 年 11 月中国五矿集团中国香港控股公司成立，作为总公司在港、澳及东南亚地区的总部，中国香港控股公司全资拥有企荣贸易、企荣财务和中拓等多家公司，全面负责该地区的综合运作，管理和协调所辖企业的经营活动。1999 年 5 月，五矿集团总公司与世界知名保险公司——法国安盛保险集团在上海浦东合资成立上海金盛人寿保险公司。1999 年 5 月，中国五矿集团南美控股有限公司成立，这是五矿集团总公司将区域经营、开拓南美市场，在国内外逐步向集约型发展和向资本经营模式过渡的

重要战略步骤。

进入21世纪，为了抓住21世纪的发展机遇，2001年12月中国五金矿产进出口总公司实施新的发展战略，形成钢铁、原材料、有色金属、综合贸易、金融、房地产及服务六大业务板块，运输、招标两个业务单元的分战略和发展规划，从而形成五矿集团总公司完整的战略体系。2004年1月，经国务院国有资产监督管理委员会和国家工商行政管理总局审核批准，中国五金矿产进出口总公司从2004年1月18日起正式更名为"中国五矿集团公司"。

（二）业务现状

中国五矿集团公司从最开始的单一金属矿产品贸易业务，到在国外成立代表处、成立合资公司，再到独立开展海外业务，其国际化经营迅速发展。业务范围不仅涉及五金矿产品的进出口贸易、矿产品加工制造，并且开始从事地产建设、科技研发等项目，同时在国际资本市场上进行融资，说明中国五矿集团公司从单纯进出口贸易企业逐步完成向国际化大型矿业集团的转型。目前中国五矿集团公司已经在全球范围内进行了其业务布局，旗下子公司、合资公司遍布亚洲、欧洲、美洲、非洲、澳洲各地区。表6-3为中国五矿集团公司主要境外公司机构。

表6-3　　　　　　　　中国五矿集团公司主要境外公司机构

地区	主要分布国家	主要海外机构
亚洲	日本、韩国、印度、新加坡、老挝	日本五金矿产株式会社、韩国五矿集团株式会社、南洋五矿集团实业有限公司、老挝龙翔矿业有限公司、新印度钢铁有限公司
欧洲	英国、德国、意大利、西班牙等	英国金属矿产有限公司、德国五矿集团有限公司、意大利五矿集团有限公司、西班牙五矿集团有限公司、欧亚运输贸易有限公司、北欧金属矿产有限公司、德国HP TEC公司
美洲	美国、巴西、加拿大	美国矿产金属有限公司、南美五金矿产有限公司、五矿勘查（加拿大）有限公司、美国洛杉矶矿产金属有限公司
澳洲	澳大利亚、新西兰	澳洲五金矿产有限公司、中国矿业国际有限公司、中国五矿集团新西兰有限公司、MMG
非洲	南非	南非五金矿产有限公司

资料来源：中国五矿集团公司2015年可持续发展报告。

中国五矿集团公司已经形成一套以战略管理为核心的集团管理体系，集团管理水平和国际竞争能力显著提高。集团总部共分为 16 个职能部门以及 8 个业务中心，即有色金属业务中心、黑色金属业务中心、黑色流通业务中心、金融业务中心、地产建设业务中心、科技业务中心、勘查业务、直管业务单位。其中有色金属业务主要涉及铜、铝、铅锌、钨、稀土、锑、锡、钽铌等，主营产品的市场占有率在国内名列前茅并在国际市场上颇具影响。黑色金属矿业矿产资源开发和利用，是中国五矿集团公司近年来实施战略转型、为提升矿产资源开发和保障能力而全力开拓的核心业务领域。在国际市场上，中国五矿集团公司已在南非、毛里塔尼亚等国家和地区开展多个矿山开发和资源利用项目，在打造中国领先并具有国际竞争力的黑色矿业企业进程中迈出了坚实的步伐。目前集团的海外主要资源分布情况如表 6－4 所示。黑色金属冶炼加工、贸易与综合服务是集团的核心主业之一，目前中国五矿集团公司已成长为中国最大的冶金工业原材料集成供应商和中国最大的钢铁贸易企业。表 6－4 为中国五矿集团公司拥有主要海外矿产资源分布。

表 6－4　　　　　　　中国五矿集团公司拥有主要海外矿产资源分布

北美洲	加拿大：铜、铅锌、黄金、白银
南美洲	秘鲁：铜、黄金
	智利：铜
非洲	南非：铝
	刚果：铜
亚洲	老挝：铜、黄金、银
澳洲	澳大利亚：铜、铅锌、镍、白银、黄金

资料来源：中国五矿集团公司 2015 年可持续发展报告。

二、中国五矿集团公司国际化所取得的进展

（一）有色金属业务——龙头资源开发商、供应商

目前中国五矿集团公司经营的有色金属产品涉及铜、铝、铅锌、钨、稀土、锑、锡、钽铌等，主营产品的市场占有率在国内名列前茅并在国际市场上颇具影响。国内，集团对于我国优势资源钨、稀土等进行产业整合，投资了江西省钨及

钨制品行业，控股了修水香炉山钨矿、江钨集团、南昌硬质合金厂，形成完整的产业链条。目前集团拥有的钨、锑、铋、铅锌等有色金属资源量已位居世界前列，产业布局涵盖矿产勘探到金属产品贸易全流程。在海外，中国五矿集团公司通过长期协作、购买产能、直接并购、股权投资等合作方式，锁定铅锌、氧化铝、电解铜和铜精矿等长期稳定的供应能力。在铜金属业务方面，集团与波兰铜业公司保持长期密切合作，已成为中国最大的电解铜进口商；与智利国家铜业公司成立合资公司，联合投资开发智利铜资源；联手江西铜业公司共同收购加拿大北秘鲁铜业公司。在铝金属业务方面，中国五矿集团公司参与投资年产 160 万吨的广西华银氧化铝项目已经投产；购买美国铝业公司为期 30 年、每年 40 万吨的氧化铝产能，合资勘探牙买加铝矾土项目，已获得 1.5 亿吨铝矾土矿权，拥有铝加工年生产能力 6 万吨的华北铝业有限公司，具备国内最强的铝箔综合生产能力。中国五矿集团公司目前拥有铜 2371 万吨、铅锌 2424 万吨、钨 211 万吨，是中国铜、铅、锌等基本金属优势供应商，钨、锑、稀土等战略金属的龙头资源开发商。

（二）黑色金属业务——最大冶金工业原材料供应商、最大钢铁贸易商

随着我国工业化和城市化进程的加速，面对国际矿业新格局，中国五矿集团公司提出构建全球优质黑色矿业资产，提升矿产资源开发核心能力，打造中国领先并具国际竞争力的黑色矿业企业。原材料供应方面，公司目前拥有铁矿石储量 21.95 亿吨、焦煤储量 3.1 亿吨，焦炭、煤炭、铁合金、耐火材料等产品的出口量和铁矿砂、废船、废钢、钢坯的进口量居全国前列。生产营销方面，集团拥有 5000 万吨钢铁冶金原料的供应能力，400 万吨中厚板、宽厚板生产能力，100 万吨冷轧涂镀产品和 50 万吨铁合金产品的生产能力，50 万吨的钢材和矽钢片剪切加工能力，2000 万吨钢材产品的营销能力，拥有遍布全球 120 个网点的钢材产品营销网络和以金属矿产品物流为主营业务的 80 个物流服务网点。在国际市场上，中国五矿集团公司已在南非、毛里塔尼亚等国家和地区开展多个矿山开发和资源利用项目，在打造中国领先并具有国际竞争力的黑色矿业企业进程中迈出了坚实的步伐。此外，集团在国内外矿业工程领域拓展业务，承建的俄罗斯车钢轨梁项目合同创下国内企业黑色冶金工程出口总包的最高纪录。目前集团已经成为中国最大的冶金工业原材料集成供应商，也是中国最大的钢铁贸易企业，在黑色金属产业上已经形成了上中下游一体化的产业布局，这种从黑色金属行业上下游同时开展业务的经营模式是五矿集团相对于其他原材料贸易商或钢材生产经销商的核心优势之一。

三、中国五矿集团公司国际化面临的挑战

(一) 资源保护主义兴起，海外矿产类业务受阻、成本提高

有色金属、黑色金属以及焦煤、煤炭等矿产业务作为中国五矿集团公司最主要的经营业务，其总营业额占集团营业总额近九成，业务范围涉及各类资源的海外开采、进出口贸易、制造加工等。由于我国国内矿产资源缺乏，中国五矿集团公司作为我国大型矿产类企业，矿产资源的海外获取、进出口贸易未来将依然是其最主要的业务。但是随着各国经济的复苏，对于各类矿产资源加征关税甚至限制出口的政策屡有出台。例如，印度尼西亚作为东南亚地区最大的经济体，同时也是铜矿主要生产国家之一，2011 年底曾宣布预计在 2012 年对出口商品加征关税，限制或禁止铁矿石、铜矿石和镍矿石、煤炭以及橡胶的出口。2012年澳大利亚政府通过法律草案，增加力拓集团、必和必拓公司等矿业巨头出口成本，对国际市场铁矿石价格产生深远影响。不难看出，各国资源保护主义的兴起，将对中国五矿集团公司在海外获取矿产资源增添阻力，同时也增加进口矿产资源的成本。

(二) 国际关系趋于紧张，海外业务举步维艰

近年来，中国与周边一些邻国以及日本、美国等国家关系趋紧，各种政治摩擦不断演变成经济摩擦，各种商品进出口贸易受到限制、海外投资项目以失败告终的消息频频发生。中、日、美作为当今世界最大的几个经济体，原本在钢铁产品贸易、金融、地产建设等领域的合作频繁，但目前短期来看经济合作前景不容乐观。中国五矿集团公司作为一家大型主营矿产类企业，在从事国际化业务时由于其涉及业务金额较大，原本就受到更加严格的监管，而具有国有背景的中央企业进行海外资源贸易时，虽然根本上是市场行为，但常常遭遇到更多的政治壁垒。其他国家在面对我国中央企业参与海外投资项目时，往往会上升到国家战略安全角度，而矿产资源作为不可再生资源，其战略意义更加明显。

(三) 高端人才相对缺乏

作为一家大型国际化矿业公司，中国五矿集团公司员工整体队伍在近几年有了明显壮大，《2016 年度第二期超短期融资券募集说明书》显示，其员工数量由2004 年的 30936 名增长至 2014 年的 110261 名，增长幅度达到 256%。同时，五

矿集团在职员工中，本科及以上占比由 2004 年的 17.2% 小幅上升至 2014 年的 19.8%。随着集团自身规模的不断扩大，国际化步伐加快，对于高质量的人才需求变得更加迫切，然而就人才结构而言，其优化速度远远低于集团规模发展。在未来，集团应加强对高级人才的引进以及现有员工的培训，这对于集团进一步开拓国际市场具有重要意义。

四、中国五矿集团公司国际化战略和未来发展趋势

（一）以企业社会责任和可持续发展为载体开展国际化交流

为加强与发达国家利益相关方的沟通，增强企业自身运营透明度，2011 年，中国五矿集团公司在澳大利亚墨尔本成功发布可持续发展报告，报告涉及公司组织治理、劳工、环境、公平运营、社区参与和持续发展等核心议题，开启了中国企业与其他国家利益相关方的全新交流模式——以企业社会责任和可持续发展为载体展开国际交流合作。这一做法有利于集团在遵守国际规则的同时表达自身利益诉求，为集团企业的海外经营发展创造了更加广阔的空间。在未来的国际化道路上，集团可坚持贯彻这一做法，一方面有利于督促企业提高自身运营透明度，加强自身管理，与国际接轨；另一方面可以充分表明中国企业在国际化经营时充分考虑了当地企业利益，以诚信的态度减少其他国家对中国企业的偏见；此外，可持续发展报告还充分彰显了五矿集团作为国际化企业应有的社会责任感，对于提升企业形象具有正面意义。

（二）提高企业核心竞争力，增强创新协同能力

中国五矿集团公司经过多年的战略转型和重组并购，在金属矿产品领域已形成从勘探、开采到冶炼、加工再到销售、物流的一体化产业链。未来集团将努力实现从贯通产业链向优化价值链转变，挖掘更有价值和优势的关键环节，打造核心竞争力，充分发挥产业链整体优势，探索重点大商品有效运作模式，持续优化重点商品产业链，对公司的钨、稀土、锑等优势矿产资源产业重点挖掘，将规模优势逐步转化成为公司效益。

发展公司核心竞争力的重要举措之一便是提升企业创新能力，从生产经营模式的创新，到产品生产技术创新，再到产品本身的创新，通过创新培育出企业新的利润增长点，提高企业可持续发展能力。有色金属业务可将传统贸易优势嫁接到生产企业，利用市场波动控制运营节奏、发挥渠道优势提高产销效率；黑色金

属业务可以将市场细分化，根据客户具体需求完善自身营销策略。同时，各个业务领域之间应该加强协同交流作用，坚持秉承协同运作理念，积极利用企业内外部资源为集团创造效益。

（三）坚持绿色发展，推进可持续生态

坚持绿色可持续发展将是中国五矿集团公司走国际化道路的必然选择。2011年7月，集团参加联合国全球契约"可持续发展能源全民运动战略"任务小组，积极应对全球气候变暖挑战，落实节能减排责任，努力探索"低能耗、低污染、低排放"的绿色发展模式。未来，中国五矿集团公司将从以下四个方面加以落实：遵照资源节约和环境保护理念，从根本上改变高耗能、高污染的粗放型增长方式，深化节能减排三大体系建设，提高管控水平；依靠结构调整，技术进步和强化管理，提升节能环保本质水平，加强综合治理，以技术进步存进节能减排；坚持源头控制与存量挖掘，预防管理与政策激励相结合，积极发展循环经济，提高资源利用效率；正视环境污染问题的持久特性，强化过程监管，加强节能减排和教育宣传，增强环保意识。

五、中国五矿集团公司国际化经验总结

（一）符合国家产业政策和市场需求，始终坚持走可持续发展道路

自成立以来，中国五矿集团公司从最初由国家统负盈亏的五金产品进出口贸易企业，通过一系列改制、合并重组，发展成为具有国际竞争力的大型矿业企业。同时，作为中央企业，其自身发展必须始终符合国家的相关产业政策需求，以保障战略性矿产资源为主要目的，整合金属矿产品产业链条，加强节能减排实现绿色发展。为更好地满足各利益相关方的期望，中国五矿集团公司在全球运营中全面履行社会责任，注重生态环境保护，合理利用有限资源，致力于成为中国金属矿产资源行业领先的供应商、全球金属矿产资源的优化配置者。

1. 稳健经营，增强资源保障能力

提供金属矿产品和服务以满足经济社会发展对金属矿产资源不断增长的需求，确保实现国有资产的保值增值，努力为利益相关方创造更大的综合价值。

2. 安全管理，提高安全水平

将安全理念贯穿于生产经营的每一个环节，加强安全生产管理体系和制度建设，强化职业健康安全，建立健全安全生产长效机制，切实提高安全水平。

3. 绿色发展，保护生态环境

珍惜有限的环境资源，将对环境的影响降到最低，对自然资源进行保护性开发与综合利用，增强自然环境对经济社会发展的持续支撑与供给能力，为社会持续发展创造更大的绿色空间。

4. 员工发展，实现企业与员工的共同成长

依法维护员工各项权利，提供平等的就业机会及合理的薪酬待遇，健全培训体系，拓宽员工发展空间，尊重员工多样性，保护原住民员工权益，为企业实现可持续发展奠定基础。

5. 社会和谐

与利益相关方建立和谐的合作关系，加强沟通交流，积极履行对客户、政府、社区等利益相关方的责任，加强价值链责任管理，促进所在社区经济社会发展，实现与利益相关方互利共赢。

（二）海外投资必须和企业战略结合，实现资源共享、优势互补

合资与并购作为近年来企业快速扩大自身规模、发挥协同效应提升企业价值的重要途径，被不少企业广泛应用，但其中不乏许多失败的案例。中国五矿集团公司在海外进行收购或兼并，其成功之处在于坚持与自身发展战略相结合，发挥自身优势，而不盲目进入不熟悉或不相关的领域和行业。1997 年，中国五矿集团公司为解决铝工业发展原料紧缺问题，与世界最大的铝企业美国铝业公司签订了 2.4 亿美元的生产能力投资协议，从而获得美铝公司按其全球平均生产成本供应为期 30 年、每年 40 万吨氧化铝的长期合同。该次合作所形成的长期供货能力，使中国五矿集团公司成为全球第 16 大氧化铝供应商。随着金属行业开始复苏，2004 年五矿集团与智力国家铜业公司签署了《联合开发智力铜资源谅解备忘录》，拟成立合资公司开发智力铜矿资源。2005 年，五矿有色金属股份有限公司为实施"努力延伸钨产业价值链，想高技术、高附加值产品发展"战略，成功完成对德国 HP Tec GmbH 公司 100% 股权的收购。此次收购能在很大程度上提高集团公司钨产业的综合竞争实力，提升其在钨行业产业链条上所拥有的话语权，并且钨产品销售成为有色金属板块中利润最高的业务。通过紧密结合自身发展战略，有效实施一系列海外收购，中国五矿集团公司已成为我国具有国际竞争力的大型金属和矿业集团。

（三）积极参与国际事务，遵守国际准则，成功提升企业国际形象

2009 年，联合国全球契约办公室正式批准中国五矿集团公司成为该组织的

正式会员。2011 年，应联合国全球契约组织邀请，中国五矿集团公司加入联合国"全球契约领导"项目，并出席联合国全球契约组织年度会议。同年，集团发布的《2010 年可持续发展报告》和《2010 年可持续发展澳洲报告》分别获得由联合国全球契约组织颁发的"全球契约典范报告特色风格奖"和"全球契约典范报告优秀创新奖"。目前为止，集团已加入全球契约组织、世界经济论坛、中国—智利企业家委员会、中国—巴西企业家委员等十余家国际性组织，在国际上树立起有责任、有担当的国际大型矿业企业形象。通过深度参加各种国际活动，可以增进集团与全球其他企业间的交流，学习国际交流中的相关规则，有利于今后各项国际业务的开展。此外，积极主动参与到国际性事务中去，能有效督促企业规范自身行为，加强与全球同行业企业的竞争力，让其他国家更加了解中国企业，并减少开展海外业务的阻力。

第三节　中粮集团国际化案例分析[*]

一、中粮集团历史与现状

中粮集团作为中央企业，其每一步行动都在国家整体战略的指导下，且其发展历程与我国特定历史阶段的经济体制及国情状况紧密相关。特定的历史阶段决定了中粮集团特殊的使命以及在国内农业行业中的龙头地位。目前，中粮集团已逐渐投入到激烈的国际竞争中，而过去多年的经营、转型和优化构成其当前全产业链战略、国际化经营、打造核心竞争力等行动的重要基础。

（一）中粮集团演变历史

1949 年，中粮集团前身——华北对外贸易公司在天津成立，兼营内外贸业务，包括粮食、油脂、蛋品等农畜产品专业公司，1950 年改组为全国性贸易公司。1951 年，华北蛋品、华北猪鬃、华北皮毛三家公司合并成为中国畜产公司。1952 年，中国粮食公司、中国油脂公司改组为中国粮谷出口公司、中国油脂出口公司，同时从中国畜产公司分出食品业务，成立中国食品出口公司。1953 年，中国粮谷出口公司与中国油脂出口公司合并为中国粮谷油脂出口公司。1961 年，

---

[*] 本节内容均来源于中粮集团提供的企业资料。

中国粮谷油脂出口公司与中国食品出口公司合并成立中国粮油食品进出口公司，并最终于 2007 年更名为中粮集团有限公司。

（二）中粮集团发展阶段

公司从成立至今的 60 余年中，主要经历了以下五个发展阶段：

1. 1949～1987 年——垄断经营阶段

这一时期，中粮集团的管理经营活动主要是执行国家进出口计划，垄断了粮油和食品的进出口权，通过出口初级农产品积累外汇，为国家的工业化服务。集团主要负责统一安排计划，统一核算盈亏，统一对外签订合同，指导各分公司开展实际出口业务，并具体经营大宗农产品进口商品业务，承担着专业化经营和行业性管理的双重职责。一方面，作为从事粮油食品出口的专业总公司，中粮集团是中国粮油进出口的唯一窗口；另一方面，全国各省、自治区、直辖市的粮油食品进出口公司都是集团的分公司，中粮集团实际上是全国粮油食品进出口行业的管理者。

1960 年开始，中国粮食供应不足，由粮食净出口国变为净进口国，于是中粮集团由单一的出口企业转变为进出口兼营。截至 1987 年，中粮集团主管全国 49 家粮油食品分公司，拥有独立核算的企业达 1313 个，为世界上最大的农业公司之一。

2. 1988～1991 年——调整、探索阶段

这一时期中粮集团开始探索由管理主体向经营主体的转型。

1988 年，我国深化外贸体制改革，外贸经营权逐步放开，中粮集团与全国各省市粮油食品分公司脱钩，变成仅有总部机构和 6 家分公司的自主经营、自负盈亏的经营性企业。在此之前，中粮集团除具体经营大宗农产品进口商品业务之外，在出口方面基本上不直接经营具体业务。

这一阶段，公司从经营结构到经营方式，从商品结构到管理架构，都进行了大幅调整，开始涉及具体经营业务，相继在深圳、上海、大连等地成立 8 家全资子公司。中粮集团利用其在粮油食品方面的传统优势，向农产品产业链下游延伸，向附加值相对较高的初加工、深加工领域发展，在粮油加工、食品加工、金属包装等几个重要投资项目上获得成功，逐渐摸索到集团自身贸易与产业相结合的发展模式。

3. 1992～2004 年——业务拓展、重组、改制、上市阶段

1992 年，公司开始深化企业改革，努力建立现代企业制度，加快改革管理体制和转换运行机制，培育公司核心竞争力，涉及领域不断拓宽。中粮集团除进

军农产品和食品加工产业以外，还加快了金属包装、其他生产加工业以及地产开发、金融服务业务的发展。

1999年，公司顺应经济全球化发展趋势，开始重组、改制、上市，拓宽融资渠道，推动全球经营，目的是形成以粮油食品生产、加工、销售为主业，围绕主业完善多种经营，形成以全球市场为目标，主业务、相关业务相结合，国内、国外市场相结合，贸易、产业相结合的经营格局；同时建立和完善法人治理结构，进一步增强公司经营管理的市场化程度，使中粮集团公司加快与国际接轨。公司在内部建立了全球视野的资源配置体系、管理架构和运行机制，并将绝大部分资产划转至中国香港，在中国香港成功分批上市。

这一时期中粮集团进入诸多领域开展多元化经营，然而截至2004年，依然是一家以传统外贸为主导的公司，机会导向比较严重，缺乏系统性战略思维，没有构建有效战略以及实现路径，缺少强大的企业文化和协同机制。管控关系复杂，不同的所有制形式影响了集团的管理效率。

4. 2005 ~ 2008年——战略转型阶段

2004年底，中粮集团确立了新的使命、愿景和战略，提出"用五年时间使中粮集团成为中国粮油食品业真正最强大的企业"，"十年成为全球最富有进取精神、最优秀、最令人尊敬的企业之一"，进入以战略转型为特征的重塑阶段。集团行业定位为"成为所在行业制定技术标准、含量标准、供求标准的企业"，并通过持续不断的经理人团队培训，打造一支崭新的、能够与集团领导层思路吻合的经理人队伍，提高团队的整体作战能力。

2005年，中粮集团导入"6S"管理体系。作为管理多元化集团企业的一种系统化管理模式，其实质是将多元化业务与资产划分为战略业务单元，并将其作为利润中心进行专业化管理，同时推进业务战略的制定、实施和评估的一整套管理系统，从而实现集团管理模式转到管理主要业务与主要资产上。除了对内部软实力进行优化以外，中粮集团还凭借资本的力量加速产业整合，通过一系列的重组并购，再次拓宽经营范围，实现了规模的扩张。

5. 2009年至今——"全产业链"阶段

按照加入WTO时的市场开放承诺协议，截至2008年，中国粮食流通领域的过渡期已结束，包括中粮集团在内的中国粮油食品企业将会面临来自跨国粮商的更为激烈的市场竞争。ADM、邦吉集团、嘉吉公司、路易达孚公司等著名跨国粮商都已在全世界范围内形成全产业链模式，并从不同渠道渗透进入中国粮油市场。

2009年，中粮集团推出"全产业链粮油食品企业"战略，旨在以消费者为导向，控制"从田间到餐桌"需要经过的每一个环节，并通过系统管理和关键环节的有效控制，为消费者提供优质食品，最终在产业与市场上获得话语权、定价权和销售主导权。"全产业链"要求企业在处理与众多产业单元相关的"人、事、物"过程中，充分发挥协同效应，进而提升企业整体竞争能力。因此，产业链越长、范围越宽，对企业提出的管理挑战也将越大。因此，能否搭建一个协同组织结构与业务运营平台，让旗下各业务单元充分利用整体资源，共享采购、技术、生产、品牌、渠道、仓储、物流和服务，共担风险，高效配置人力资源，进而降低管理与运营成本，最终为市场提供卓越的综合服务与价值让渡，将是中粮集团全产业链战略转型过程中的最大挑战。

从这一阶段，中粮集团开始以战略为导向，弥补自身在不同产业上的薄弱环节，包括采取兴建产业基地、并购上游资源、扩大加工产能、打造销售网络等措施。且其视野不仅局限于国内，在国外优质资源区同样开始了跨国并购。

（三）中粮集团发展现状

中粮集团是目前国内规模最大、经营范围最广、最具有竞争力的农业中央企业。截至 2015 年底，集团资产总额达到 4590 亿元，年营业收入总计 4054 亿元人民币，税前利润 21 亿元，已形成包括粮油业务、其他农产品贸易与加工、食品加工、房地产和酒店、金融服务等主要经营领域，进入了打造"全产业链粮油食品企业"的时代。

在粮油业务方面，中粮粮油是集粮食采购、储运、销售、内外贸于一体的综合贸易运营商，源于中粮集团早期从事进出口贸易的垄断优势，今天的中粮粮油依然承担了大部分的政策性进出口业务，比如小麦、玉米等农产品的进出口。中粮控股是国内最大的大米出口商，国内最大的食用油和油粕生产商之一，还是国内最大的燃料乙醇生产商之一。

在农产品贸易与加工方面，中粮屯河是我国领先的果蔬食品生产供应商，主营农业种植、番茄、食糖、林果、罐头、饮料加工及贸易业务，是全球最大的番茄生产企业之一、全球最大的杏酱生产企业之一、全国最大的甜菜糖生产企业。中粮肉食是一家致力于全产业链打造的现代化农业产业化企业，产猪量居全国第一，肉制品在华南区域商超市场占有率第一位，还是目前中国最大的牛肉进口商，也是禽肉、猪肉的主要进口商之一。中国土畜公司的核心业务聚焦于茶叶、木材、羊绒、香料四大领域，不仅从事进出口贸易，而且注重资源控制和品牌营销，在茶叶领域，公司多年来始终居于行业龙头地位；在木材领域是中国最大的木材综合运营商；在羊绒领域是中国最早的羊绒原料及其制品进出口商，羊绒衫和羊绒原料的出口长年处于全国前列；在香料领域，公司已成为连接 120 余种香料产品和全球近百家客户的交易平台。

在食品加工方面，中国食品专注经营饮料、酒类、厨房食品和休闲食品四项主要业务，拥有众多知名品牌，在全国 26 个省份拥有自建工厂及战略 OEM 工厂，在智利和法国拥有葡萄酒生产基地。

二、中粮集团的国际化经营

中粮集团的二级子公司中，海外子公司有 10 家，分布在美国、德国、日本等国家和地区；并购对象中国中纺集团公司旗下二级子公司有 3 家。中粮集团中国香港有限公司的业务主要涵盖中粮集团在国内的粮油食品加工经营业务，而其他海外公司的主营业务均为农产品贸易以及金融服务，并不掌握上游原料资源、中游加工制造以及下游的销售环节。而国内子公司的经营大多位于国内，与国外市场的联系也通过传统的贸易往来实现。表 6 - 5 为中粮集团二级海外子公司与主营业务。

表 6 - 5　　　　　　　　　中粮集团二级海外子公司与主营业务

公司名称	注册地	主营业务
中粮集团 BVI 公司	英属维京群岛	农产品贸易
中粮集团（纽约）有限公司	纽约	粮食贸易
鹏利实业（加拿大）有限公司	加拿大	谷物、小麦和食品出口
鹏利（伦敦）有限公司	英国伦敦	粮油食口进出口
鹏利（澳大利亚）有限公司	澳大利亚	农产品进出口
中粮集团（德国）有限公司	德国汉堡	罐头、速冻蔬菜和其他食品贸易
中粮集团（日本）有限公司	日本东京	禽畜、油脂和水产等产品贸易
中粮集团金融资本公司	美国芝加哥	金融业
中粮财务有限公司	中国香港	金融业
博恩（美国）公司	美国凤凰城	物业开发与金融信贷
中纺粮油（美国）公司	美国洛杉矶	原料采购、港湾/离岸 FOB 贸易、境外融资、国际结算、商情分析
中纺粮油（中国香港）有限公司	中国香港	大宗农产品现货交易、期货交易、干散货船租赁、远期外汇交易
中纺粮油（巴西）进出口有限公司	巴西圣保罗	原料采购

中粮集团在 1999 年提出重组、改制、中国香港上市，随后加强了在中国香港资本市场的资本运作，而其他二级海外子公司的分布基本维持了原中国粮油食品进出口（集团）有限公司所有的格局。2005 年以来，主要通过并购实现经营领域的拓宽、产业链的延伸、加强对产业链各环节的控制等目的，而并购的目标企业主要在国内。2009 年提出"全产业链"目标以后，中粮集团开始海外并购，如表 6-6 所示，此阶段并购属于资源获取型，表现为进军上游原料市场和中游加工市场，为实现其对于"全产业链"的控制。

表 6-6 中粮集团海外上市与并购史

时间	事件
1993 年	中粮集团收购两家中国香港上市公司，分别更名为"中粮国际"和"鹏利国际"
2000 年	中粮集团将除政策性业务以外的资产全部注入两家中国香港上市公司
2007 年	中粮控股从"中粮国际"分拆上市
	中粮国际重组后更名为"中国食品"
2009 年	中粮集团联手厚朴 61 亿港元收购蒙牛乳业 20% 的股权，实现控股
	中粮集团旗下企业"中粮包装"在中国香港上市
2010 年	中粮酒业以 1800 万美元收购智利比斯克特酒庄，完成了中粮酒业首次海外并购
2011 年	中粮酒业以约 1000 万欧元收购法国波尔多雷沃堡酒庄，是中国企业对波尔多酒庄的首次并购
	中粮集团收购澳大利亚糖业公司 Tully Sugar 近 99% 的股权，塔利成为中粮集团在澳洲的子公司
2012 年	中粮生化以 2000 万元人民币收购位于泰国润泰生化，目的在于控制上游木薯资源，实现原料多样化

中粮集团 1993 年收购中国香港两家上市公司后，于 2000 年将其非政策性业务全部注入这两家公司，2007 年"中粮国际"重组、分拆、更名，2009 年中粮包装上市。在中国香港上市是中粮集团转型初期的重要战略，目的在于利用中国香港多元化的上市融资平台，获得高质量的综合金融服务和国际化的市场网络，并且在中国香港完成企业的改制，建立起符合国际通行标准的公司治理结构和熟悉国外的会计、法律制度。这样做有利于提高企业素质，加强竞争力，提升企业国际形象，推进企业国际化进程。

中粮集团于 21 世纪初期即开始从智利进口散装酒。比斯克特酒庄是智利十大葡萄酒酿造商之一，拥有葡萄园 5300 余亩，生产能力 1.4 万吨。中粮酒业以智利产区为依托，推出中高端葡萄酒品牌，中国将作为主市场之一，欧美国家也定位为目标销售市场。中粮集团对于海外黄金产区资源的收购整合，更大意义在于囊括优势资源，促进品牌国际影响力的全面提升。集团收购智利和法国酒庄都是以获取产区资源、产品资源和品牌资源为目标，实施从葡萄原料种植到酿造生产的全产业链管理，同时也将两起收购作为多元化产品的支撑，打造国内企业国外"产区酒"概念应对进口葡萄酒的冲击。中粮集团在酒业板块未来将形成酒庄酒、小产区酒、大产区酒、餐酒高中低多层次的产品线。

中粮集团收购润泰生化主要为实现柠檬酸生产的原料多元化，进一步完善公司柠檬酸产品的区域布局，提升公司经济效益。泰国木薯资源丰富，投资、贸易环境较优越，润泰生化生产区位于泰国中部的罗勇府洛察纳工业园区，毗邻港口，所在地是泰国木薯产区之一，设计规模为年产柠檬酸3万吨、年产硫酸钠1.8万吨。

中粮集团收购澳洲塔利糖厂的主要目的为掌握上游资源，满足中国市场日益增长的需求，同时希望利用甘蔗秸秆发展燃料乙醇和研发甘蔗副产品，并寻求在当地生产。澳大利亚为世界三大原糖出口国之一，塔利糖业位于澳大利亚最大的产糖区昆士兰州，是当地唯一实行公司制管理的糖加工厂，2011年产出26万吨原糖，约占澳大利亚原糖总产量的5.6%。中国目前的大宗农产品对外依存度在逐年提高，中粮集团加强对资源的控制意义重大，收购塔利糖厂也是其全产业链战略的体现。

三、中粮集团国际化经营的经验和教训

中粮集团从转型之初即将国际化经营作为未来的发展方向，且一直在为国际化经营创造便利条件，其国际化经营的经验和教训具有一定的借鉴意义。

（一）中粮集团国际化经营的经验

中粮集团国际化经营的经验主要体现在中国香港的资本运作为国际化提供便利、国际战略的指引和本土化策略三方面。

1. 中国香港的资本运作为国际化提供便利

从1993年收购中国香港上市公司，到2000年将除政策性以外的业务注入中国香港上市公司，到"中粮包装"在中国香港上市、收购蒙牛乳业，中粮集团都把中国香港作为其资本运作首选地，集中体现其战略眼光。资本市场环境对于企业的长期发展非常重要，而中国香港资本市场较为国际化，中粮集团的国际化经营很大程度上来自中国香港的资本运作为其提供的各种便利。

中国香港上市后的再融资便利，且融资手段众多。中国香港的监管机构、投资者和媒体公众对于上市公司的企业管制和内部控制有较高的要求，有助于建立国际通行的治理结构和管理体系，提高运营效率，增强国际竞争力。另外，中国香港上市公司运用股票作为并购工具较为普遍，且无须行政审批，利用中国香港上市公司平台进行国际并购，大大优于涉及跨境审批的 A 股公司平台。中国香港上市公司长期得到来自国际机构投资者和分析员全面的跟踪研究，可为公司提供更为广阔的国际视野。

2. 国际化战略的指引

国际市场环境更加复杂多变，面临的阻碍因素也较多，其中包括各国政府、政策的阻力，当地企业、从业者、居民的排斥，以及需与率先进入的国际农业巨头进行竞争等。且农业自身具有投资巨大、回报较慢的特点，因此国际化经营必须建立在全面、客观、深入分析研究的基础上，且以国际化战略为指导。

中粮集团在调整、探索阶段曾经有过机会主义的经历，然而并不成功，而国际市场的风险更大，战略作用更加明显。2009 年，中粮集团高调提出"全产业链"战略，这一战略的基础在于，尽管中粮集团并不缺乏竞争力，但与国际大粮商相比，对于资源的掌控力相对欠缺。以食糖为例，澳大利亚是糖出口大国，丰益国际控制了澳大利亚食糖产量的一半左右，而中粮集团拥有的塔利糖厂仅占产量的 5.6%。该战略提出后，中粮集团开始在国内大量兴建产业基地、加工厂，同时也将这一战略在全球范围内展开，出手海外并购。而从集团现有的每一桩并购案例背景及意义的分析中可看出，它们都是在"全产业链"战略的指导下实现的，且主要针对中粮集团的薄弱环节，即上游资源的控制不足。

战略指引的最大优势在于可以放眼长远，摆脱机会主义的诱惑，打造企业长期的竞争力，从而超越或继续领跑行业其他对手。中粮集团未来海外投资的重点市场包括美国、澳大利亚和东南亚等国家，通过将国内消费市场和海外资源市场联系起来，保证国内糖、小麦和大豆等商品的供应。其依靠国际化战略指引所建立的优势将在未来渐渐得到显现。

3. 本土化策略

跨国经营与并购要考虑战略指引，也要考虑每一个市场的进入与竞争策略。不同国家和地区有不同的地理环境、文化传统、社会制度和经济发展状况，决定了其政策、行业特征、企业形式等方面的不同。而在具体的国际化经营过程中，要实现成功并购、文化整合、稳健经营的目标，首先需要针对不同的市场进行具体分析，以制定合理、有效的应对措施。

中粮集团在塔利糖厂的收购中获得重要经验。澳大利亚糖产业不同于欧美国家的大农场种植模式，而是粗略分为"种植—加工—出口贸易"。其中种植环节的主体是糖农，而许多糖厂都有甘蔗种植者的股份，造成股权结构的分散。例如，塔利糖厂的499名股东中，一半是糖农。当时的竞争对手都把公关对象指向公司管理层，收购成功后将甘蔗农控制的糖厂合并，成立大型的糖业巨头，而且路易达孚公司已持有29.83%的股份，中粮集团仅持有19.9%的股份。然而，中粮集团通过拜访"散户股东"，介绍集团情况，了解其需求，并针对当地甘蔗种植者少有流动性、注重自身利益保护以及甘蔗种植老龄化的特点，提出资助新生代种植者设备的意愿。最终，中粮集团获得大量"散户股东"的股权，最终收购成功。

路易达孚公司和邦吉集团在农业领域根基较深，邦吉集团更是在澳大利亚深耕多年，对当地糖业渗透很深。反观中粮集团，在国际糖业并购领域"资历"尚浅，且多年以来中国企业在澳大利亚的收购以失败居多。此次收购中，国际粮商采取了整合同类资源、做大规模的一贯思路和做法；而本土化策略则是中粮集团成功实现国际化经营获得的重要经验。

（二）中粮集团国际化经营的教训

中粮集团发起的资源类海外并购中，Proserpine 糖厂的收购最终以失败告终。集团在此次收购中无论是在报价还是投入的运营资金方面都优于新加坡的丰益国际，同时延续了收购塔利糖厂时所使用的"本土化策略"土对糖农进行游说，争取支持。然而在这起收购中最大的失败教训，莫过于收购时间的把握、协议条款的设置以及对企业的公关程度。

首先，中粮集团对 Proserpine 糖厂的并购发起于2011年8月。而早在6月新加坡丰益国际就已经发起收购要约，并且在此之前已经与糖厂做了较长时间的接触，并在股东投票中获得了70%的票数，虽未取得理想中的75%，但却已经在与糖厂的联系中占据了先机，这种先机在整个收购过程中为丰益国际带来明显的优势。

其次，丰益国际在与 Proserpine 糖厂进行并购谈判时已经达成了协议，并设置了100万澳元的违约费用和禁止接触条款。因此，除非丰益国际收购失败或者主动退出收购，否则中粮集团不能正式与 Proserpine 洽谈收购，造成中粮集团仅能做出收购承诺，而非要约。此举的目的恰恰在于阻止中粮集团以更高的价格收购。

最后，丰益国际在两次表决中均未能获得并购成功的票数，但 Proserpine 董事会却依然拒绝中粮集团收购方案，宣布破产托管。而托管后，收购方只要获得

50% 以上的票数即可通过，而托管人此时也跳过了中粮集团 1.28 亿澳元的收购方案，选择了丰益国际 1.2 亿澳元的方案。从始至终 Proserpine 董事会都把丰益国际作为其优先考虑方案，并未对中粮集团更为优厚的方案存在考虑和动摇，足以显示出丰益国际强大和深厚的公关能力。

未来中粮集团的并购活动会进一步增多，汲取失败的教训至关重要，这将有利于公司在未来的并购中更早、更全面、更细致地收集并购方信息，对竞争对手的动态进行跟踪，对并购方式及具体协议进行全面衡量，减少并购的阻力，获得成功。

四、中粮集团国际化经营的启示

中粮集团目前的国际化经营不仅对于自身企业的未来发展有重要的启示作用，且其作为中国农业龙头，在国内农业行业有标杆式的作用，其海外经营的成功与失败经验应当为国内其他农业企业所学习借鉴。

（一）国际化是中国农业企业未来经营方向

随着国内城镇化水平的加快，人民消费水平的提高，对于农产品的需求总量不断增加，需求结构不断优化。而国内农业资源已经无法满足国内需求，近年来我国农产品的产销缺口不断加大。同时跨国农业企业对于我国农业市场的渗透还在继续，在大豆、小麦加工和小包装油销售方面，丰益国际和 ADM 的合资公司益海嘉里公司均居国内领先地位。而从中粮集团国际化经营的现状趋势中可以看出，国际化是未来中国农业企业经营的必然方向，是解决国内农产品供给的内在需求，也是实现全产业链控制的战略选择，更是中国企业农业增强国际竞争力的重要手段。

（二）中国农业企业国际化经营的经验不足

中国企业的跨国经营仍带有发展中国家企业国际化初期的特征。除在技术、管理、资金等方面的差距外，不适应国际竞争环境、风险防范意识不强、不善于处理企业经济利益与社会效益的关系，是"走出去"的中国企业所面临的普遍问题。国际化经营面对的是比国内更加错综复杂的环境，企业国际化经营经验的多寡，会影响未来参与国际市场的机会辨别及风险规避。从这个角度讲，我国企业应与跨国农业企业加强交流，学习和借鉴大型跨国农业企业的国际经营经验，包括战略制定、市场进入、渗透经营等方面。还应该加强对国际农产品市场的分析和研究，把握最新的动向和趋势，指导未来国际化经营方向。

（三） 国际化经营应该在战略指引下系统地进行

国际化经营是一个系统工程，应该着眼全球，从农产品主要资源区的布局出发，以国际化战略作为指引，系统开展国际经营活动。中粮集团目前处于"全产业链"的打造阶段，近年来中粮集团的一系列并购也遵循这一战略而进行。这种战略指引下的国际化经营其优势在于避免了盲目或机会驱动型的并购而造成的长期的资源浪费和效率低下，值得国内其他农业企业学习和借鉴。

（四） 重视跨国并购的作用

跨国并购是大型跨国农业企业规模壮大的重要经验，同时从中粮集团近年来实践也可看出，跨国并购能够获得被并购方的资源、管理和技术优势，是更为快捷和实用的方式。而农业领域的绿地投资往往面临着许多政策限制，即使获得进入机会，也难以在既定的利益格局中获益，因为主要农业资源国大多已被跨国粮食和本国农业企业牢牢控制。所以未来跨国并购依然是获取海外资源或技术优势的重要途径。

参 考 文 献

第一章

[1] Carlson S. How foreign is foreign trade? A problem in international business research [J]. Studia Oeconomiae Negotiorum, 1975 (11): 1-26.

[2] Johanson J, Wiedersheim - Paul F. The internationalization of the firm - four Swedish cases [J]. Journal of Management Studies, 1975 (12): 305-323.

[3] Cavusgil S T. Decision - making for international marketing: a comparative review [J]. Management Decision, 1982 (20): 47-54.

[4] Hägg I, Johanson J. Företag i nätverk - ny syn på konkurrenskraft [M]. Stockholm: 1982.

[5] Johanson J, Mattsson L G. Internationalization in industrial systems - a network approach [C]. London: Routledge, 1988: 287-314.

[6] Czinkota M R, Ursic M. Classification of exporting firms according to sales and growth into a share matrix [J]. Journal of Business Research, 1991, 22 (3): 243-253.

[7] Welch D E, Welch L S. The internationalization process and networks: A strategic management perspective [J]. Journal of international marketing, 1996, 4 (3): 11-28.

[8] 鲁桐. 中国企业跨国经营的思考 [J]. 学术研究, 2001 (1): 12-13.

[9] Welch L S, Luostarinen R. Internationalization: evolution of a concept [J]. Journal of General Management, 1988, 14 (2): 34-55.

[10] Sullivan, D. Measuring the degree of internationalization of a firm [J]. Journal of International Business Studies, 1994, 25 (2): 325-342.

[11] Young S, Hamill J, Wheeler C, Davies J R. International Market Entry and Development: Strategies and Management [M]. UK: Harvester Wheatsheaf, 1989.

［12］Robinson R D. Internationalization of business：An introduction ［M］. USA：Dryden Press，1984.

［13］任晓. 企业国际化的一般进程及其影响因素：一个文献综述 ［J］. 国际贸易问题，2006（2）：126－128.

［14］崔颖. 上海合作组织框架下的能源合作 ［J］. 大经贸，2007（9）.

［15］鲁桐. "走出去"：培育具有国际竞争力的中国跨国公司 ［J］. 求是，2002（10）：48－49.

第二章

［16］GB/T 4754－2011，国民经济行业分类 ［S］.

［17］BP Amoco. BP Statistical Review of World Energy 2016 ［R］. UK：BP Amoco，2016.

［18］International Energy Agency. World Energy Outlook 2015 ［R］. Paris：International Energy Agency，2016.

［19］IPCC. IPCC Fifth Assessment Report ［R］. US：IPCC，2014.

［20］OPEC. 2015 World Oil Outlook ［R］. Vienna：OPEC，2016.

［21］Nasdaq Globe Newswire. Petrochemical Market Set for Explosive Growth，To Reach Around USD 890 Billion Globally by 2020，Growing at 6.5% CAGR ［EB/OL］. https：//globenewswire. com/news－release/2016/02/02/806778/0/en/Petrochemical－Market－Set－for－Explosive－Growth－To－Reach－Around－USD－890－Billion－Globally－by－2020－Growing－at－6－5－CAGR－MarketResearchStore－Com. html.

［22］Nexant. Petrochemical Outlook－Challenges and Opportunities ［R］. US：Nexant，2014.

［23］PerkinElmer. Petrochemical Analysis ［J/OL］. http：//www. perkinelmer. com/CMSResources/Images/44－74458BRO_PetrochemicalAnalysis. pdf.

［24］KPMG. Asia Pacific's Petrochemical Industry：A Tale of Contrasting Regions ［R］. Singapore：KPMG，2014.

［25］前瞻产业研究院. 2013~2017 中国化工新材料行业发展前景投资战略规划分析报告 ［R］. 深圳：前瞻产业研究院，2014.

［26］Dyni，John R. （2010）. "Oil Shale". In Clarke，Alan W. ；Trinnaman，Judy A. Survey of energy resources（PDF）（22 ed.）. World Energy Council. pp. 93－123. ISBN 978－0－946121－02－1.

［27］国际先驱导报. 中国页岩气开采须与外资合作 ［EB/OL］. http：//finance. sina. com. cn/chanjing/cyxw/20120405/105011750656. shtml.

［28］ U. S. Energy Information Administration. Annual Energy Outlook 2016 ［R］. USA：U. S. Energy Information Administration，2016.

［29］ Robert Bryce. How innovation in oil and gas production is giving the U. S. a competitive edge ［EB/OL］. http：//www. pbs. org/newshour/making – sense/how – innovation – in – oil – and – gas – production – is – giving – the – u – s – a – competitive – edge/.

［30］ International Energy Agency. Chemical and Petrochemical Sector ［R］. Paris：International Energy Agency，2009.

［31］ Fortune. Global 500 ［EB/OL］. http：//fortune. com/global500/.

［32］ Chemical & Engineering News. Global Top 50 Chemical Companies ［EB/OL］. http：//cen. acs. org/articles/93/i30/Global – Top – 50. html.

［33］ Enerdata. Global Energy Statistical Yearbook 2016 ［R］. Canada：Enerdata，2016.

［34］ 国网电力科学研究院. 全球电力市场分析及预测 ［R］. 南京：国网电力科学研究院，2015.

［35］ 中国电力企业联合会. 2015 年 1 – 11 月份电力工业运行简况 ［R］. 北京：中国电力企业联合会，2015.

［36］ International Energy Agency. World Energy Investment Outlook ［R］. Paris：International Energy Agency，2014.

［37］ 中国能源网. 电网跨境宏图与现状 ［EB/OL］. http：//energy. sanqin. com/2015/0310/90972. shtml.

［38］ 北极星智能电网在线. 一样的电网，不一样的智能——世界各国电网差异 ［EB/OL］. http：//www. chinasmartgrid. com. cn/news/20130418/429397. shtml.

［39］ 中国电力企业联合会. 2014 年电力工业运行简况 ［R］. 北京：中国电力企业联合会，2015.

［40］ 新华网. 国家电网公司：2020 年建成统一的"坚强智能电网" ［EB/OL］. http：//www. sgcc. com. cn/ztzl/tgyzl/mtbb/196475. shtml.

［41］ International Data Corporation. Worldwide Utility Smart Grid Spending Forecast，2010 – 2015 ［R］. USA：International Data Corporation，2012.

［42］ REUTERS. U. S. smart grid to cost billions，save trillions ［EB/OL］. http：//www. reuters. com/article/2011/05/24/us – utilities – smartgrid – epri – idUSTRE74N7O420110524.

［43］ 国家电网公司. 特高压输电与超高压输电经济性比较 ［EB/OL］. http：//www. sgcc. com. cn/ztzl/tgyzl/tgyzs/226408. shtml.

［44］国家电网公司 . 清洁能源呼唤特高压 ［EB/OL］. http：//www. sgcc. com. cn/ztzl/tgyzl/tgyzs/226727. shtml.

［45］国家电网公司 . 世界上已经建成投运的交流特高压线路有哪些 ［EB/OL］. http：//www. sgcc. com. cn/ztzl/tgyzl/tgyzs/262467. shtml.

［46］董谷媛 . "三步走"加快特高压骨干网架建设 ［J］. 国家电网，2016（10）.

［47］经济参考报 . "十三五"特高压建设路线图明晰 ［EB/OL］. http：//jjckb. xinhuanet. com/2015 – 12/16/c_134920602. htm.

［48］中国报告大厅 . 2015 年我国智能电网行业市场现状分析 ［R］. 北京：中国报告大厅，2015.

［49］World Economic Forum. The Future of Electricity Attracting investment to build tomorrow's electricity sector ［R］. Geneva：World Economic Forum，2015.

［50］中国共产党新闻网 . 高举中国特色社会主义伟大旗帜，为夺取全面建设小康社会新胜利而奋斗 ［DB/OL］. http：//cpc. people. com. cn/.

［51］北极星电力网新闻中心 . 我国清洁能源发展的主要问题与对策 ［EB/OL］. http：//news. bjx. com. cn/html/20131218/480911. shtml.

［52］Bloomberg，New，Energy，Finance. Climatescope 2015 ［EB/OL］. http：//global – climatescope. org/en/.

［53］互联网实验室 . 21 世纪通信产业结构变革研究报告 ［R］. 北京：互联网实验室，2004.

［54］Vodafone. Vodafone Group Plc Annual Report 2015 ［M］. England：Vodafone，2015.

［55］中华人民共和国工业和信息化部 . 2015 年通信运营业统计公报 ［R］. 北京：中华人民共和国工业和信息化部，2016.

［56］McKinsey & Company. The Future of M&A in Telecom ［R］. US：McKinsey & Company，2011.

［57］DealMarket. Global Telecom M&A Hits 13 Year High ［EB/OL］. http：//www. dealmarketblog. com/global – telecom – ma – hits – 13 – year – high/.

［58］Ernst Young. Issue 16 of Inside Telecommunications ［R］. US：Ernst Young，2015.

［59］EE COMMUNITY. 4G +：How does it work？ ［EB/OL］. http：//community. ee. co. uk/t5/EE – Community – Blog/4G – How – does – it – work/ba – p/233311.

［60］ webopedia. HD voice ［EB/OL］. http：//www. webopedia. com/TERM/H/HD_voice. html.

［61］ MarketsandMarkets. High – Definition （HD） Voice Market worth $2. 29 Billion by 2019 ［EB/OL］. http：//www. marketsandmarkets. com/PressReleases/high – definition – hd – voice. asp.

［62］ The Boston Consulting Group. The Growth of the Global Mobile Internet Economy ［R］. US：The Boston Consulting Group，2015.

［63］ International Telecommunication Union. International Telecommunication Union ［R］. Geneva：Measuring the Information Society Report 2015，2015.

［64］ United Nations Industrial Development Organization. World Manufacturing Production Statistics for Quarter Ⅱ，2016 ［R］. Vienna：United Nations Industrial Development Organization，2016.

［65］ Pricewaterhouse Coopers. Manufacturing Barometer Business outlook report – July 2016 ［R］. US：PricewaterhouseCoopers，2016.

［66］ World Economic Forum. The Global Competitiveness Report 2015 – 2016 ［R］. Geneva：World Economic Forum，2016.

［67］ 罗兰贝格. 展望 2020 年的全球机械制造业——机械制造业未来全球挑战和制胜战略 ［M］. 北京：罗兰贝格，2011.

［68］ Ernst Young. Riding the Silk Road：China sees outbound investment boom ［R］. Beijing：Ernst Young，2015.

［69］ 平安证券公司. 装备制造行业"一带一路"专题研究 ［R］. 北京：平安证券公司，2015.

［70］ Bain & Company. Service now! Time to wake up the sleeping giant ［R］. US：Bain & Company，2015.

［71］ Deloitte. 2016 Global Manufacturing Competitiveness Index ［R］. US：Deloitte，2016.

［72］ Boston Consulting Group. The Shifting Economics of Global Manufacturing ［R］. US：Boston Consulting Group，2014.

［73］ Roland Berger Strategy Consultants. MINING REBOUND – Why 2015 is the perfect year to prepare your mining operations for the next cycle ［R］. US：Roland Berger Strategy Consultants，2015.

［74］ 中华人民共和国国土资源部. 2016 年上半年全球矿业形势分析 ［EB/OL］. http：//www. cgs. gov. cn/gywm/gnwdt/201608/t20160815_362240. html.

［75］McKinsey & Company. Hidden treasure? Low equity prices may offer important M&A opportunities for the mining industry ［R］. US: McKinsey & Company, 2015.

［76］PwC. 2015 Industry Snapshot: Metals ［R］. US: PwC, 2015.

［77］Ernst & Young. Opportunities to enhance capital productivity ［R］. US: Ernst & Young, 2015.

［78］Boston Consulting Group. Boston Consulting Group ［R］. US: Boston Consulting Group, 2014.

［79］前瞻产业研究院. 2014－2018 中国钢铁行业发展前景投资战略规划分析报告 ［R］. 北京: 前瞻产业研究院, 2013.

［80］PwC. Miners Adjust to Volatile Commodity Markets ［R］. US: PwC, 2015.

［81］PwC. Redefining business success in a changing world ［R］. US: PwC, 2016.

［82］PwC. Making innovation go further in metals ［R］. US: PwC, 2015.

［83］Vinnova. Strategic Research and Innovation Agenda for the Swedish Mining and Metal Producing Industry ［M］. Sweden: Vinnova, 2013.

［84］中国冶金工业规划研究院. "互联网＋钢铁"成为中国钢铁产业发展新趋势 ［EB/OL］. http: //news. xinhuanet. com/ttgg/2015－12/13/c_1117444163. htm.

［85］Beijing Antaike Information Development Co Ltd. Current Situation of China's Nonferrous Metals Industry and Development Trend ［R］. Geneva: Beijing Antaike Information Development Co. , Ltd, 2013.

［86］World Steel Association. Top Steel－Producing companies 2015 ［R］. Brussels: World Steel Association, 2016.

［87］About com. The 10 Biggest Copper Producers 2013 ［EB/OL］. http: //metals. about. com/od/Top－10－Producers/tp/The－10－Biggest－Copper－Producers－2013. htm.

［88］About com. The 10 Biggest Zinc Producers 2013 ［EB/OL］. http: //metals. about. com/od/Top－10－Producers/tp/The－10－Biggest－Zinc－Producers－2013. htm.

［89］About com. The 10 Biggest Aluminum Producers 2013 ［EB/OL］. http: //metals. about. com/od/Top－10－Producers/tp/The－10－Biggest－Aluminum－Producers－2013. htm.

［90］中华人民共和国工业和信息化部. 韩国浦项制铁公司信息化情况 ［EB/

OL］. http：//www. miit. gov. cn/n973401/n973411/n973425/c3808550/content. html.

［91］刘彪. 欧洲钢铁工业的发展与展望［J］. 冶金信息导刊，2009（6）：40 - 44.

［92］International Energy Agency. Coal Information 2016［R］. Paris：International Energy Agency，2016.

［93］国家石油和化工网. 2015 石化行业十大猜想之八：现代煤化工何去何从［EB/OL］. http：//www. cpcia. org. cn/html/13/20151/144632. html.

［94］Deloitte. China coal - to - olefin（CTO/MTO）- Exploring for the new El Dorado［R］. US：Deloitte，2012.

［95］前瞻产业研究院. 2016 - 2021 年中国煤化工产业发展前景预测与投资战略规划分析报告［R］. 深圳：前瞻产业研究院，2016.

［96］中国化工报. "十三五"煤制烯烃依然受企业追捧［EB/OL］. 20151215.

［97］PwC. Mine 2016 - Slower，lower，weaker…but not defeated［R］. US：PwC，2016.

［98］Bain & Company. Pulling the right levers for a low - carbon energy mix in 2050［R］. US：Bain & Company，2015.

［99］中金在线. 碳捕获的理想与现实［EB/OL］. http：//news. cnfol. com/guoneicaijing/20141212/19681562. shtml.

［100］Bain & Company. Making biomass part of your energy mix［R］. US：Bain & Company，2012.

［101］Energy Transition Advisors. "King Coal" disappoints investors：recent financial trends in global coal mining［R］. US：Energy Transition Advisors，2014.

［102］新华网. 一个时代的终结：能源转型 60 载英与煤炭说再见［EB/OL］. http：//news. xinhuanet. com/world/2015 - 12/20/c_128547937. htm.

［103］杨敏英. 从英国煤炭工业发展历程看我国煤炭企业的战略调整［J］. 数量经济技术经济研究，2001，18（8）：9 - 14.

［104］胡予红. 英国煤炭公司私有化净收益达 13 亿英镑［J］. 中国煤炭，1998（4）：57.

［105］商务部新闻办公室. 商务部举行我国铁路设备出口情况新闻吹风会［EB/OL］. http：//www. mofcom. gov. cn/article/ae/slfw/201502/20150200889819. shtml.

［106］平安证券. 铁路装备行业长江经济带专题研究［R］. 深圳：平安证券，2015.

[107] 经济参考报. 长江经济带规划纲要发布在即数万亿投资大市场成型 [EB/OL]. http：//news. xinhuanet. com/fortune/2015 – 09/29/c_128277048. htm.

[108] 中金公司. "一带一路"文件发布，推荐铁路装备、工程机械、核电装备 [R]. 北京：中金公司，2015.

[109] The Economist. Prospects and challenges on China's 'one belt, one road'：a risk assessment report [R]. Beijing：The Economist, 2015.

[110] McKinsey & Company. Managing supplier risk in the transportation and infrastructure industry [R]. US：McKinsey & Company, 2014.

[111] 穆迪评级 [EB/OL]. https：//www. moodys. com/.

[112] McKinsey & Company. A new line to growth [R]. US：McKinsey & Company, 2014.

[113] Pages, Lombardozzi and Woolsey. The Emerging U. S. Rail Industry：Opportunities to support American manufacturing and spur regional development [R]. Pages, Lombardozzi and Woolsey：Pages, Lombardozzi and Woolsey, 2013.

[114] Umi Asia. Railway Industry in Southeast Asia – Overview and Opportunities for Foreign Businesses [R]. Thailand：Umi Asia, 2014.

[115] Frost & Sullivan. Rail Outlook Study 2013 – 2022 [R]. US：Frost & Sullivan, 2013.

[116] Railway Gazette. The Digital Future is now arriving [EB/OL]. http：//www. railwaygazette. com/news/technology/single – view/view/the – digital – future – is – now – arriving. html.

[117] Railway Gazette. Commuter prognosticator avoids delays which haven't happened yet [EB/OL]. http：//www. railwaygazette. com/news/technology/single – view/view/commuter – prognosticator – avoids – delays – which – havent – happened – yet. html.

[118] 广发证券. "一带一路"、铁路设备行业 – 迈向全球、友谊四海的纽带 [R]. 北京：广发证券，2015.

[119] Statista. Leading locomotive manufacturers' global market share between 2009 and 2013 [EB/OL]. https：//www. statista. com/statistics/225896/leading – railway – vehicle – manufacturers – worldwide – by – revenue/.

[120] 中华人民共和国国家统计局. 年度数据 [EB/OL]. http：//data. stats. gov. cn/.

[121] 广发证券. "一带一路"、国企改革、资产重组引爆建筑行情 [R].

北京：广发证券，2015.

［122］Global Construction Perspectives and Oxford Economics. Global Construction 2030［R］. United Kingdom：Global Construction Perspectives and Oxford Economics，2016.

［123］Boston Consulting Group. Boston Consulting Group［R］. US：Boston Consulting Group，2015.

［124］Boston Consulting Group. Solving the Construction Industry's Productivity Puzzle［R］. US：Boston Consulting Group，2015.

［125］PwC. Industry snapshot：Engineering & construction［R］. Beijing：PwC，2015.

［126］Boston Consulting Group. Bridging the Gap［R］. US：Boston Consulting Group，2015.

［127］Boston Consulting Group. Opportunities amid Uncertainty［R］. US：Boston Consulting Group，2015.

［128］Loungani P，Mishra S. 不再是传统的服务业［R］. 美国：2014.

［129］China Finance and Economic Review. The development of the service industry in the modern economy：mechanisms and implications for China［R］. 上海：China Finance and Economic Review，2013.

［130］Mudambi R，Mudambi S M，Navarra P. Global Innovation in MNCs：The Effects of Subsidiary Self – Determination and Teamwork［J］. Journal of Product，2007，24（5）：442 – 455.

［131］国务院. 现代服务业科技发展"十二五"专项规划［R］. 北京：国务院，2012.

［132］IBM 全球企业咨询服务部. 中国发展服务经济的战略及实践［M］. 北京：IBM 全球企业咨询服务部，2009.

［133］Alphaliner. 2015 年全球集装箱班轮公司 100 强排名：马士基航运第一［EB/OL］. http：//www. askci. com/news/chanye/2015/09/08/1466xt8t. shtml.

［134］atwonline com. The World's Top 25 Airlines in 2015 – In Operating Revenue［EB/OL］. http：//atwonline. com/airline – financials/worlds – top – 25 – airlines – 2015 – operating – revenue.

第三章

［135］经济参考报. 2015 年末中国对外直接投资首超万亿美元大关［EB/

OL]. http：//news. china. com/domesticgd/10000159/20160118/21185052. html.

[136] 新华网. 中央企业境外资产总额增至 4. 9 万亿元 [EB/OL]. http：//
news. xinhuanet. com/fortune/2015 − 06/19/c_1115670260. htm.

[137] 人民日报海外版. 央企近两成营收来自境外国企利润总额同比增 4. 5%
[EB/OL]. http：//money. 163. com/14/1223/03/AE4ABL4N00253B0H. html.

[138] 人民网. 2014 年中国非金融类对外投资 $1028. 9 亿呈现五大特点
[EB/OL]. http：//news. xinhuanet. com/world/2015 − 01/21/c_127406991. htm.

[139] 国务院国有资产监督管理委员会. 中央企业境外国有资产监督管理暂
行办法 [R]. 北京：国务院国有资产监督管理委员会，2011.

[140] 国务院国有资产监督管理委员会. 中央企业境外国有产权管理暂行办
法 [R]. 北京：国务院国有资产监督管理委员会，2011.

[141] 国务院国有资产监督管理委员会. 中央企业境外投资监督管理暂行办
法 [R]. 北京：国务院国有资产监督管理委员会，2012.

[142] 国务院办公厅. 关于推动中央企业结构调整与重组的指导意见 [R].
北京：国务院办公厅，2016.

[143] 国务院国资委新闻中心. 盘点央企"走出去"现状80 家央企布局"一
带一路" [EB/OL]. http：//news. 163. com/15/0715/08/AUI6RIHQ00014AED. html.

[144] Dunning J H. Trade, Location of Economic Activity and the MNE：A
Search for an Eclectic Approach [C]. UK：Palgrave Macmillan UK, 1977：395 −
418.

[145] 中石油经济技术研究院. 2015 年国内外油气行业发展报告 [R]. 北
京：中石油经济技术研究院，2016.

[146] 中国石油天然气集团公司. 发展历程 [EB/OL]. http：//www. cnpc.
com. cn/cnpc/fzlc/fzlc_index. shtml.

[147] 中国石油天然气集团公司. 2015 企业社会责任报告 [R]. 北京：中国
石油天然气集团公司，2016.

[148] 中国石油化工集团公司. 国际化经营 [EB/OL]. http：//www. sin-
opecgroup. com/group/scjy/gjhjy/.

[149] 中国海洋石油总公司. 海外发展 [EB/OL]. http：//www. cnooc.
com. cn/col/col51/index. html.

[150] 高顺清. 从赞比亚谦比希铜矿复产建设谈中国企业的海外投资战略
[J]. 世界有色金属，2004（1）：22 − 24.

[151] 网易财经. 中铝 195 亿美元注资力拓交易告吹 [EB/OL]. http：//

money. 163. com/special/002536BM/zltzltzt. html.

［152］曾涛．投资海外铜矿资源的经验和教训［J］．中国金属通报，2009（25）：32 – 33.

［153］中国五矿与波兰铜业签 20 亿美元电解铜长期采购协议．第一财经日报［EB/OL］．http：//money. 163. com/11/1222/11/7LSGQ13G00253B0H. html.

［154］巴西淡水河谷公司与上海宝钢签署铁矿砂长期供货协议．中华人民共和国商务部［EB/OL］．http：//www. mofcom. gov. cn/aarticle/i/jyjl/l/200312/20031200160225. html.

［155］World，Steel，Dynamics. Financial Dynamics of International Steelmakers［R］．USA：World Steel Dynamics，2012.

［156］中国产业信息网．2016 年中国钢铁行业竞争态势分析［EB/OL］．http：//www. chyxx. com/industry/201610/455619. html.

［157］联合国粮食及农业组织．International trade［EB/OL］．http：//www. fao. org/economic/est/international – trade/en/#. WEy7KHkYxIY.

［158］Food and Agriculture Organization of the United Nations. Crop Prospects and Food Situation – No. 3［R］．Canada：Food and Agriculture Organization of the United Nations，2015.

［159］中华人民共和国国家发展和改革委员会价格监测中心．http：//jgjc. ndrc. gov. cn/Detail. aspx？newsId = 1318&TId = 696.

［160］Food and Agriculture Organization of the United Nations. Crop Prospects and Food Situation – No. 3［R］．Canada：Food and Agriculture Organization of the United Nations，2015.

［161］国泰君安期货．国产大豆产业遭遇生存困境［EB/OL］．http：//finance. 21cn. com/newsdoc/zx/a/2014/0826/22/28101969. shtml.

［162］新浪财经．2016/2017 年度全球大豆产量减少到 3. 20 亿吨［EB/OL］．http：//finance. sina. com. cn/money/future/ncpbj/2016 – 04 – 05/doc – ifxqxqmf4028612. shtml.

［163］美国农业部．中国未来十年肉类需求上升，饲料进口增长［R］．美国：美国农业部，2014.

［164］人民网．农业部：我国进口大豆是必须的难免的［EB/OL］．http：//finance. people. com. cn/n1/2016/0413/c1004 – 28273366. html.

［165］United States Department of Commerce. USDA Agricultural Projections to 2023［R］．U. S. A.：United States Department of Commerce，2014.

［166］人民网.农业部：去年我国大豆进口 8169 万吨是国内产量的 6.8 倍 ［EB/OL］. http：//finance. people. com. cn/n1/2016/0407/c1004 – 28257572. html.

第四章

［167］中国共产党新闻网.中共中央关于经济体制改革的决定 ［DB/OL］. http：//cpc. people. com. cn/.

［168］李欣平.国企的重要贡献 ［J］.求是，2013 （12）：58 – 59.

［169］南开大学中国公司治理研究院.2014 中国公司治理评价报告 ［R］.天津：南开大学中国公司治理研究院，2015.

［170］国家统计局.关于对国有公司企业认定意见的函 （国统函〔2003〕44 号） ［R］.北京：国家统计局，2003.

［171］中华人民共和国财政部.2013 年全国国有企业财务决算情况 ［R］.北京：中华人民共和国财政部，2014.

［172］国家统计局和国务院第三次全国经济普查领导小组.第三次全国经济普查主要数据公报 ［R］.北京：国家统计局和国务院第三次全国经济普查领导小组，2014.

［173］中华人民共和国财政部.2015 年 1～12 月全国国有及国有控股企业经济运行情况 ［R］.北京：中华人民共和国财政部，2016.

［174］国务院国有资产监督管理委员会.中央企业 2014 年度经营情况 ［R］.北京：国务院国有资产监督管理委员会，2015.

［175］Keynes J M. The General Theory of Employment, Interest, and Money ［M］. United Kingdom：Palgrave Macmillan, 1936.

［176］Hansen A H. Fiscal Policy and Business Cycles ［M］. New York：W. W. Norton And Company. Inc. , 1941.

［177］Samuelson P A. Economics, An Introductory Analysis ［M］. New York：Mcgraw – Hill Book Company, Inc. , 1948.

［178］Chandler A D. The Visible Hand：The managerial revolution in American business ［M］. Massachusetts：Belknap Press, 1977.

［179］Tirole J. The theory of corporate finance ［M］. US：Princeton University Press, 2010.

［180］中国共产党新闻网.中共中央关于全面深化改革若干重大问题的决定 ［DB/OL］. http：//cpc. people. com. cn/.

［181］国务院国有资产监督管理委员会.国资委 "四项改革" 试点名单

[R]. 北京：国务院国有资产监督管理委员会，2014.

[182] 中国银行业监督管理委员会. 中国银行业监督管理委员会 2014 年报 [R]. 北京：中国银行业监督管理委员会，2015.

[183] 新华社. 国企十项改革试点落实计划首度披露 [EB/OL]. http：// news. xinhuanet. com/mrdx/2016 – 02/26/c_135133405. htm.

[184] 国务院办公厅. 关于推动中央企业结构调整与重组的指导意见 [R]. 北京：国务院办公厅，2016.

[185] Hovenkamp H J. Economics and federal antitrust law [J]. 1985.

[186] Iyori H, Uesugi A. The Antimonopoly Laws and Policies of Japan [M]. Federal legal publications, 1994.

[187] Hefti H T. European Union Competition Law [J]. Seton Hall Legis. J., 1993 (18)：613.

[188] 中华人民共和国公司法释义 [M]. 北京：法律出版社，2005.

[189] Roe M J. Some differences in corporate structure in Germany, Japan, and the United States [J]. Yale Law Journal, 1993：1927 – 2003.

[190] 邓亦灿. 中国国企改革与撒切尔夫人私有化的实现途径 [J]. 新经济，2014 (28)：40 – 42.

[191] Seymour R. A short history of privatisation in the UK：1979 – 2012 [J]. The Guardian, 2012：29.

[192] Parker D. The performance of BAA before and after privatisation：A DEA study [J]. Journal of Transport Economics and Policy, 1999：133 – 145.

[193] 张东明. 德国国有企业改革的启示与借鉴 [J]. 财政研究，2013 (1).

[194] 邓经纬. 法国国企分类改革透视 [J]. 决策，2014 (6)：78 – 79.

[195] 日本电报电话公司. 2014 年度报告 [R]. 日本：日本电报电话公司，2015.

[196] Ministry, of, Finance. The Japanese National Property System And Current Conditions [R]. Tokyo：Ministry of Finance, 2013.

[197] 淡马锡控股公司. 2014 年度报告 [R]. 新加坡：淡马锡控股公司，2015.

[198] 马戈赛. 再论淡马锡中国化——"管资产"到"管资本"的转型 [J]. 知识经济，2014 (14)：153 – 153.

[199] 中华人民共和国驻挪威王国大使馆经济商务参赞处. 挪威国有企业管理制度初探 [R]. 北京：中华人民共和国驻挪威王国大使馆经济商务参赞处，

2015.

　　[200] Ritsumeikan University. Privatization in Japan and its Effect [R]. Japan: Ritsumeikan University, 2000.

　　[201] Djankov S, Murrell P. Enterprise restructuring in transition: A quantitative survey [J]. Journal of economic literature, 2002: 739 – 792.

　　[202] Earle J S, Telegdy Á. Privatization methods and productivity effects in Romanian industrial enterprises [J]. Journal of Comparative Economics, 2002, 30 (4): 657 – 682.

　　[203] Jerome A. Privatization and enterprise performance in Nigeria: Case study of some privatized enterprises [M]. African economic research consortium (AERC), 2008.

　　[204] Knight – John M, Athukorala P. Assessing privatization in Sri Lanka: Distribution and governance [J]. Reality Check: The Distributional Impact of Privatization in Developing Countries, 2005: 389 – 426.

　　[205] Megginson W L, Nash R C, Van Randenborgh M. The financial and operating performance of newly privatized firms: An international empirical analysis [J]. Journal of finance, 1994: 403 – 452.

　　[206] Privatization, Commission, of, Kenya. Enhancement of corporate governance through privatization [R]. Kenya: Privatization Commission of Kenya, 2010.

　　[207] Müslümov A, Özkarabüber M, Akbaş H. The financial and operating performance of privatized SME's in Turkey [J]. 2002.

　　[208] Tsamenyi M, Onumah J, Tetteh – Kumah E. Post – privatization performance and organizational changes: case studies from Ghana [J]. Critical Perspectives on Accounting, 2010, 21 (5): 428 – 442.

　　[209] 中国证券监督管理委员会. 上市公司监管指引第 3 号——上市公司现金分红 [R]. 北京: 中国证券监督管理委员会, 2013.

　　[210] Chong A, López – de – Silanes F. Privatization in Mexico [J]. 2004.

　　[211] Cubbin J, Stern J. The impact of regulatory governance and privatization on electricity industry generation capacity in developing economies [J]. The World Bank Economic Review, 2006, 20 (1): 115 – 141.

　　[212] Li W, Xu L C. The political economy of privatization and competition: cross – country evidence from the telecommunications sector [J]. Journal of Comparative Economics, 2002, 30 (3): 439 – 462.

［213］德勤研究中心．聚焦混合所有制改革［R］．北京：德勤研究中心，2015.

［214］Bohm A，Damijan J P，Majcen B，et al. Secondary privatization in Slovenia：Evolution of ownership structure and company performance following mass privatization［J］.CASE Network Reports，2001（46）.

第五章

［215］国务院国资委信息中心．王勇在全国国有资产监督管理工作会议上的讲话［EB/OL］.http：//www. sasac. cn/n1180/n1566/n259760/n264785/15106589. html.

［216］新华每日电讯．国资委全面摸底央企债券［EB/OL］.http：//news. xinhuanet. com/mrdx/2016 – 05/07/c_135340889. htm.

［217］中华人民共和国国家发展和改革委员会．关于推进企业发行外债备案登记制管理改革的通知［EB/OL］.http：//www. sdpc. gov. cn/gzdt/201509/t20150915_751047. html.

［218］中国人民银行．关于在全国范围内实施全口径跨境融资宏观审慎管理的通知［EB/OL］.http：//www. gov. cn/xinwen/2016 – 04/30/content_5069454. htm.

［219］深圳商报．去年上市公司再融资创新高，2016.

［220］中铁2015年年报。

［221］陈元．开发性金融与中国城市化发展［J］．经济研究，2010（7）：4 – 14.

［222］McKinnon R I. Money and capital in economic development［M］.US：The Brookings Institution，1973.

［223］馆龙一郎．金融政策的理论［M］．东京：东京大学出版会，1982.

［224］龙升吉．现代日本投融资［M］．东京：东洋经济新报社，1988.

［225］国家开发银行，中国人民大学联合课题组．开发性金融论纲［M］．北京：中国人民大学出版社，2006.

［226］中华人民共和国财政部．关于2016年中央国有资本经营预算的说明［EB/OL］.http：//yss. mof. gov. cn/2016czys/201603/t20160325_1924187. html.

［227］中华人民共和国商务部．商务部、国家统计局、国家外汇管理局联合发布《2015年度中国对外直接投资统计公报》［EB/OL］.http：//www. mofcom. gov. cn/article/tongjiziliao/dgzz/201612/20161202103624. shtml.

［228］China Intelligent Online. China Environmental Protection Industry Overview［R］.Beijing：China Intelligent Online，2008.